O PROCEDIMENTO COMUM E SUA RELAÇÃO COM OS PROCEDIMENTOS ESPECIAIS

a análise do conteúdo normativo do art. 327, § 2º, do Código de Processo Civil

TÁRSIS SILVA DE CERQUEIRA

O PROCEDIMENTO COMUM E SUA RELAÇÃO COM OS PROCEDIMENTOS ESPECIAIS

a análise do conteúdo normativo do art. 327, § 2º, do Código de Processo Civil

2020

EDITORA JusPODIVM
www.editorajuspodivm.com.br

EDITORA JusPODIVM
www.editorajuspodivm.com.br

Rua Território Rio Branco, 87 – Pituba – CEP: 41830-530 – Salvador – Bahia
Tel: (71) 3045.9051
• Contato: https://www.editorajuspodivm.com.br/sac

Capa: Ana Caquetti

C416 Cerqueira, Társis Silva de

O procedimento comum e sua relação com os procedimentos especiais: a análise do conteúdo normativo do art. 327, §2º, do Código de Processo Civil / Cerqueira, Társis Silva de – Salvador: Editora JusPodivm, 2020.

256 p.

Inclui bibliografia

ISBN 978-65-5680-098-1

1. Direito Processual Civil. 2. Código de Processo Civil. 3. Procedimentos especiais. I. Cerqueira, Társis Silva de. II. Título.

CDD 341.46

"Devemos compreender que as soluções fundamentais que deviam ser trazidas pelo desenvolvimento da ciência, da razão e do humanismo, se transformaram em problemas essenciais. É preciso saber que a ciência e a razão não têm a missão providencial de salvar a humanidade, porém, têm poderes absolutamente ambivalentes sobre o desenvolvimento futuro da humanidade."

MORIN, Edgar. *Ciência com consciência.*
Tradução de Maria D. Alexandre e Maria Alice Sampaio Dória. 13. ed.
Rio de Janeiro: Bertrand Brasil, 2010, p.125.

A Deus, a quem devo, eternamente, toda honra e toda a glória,
criador de todas as coisas e verdadeiro
autor deste trabalho.

À minha esposa Adriana, meu verdadeiro
sentido de nós, com todo meu amor.

AGRADECIMENTOS

Por mais solitária que seja uma pesquisa, muitas pessoas contribuíram para seu desenvolvimento, ainda que indiretamente. Nesse ponto gostaria de agradecer a todos que permitiram e contribuíram para realização dessa pesquisa.

Primeiro a Deus, a quem dedico esse trabalho. Sem seu sustento e amor nenhum esforço é eficaz.

Gostaria de agradecer a minha amada esposa Adriana, a quem também dedico o trabalho. Agradecer por seu amor, companheirismo, carinho. Por ser o afago diário, nas minhas diárias agonias. A palavra de conforto nos momentos em que o mundo parece pesado.

Preciso agradecer a minha família: meus pais (Dermival e Maria do Carmo), meus irmãos (Bruno e Alane) pela presença, incentivo e apoio constantes. Não posso deixar de lembrar e agradecer aos meus sogros (Milton e Cristina) e cunhados (Adriele e André), também bastante presentes e solidários. Aqui, um especial agradecimento aos meus queridos primos Breno e Liz, por todo o apoio.

Agradeço ao meu orientador, prof. Dr. Fredie Didier Jr., pelos ensinamentos quase que diários, o cuidado e a dedicação com a pesquisa. Meus sinceros agradecimentos. Muito me honrou ser seu orientando.

Igualmente agradeço aos meus professores pelos ensinamentos e dedicação ao longo das disciplinas no programa de pós-graduação. Aqui, em especial, agradeço à profª. Drª. Mônica Aguiar, ao prof. Dr. Edilton Meireles e ao prof. Dr. Walber Carneiro.

Agradeço também à coordenação do PPGD da UFBA e aos seus funcionários, em especial à Luiza e Jovino (*in memoriam*). Agradeço aos funcionários das bibliotecas, em especial à Biblioteca da Faculdade Baiana de Direito.

Imprescindível menção aos meus companheiros de caminhada profissional e a todos que contribuíram de alguma maneira com a realização da pesquisa como verdadeiros amigos: Carlos Eduardo Duarte, Igor Penalva, Nina Rosa (Flávio Henrique), Carol Mascarenhas, Fernando Leal, Maurício Requião, Camila Vasconcelos, Thiago Borges, Daniela Borges, Lorena Barreiros, Jaime Barreiros, Anna Carla Fracalossi, Cláudia Albagli, Geovane

Peixoto, Paula Sarno, Antônio Adonias, Alessandra Prado, Francisco Bertino, Rodrigo Salazar, Vicente Passos, Marcus Seixas, Bernardo Lima, Maria Paulo Rebelo, Mariana Almofrey, Geórgia Silvina e Gabrielly Tamires.

A todos, os meus sinceros agradecimentos.

APRESENTAÇÃO

Com enorme satisfação, apresento ao público a obra "***O PROCEDIMENTO COMUM E SUA RELAÇÃO COM OS PROCEDIMENTOS ESPECIAIS: a análise do conteúdo normativo do art. 327, §2º, do novo Código de Processo Civil***", da lavra do estimado Professor **TÁRSIS SILVA DE CERQUEIRA**.

Trata-se da versão comercial de Tese de Doutoramento apresentada no âmbito do Programa de Pós-Graduação da Faculdade de Direito da Universidade Federal da Bahia, sob orientação do Professor Fredie Didier Jr., e defendida com brilhantismo perante banca da qual tive a honra de integrar. Com todos os méritos, a tese foi aprovada à unanimidade.

O trabalho se debruça sobre uma importante novidade introduzida em nosso sistema processual, qual seja, a adaptação procedimental decorrente da cumulação inicial de pedidos sujeitos a procedimentos distintos, prevista pelo art. 327, §2º, do Código de Processo Civil de 2015. O tema é versado de forma competente e profunda, constituindo contribuição inédita às letras jurídicas pátrias.

Em seu capítulo 2, o trabalho assenta premissas conceituais - sobre a definição de norma jurídica e sobre a dicotomia processo/procedimento - para em seu capítulo 3 trazer importante contribuição acerca da dualidade procedimento comum/procedimento especiais.

Com base nesse cabedal, chega-se ao ponto culminante da obra, no capítulo 4, em que todos os aspectos dogmáticos do tema são esmiuçados de forma arejada, mas ainda assim ponderada e equilibrada, fornecendo subsídios seguros não apenas para seu estudo científico, como também para guiar a aplicação do art. 327, §2º, do CPC no dia a dia do foro.

Vê-se, assim, uma importante contribuição ao tema da adaptabilidade e flexibilidade procedimental, tão em voga na processualística brasileira desde o início do Século XXI, sensível à necessidade de o instrumento adjudicado de solução dos conflitos adequar-se às suas peculiaridades.

Com efeito, após relevantes estudos de Fredie Didier Jr.[1] e Fernando Gajardoni[2], ambos produzidos ainda antes da elaboração do Anteprojeto

1 DIDIER JR., Fredie. Sobre dois importantes, e esquecidos, princípios do processo: adequação e adaptabilidade do procedimento. *Revista dos Mestrandos em Direito Econômico da UFBA*, n.º 9. Salvador: Curso de Mestrado em Direito Econômico da UFBA, 2001.

2 GAJARDONI, Fernando da Fonseca. *Flexibilização procedimental*: um novo enfoque para o estudo do procedimento em matéria processual, de acordo com as recentes

do novo CPC, o tema foi abraçado desde a primeira versão da proposta elaborada pela Comissão de Juristas, em 2009.

Todavia, naquele momento, escolheu-se atribuir primordialmente ao juiz o poder de adaptação e flexibilização (art. 107, V, do anteprojeto[3]). Esse dispositivo foi duramente criticado no Senado Federal, quando da primeira passagem do projeto por aquela Casa Legislativa em 2010, por se entender que acarretaria autoritarismo judiciário e insegurança jurídica. Ao final, prevaleceu uma disposição muito mais tímida (art. 118, V, da versão aprovada pelo Plenário do Senado em 15.12.2010[4], que veio a se converter no art. 139, VI, da versão promulgada pela Presidência da República).

Quando da passagem do projeto pela Câmara dos Deputados, o clamor por adaptabilidade e flexibilidade procedimentais encontrou vazão na cláusula geral de negociação processual (art. 190 do CPC).

É preciso reconhecer, contudo, que além da (reduzida) capacidade de adaptação e flexibilização procedimentais pelo juiz e da (ampla) possibilidade de fazê-lo por convenções processuais, o legislador encontrou ao longo do tempo outros caminhos, tais como: criação de microssistemas (como os dos Juizados Especiais e da tutela coletiva); a criação de procedimentos especiais, seja no corpo do Código, seja na legislação extravagante; e, finalmente, a criação de técnicas processuais a serem pontualmente observadas no procedimento comum, sem que ele perca sua natureza e se converta em procedimento especial (como nos casos previstos nos arts. 246, §3º, 259, I e II).

Ou seja: todos esses expedientes podem ser catalogados em três categorias: mecanismos de adaptação e flexibilização construídos pelo juiz, pela convenção das partes e pela previsão em abstrato na lei.

O art. 327, §2º, do CPC abre nova frente para adaptação e flexibilização do procedimento. Primeiro, porque ela é concebida *pelo autor*, quando da elaboração da petição inicial, ainda que esta se sujeite ao juízo de admissibilidade pelo magistrado. Segundo, porque o dispositivo abre ensejo para

---

reformas do CPC. São Paulo: Atlas, 2008.

3 "Art. 107. O juiz dirigirá o processo conforme as disposições deste Código, incumbindo-lhe: (...) V – adequar as fases e os atos processuais às especificações do conflito, de modo a conferir maior efetividade à tutela do bem jurídico, respeitando sempre o contraditório e a ampla defesa".

4 "Art. 118. O juiz dirigirá o processo conforme as disposições deste Código, incumbindo-lhe: (...) V – dilatar os prazos processuais e alterar a ordem de produção dos meios de prova adequando-os às necessidades do conflito, de modo a conferir maior efetividade à tutela do bem jurídico".

criação de procedimentos "híbridos", fruto da migração de técnicas típicas de procedimentos especiais para o procedimento comum, aptos a verdadeiramente transformá-lo em algo bastante diverso.

A mim causa particular satisfação ver que o art. 327, §2º, do CPC tenha sido tão profunda e proficuamente examinado, tendo sido o autor da proposta de redação do dispositivo, quando da tramitação do projeto de novo CPC pela Câmara dos Deputado. A ideia remonta a artigo por mim publicado em 2012 na *Revista de Processo*[5].

Assim, recomendo entusiasticamente a leitura da obra aqui apresentada, parabenizando o seu autor e cumprimentando a editora Juspodium pelo inestimável apoio a jovens autores para publicação de monografias jurídicas.

São Paulo, agosto de 2020.

Heitor Vitor Mendonça Sica
Professor Associado de Direito Processual Civil
da Faculdade de Direito da Universidade de São Paulo

---

5 SICA, Heitor Vitor Mendonça. Reflexões em torno da teoria geral dos procedimentos especiais. *Revista de Processo*, n.º 208. São Paulo: Revista dos Tribunais, 2012.

TÁBUA DE ABREVIATURA

art.	Artigo
Ag	Agravo
AgRg	Agravo Regimental (Agravo interno)
CC02	Novo Código Civil
CF88	Constituição Federal
CPC-1939	Código de Processo Civil de 1939
CPC-1973	Código de Processo Civil de 1973
CPC	Código de Processo Civil de 2015
DJ	Diário da Justiça
DJe	Diário da Justiça eletrônico
ED	Embargos de Declaração
LICC	Lei de Introdução ao Código Civil
MS	Mandado de Segurança
n.º	Número
RE	Recurso Extraordinário
REsp	Recurso Especial
STF	Supremo Tribunal Federal
STJ	Superior Tribunal de Justiça
TST	Tribunal Superior do Trabalho

SUMÁRIO

Capítulo 1

INTRODUÇÃO 21

1. Introdução 21

Capítulo 2

PREMISSAS E CONCEITOS FUNDAMENTAIS 27

2.1. Noções introdutórias. 27

2.1.1. Da distinção entre texto e norma. 27

2.1.2. Sobre a distinção entre princípios e regras. 31

2.1.3. Sobre as cláusulas gerais e os conceitos indeterminados. 38

2.1.4. Repercussões sobre os conceitos anteriormente trabalhados na tese. 45

2.2. A teoria geral do processo, a ciência processual e o direito processual. 46

2.3. Sobre o processo e o procedimento. 50

2.3.1. Processo como Procedimento em Contraditório. 52

2.3.2. Da essencial relação entre processo e procedimento, e sua consequência quanto à identificação da natureza jurídica do processo. 57

2.3.3. A dimensão abstrata do processo/procedimento: o processo como modelo normativo e seus efeitos. 66

Capítulo 3

REFLEXÕES TEÓRICAS SOBRE O PROCEDIMENTO COMUM E OS PROCEDIMENTOS ESPECIAIS 77

3.1. O procedimento comum e os procedimentos especiais: conceitos e distinções 77

3.1.1. O procedimento comum. 78

3.1.2. O conceito de procedimento especial e os elementos de distinção do procedimento comum. 82

3.1.3. A posição adotada na pesquisa. 86

3.2. Sobre as características dos procedimentos (comum e especial)...................... 87

3.2.1. Sobre a rigidez e as características dos procedimentos. Uma visão tradicional. 88

3.2.2. Sobre a flexibilização procedimental e a revisitação das características dos procedimentos. 100

3.2.2.1. Da legalidade à juridicidade. As fontes do procedimento no Direito processual brasileiro. 100

3.2.2.2. Flexibilização concreta do procedimento. 105

3.2.2.2.1. A adaptação (judicial) do procedimento. Das cláusulas abertas à flexibilização atípica do procedimento. 109

3.2.2.2.2. Da flexibilização concreta negociada do procedimento. 119

3.2.2.3. Outras características dos procedimentos na atualidade..... 124

3.3. A justificação dos procedimentos especiais e das técnicas de diferenciação procedimental. 125

3.3.1. Aspectos gerais e principais elementos de justificação dos procedimentos especiais.. 126

3.3.2. Reflexões críticas acerca da justificação dos procedimentos especiais. 135

3.3.3. As principais contribuições do estudo da justificação dos procedimentos especiais e sua relação com a compreensão do art. 327, §2º, do CPC. 145

Capítulo 4

O(S) ARRANJO(S) NORMATIVO(S) E O CONTEÚDO EFICACIAL DO ART. 327, §2º, DO CPC: A RELAÇÃO ENTRE O PROCEDIMENTO COMUM E OS PROCEDIMENTOS ESPECIAIS NO NOVO CPC.. 153

4.1. Sistematização das premissas e conclusões parciais.................................. 153

4.2. A nova feição do procedimento comum ante os procedimentos especiais: a compreensão do dispositivo do art. 327, §2º, do CPC. 155

4.2.1. Reflexões iniciais sobre o art. 327 do CPC. A cumulação objetiva de pedidos no Novo Código de Processo Civil... 158

4.2.2. O procedimento comum e sua feição modular na cumulação dos pedidos. 169

4.3. Do princípio da inter-relação em rede do procedimento comum com os procedimentos especiais. 173

4.3.1. Generalidades. 173

4.3.2. Da manipulação da estrutura da rede processual: barreiras e contenções. 179

4.3.2.1. O princípio da inter-relação em rede do procedimento comum com os procedimentos especiais e a segurança jurídica. 179

4.3.2.2. O princípio da inter-relação em rede do procedimento comum com os procedimentos especiais e o contraditório. 181

4.3.2.3. O princípio da inter-relação em rede do procedimento comum com os procedimentos especiais e a compatibilidade entre os procedimentos: as questões operacionais e finalísticas. 182

4.3.2.4. Da (in)disponibilidade do procedimento. Os procedimentos obrigatórios e facultativos. 187

4.3.2.4.1. Da (in)disponibilidade do direito ou interesse material. 190

4.3.2.4.2. Da titularidade do interesse que ensejou a diferenciação procedimental. 191

4.3.2.4.3. Da vinculação do procedimento ao atendimento de interesse de natureza pública. 196

4.3.2.4.4. Da (in)disponibilidade e a compatibilidade entre os procedimentos, e o princípio da inter-relação em rede do procedimento comum com os procedimentos especiais. 199

4.4. A preferibilidade do procedimento comum sobre os procedimentos especiais. 205

4.5. Reflexos dos arranjos normativos do art. 327, §2º, do cpc na teoria dos procedimentos especiais. 214

4.5.1. Considerações introdutórias. 214

4.5.2. O art. 327, §2º, do CPC e a Teoria dos Procedimentos Especiais. Dos procedimentos especiais às técnicas procedimentais especializadas. 215

4.5.3. A necessidade e utilidade dos procedimentos especiais diante das características do procedimento comum no Código de Processo Civil. 218

4.5.4. O art. 327, §2º, do CPC e as características dos procedimentos especiais. 220

4.6. A amplitude da incidência do art. 327, §2º, CPC. 226

Capítulo 5

CONCLUSÃO 229

BIBLIOGRAFIA 233

Capítulo 1
INTRODUÇÃO

1. INTRODUÇÃO

O Novo Código de Processo Civil brasileiro (Lei n.º 13.105/2015) representa expressivo sinal das transformações às quais o Direito Processual Civil e sua teoria assistem na contemporaneidade. Atento aos valores fundamentais do Direito Processual, o novo código aspira instrumentalizar um processo de excelência, premido pela necessidade de garantir eficiência ao exercício da atividade jurisdicional, ampla acessibilidade à tutela jurisdicional adequada e efetiva, a isonomia de tratamento dos casos, a segurança jurídica e promoção da dignidade da pessoa humana, dentre outros direitos fundamentais.

Diversas novidades e transformações chamam atenção no Novo Código de Processo Civil. Nada obstante, uma dentre muitas merece especial nota: as características e funções assumidas pelo procedimento comum e sua relação com as técnicas de diferenciação procedimental e procedimentos especiais. Se, na base do pensamento e da literatura tradicional, o estudo e o aprimoramento técnico do procedimento sempre foram vistos com grande desprezo, na atualidade, sua importância salta aos olhos.

No passado, o procedimento, seja no seu estudo ou no seu desenvolvimento técnico, sofreu alguns revezes. O primeiro é sentido dentro da própria ciência processual, uma vez que se percebeu um certo ostracismo teórico[6]. O estudo do procedimento correspondia a algo como um desdobramento do estudo do processo (como relação jurídica) e de suas estruturas apegadas a aspectos meramente lógico-formais e abstratos. Não era rara uma abordagem que procuraria estabelecer, por exemplo, traços lógicos na

6. OLIVEIRA, Carlos Alberto Alvaro de. *Do formalismo no processo civil: proposta de um formalismo-valorativo.* 4. ed. São Paulo: Saraiva, 2010, p. 17.

ordem procedimental[7] ou sua correspondência ao desdobramento da relação jurídica processual[8].

Neste contexto, Chiovenda chegou a escrever que o procedimento tomado por base de exposição do processo impediu a elevação da literatura processual ao nível de exposição científica. Afinal, sugeriria Chiovenda, uma investigação científica não poderia considerar a mera expressão exterior e formal do processo (o procedimento), reservando a segundo plano problemas fundamentais e uma visão da íntima natureza da coisa.[9]

Em alusão ao procedimento, remetiam-no a simples expressão concreta dos institutos processuais. Neste estado de coisas se impôs uma visão mecanicista e formalista do procedimento, expressão do sacralizado processo (como relação jurídica)[10].

---

7. "Para aceitar sem rebelar-se, o jurisdicionado, também quando é injusta, é necessário, portanto, ou crer no valor litúrgico do processo e na inspiração divina da sentença, ou então, quando a justiça chega à Terra, confiar no valor racional do julgamento. Desta fé iluminista na onipotência da razão nasce a ilusão de poder reduzir o processo, da função religiosa, a uma engrenagem de silogismos ou a uma simples operação matemática." CALAMANDREI, Piero. *Processo e democracia:* conferências realizadas na Faculdade de Direito da Universidade Nacional Autônoma do México. Tradução de Mauro Fonseca Andrade. Porto Alegre: Livraria do Advogado, 2017, p.27. Igualmente, v. CALAMANDREI, Piero. *Instituciones de derecho procesal civil.* Segun el nuevo código. v. I. Tradução de Santiago Sentis Melendo. Buenos Aires: Ediciones Juridicas Europa-America, 1962, p. 318-319; SANTOS, Moacyr Amaral. *Primeiras linhas de Direito Processual Civil.* v. 2. 27. ed. São Paulo: Saraiva, 2011, p.157.
8. v. ECHANDÍA, Devis. *Teoría general del proceso.* 2. ed. Buenos Aires: Universidad, 1997, p.168-169.
9. CHIOVENDA, Giuseppe. *A ação no sistema dos direitos.* Tradução de Hiltomar Martins Oliveira. Belo Horizonte: Lider, 2003, p.8, nota 2. Para Ferrara, Bülow teria atribuído à "confusão" entre o conceito de processo e procedimento certo atraso no desenvolvimento da ciência processual. FERRARA, Luigi. *Saggi di diritto processuale civile.* Napoli: Jovene, 1914, p. 60-61. cf. MARQUES, José Frederico. *Instituições de Direito Processual Civil.* v. I. 3. ed. Rio de Janeiro: Forense, 1966, p.32.
10. "Os jurisdicionados, para submeter-se sem resistência, à terrível onipotência da justiça, devem acreditar resignadamente que o juiz seja um ser quase divino, diferentemente dos outros homens, provido de virtudes sobrenaturais que não admitem censura humana. [...] Mas quando o juiz desce do céu para a Terra, e vê-se tão perto que ele também é um homem, então, para dar confiabilidade à sua sentença, começa-se a procurar, nos mecanismos cada vez mais precisos do procedimento, a garantia para se assegurar que esta seja, em cada caso, o produto – não do arbítrio – da razão." CALAMANDREI, Piero. *Processo e democracia:* conferências realizadas na Faculdade de Direito da Universidade Nacional Autônoma do México. Tradução de Mauro Fonseca Andrade. Porto Alegre: Livraria do Advogado, 2017, p.27.

Apenas mais à frente na história que, com um reenquadramento do debate teórico com o "Processo" colocando no centro da discussão da Teoria Geral do Processo, observou a revalorização da técnica processual e de seu formalismo. O estudo e a busca pelo desenvolvimento do procedimento e da técnica procedimental tornam ao foco do interesse da doutrina e dos juristas técnicos.[11]

Superado o desprezo e o ocaso teórico, era preciso investir na investigação dos entraves que impediam o aprimoramento da técnica processual e do procedimento na consecução das aspirações que emergiram no pensamento jurídico. Igualmente, era preciso realizar algumas mudanças. Muitas dessas mudanças viriam em decorrência de novas teorias; outras tantas foram frutos de inovações legislativas e jurisprudenciais.

Pode-se afirmar que o novo CPC é resultado desse movimento de inovação. Daí a necessidade de um esforço teórico na compreensão de inovadores dispositivos.

O art. 327, §2º, do CPC é um desses dispositivos sem precedentes na antiga legislação processual brasileira. Em seu texto, de uma rápida leitura, observa-se a aproximação entre duas realidades, de certa forma, vistas como distantes: o procedimento comum e os procedimentos especiais e suas técnicas de diferenciação procedimental.

Tradicionalmente, o procedimento comum conformava-se em uma estrutura estanque associada à padronização dos atos voltados à promoção da tutela da generalidade das situações. Noutra ponta, os procedimentos especiais representavam instrumentos excepcionais que afastavam a aplicação do procedimento comum em casos específicos, em vista da aplicação de técnicas de diferenciação procedimentais.

Com o dispositivo, autorizada está a inserção das técnicas procedimentais diferenciadas típicas dos procedimentos especiais no procedimento comum. Consta em seu texto que será admitida a cumulação de pedidos correspondentes a tipos diversos de procedimentos desde que seja empregado o procedimento comum, "sem prejuízo do emprego das técnicas processuais diferenciadas previstas nos procedimentos especiais a que se sujeitam um ou mais pedidos cumulados, que não forem incompatíveis com as disposições sobre o procedimento comum".

---

11. OLIVEIRA, Carlos Alberto Alvaro de. *Do formalismo no processo civil:* proposta de um formalismo-valorativo. 4. ed. São Paulo: Saraiva, 2010, p. 22.

Focando apenas na utilização do procedimento comum como base da cumulação de pedidos correspondentes a procedimentos diversos, até aqui nenhuma inovação. A grande novidade está na explícita possibilidade de empregar no procedimento comum as técnicas processuais diferenciadas previstas nos procedimentos especiais a que se sujeitariam os pedidos cumulados desde que não sejam incompatíveis com o procedimento comum.

Nessa ordem de ideias, é possível inferir a existência de uma nova dinâmica na relação entre o procedimento comum e os procedimentos especiais em decorrência do Novo Código de Processo Civil, de modo que se pode formular como problema da presente pesquisa a seguinte questão: *que arranjos normativos poderiam se extrair da interpretação do art. 327, §2º, do Novo Código de Processo Civil?*

O objetivo dessa pesquisa é identificar tais arranjos, analisá-los e verificar suas repercussões na dogmática e na prática processual.

Não se está a resumir em um único dispositivo a compreensão de uma realidade extremamente complexa como a relação entre o procedimento comum e os procedimentos especiais. Por outro lado, a importância do art. 327, §2º, do CPC é evidente, sobretudo quando associado a outros dispositivos do próprio CPC – a exemplo do parágrafo único do art. 1.049, o qual ratifica o estado de coisas proposto pelo aludido §2º, do art. 327.

A razão de ser da pesquisa verifica-se, basicamente, em um aspecto científico e outro prático. No aspecto científico, a pesquisa se justifica na necessidade de se descortinar a real dimensão, os contornos e os arranjos normativos decorrentes do art. 327, §2º, do CPC, seja interpretando-o isoladamente ou em conjunto com outros dispositivos. Considerando a abertura de sua cláusula, seu estudo é imprescindível para evitar graves celeumas doutrinárias ou jurisprudenciais que impeçam ou dificultem sua adequada aplicação.

Do ponto de vista prático/social, a possível repercussão do aludido dispositivo já justificaria seu estudo. As prescrições decorrentes do referido artigo, caso compreendidas de maneira adequada, poderão contribuir para o aprimoramento das técnicas processuais de maneira a permitir uma maior eficiência e segurança na condução do processo judicial em suas diversas nuances e estruturas especializadas.

Ademais, chama atenção o fato de não poder desconsiderar que a recente promulgação do novo Código de Processo Civil brasileiro exige intensa pesquisa voltada à sua compreensão e à compreensão de seus institutos. Nada mais natural que, diante de novos preceitos legislativos, inicialmente, não se possa precisar integralmente a forma de operacionalizar o novo instrumental, bem como não se saiba ao certo suas repercussões na dogmática jurídica.

Quanto aos aspectos metodológicos, a pesquisa, como de plano se observa, é construída num contexto hipercomplexo no qual arranjos normativos são quase infinitos e os possíveis cenários, comportamentos e posturas se imbricam. Promover uma incursão teórica que se queira uniforme ou, ao menos, conciliatória, é sempre desafiador – nada obstante, não se acredite em resultados simplificadores[12].

Em princípio, poderiam questionar a natureza teórica (ou filosófica) desta investigação. Todavia, uma leitura, ainda que breve, demonstrará que a investigação gira em torno de um problema eminentemente jurídico-positivo – os arranjos normativos que poderiam se extrair do art. 327, §2º, do Código de Processo Civil, seja da sua interpretação isolada ou em conjunto com outros dispositivos.

Metodologicamente, a análise deve ser realizada preponderantemente no âmbito da Ciência do Direito Processual. Contudo, essa constatação não autoriza negligenciar a revisão de determinados conceitos fundamentais à compreensão do fenômeno estudado. No caso, o processo (e sua natureza jurídica), mais uma vez, é alocado no centro da discussão.

Quanto ao método propriamente, a abordagem proposta exige a concorrência de diversas técnicas. Se o pensamento é livre no senso comum, deve o ser no ambiente científico. Nesse contexto, as mais importantes premissas são a liberdade e o pluralismo de método, uma vez que este deve ser inclusivo e facilitador da construção do raciocínio.

O método não pode servir de fonte de discriminação, de exclusão ou limitação do pensamento, muito menos do cientista. Em um mundo que assistiu e que ainda assiste a metodólogos como Popper, Boaventura Souza Santos, Kuhn, Feyerabend, Edgar Morin etc. não se pode contentar com posturas ceifantes do pensamento.[13]

---

12. MORIN, Edgar. *Introdução ao pensamento complexo.* Tradução Eliane Lisboa. 4. ed. Porto Alegre: Sulina, 2011, p.13-14.

13. Nas palavras de Boaventura de Souza Santos, "o conhecimento pós-moderno, sendo total, não é determinístico, sendo local, não é descritivista. É um conhecimento sobre as condições de possibilidade. As condições de possibilidade da acção humana projectada no mundo a partir de um espaço-tempo local. Um conhecimento deste tipo é relativamente imetódico, constitui-se a partir de uma pluralidade metodológica. Cada método é uma linguagem e a realidade responde na língua em que é perguntada. (...) A ciência pós-moderna não segue um estilo unidimensional, facilmente identificável; o seu estilo é uma configuração de estilos construída segundo o critério e a imaginação pessoal do cientista. A tolerância discursiva é o outro lado da pluralidade metodológica". SANTOS, Boaventura de Souza. *Um discurso sobre as ciências.* 6. ed. São Paulo: Cortez,

Ao longo do texto, poderão ser observados diversos métodos, dentre os quais os indutivos e os dedutivos. Todavia, haverá a preponderância de uma postura crítico-dialética. Será constante o diálogo com os diversos pensamentos relacionados, ainda que colateralmente, com o problema central da pesquisa. Não se pode, neste ponto, deixar de lembrar-se de Norbert Horn para quem a ciência jurídica por sua natureza textual trabalha com os métodos interpretativo e argumentativo.[14]

Dessa metodologia, o objetivo é tentar demonstrar, por meio da interpretação e análise da sistemática introduzida pelo Novo Código de Processo Civil, os arranjos normativos que poderiam ser extraídos do art. 327, §2º, do CPC, seja da sua interpretação isolada ou em conjunto com outros dispositivos.

Para tanto, no Capítulo 2 propõe-se fixar uma série de premissas e conceitos fundamentais à análise do art. 327, §2º, do CPC. Promover-se-á a distinção entre as noções de texto e norma, princípios e regras, e cláusula gerais e conceitos indeterminados. Do mesmo modo, serão apresentados os contornos e as características da Teoria Geral do Processo e da Ciência Processual, para enfim se discutir eventual distinção entre os conceitos de processo e de procedimento.

No Capítulo 3, por sua vez, pretende-se uma incursão preponderantemente científico-dogmática à luz do sistema jurídico positivo brasileiro, voltada a evidenciar e enumerar os conceitos e características do procedimento comum e dos procedimentos especiais. No aludido capítulo, intentar-se-á descrever os traços distintivos e o caráter relacional entre procedimento comum e procedimentos especiais.

Enfim, no Capítulo 4, se concentrarão as formulações analíticas que permitirão, de maneira crítica, descortinar os arranjos normativos relacionados à cláusula do art. 327, §2º, do CPC, objeto principal desta pesquisa.

2006, p.77-79. Reforçando uma postura imetódica ou plurimetodológica, Feyeraberd defende, senão com um pouco de exagero em alguns pontos, que "o mundo que desejamos explorar é uma entidade em grande parte desconhecida. Devemos, portanto, deixar nossas opções em aberto e tampouco devemos nos restringir de antemão. Prescrições epistemológicas podem parecer esplêndidas quando comparadas com outras prescrições epistemológicas ou com princípios gerais – mas quem pode garantir que sejam o melhor modo de descobrir não somente uns poucos 'fatos' isolados, mas também alguns profundos segredos da natureza?" FEYERABEND, Paul K. *Contra o método.* Tradução de Cezar Augusto Mortari. São Paulo: UNESP, 2007, p.34-35.

14. HORN, Norbert. *Introdução à ciência do direito e à filosofia jurídica*. Tradução de Elisete Antoniuk. Porto Alegre: Sérgio Antônio Fabris, 2005, p.73-74.

Capítulo 2

PREMISSAS E CONCEITOS FUNDAMENTAIS

A formulação de concepções e construções teóricas adequadas (ainda que não imutáveis) na análise dos fenômenos jurídicos e dos arranjos normativos decorrentes (ou associados) não prescinde da fixação de certas premissas. Por óbvio, tais premissas dependerão do objeto da investigação e permitirão fixar um conjunto de conceitos que auxiliará a compreensão dos raciocínios desenvolvidos ao longo do trabalho.

No caso desta pesquisa, a análise do art. 327, §2º, do CPC e de seu conteúdo normativo depende da visitação de alguns conceitos extraídos da Teoria Geral do Direito. O primeiro, dentre os conceitos, é a diferenciação dogmática de texto e norma. Em seguida, pretende-se compreender o que são normas-princípios e normas-regras, bem como o significado das chamadas cláusulas gerais.

2.1. NOÇÕES INTRODUTÓRIAS.

2.1.1. Da distinção entre texto e norma.

Em que pese muito mais evidente na atualidade, a diferenciação entre norma e texto normativo não é algo simples. Se, no passado, a excessiva aproximação entre a noção de Direito e lei poderia, de certa maneira, dificultar sua distinção[1], na atualidade, uma das premissas características do pensamento jurídico contemporâneo é a diferenciação entre texto normativo e norma jurídica.

Para Ricardo Guastini, o texto normativo corresponderia a qualquer documento elaborado por uma autoridade identificável como fonte de direito em um específico sistema normativo, sendo conformado por um agregado de enunciados do discurso prescritivo[2]. Enunciados são chamados de dis-

1. cf. SALDANHA, Nelson. *Legalismo e ciência do direito.* São Paulo: Atlas, 1977, p. 126-128.
2. GUASTINI, Riccardo. *Das fontes às normas.* Tradução de Edson Bini. São Paulo: Quartier Latin Brasil, 2005, p.23-24. Cf. GUASTINI, Riccardo. *Teoria e dogmatica*

positivos. Em outras palavras, o texto normativo representaria um conjunto de signos linguísticos propositadamente organizados para servir como fonte formal, dos quais se extrairá a norma jurídica.

Por sua vez, a norma jurídica é o resultado de um processo interpretativo[3], que toma por base o texto normativo, atribuindo sentido jurídico ao dado comportamento. Nas palavras de Guastini, a norma seria o enunciado "que constitua o sentido ou significado atribuído (por qualquer um) a uma disposição (ou a um fragmento de disposição, ou a uma combinação de disposições, ou a uma combinação de fragmentos de disposições)"[4].

Explica Eros Roberto Grau que o texto normativo assume a natureza *alográfica*, haja vista que não se completa no sentido impresso pelo legislador, mas sua completude realiza-se "quando o *sentido por ele expressado* é produzido, como *nova forma de expressão*, pelo intérprete"[5].

Desta distinção, é possível inferir que a norma não coincide necessariamente com o dispositivo isolado. Não havendo correspondência entre normas e dispositivos, aquelas poderão ser constituídas por uma pluralidade de destes[6] ou de um mesmo dispositivo poderá se construir mais de uma norma. Igualmente, existirão normas dissociadas de dispositivos isolados

---

delle fonti. Milano: Guiffrè, 1998, p.15-20; GUASTINI, Riccardo. *Le fonti del diritto e l'interpretazione.* Milano: Guiffrè, 1993, p.5.

3. "Mediante o enunciado normativo (ou interpretativo) atribui(em)-se determinado(s) significado(s) normativo(s) ou norma(s) à disposição normativa." NEVES, Marcelo. *Entre Hidra e Hércules*: princípios e regras constitucionais como diferença paradoxal do sistema jurídico. São Paulo: WMF Martins Fontes, 2013, p.3. Igualmente, v. GRAU, Eros Roberto. *Por que tenho medo dos juízes (a interpretação/aplicação do direito e os princípios).* 6. ed. São Paulo: Malheiro, 2014, p.36-37.
4. GUASTINI, Riccardo. *Das fontes às normas.* Tradução de Edson Bini. São Paulo: Quartier Latin Brasil, 2005, p.25. Chama atenção que a conceituação de Guastini é criticada por Marcelo Neves a qual entende que o autor de certo modo incide na confusão entre o plano do significante e o plano do significado. v. NEVES, Marcelo. *Entre Hidra e Hércules*: princípios e regras constitucionais como diferença paradoxal do sistema jurídico. São Paulo: WMF Martins Fontes, 2013, p.1, nota 2.
5. GRAU, Eros Roberto. *Por que tenho medo dos juízes (a interpretação/aplicação do direito e os princípios).* 6. ed. São Paulo: Malheiros, 2014, p.36. "Outro é o sentido, no quadro da concepção *funcional*, da generalidade inerente à normatividade. A essência normativa (*lestatu de règle*- diz ele) de um enunciado (= texto normativo) encontra-se na sua vocação de servir de referência (servir de *modelo*) para determinar como as coisas devem ser. A generalidade, então, reside na aptidão da regra para receber um número de aplicações *a priori* ilimitado." GRAU, Eros Roberto. *Por que tenho medo dos juízes (a interpretação/aplicação do direito e os princípios).* Op. cit., p.105.
6. GUASTINI, Riccardo. *Das fontes às normas.* Op. cit., p.25.

(v.g. princípio da segurança jurídica), bem como dispositivos dissociados de normas (v.g. o enunciado que prevê a proteção de Deus na Constituição).[7]

Nesse sentido, diante de uma disposição normativa, caberia indagar qual (quais) norma(s) lhe pode(m) ou deve(m) ser atribuída(s). Percebe-se, pois, uma distinção pautada na separação entre os planos do significante e significado.[8-9]

Ainda que não seja o objetivo central dessa pesquisa, convém, brevemente, promover alguns alertas.

O primeiro deles é que não se pode resumir o processo interpretativo em uma postura monológica exclusivista do intérprete (solipsismo)[10]. Como afirma Streck, a norma é "o sentido do ser do ente (texto)" ou o "sentido que esse texto vem a assumir no processo compreensivo", o que significa que, no processo interpretativo, não se podem negar a tradição, a faticidade e a historicidade[11]. Por outro lado, ainda que seja possível, no primeiro momento, compreender a norma a partir de um sentido apriorístico que lhe é atribuído semanticamente, o real significado da norma decorre de um processo dialético[12]. Nesse processo hermenêutico, envolvem-se outros elementos como a posição doutrinária e a jurisprudencial etc.[13]

---

7. ÁVILA, Humberto. *Teoria dos princípios*: da definição à aplicação dos princípios jurídicos. 18. ed. São Paulo: Malheiros, 2018, p.50-51.
8. Compreendida como duas dimensões do signo. SAUSSURE, Ferdinand de. *Curso de Lingüística Geral.* Tradução de Antônio Chelini, José Paulo Paes e Izidoro Blikstein. 27. ed. São Paulo: Cultrix, 2006, p.81.
9. NEVES, Marcelo. *Entre Hidra e Hércules*: princípios e regras constitucionais como diferença paradoxal do sistema jurídico. Op. cit., p.2.
10. "De que modo é possível controlar o intérprete, para que este não 'diga qualquer coisa sobre qualquer coisa'? Ele é controlado pela tradição, pelos 'constrangimentos linguísticos-epistemológicos' que conformam a sua condição-de-ser-no-mundo. No plano da interpretação do Direito, esse fenômeno ocorre por intermédio da obediência à integridade e à coerência [...]", STRECK, Lênio Luiz. *Hermenêutica jurídica e(m) crise*: uma exploração hermenêutica da construção do Direito. 10. ed. Porto Alegre: Livraria do Advogado, 2011, p.278.
11. "A norma será sempre o resultado da interpretação do texto. Mas, e aqui reside o *plus* que a ontologia fundamental pode trazer a esse debate, *o texto não subsiste separadamente da norma*, d'onde é necessário não confundir a equiparação entre texto e norma com a necessária *diferença* (que é ontológica) entre ambos. Vigência e validade, texto e norma, não podem ser entendidos como se fossem duais (no sentido metafísico)." STRECK, Lênio Luiz. *Hermenêutica jurídica e(m) crise*: uma exploração hermenêutica da construção do Direito. Op. cit., p.279.
12. LARENZ, Karl. *Metodología de la Ciencia del Derecho.* Tradução de M. Rodríguez Molinero. Barcelona: Ariel Derecho, 2009, p.200-203.
13. v. NEVES, A. Castanheira. *Metodologia jurídica:* problemas fundamentais. Coimbra: Coimbra, 2013, p.154 e ss. Igualmente, cf. CARNEIRO, Wálber Araújo. *Hermenêutica*

Além do mais, convém ressaltar que o texto normativo, materializado na lei, na decisão judicial, no instrumento negocial, no ato administrativo etc., pode ser considerado – a depender da linha teórica adotada – apenas um dos elementos interpretativos que conformam a norma jurídica[14]. Friedrich Müller indica, por exemplo, que parte da realidade circundante sobre a qual recairá a norma se constitui de elemento da estrutura da norma jurídica[15].

O segundo alerta diz respeito à impossibilidade de compreender a norma tão somente a partir da análise hermenêutica. A norma pode ser, também, compreendida a partir de suas estruturas, por exemplo, pela chamada dogmática analítica. O fenômeno normativo pode ser analisado por diversos ângulos, não havendo motivos para se pensar em contradições ou conflitos apriorísticos entre as aludidas vertentes de análise.[16]

O terceiro aspecto é a impossibilidade de defender o exclusivo caráter textual das fontes normativas. Os costumes, por exemplo, nada obstante sejam fontes formais do Direito, não assumem caráter textual[17] (sem desconsiderar que certos costumes empresariais sejam objeto de inscrição na Junta Comercial assumindo a feição de textos escritos)[18].

Por fim, o objetivo central desse ponto é permitir compreender que não faz mais sentido, na atualidade, entender que a norma jurídica se resuma ao texto normativo. Sua existência não se confunde com a existência da fonte formal que lhe serve de sustento. São realidades distintas e que carecem de tratamento diferenciado, inclusive para uma adequada compreensão.

---

jurídica heterorreflexiva: uma teoria dialógica do direito. Porto Alegre: Livraria do Advogado, 2011, p.233 e ss.

14. v. NEVES, A. Castanheira. *Metodologia jurídica*: problemas fundamentais. Op. cit., p.155-157. Igualmente, cf. MÜLLER, Friedrich. *Teoria estruturante do direito*. Tradução de Peter Naumann e Eurides Avance de Souza. 3. ed. São Paulo: Revista dos Tribunais, 2011, p.215-223.

15. "O teor literal expressa o 'programa da norma', a 'ordem jurídica' tradicionalmente assim compreendida. Pertence à norma, em nível hierárquico igual, o âmbito da norma, i. é, o recorte da realidade social na sua estrutura básica, que o programa da norma 'escolheu' para si ou em parte criou para si como se âmbito de regulamentação (como amplamente no caso de prescrições referentes à forma e questões similares)." MÜLLER, Friedrich. *Métodos de trabalho do Direito Constitucional.* Tradução de Peter Naumann. 2. ed. São Paulo: Max Limonad, 2000, p.57.

16. v. FERRAZ JÚNIOR, Tércio Sampaio. *Introdução ao estudo do direito*: técnica, decisão e dominação. 4. ed. São Paulo: Atlas, 2003, *passim.*

17. BOBBIO, Norberto. *O positivismo jurídico*: lições de filosofia do direito. Tradução de Márcio Pugliesi, Edson Bini e Carlos E. Rodrigues. São Paulo: Ícone, 2006, p.166-171.

18. Na forma do art. 8, VI, da Lei 8.934, de 18 de novembro de 1994.

A aludida distinção é fundamental à compreensão das espécies normativas, aqui em especial às normas-princípio e às normas-regra[19]. Feitas essas sumárias considerações, resta então avançar para um segundo ponto relacionado à compreensão das duas aludidas espécies normativas.

2.1.2. Sobre a distinção entre princípios e regras.

Princípios e regras são espécies de normas jurídicas; correspondem, portanto, ao significado extraído por meio de um processo interpretativo do texto normativo[20]. Não se confundindo o princípio e a regra com o dispositivo ou texto normativo, a análise das aludidas normas ocorre no plano do significado (e não no significante, como se verá mais à frente quando da análise da cláusula geral).

Tradicionalmente, costuma-se associar a distinção entre princípios e regras a partir de suas características[21]. Basicamente, são três os critérios mais utilizados para a distinção entre princípios e regras: (*i.*) critério do "caráter hipotético-condicional"; (*ii.*) critério do "modo final de aplicação"; e (*iii.*) critério do "conflito normativo".

Pelo critério hipotético-condicional, enquanto as regras possuem uma hipótese e uma consequência que predeterminam a decisão, de modo que são aplicáveis a partir da lógica do "*se, então*", os princípios indicariam tão

---

19. Nesse sentido, NEVES, Marcelo. *Entre Hidra e Hércules*: princípios e regras constitucionais como diferença paradoxal do sistema jurídico. São Paulo: WMF Martins Fontes, 2013, p.1.

20. A distinção entre regras e princípios assume importância prática na medida em que possuem estruturas distintas, formas de aplicação próprias. Nesse sentido, cf. LIMA, Rafael Scavone Bellem de. Otimização de princípios, separação de poderes e segurança jurídica: o conflito entre princípio e regra. *Dissertação de Mestrado.* Faculdade de Direito da Universidade de São Paulo. São Paulo, 2012, p.27.

21. Não é o objetivo esgotar toda a temática, ainda porque desnecessária às pretensões desta tese. Nesse trabalho será adotada a conceituação apresentada por Humberto Ávila. cf. ÁVILA, Humberto. *Teoria dos princípios*: da definição à aplicação dos princípios jurídicos. 18. ed. São Paulo: Malheiros, 2018. Todavia, sobre o tema diferentes abordagens são realizadas na doutrina. Apenas de modo exemplificativo é possível citar os seguintes trabalhos: CANOTILHO, J. J. Gomes. *Direito Constitucional e Teoria da Constituição.* 7. ed. Coimbra: Almedina, 2003; ALEXY, Robert. *Teoria dos direitos fundamentais.* Tradução de Virgílio Afonso da Silva. São Paulo: Malheiros, 2008; BARROSO, Luis Roberto (org.). *A nova interpretação constitucional.* Rio de Janeiro: Renovar, 2003; BARCELLOS, Ana Paula de. *A eficácia jurídica dos princípios constitucionais*: o princípio da dignidade da pessoa humana. Rio de Janeiro: Renovar, 2002; NEVES, Marcelo. *Entre Hidra e Hércules*: princípios e regras constitucionais como diferença paradoxal do sistema jurídico. São Paulo: WMF Martins Fontes, 2013.

somente o fundamento para que o aplicador encontrasse a regra do caso concreto[22].

Humberto Ávila afirma que o referido critério chama atenção para o elemento descritivo da regra, ao passo que o princípio apresentaria uma diretriz. O autor apresenta críticas a esse critério, seja pela sua imprecisão (não indica o que significa dar o primeiro passo para encontrar a regra), seja pela vinculação da "existência de uma hipótese de incidência" a uma questão de formulação linguística, seja pela incorreção da afirmação de que o princípio não possuiria consequência normativa nem hipóteses de incidência.[23]

No segundo critério, "modo final de aplicação", os princípios seriam aplicados de modo gradual, ou seja, *mais ou menos*, enquanto que as regras seriam aplicadas de modo absoluto *tudo ou nada*. Isso significa dizer que os princípios não determinariam absolutamente a decisão, contendo apenas fundamentos que seriam vinculados a outros fundamentos relacionados com outros princípios. Por outro lado, uma vez preenchidas as hipóteses de incidência das regras, ou a regra é inválida ou se a regra é considerada válida. Em sendo válida, a consequência deve ser aceita ou deve ser encontrada uma exceção à referida regra.[24]

Nesse cenário, as regras assumiriam um caráter *prima facie* que não autorizaria ponderação. Seriam normas cujas premissas seriam ou não preenchidas, a estabelecer obrigações definitivas. Os princípios, por sua vez, não instituem obrigações *prima facie*, haja vista que podem ser superadas ou derrogadas por conta de outros princípios colidentes.[25]

Apesar de sua importância, o segundo critério também pode ser objeto de críticas e reformulações. Em primeiro lugar, porque o modo de aplicação não está fixado pelo texto objeto de interpretação, senão pelas conexões axiológicas construídas pelo intérprete. Isso permitiria, por exemplo, uma subversão do caráter absoluto da regra ao se considerar as circunstâncias

---

22. Nesse sentido, ESSER, Josef. *Principio y norma en la elaboración jurisprudencial del derecho privado.* Tradução de Eduardo Valentí Fiol. Barcelona: Bosch, 1961, p. 66-67; LARENZ, Karl. *Metodología de la ciencia del derecho.* Tradução de M. Rodríguez Molinero. Barcelona: Ariel Derecho, 2009, p.465-466.
23. ÁVILA, Humberto. *Teoria dos princípios*: da definição à aplicação dos princípios jurídicos. 18. ed. São Paulo: Malheiros, 2018, p.65-67.
24. DWORKIN, Ronald. *Levando o direito a sério*. Tradução de Nelson Boeira. 2. ed. São Paulo: Martins Fontes, 2007, p. 39-42.
25. v. ALEXY, Robert. *Teoria dos direitos fundamentais*. Tradução de Virgílio Afonso da Silva. São Paulo: Malheiros, 2008, p.93-94.

do caso que poderiam justificar que razões contrárias se sobreponham em determinadas situações.[26]

"A consideração de circunstâncias concretas e individuais não diz respeito às estruturas das normas, mas à sua aplicação; tanto os princípios como as regras podem envolver a consideração a aspectos específicos, abstratamente desconsiderados.", como afirma Humberto Ávila[27] com fundamento em Klaus Günther[28]. Com os princípios, as considerações de aspectos concretos e individuais ocorrem sem obstáculos institucionais, na medida em que estabelecem estados de coisas sem descrever diretamente o comportamento a ser adotado[29]. Já com as regras, a consideração a aspectos concretos e individuais somente poderá ser realizada com uma fundamentação robusta e capaz de superar as barreiras que impõem o dever de obediência à regra[30].

Além do mais, existem regras que possuem âmbitos de aplicação não totalmente delimitados. Nesses casos, ao intérprete cabe decidir pela incidência da regra no caso concreto[31]. Nesse sentido, antes de propor uma aplicação

---

26. ÁVILA, Humberto. *Teoria dos princípios*: da definição à aplicação dos princípios jurídicos. 18. ed. São Paulo: Malheiros, 2018, p.61-65.
27. ÁVILA, Humberto. *Teoria dos princípios*: da definição à aplicação dos princípios jurídicos. Op. cit., p.68.
28. GÜNTHER, Klaus. *Teoria da argumentação no direito e na moral*: justificando a aplicação. Tradução de Cláudio Molz. São Paulo: Landy, 2004, p. 310-312.
29. "O interessante é que o fim, independentemente da autoridade, funciona como razão substancial para adotar os comportamentos necessários à sua promoção. Adota-se um comportamento porque seus efeitos contribuem para promover o fim. Os princípios poderiam ser enquadrados na qualidade de normas que geram, para a argumentação, razões substanciais (*substantive reasons*) ou razões finalísticas (*goal reasons*)." ÁVILA, Humberto. *Teoria dos princípios*: da definição à aplicação dos princípios jurídicos. Op. cit., p.70.
30. "É a própria regra que funciona como razão para adoção do comportamento. Adota-se o comportamento porque, independentemente dos seus efeitos, é o correto. A autoridade proveniente da instituição e da vigência da regra funciona como razão de agir. As regras poderiam ser enquadradas na qualidade de normas que geram, para a argumentação, razões de correção (*rightness reasons*) ou razões autoritativas (*authority reasons*)." ÁVILA, Humberto. *Teoria dos princípios*: da definição à aplicação dos princípios jurídicos. Op. cit., p.70-71. Igualmente, v. SCHAUER, Frederick. *Playing by the Rules*. A Philosophical Examination of Rule-Based Decision Making in Law and in Life. Oxford: Clarendon Press, 1991, p.113-118.
31. ÁVILA, Humberto. *Teoria dos princípios*: da definição à aplicação dos princípios jurídicos. Op. cit., p.69. Para o autor: "Nessa direção, importa dizer que a característica específica das regras (implementação de conseqüências predeterminadas) só pode surgir após sua interpretação. Somente nesse momento é que podem ser compreen-

de modo *tudo ou nada*, impõe-se a superação da questão da validade, do sentido e da subsunção final dos fatos à regra[32].

Da mesma forma, existem casos em que a regra pode ser aplicada ainda que as suas condições não tenham sido implementadas – por exemplo, no caso de aplicação analógica da regra. Igualmente, em certas hipóteses, mesmo que satisfeitas as condições, a regra pode não ser aplicada. Por consequência, não pode ser correto afirmar que, em ocorrendo no plano dos fatos a hipótese prevista por uma regra, a consequência normativa deveria ser diretamente implementada.[33-34]

Quanto ao terceiro critério de distinção, o critério do conflito normativo, é comum a afirmação de que, em existindo antinomias entre regras, haverá ora a declaração da invalidade de uma delas, ora a constituição de uma exceção. No que concerne aos princípios, não se observaria propriamente um conflito, haja vista que o relacionamento consistiria em um imbricamento[35], ao qual se atribui uma dimensão de peso a cada um deles, resolvendo-se eventual choque mediante ponderação.[36]

Nesse sentido, o princípio poderia ser considerado como norma jurídica em que são estabelecidos deveres de otimização, cuja efetividade variaria em

---

didas se e quais as consequências que, no caso de sua aplicação a um caso concreto, serão supostamente implementadas. Vale dizer: a distinção entre princípios e regras não pode ser baseada no suposto método *tudo ou nada* de aplicação das regras, pois também elas precisam, para que sejam implementadas suas consequências, de um processo prévio – e, por vezes, longo e complexo como o dos princípios – de interpretação que demonstre quais a consequências que serão implementadas. E, ainda assim, só a aplicação diante do caso concreto é que irá corroborar as hipóteses anteriormente havidas como automáticas. Nesse sentido, após a interpretação diante de circunstâncias específicas (ato de aplicação), tanto as regras quanto os princípios, em vez de se estremarem, se aproximam." ÁVILA, Humberto. *Teoria dos princípios*: da definição à aplicação dos princípios jurídicos. Op. cit., p.69.

32. ÁVILA, Humberto. *Teoria dos princípios*: da definição à aplicação dos princípios jurídicos. Op. cit., p.69.
33. Tal como preconizam Dworkin e Alexy. Cf. DWORKIN, Ronald. *Levando o direito a sério*. cit., p. 39; ALEXY, Robert. *Teoria dos direitos fundamentais*. cit., p. 93-94.
34. ÁVILA, Humberto. *Teoria dos princípios*: da definição à aplicação dos princípios jurídicos. 18. ed. São Paulo: Malheiros, 2018, p.72.
35. Canaris entende que os princípios, diferentemente do que ocorre com as regras, receberiam seu conteúdo de sentido a partir de um processo dialético de complementação de limitação, considerando seu conteúdo axiológico. CANARIS, Claus-Wilhelm. *Pensamento sistemático e conceito de sistema na ciência do direito*. Tradução de A. Menezes Cordeiro. 4. ed. Lisboa: Fundação Calouste Gulbenkian, 2008, p.88-93.
36. ÁVILA, Humberto. *Teoria dos princípios*: da definição à aplicação dos princípios jurídicos. Op. cit., p.73.

graus[37] segundo as possibilidades normativas e fáticas. Em caso de colisão entre princípios, seria aplicada a ponderação entre eles, de maneira que, na circunstância concreta, um prevaleceria sob o outro.[38]

Este critério – em que pese bem aceito na atualidade, inclusive prevalecendo no dispositivo do art. 489, §2º, do CPC –, igualmente, não está infenso a críticas e reformulações. Em primeiro lugar, não se pode exclusivamente associar a ponderação à aplicação dos princípios, uma vez que corresponde a método de aplicação de qualquer norma considerando o caráter argumentativo do próprio Direito[39]. Na aplicação de qualquer das normas jurídicas, o método da ponderação ou balanceamento, como sopesamento de razões e contrarrazões voltadas à decisão de interpretação, pode estar presente.[40]

Além disso, em segundo lugar, não se pode afirmar com precisão que apenas o princípio possui uma fórmula de peso. Essa dimensão não corresponde a elemento incorporado a uma espécie normativa, senão está vinculada às razões e aos fins que se referem às normas jurídicas em geral. Em verdade, são qualidades atribuídas às razões e fins relativos às normas, cuja importância concreta depende do aplicador (juízo valorativo do aplicador).[41]

---

37. Dworkin chama atenção para a dimensão de peso dos princípios que seria exteriorizada em casos de colisão de modo que o princípio de maior peso prevaleça sobre o de menor peso. DWORKIN, Ronald. *Levando o direito a sério*. Op. cit., p. 42.
38. ALEXY, Robert. *Teoria dos direitos fundamentais*. Op. cit., p. 93-94.
39. ÁVILA, Humberto. *Teoria dos princípios*: da definição à aplicação dos princípios jurídicos. Op. cit., p.81. Igualmente, cf. MACCORMICK, Neil. *Retórica e o estado de direito*: uma teoria da argumentação jurídica. Tradução de Conrado Hübner Mendes e Marcos Paulo Veríssimo. Rio de Janeiro: Elsevier, 2008, p.17-42.
40. "O que se pode afirmar é algo diverso. O relacionamento entre regras gerais e excepcionais e entre princípios que se imbricam não difere quanto à existência de ponderação entre razões, mas – isto, sim – quanto à intensidade da contribuição institucional do aplicador na determinação concreta dessa relação e quanto ao modo de ponderação: no caso da relação entre regras gerais e regras excepcionais o aplicador – porque as hipóteses normativas estão entremostradas pelo significado preliminar do dispositivo, em razão do elemento descritivo das regras – possui menor e diferente âmbito de apreciação, já que deve delimitar o conteúdo normativo da hipótese se e enquanto esse for compatível com a finalidade que a sustenta; no caso de imbricamento entre princípios os aplicador – porque, em vez de descrição, há o estabelecimento de um estado de coisas a ser buscado – possui maior espaço de apreciação, na medida em que deve delimitar o comportamento necessário à realização ou preservação do estado de coisas." ÁVILA, Humberto. *Teoria dos princípios*: da definição à aplicação dos princípios jurídicos. 18. ed. São Paulo: Malheiros, 2018, p.78.
41. "A dimensão de peso não é algo que já esteja *incorporado* a um tipo de norma. As normas não regulam sua própria aplicação. Não são, pois, os princípios que possuem

Em razão das mencionadas críticas, Humberto Ávila propõe uma reformulação dos critérios de diferenciação, sugerindo três novos critérios em substituição.

O primeiro critério seria a "natureza do comportamento prescrito". Com fundamento nesse critério, seriam regras as normas *imediatamente descritivas*, ou seja, aquelas que estabeleceriam obrigações, permissões e proibições por meio da descrição da conduta a ser adotada. Os princípios, em paralelo, seriam normas *imediatamente finalísticas*, uma vez que prescreveriam um estado de coisas para cuja realização depende da adoção de certos comportamentos.[42]

O segundo critério de diferenciação seria a "natureza da justificação exigida". Os princípios são normas com caráter *primariamente prospectivo,* haja vista que impõem uma avaliação da correção entre o estado de coisas pretendido pelos fins da norma e os efeitos havidos da conduta tida por necessária. Já as regras, com base nesse critério, são normas com caráter *primariamente retrospectivo,* considerando que exige uma avaliação da correspondência entre "a construção conceitual dos fatos e a construção conceitual da norma e da finalidade que lhe dá suporte".[43]

O terceiro critério é o da "medida de contribuição para a decisão". Neste ponto, os princípios seriam normas *primariamente complementares* e *preliminarmente parciais*. Isso significa que a norma-princípio não tem por pretensão produzir uma solução específica, mas apenas contribuir para a tomada de decisão ao lado de outras razões. Os princípios não abrangem a totalidade dos aspectos necessários à tomada da decisão.[44]

---

uma *dimensão de peso*; às razões e aos fins aos quais eles fazem referência é que deve ser *atribuída* uma dimensão de importância. A maioria dos princípios nada diz sobre os pesos das razões. É a decisão que atribui aos princípios um peso em função das circunstâncias do caso concreto. A citada *dimensão de peso* (*dimension of weight*) não é, então, atributo abstrato dos princípios, mas qualidade das razões e dos fins a que eles fazem referência, cuja importância concreta é atribuída pelo aplicador. Vale dizer, a dimensão de peso não é um atributo empírico dos princípios, justificador de uma diferença lógica relativamente às regras, mas *resultado de juízo valorativo do aplicador*." ÁVILA, Humberto. *Teoria dos princípios*: da definição à aplicação dos princípios jurídicos. Op. cit., p.82.

42. ÁVILA, Humberto. *Teoria dos princípios*: da definição à aplicação dos princípios jurídicos. Op. cit., p.95.
43. ÁVILA, Humberto. *Teoria dos princípios*: da definição à aplicação dos princípios jurídicos. 18. ed. São Paulo: Malheiros, 2018, p.97-100.
44. ÁVILA, Humberto. *Teoria dos princípios*: da definição à aplicação dos princípios jurídicos. Op. cit., p.100.

Ainda nesse critério, a regras seriam normas *primariamente decisivas* e *abarcantes*. Além da pretensão de abranger todos os aspectos necessários à tomada da decisão, as regras visam gerar uma solução específica para o conflito entre razões.[45]

Levando em conta a construção teórica de Ávila, adotada neste trabalho, princípio é norma jurídica dotada de feição *imediatamente finalística, primariamente prospectiva, com pretensão de complementaridade e de parcialidade*. Os princípios exigem a promoção de um estado ideal de coisas de maneira imediata, a adoção da conduta necessária de maneira mediata e, para sua aplicação, uma avaliação da correlação entre o estado de coisas que busca promover e os efeitos decorrentes da conduta havida como necessária à sua realização.[46]

Por sua vez, a regra seria a norma caracterizada pelo seu aspecto descritivo, primariamente retrospectiva, com pretensão de decidibilidade e abrangência. As regras impõem a adoção de conduta descrita de maneira imediata, a manutenção de fidelidade às finalidades subjacentes e aos princípios superiores. Para sua aplicação, exige correspondência entre o conceito de norma e o conceito de fato.[47]

Em suma, os princípios são normas que prescrevem um estado de coisas a ser atingido em razão da assunção de determinados comportamentos voltados e a adequados à aludida finalidade. As regras, por sua vez, são normas prescritivas de comportamentos de maneira direta e descritiva, estando vinculadas diretamente a uma situação específica.

De toda forma, nada obstante a distinção, as regras e os princípios transitam sempre muito próximos, seja porque as regras se fundamentam em princípio, seja porque os princípios em geral carecem de regras para serem aplicados[48]. Entretanto, a distinção é de incomensurável valor prático e especialmente didático, como se observará mais a frente neste trabalho.

---

45. ÁVILA, Humberto. *Teoria dos princípios*: da definição à aplicação dos princípios jurídicos. Op. cit., p.100.
46. ÁVILA, Humberto. *Teoria dos princípios*: da definição à aplicação dos princípios jurídicos. Op. cit., p.102.
47. ÁVILA, Humberto. *Teoria dos princípios*: da definição à aplicação dos princípios jurídicos. Op. cit., p.102.
48. "A única diferença constatável continua sendo o grau de abstração anterior à interpretação (cuja verificação também depende de prévia interpretação): no caso dos princípios o grau de abstração é maior relativamente à norma de comportamento a ser determinada, já que eles não vinculam abstratamente a uma situação específica (por exemplo, princípio democrático, Estado de Direito); no caso das regras as conseqüências são de pronto verificáveis, ainda que devam ser corroboradas por meio do ato de aplicação.

2.1.3. Sobre as cláusulas gerais e os conceitos indeterminados.

Voltando mais uma vez a atenção para a separação entre o texto e a norma, além da distinção entre significante (texto) e significado (norma), são relevantes no plano semântico os referentes, que correspondem a fatos e objetos construídos na linguagem (na comunicação).[49]

Explica Marcelo Neves que, ao lado da relação texto normativo (significante) e norma jurídica (significado), existe a relação que se estabelece entre a aludida norma e o fato jurídico, a qual se constitui de seu referente. Essa relação é intermediada principalmente pela "*hipótese normativa* do fato irradiador dos efeitos concretos da norma (hipótese de incidência, tipo, antecedente etc.)."[50]

Se o foco da observação recair sobre os aspectos do referente, podem-se perceber diferentes posturas e técnicas de produção de textos normativos legais.

Muitas vezes, as formulações do texto normativo provêm de técnicas caracterizadas pela regulação de uma matéria por meio da delimitação e determinação jurídica específica (concreção especificativa) de um número amplo de casos bem descritos[51]. Essa elaboração "casuística" das hipóteses legais, também chamada de "técnica de regulamentação por *fattispecie*", caracteriza-se pelo privilégio da descrição com elevado grau de detalhamento ou exatidão dos supostos de fato, priorizando a especificação ou determinação dos elementos que compõem a *fattispecie*[52].

Esse critério distintivo entre princípios e regras perde, porém, parte de sua importância quando se constata, de um lado, que a aplicação das regras também depende da conjunta interpretação dos princípios que a elas digam respeito (por exemplo, regras do procedimento legislativo em correlação com o princípio democrático) e, do outro, que os princípios normalmente requerem a complementação de regras para serem aplicados." ÁVILA, Humberto. *Teoria dos princípios*: da definição à aplicação dos princípios jurídicos. 18. ed. São Paulo: Malheiros, 2018, p.69-70.

49. NEVES, Marcelo. *Entre Hidra e Hércules*: princípios e regras constitucionais como diferença paradoxal do sistema jurídico. São Paulo: WMF Martins Fontes, 2013, p.3-4.
50. NEVES, Marcelo. *Entre Hidra e Hércules*: princípios e regras constitucionais como diferença paradoxal do sistema jurídico. Op. cit., p.4.
51. ENGISCHI, Karl. *Introdução ao pensamento jurídico.* 11. ed. Tradução de João Baptista Machado. Lisboa: Fundação Calouste Gulbenkian, 2014, p.228.
52. "Percebe-se ter o legislador fixado, de modo completo, os critérios para aplicar uma determinada qualificação aos fatos, descrevendo condutas a seguir, fins a perseguir ou comportamento a evitar, determinando o que é prescrito a quem, e sob quais circunstâncias." MARTINS-COSTA, Judith. *A boa-fé no direito privado*: critérios para a sua aplicação. São Paulo: Marcial Pons, 2015, p.129.

Nesse modelo, existe uma prevalência do *elemento descritivo* mediante uma tipificação de condutas no texto normativo[53], circunstância que não exclui a necessidade de interpretação[54]. Por outro lado, a interpretação ocorrerá sob um texto com detalhados elementos a serem considerados, que deve levar em conta que o legislador promoveu acentuada descrição da factualidade mediante a *pré-figuração* do comportamento marcante.[55]

Ao lado dessa técnica, a conformação dos textos normativos pode se realizar por meio das chamadas cláusulas gerais. Essas cláusulas garantiriam mobilidade e a renovação da legislação (auto-oxigenação), propiciadas pela intencional imprecisão dos termos da *fattispecie* que descrevem, o que afasta o risco do imobilismo, haja vista o grau mínimo de utilização da lógica da tipicidade[56].

As chamadas cláusulas gerais, em um sentido lato, são textos normativos, construídos, em geral, por meio de conceitos jurídicos indeterminados, cuja elasticidade de sua estrutura exige do intérprete uma postura criativa para complementar o enunciado normativo e atribuir uma consequência jurídica à cláusula geral[57]. As cláusulas gerais são, via de regra, caracterizadas pelo emprego de termos de tessitura aberta (conceitos vagos, termos ou expressões

---

53. MARTINS-COSTA, Judith. *A boa-fé no direito privado*: critérios para a sua aplicação. Op. cit., p.130.
54. "O texto, preceito, enunciado normativo é *alográfico*. Não se completa no sentido nele impresso pelo legislador. A *completude* do texto somente é realizada quando o *sentido por ele expressado* é produzido, como *nova forma de expressão*, pelo intérprete." GRAU, Eros Roberto. *Por que tenho medo dos juízes (a interpretação/aplicação do direito e os princípios)*. 6. ed. São Paulo: Malheiro, 2014, p.36
55. CORDEIRO, António Manuel da Rocha e Menezes. *Da boa fé no Direito Civil.* Coimbra: Almedina, 2013, p.1186-1187.
56. "Essas cláusulas gerais atuam com o objetivo fundamental de cumprir preceitos constitucionais de valorização da dignidade humana e da cidadania, especialmente os voltados para o fato de o autor do ilícito, quer material, quer moral, indenizar o ofendido como forma de reparação do dano produzido." DELGADO, José Augusto. O Código Civil de 2002 e a Constituição Federal de 1988: Cláusulas gerais e conceitos indeterminados. In: ALVIM, Arruda, CÉSAR, Joaquim Portes de Cerqueira, ROSAS, Roberto (orgs.). *Aspectos controvertidos do novo código civil.* São Paulo: Revista dos Tribunais, 2003, p. 397.
57. É preciso alertar que a expressão "cláusulas gerais" comporta múltiplos significados. Neste trabalho será adotado o conceito de Judith Martins-Costa. Cf. MARTINS-COSTA, Judith. *A boa-fé no direito privado*: critérios para a sua aplicação. Op. cit., p.119-120. Sobre a terminologia não uniforme, igualmente cf. ENGISCHI, Karl. *Introdução ao pensamento jurídico.* 11. ed. Tradução de João Baptista Machado. Lisboa: Fundação Calouste Gulbenkian, 2014, p.208.

carecedores de determinação), muitas vezes, com cunho valorativo e com indeterminação da hipótese legal (não existe um detalhamento próprio das casuísticas, referindo-se com um mínimo de descrição às circunstâncias que ensejam a incidência da norma), não estando atreladas a consequências jurídicas correspondentes (incerteza quanto às consequências da incidência).[58]

As cláusulas gerais reforçam, em um contexto amplo, o poder criativo do órgão julgador, uma vez que ele é instado a interferir ativamente na construção do ordenamento jurídico quando da solução dos problemas concretos[59]. Tais disposições abertas exigem do julgador concretização em lugar da subsunção, de maneira a que o Direito seja construído *a posteriori*[60] mediante uma constante alternância entre lógica de indução (generalização do caso) e dedução (individualização do critério).[61]

---

58. Cf. MARTINS-COSTA, Judith. *A boa-fé no direito privado*: critérios para a sua aplicação. São Paulo: Marcial Pons, 2015, p.130-131. Para a autora: "Basicamente, duas ordens de problemas estão aí indicadas. De um lado, os atinentes à indeterminação que atinge a *hipótese legal* (em razão da ausência de elementos especificativos e do emprego de linguagem vaga), havendo, então, *remissão* a um *standard* e/ou a realidade valorativa, o que tem implicações não apenas na estrutura da prescrição, mas, igualmente, na linguagem utilizada, no tipo de raciocínio suscitado e na prova da relação entre o fato que se quer provar e o previsto no enunciado normativo. De outro lado, estão os problemas atinentes à *consequência* (eficácia), a ser determinada nos casos concretos, uma vez que, incidindo, toda norma há de ser aplicada, realizando-se no mundo." MARTINS-COSTA, Judith. *A boa-fé no direito privado*: critérios para a sua aplicação. Op. cit., p.131.
59. WIEACKER, Franz. *História do direito privado moderno*. Tradução de A. M. Botelho Hespanha. 2. ed. Lisboa: Fundação Calouste Gulbenkian, 1993, p. 545-546; DIDIER JR., Fredie. Cláusulas gerais processuais. *Revista de Processo*, n.º 187. São Paulo: Revista dos Tribunais, 2010, p.73.
60. Considerando que o Direito não pode ser construído tão somente por esquemas abstratos e apriorísticos. cf. MARTINS-COSTA, Judith. O direito privado como um "sistema em construção". As cláusulas gerais no projeto do Código Civil brasileiro. *Revista de Informação Legislativa*, n.º 139. Brasília: Senado, 1998, p. 7; PERLINGIERI, Pietro. *Perfis do Direito Civil*: introdução ao Direito Civil Constitucional. Tradução de Maria Cristina de Cicco. 3. ed. Rio de Janeiro: Renovar, 2007, p.27.
61. LARENZ, Karl. *Metodología de la ciencia del derecho.* Tradução de M. Rodríguez Molinero. Barcelona: Ariel Derecho, 2009, p.132. Sobre a mescla de indução e dedução, no processo de concretização do Direito, v. ÁVILA, Humberto Bergmann. Subsunção e concreção na aplicação do direito. In: MEDEIROS, Antonio Paulo Cachapuz. *Faculdade de direito*: o ensino jurídico no limiar do novo século. Porto Alegre: EDIPUCRS, 1997, p.429-430; MENKE, Fabiano. A interpretação das cláusulas gerais: a subsunção e a concreção dos conceitos. *Revista de Direito do Consumidor*, n.º 50. São Paulo: Revista dos Tribunais, 2004, p. 20.

De todo modo, em que pese a proximidade, as cláusulas gerais não se confundem com os conceitos indeterminados, não existindo a necessária utilização de conceitos jurídicos indeterminados na formulação linguística das cláusulas gerais[62]. A distinção não está propriamente na linguagem, senão na estrutura normativa[63].

Os conceitos indeterminados são expressões ou signos linguísticos carentes de densificação semântica por não permitirem comunicações claras quanto ao seu conteúdo em razão de sua polissemia, vaguidade, ambiguidade, porosidade ou esvaziamento[64]. Estes também podem se fazer presentes em estruturas normativas completas (com hipótese legal e consequência predeterminada)[65].

Isso não significa, contudo, que a densificação semântica ou concretização do conceito indeterminado ocorra de maneira arbitrária. A decisão do intérprete-aplicador deve observar, primeiramente, os graus de indeterminação do conceito; em seguida, deve levar em conta adequada argumentação; além disso, devem-se respeitar os limites estruturais da própria densificação, que jamais atingirá o grau de segurança na valoração e precisão no controle subsequente quanto aos conceitos determinados ou decisões apoiadas em núcleos conceituais.[66]

Igualmente, haverá limites circunstanciais, considerando a possibilidade de esgotamento de referências materiais, deixando uma margem

---

62. v. CORDEIRO, António Manuel da Rocha e Menezes. *Da boa fé no Direito Civil.* Coimbra: Almedina, 2013, p.1183.
63. "Os termos indeterminados podem se reportar a realidades fáticas e a realidades valorativas. Em relação aos primeiros, não há dificuldade em distinguir das cláusulas gerais, pois estas, como já se viu, não se reportam à vagueza comum, preenchível com base nas regras comuns de experiência, mas à vagueza socialmente típica." MARTINS-COSTA, Judith. *A boa-fé no direito privado*: critérios para a sua aplicação. Op. cit., p.14.
64. CORDEIRO, António Manuel da Rocha e Menezes. *Da boa fé no Direito Civil.* Op. cit., p.1176-1177. Para o autor: "A decisão amparada a nível de conceito indeterminado exige uma ponderação prévia das possibilidades várias que a sua comunicação permite; tais possibilidades são ordenadas, seleccionado-se uma que será apresentada como justificação da saída encontrada. Pode, assim, afirmar-se que os conceitos interminados se tornam juridicamente actuantes mediante a sua complementação com valorações; obtém-se, desse modo, a regra do caso. Os conceitos indeterminados dizem-se carecidos de preenchimento ou de valoração." CORDEIRO, António Manuel da Rocha e Menezes. *Da boa fé no Direito Civil.* Coimbra: Almedina, 2013, p.1178.
65. MARTINS-COSTA, Judith. *A boa-fé no direito privado*: critérios para a sua aplicação. São Paulo: Marcial Pons, 2015, p.143.
66. CORDEIRO, António Manuel da Rocha e Menezes. *Da boa fé no Direito Civil.* Op. cit., p. 1180-1181.

de discricionariedade ao intérprete-aplicador, bem como existirão limites dogmáticos do conceito a preencher, a exemplo da finalidade da previsão do conceito indeterminado.[67]

Em paralelo, nas cláusulas gerais em sentido estrito, as consequências devidas serão definidas pelo intérprete[68]. No momento de interpretar a cláusula geral, o aplicador é chamado a lidar com modelos de comportamento e pautas da valoração que não estão descritas no referido texto, devendo lhes atribuir uma consequência jurídica, formando "normas de decisão vinculadas à promoção de um valor, diretiva ou padrão social prescritivamente reconhecido como arquétipo exemplar de conduta."[69]

---

67. CORDEIRO, António Manuel da Rocha e Menezes. *Da boa fé no Direito Civil.* Op. cit., p.1180-1181. Segundo Menezes Cordeiro: "Na concretização de conceitos indefinidos, retórica ganha um interesse particular. Uma vez que só uma decisão do intérprete--aplicador a pode levar a cabo, os factores que modelem a sua vontade apresentam-se como argumentos. A não arbitrariedade da solução cifra-se, nesta perspectiva, na autoridade diferente revestida pelos tópicos a considerar, a qual, objectivamente insuflada pelo Direito, permite, através da fundamentação, o controlo das decisões." CORDEIRO, António Manuel da Rocha e Menezes. *Da boa fé no Direito Civil.* Op. cit., p.1181.
68. MARTINS-COSTA, Judith. *A boa-fé no direito privado*: critérios para a sua aplicação. Op. cit., p.143.
69. MARTINS-COSTA, Judith. *A boa-fé no direito privado*: critérios para a sua aplicação. Op. cit., p.143. Explica Judith Martins-Costa: "Assim, inobstante o texto da cláusula geral habitualmente ser composto por termos indeterminados, a coincidência entre os fenômenos indicados por essas duas expressões – conceitos indeterminados e cláusulas gerais – não é perfeita, pois a cláusula geral exige que o intérprete-aplicador concorra de um modo diverso para complementar o enunciado normativo. Enquanto nos conceitos indeterminados o juiz se limita a reportar ao fato concreto o elemento (semanticamente vago) indicado na *fattispecie* (devendo, pois, individuar os confins da hipótese abstratamente posta, cujos efeitos já foram predeterminados legislativamente), na cláusula geral a operação intelectiva do juiz é mais complexa. Este deverá, além de averiguar a possibilidade de subsunção de uma série de casos-limite na *fattispecie*, averiguar a exata individuação das mutáveis regras sociais às quais envia a metanorma jurídica. Deverá, por fim, determinar também quais são os efeitos incidentes ao caso concreto, ou, se estes já vierem indicados, qual a graduação que lhes será conferida no caso concreto, à vista das possíveis soluções existentes no sistema." MARTINS-COSTA, Judith. *A boa-fé no direito privado*: critérios para a sua aplicação. Op. cit., p.143-144. No mesmo sentido, explica Mazzei: "Havendo identidade quanto à vagueza legislativa intencional, determinando que o Judiciário faça a devida integração sobre a moldura fixada, a cláusula geral demandará do julgador mais esforço intelectivo. Isso porque, em tal espécie legislativa, o magistrado, (1) além de preencher o vácuo correspondente a uma abstração (indeterminação proposital) no conteúdo na norma, é (2) compelido também a fixar a consequência jurídica correlata e respectiva ao preenchimento anterior. No conceito jurídico indeterminado, o labor é mais reduzido, pois, como simples

De todo modo, importante chamar atenção que das cláusulas gerais não se extraem tão somente princípios. Dessas tanto é possível obter princípios quanto regras a partir do processo interpretativo, observando-se seus parâmetros. Conforme visto anteriormente, não existe uma vinculação absoluta entre o texto e a norma dele extraída.[70]

Com efeito, é cada vez mais comum, a utilização conjunta do modelo casuístico e das cláusulas gerais na produção dos textos normativos legais. Este formato da técnica legislativa caracteriza-se pela utilização concomitante, no corpo de leis, de preceitos jurídicos cerrados por uma rígida descrição de *fattispecie* (técnica casuística) - descrita com especificidades particulares - com outros preceitos abertos (cláusulas gerais ou abertas), sem uma definição específica, que permita uma maior autonomia do intérprete em sua aplicação e uma maior adaptação ao caso concreto[71-72].

Como se pode observar, a utilização do modelo de cláusula gerais não exclui a utilização da técnica de regulamentação por *fattispecie* ou casuística, uma vez que causaria uma permanente sensação de insegurança[73]. Ao revés, ambas tramitam conjuntamente para garantir que o esforço descritivo do legislador não pereça pela obsolescência prematura, assegurando, assim, um espaço de abertura semântica (mais adequada ao tratamento dos problemas contemporâneos) que autorize o influxo de valores (princípios valorativos)

---

enunciação abstrata, o julgador, após efetuar o preenchimento valorativo, já estará apto a julgar de acordo com a conseqüência previamente estipulada em texto legal." MAZZEI, Rodrigo. Código Civil de 2002 e o Judiciário: apontamentos na aplicação das cláusulas gerais. In: DIDIER JR., Fredie, MAZZEI, Rodrigo (coords.). *Reflexos do Novo Código Civil no Direito Processual.* 2. ed. Salvador: Juspodivm 2007, p.54. Igualmente, v. REQUIÃO, Maurício. *Normas de Textura Aberta e Interpretação:* Uma análise no Adimplemento das Obrigações. Salvador: Juspodivm, 2011.

70. Nesse sentido, DIDIER JR., Fredie. Cláusulas gerais processuais. *Revista de Processo*, n.º 187. São Paulo: Revista dos Tribunais, 2010, p.79.

71. AMARAL, Francisco. A Equidade no Novo Código Civil brasileiro. In: ALVIM, Arruda, CÉSAR, Joaquim Portes de Cerqueira, ROSAS, Roberto (orgs.). *Aspectos controvertidos do novo código civil.* São Paulo: Revista dos Tribunais, 2003, p.198.

72. "Assim procedendo, atendeu o legislador, pelo menos em parte, ao anseio dos civilistas que vêm defendendo uma necessária mudança na tradicional concepção do direito como um sistema intrínseco, a grande contribuição do jusracionalismo da época moderna, segundo a qual o direito se apresenta como um sistema axiomático-dedutivo, cabendo ao intérprete aplicá-lo por meio de um raciocínio lógico-formal." AMARAL, Francisco. A Equidade no Novo Código Civil brasileiro. In: ALVIM, Arruda, CÉSAR, Joaquim Portes de Cerqueira, ROSAS, Roberto (orgs.). *Aspectos controvertidos do novo código civil.* Op. cit., p.197.

73. DIDIER JR., Fredie. Cláusulas gerais processuais. Op. cit., p.72-73.

não explicitados na legislação capazes de renovar a compreensão do ordenamento normativo positivo (ressistematizando-o).[74]

O aludido fenômeno observado na técnica legislativa decorreu da transformação assistida pela metodologia jurídica do século XX[75]. Como não poderia ser diferente, essa transformação igualmente impactou na construção do Direito Processual contemporâneo. Passou a ser natural, por exemplo, a utilização em diversos pontos da legislação processual das chamadas cláusulas gerais e de conceitos indeterminados.[76]

Esse movimento é fortemente verificado, por exemplo, quando se trata de promover um ideal de instrumentalidade processual, especialmente quando da adoção de modelos estruturais relacionados à lógica adequação processual. Nesse cenário, deve o legislador editar disposições processuais abertas, que permitam a individualização da técnica processual ou preenchimento no caso concreto, "deferindo a oportunidade de utilização da técnica processual desde que presentes determinados pressupostos."[77]

É a necessidade de normas flexíveis, capazes de se amoldar ao caso concreto, que faz do Direito Processual um ambiente próprio à adoção da técnica da cláusula geral[78]. Nesse sentido, o dispositivo do art. 327, §2º, do CPC se encaixa, de modo perfeito, ao ambiente, como será observado a seguir.

---

74. As cláusulas gerais, mais do que um "caso" da Teoria do Direito – pois revolucionam a tradicional teoria das fontes –, constituem as janelas, pontes e avenidas dos modernos códigos civis. Isso porque conformam o meio legislativamente hábil para permitir o ingresso, no ordenamento jurídico codificado, de princípios valorativos, ainda inexpressos legislativamente, de *standards,* máximas de conduta, arquétipos exemplares de comportamento, de deveres de conduta não-previstos legislativamente (e, por vezes, nos casos concretos, também não-advindos da autonomia privada), de direitos e deveres configurados segundo os usos do tráfego jurídico, de diretivas econômicas, sociais e políticas, de normas, enfim, constantes de universos metajurídicos, *viabilizando a sua sistematização e permanente ressistematização no ordenamento positivo.*" MARTINS-COSTA, Judith. O direito privado como um "sistema em construção". As cláusulas gerais no projeto do Código Civil brasileiro. *Revista de Informação Legislativa*, n.º 139. Brasília: Senado, 1998, p. 6-7.

75. MARTINS-COSTA, Judith. O direito privado como um "sistema em construção". As cláusulas gerais no projeto do Código Civil brasileiro. Op. cit., p. 7.

76. DIDIER JR., Fredie. Cláusulas gerais processuais. *Revista de Processo*, n.º 187. São Paulo: Revista dos Tribunais, 2010, p.72-73.

77. MARINONI, Luiz Guilherme; ARENHART, Sérgio Cruz; MITIDIERO, Daniel. *Novo curso de processo civil*: tutela dos direitos mediante procedimentos diferenciados. 3. ed. São Paulo: Revista dos Tribunais, 2017, p.54.

78. "A colocação do problema no centro das preocupações hermenêuticas, com o emprego de lógicas mais adequadas à especificidade do fenômeno jurídico e o freqüente emprego

2.1.4. Repercussões sobre os conceitos anteriormente trabalhados na tese.

Como explicitado nos primeiros parágrafos deste trabalho, a análise do art. 327, §2º, do CPC e de seu conteúdo eficacial não prescinde da revisitação a alguns conceitos fundamentais extraídos da Teoria Geral do Direito.

A estrutura linguística do art. 327, §2º, do CPC, é de cláusula geral. Primeiro, porque o dispositivo lida com conceitos jurídicos indeterminados, tais como o conceito de procedimento comum, de procedimento especial, técnicas processuais diferenciadas, a noção de "compatibilidade procedimental" etc.

Além disso, o dispositivo não aponta de maneira especificamente descritiva a(s) consequência(s) e o(s) comportamento(s) a ser(em) adotado(s) em sua aplicação. O legislador, nesse enunciado, reservou-se a dispor que será admitida a cumulação de pedidos submetidos a tipos diversos de procedimento, utilizando-se o procedimento comum, "sem prejuízo do emprego das técnicas processuais diferenciadas previstas nos procedimentos especiais a que se sujeitam um ou mais pedidos cumulados, que não forem incompatíveis com as disposições sobre o procedimento comum".

O aludido texto não fala quais procedimentos são compatíveis, em que circunstância será autorizada a cumulação, como ocorrerá a cumulação, quais técnicas procedimentais diferenciadas serão consideradas etc. Todas essas circunstâncias serão concretizadas (densificadas) pelo aplicador-intérprete quando da realização do dispositivo.

Ademais, a abertura semântica da cláusula do art. 327, §2º, do CPC permite aferir que, de seus termos, serão extraídas não somente regras a imporem diretamente comportamentos, mas, especialmente, princípio a fixar um estado de coisas a ser observado, em especial, no trato do procedimento comum e na sua relação com os procedimentos especiais.

Não se pretende, todavia, resumir toda a complexidade do fenômeno processual a um único dispositivo, sobretudo no que concerne à relação entre o procedimento comum com o procedimento especial. Outros dispositivos são imprescindíveis à sua compreensão, a exemplo dos artigos 190 e 318 do

---

de princípios, conceitos jurídicos indeterminados e juízos de eqüidade, em detrimento de uma visão puramente formalista na aplicação do Direito, haveria obviamente de se refletir no processo. Decorre daí, em primeiro lugar, a recuperação do valor essencial do diálogo judicial na formação do juízo, que há de frutificar pela cooperação das partes com o órgão judicial e deste com as partes, segundo as regras formais do processo." OLIVEIRA, Carlos Alberto Alvaro de. Poderes do juiz e visão cooperativa do processo. *Revista de Direito Processual Civil*, n.º 27. Curitiba: Genesis, 2003, p.26.

CPC. Da mesma forma, não se pode desconsiderar a possibilidade de sua ampla combinação com outros dispositivos, tal como o parágrafo único do art. 1.049 do CPC.

Nada obstante, sua importância justifica a investigação robusta que permita ressaltar elementos normativos que não seriam evidenciados por meio de uma rápida leitura do dispositivo do art. 327, §2º, do CPC. Este é o objetivo central da pesquisa.

2.2. A TEORIA GERAL DO PROCESSO, A CIÊNCIA PROCESSUAL E O DIREITO PROCESSUAL.

Antes de avançar, convém estabelecer, no contexto jurídico-epistemológico, a diferenciação entre a Teoria Geral do Processo, a Ciência Processual e o Direito Processual. A mencionada diferenciação permitirá uma compreensão mais adequada da linguagem e das concepções teóricas trabalhadas ao longo da pesquisa.

Por teoria, pode-se definir uma estrutura (conjunto) sistemática e ordenada de conceitos (representações ideais/abstratas) direcionados a descrever (decodificar a realidade analisada em linguagem), interpretar (atribuir um significado linguístico ao fenômeno analisado e torná-lo inteligível[79]), valorar (atribuir uma qualidade ao fenômeno analisado) e, eventualmente, construir (modificar) ou permitir a reconstrução do fenômeno físico, cultural ou ideal (lógico). Nas palavras de Lourival Vilanova, a autêntica teoria corresponde a todo "sistema de proposições orientado para um objeto com fim cognitivo"[80].

Nessa ordem de ideias, a Teoria Geral do Processo corresponderia a um conjunto ordenado de conceitos fundamentais sob o qual se firma o plexo de conhecimento sobre o fenômeno jurídico do processo. Para além de um conhecimento científico[81], a Teoria Geral do Processo é epistemológica e,

---

79. Com relação à ciência afirma Warat: "Em outras palavras, onde não há rigor lingüistico não há ciência. *Fazer ciência é traduzir numa linguagem rigorosa os dados do mundo;* é elaborar uma linguagem mais rigorosa que a linguagem natural." WARAT, Luis Alberto. *O Direito e sua linguagem.* Porto Alegre: Fabris, 1984, p.37.

80. VILANOVA, Lourival. O problema do objeto da Teoria Geral do Estado. In: *Escritos Jurídicos e filosóficos.* v. 1. Brasília: AxisMvndi/IBET, 2003, p. 80. No mesmo sentido, DIDIER JR., Fredie. *Sobre a teoria geral do processo, essa desconhecida.* 3. ed. Salvador: Juspodivm, 2016, p. 45.

81. "A filosofia do direito nesta questão, como em inúmeras outras, tem, antes de mais nada, uma primeira missão mais modesta, mas mais segura, a cumprir: a de definir e descrever, sem peremptórios juízos de valor, as 'figuras' existentes no domínio dos sistemas dessas relações, historicamente dados, marcando-lhes os seus 'tipos ideais',

ao mesmo tempo, filosófica, haja vista que tem por seu objeto a Ciência do Direito Processual, além de outros fenômenos fundamentais.[82-83]

Cumpre salientar que a feição filosófica da Teoria Geral do Processo encontra-se no aspecto especulativo das indagações, estando voltada às perguntas sobre as possibilidades do conhecimento acerca do fenômeno jurídico processual[84]. Em paralelo, é igualmente epistemológica na medida em que permite uma análise dogmática/científica da própria ciência do processo, a qual constitui seu principal objeto.

Nessa senda, a distinção entre a Teoria Geral do Processo e a Ciência do Direito Processual seria de grau de abstração e objeto. Enquanto que a Teoria Geral do Processo se constitui um conjunto estruturado de conceitos *fundamentais* acerca da Ciência do Direito Processual (conceitos lógico-jurídicos[85], como conceitos *a priori*, filosóficos e fundamentais que constituem

---

vincando-lhes as suas tendências, auscultando-lhes a sua linguagem, as suas conexões, e o seu 'sentido' último. Dito por outros termos: o seu primeiro objectivo (abstraiamos agora de saber se tem outros) é o de pôr a descoberto os pressupostos de índole filosófica geral e de cosmovisão que nesses sistemas radicam ou afloram, bem como os de natureza política e social de que eles podem ser a expressão. Ela faz aqui as vezes de uma Filosofia da Cultura: define, descreve e interpreta." MONCADA, Luís Cabral de. O processo civil perante a filosofia do direito. In: *Estudos de filosofia do direito e do estado*. v. 2. Lisboa: Imprensa Nacional-Casa da Moeda, 2004, p. 169.

82. Tradicionalmente são reconhecidas três noções fundamentais estruturais do processo civil: Jurisdição, ação e processo. Estas constituem a tríade denominada de trilogia estrutural do processo civil que, segundo Calmon de Passos, sintetizam seu conteúdo. PASSOS, J. J. Calmon de. *Da jurisdição*. III-1. Salvador: Publicações da Universidade da Bahia, 1957.

83. v. DIDIER JR., Fredie. *Sobre a teoria geral do processo, essa desconhecida*. 3. ed. Salvador: Juspodivm, 2016, *passim*.

84. Nada obstante não seja elemento central da investigação, poder-se-ia defender que a filosofia se constitui a ciência que objetiva indagar os pressupostos ou condições de possibilidades de todas as ciências particulares, caso se tome como premissa o dogma de que ciência é sistema de conhecimento metodologicamente integrado em uma unidade coerente, como na concepção de Miguel Reale. v. REALE, Miguel. *Filosofia do direito*. 20. ed. 5ª tiragem. São Paulo: Saraiva, 2008, p. 11. Nesse sentido, ciência e filosofia seriam sinônimas, sendo que a filosofia seria epistemologia (ciência sobre ciência). v. DIDIER JR., Fredie. *Sobre a teoria geral do processo, essas desconhecida*. 3. ed. Salvador: Juspodivm, 2016, p. 46. Igualmente, v. ROCHA, José de Albuquerque. *Teoria geral do processo*. 10. ed. São Paulo: Atlas, 2009, p.24.

85. v. TERAN, Juan Manuel. *Filosofía del derecho*. 10. ed. Cidade de México: Porrua, 1986, p.81-82; KELSEN, Hans. *Teoría pura del derecho y teoría egológica*. Tradução de Eduardo Garcia Maynez. Disponível em: http://historico.juridicas.unam.mx/publica/librev/rev/facdermx/cont/10/pr/pr13.pdf. Acesso em: 7 de set. 2017, p. 172. "São estes obtidos *a*

a base da conceituação jurídica positiva e de sua ciência, sendo comuns e necessários ao Direito sem limite de tempo e lugar[86]), essa consubstancia um plexo de conceitos particulares relacionados à análise dogmática do fenômeno jurídico processual - conceitos jurídico-positivos[87] construídos a partir da observação de um determinado Direito Positivo[88] (conceitos *a posteriori*, na medida em que dependem da experiência do Direito Positivo, o qual pretendem compreender[89], de modo que sua validade fica atrelada à vigência do Direito no qual se apoia[90]).

Em outras palavras, a Ciência do Direito Processual, além de dogmática, é objeto de análise na Teoria Geral do Processo, a qual assume traços eminentemente especulativos (zetética)[91].

Ademais, o objeto da Ciência do Direito Processual é o próprio Direito Processual[92], a qual corresponde a um plexo estruturado de normas (regras,

---

priori, com validade constante e permanente, sem vinculação, portanto, com as variações do Direito Positivo. São conceito lógico-jurídicos – ou seja, correspondem a considerações de ordem lógica – os que se referem, entre outros, ao pressuposto ou hipótese normativa e suas conseqüências na proposição jurídica ou aos sentidos (modais) do dever-ser, ou os tendentes à aplicação do princípio de contradição às proposições do dever-ser." BORGES, José Souto Maior. *Obrigação tributária (introdução metodológica)*. 2. ed. São Paulo: Malheiros, 1999, p.94.

86. RECASENS SICHES, Luis. *Tratado general de filosofia del derecho*. 19. ed. México, D.F: Porrúa, 2008, p.11-12.

87. TERAN, Juan Manuel. *Filosofía del derecho*. 10. ed. Cidade de México: Porrua, 1986, p.81-83. Em lição que se aplica à Teoria Geral do Processo, Jorge Souto Maior Borges explica que a Teoria Geral do Direito tem natureza formal na medida em que lida com constantes formais, metodologicamente obtidas por um procedimento de abstração. Nesse procedimento lógico, ocorrerá o isolamento dos conteúdos variados e cambiantes nas normas que compõem determinado ordenamento jurídico, no tempo e no espaço. BORGES, José Souto Maior. *Obrigação tributária (introdução metodológica)*. Op. cit., p.31.

88. BORGES, José Souto Maior. *Lançamento tributário*. 2. ed. São Paulo: Malheiros, 1999, p.94.

89. TERAN, Juan Manuel. *Filosofía del derecho*. Op. cit., p.83.

90. TERAN, Juan Manuel. *Filosofía del derecho*. Op. cit., p.81.

91. FERRAZ JR., Tércio Sampaio. *Introdução ao estudo do direito:* técnica, decisão e dominação. 4. ed. São Paulo: Atlas, 2003, p.39-43. No Brasil, alguns estudiosos propuseram uma distinção entre teoria e dogmática jurídica apontando para a primeira o caráter científico. Nesse sentido, Pedro Lessa defendia que a Dogmática jurídica teria por objeto os cânones do Direito, as regras do Direito positivo e as leis, enquanto que a ciência possuiria afirmações direcionadas à inteligência. cf. LESSA, Pedro. *Estudos de filosofia do direito*. 2. ed. Campinas: Bookseller, 2002, p.53-77.

92. Igualmente, v. ROCHA, José de Albuquerque. *Teoria geral do processo*. 10. ed. São Paulo: Atlas, 2009, p.19-26.

princípios e postulados) que regem o processo[93] e seus institutos. Na visão de Fredie Didier Jr., a Teoria Geral do Processo é linguagem (conjunto de enunciados doutrinários de cunho científico ou filosófico) epistemológica sobre a linguagem jurídico-dogmática, de modo que, em paralelo, a Ciência do Direito Processual examina dogmaticamente o Direito Processual, "formulando diretrizes, apresentando fundamentos e oferecendo subsídios para as adequadas compreensão e aplicação de suas normas"[94].

Nesta perspectiva, o Direito Processual é visto como fenômeno analisado por uma ciência (Ciência do Direito Processual), que pretende lhe compreender, sistematizar, elaborar e articular seus elementos. Como se percebe, o Direito Processual tem contornos normativos e, por conseguinte, sua linguagem (normativa) é distinta da linguagem (doutrinária) da Ciência do Processo (atua pautada nas diretrizes, fundamentos e subsídios da Teoria Geral do Processo) e, muito mais, da Teoria Geral do Processo.

Apesar do grau de abstração dos seus conceitos, as análises promovidas pela Teoria Geral do Processo não produzem categorias estanques ou infensas a alterações da realidade circundante. Nesse sentido, as categorias de uma teoria geral são constantemente submetidas a testes empíricos capazes de ensejar a superação, no caso de inadequação, ou correção de defeitos[95].

Noutras palavras, a categoria formal (da Teoria Geral) será teoricamente legítima e idônea se capaz de apresentar aptidão para solucionar problemas de interpretação do Direito Positivo a partir de sua transposição para uma ordem jurídica particular[96].

Nesse sentido, a nova legislação processual, por exemplo, é capaz de repercutir na Teoria Geral do Processo. A mudança da legislação importa em mudança na realidade cultural[97], de modo que a depender do resultado

---

93. Nesse sentido, CINTRA, Antônio Carlos de Araújo; GRINOVER, Ada Pellegrini; DINAMARCO, Cândido Rangel. *Teoria geral do processo.* 31. ed. São Paulo: Malheiros, 2015, p.64.
94. DIDIER JR., Fredie. *Sobre a teoria geral do processo, essa desconhecida.* 3. ed. Salvador: Juspodivm, 2016, p. 88.
95. DIDIER JR., Fredie. *Sobre a teoria geral do processo, essa desconhecida.* Op. cit., p. 55-56.
96. BORGES, José Souto Maior. *Obrigação tributária (introdução metodológica).* 2. ed. São Paulo: Malheiros, 1999, p.35.
97. "O que se passa – como acima se refere - em todos os setores de atuação eminentemente culturígena do homem, se há de passar também - e com sobradas razões - no campo da meditação e do trato do Direito, fenômeno cultural e tão eminentemente criador de cultura como é essa forma de normativização da vida humana, só por si capaz de transformar esse objeto natural, que é o nosso planeta, numa teia imensa de relações de

do teste de transposição da categoria formal a essa nova realidade, certa revisão da Teoria (dos conceitos fundamentais que a compõem) poderia restar justificada diante de eventual inadequação da construção teórica à base objetiva sobre a qual tem assento essa construção[98].

Em sendo a Teoria Geral do Processo, o campo de análise de categorias fundamentais relacionadas aos fenômenos jurídicos processuais, a adequada investigação do Direito Positivo não prescinde da análise de certos conceitos jurídicos fundamentais. Estes conceitos são absorvidos pela Ciência Processual como insumos para viabilizar a leitura das categorias desenvolvidas no contexto do direito processual (conceitos jurídicos positivos).

Olhando para o dispositivo do art. 327, §2º, do CPC, primeiramente, se observa seu posicionamento como objeto de estudo da ciência processual. Por outro lado, a compreensão do art. 327, §2º, do CPC no contexto da análise teórica do Direito Processual pressupõe a compreensão de conceitos fundamentais na Teoria Geral do Processo (conceitos lógico-jurídicos), que são os conceitos de processo e procedimento.

2.3. SOBRE O PROCESSO E O PROCEDIMENTO.

Discorrer sobre os arranjos normativos decorrentes do art. 327, §2º, do CPC, envolve investigar estruturas do Direito Positivo. Todavia, a compreensão dessas estruturas não dispensa ao menos a fixação do conceito de procedimento (conceito lógico-jurídico), haja vista que o referido dispositivo regula aspectos funcionais do procedimento comum e sua relação com os procedimentos especiais.

Por outro lado, tratar de procedimento implica em tratar de processo como categoria fundamental da Teoria Geral do Processo. Procedimento e Processo são fenômenos absolutamente imbricados. Como será observado, são fenômenos essencialmente iguais, nada obstante costumarem ocupar espaços semânticos[99] distintos, seja no ambiente teórico (filosófico ou científico) seja no ambiente prático (técnico-jurídico).

---

dominium e *imperium*". MACHADO NETO, Antônio Luís. *Teoria da ciência jurídica.* São Paulo: Saraiva, 1975, p.183.

98. VILANOVA, Lourival. O problema do objeto da Teoria Geral do Estado. In: *Escritos Jurídicos e filosóficos.* v. 1. Brasília: AxisMvndi/IBET, 2003, p. 18.

99. Vide as críticas doutrinárias à utilização dos signos "processo" e "procedimento" como sinônimos. v. CARNELUTTI, Francesco. *Instituiciones del proceso civil.* v. I. 2. ed. Traducción de Santiago Sentis Meleno. Buenos Aires: Ediciones Juridicas Europa-America, 1973, p.419-420; SANTOS, Moacyr Amaral. *Primeiras linhas de Direito Processual Civil.* v. 2. 27. ed. São Paulo: Saraiva, 2011, p.112-113.

Bastante comum, por exemplo, observar construções que atribuem ao processo a natureza de espécie de procedimento, sendo que, por outro lado, não é raro se tomar o procedimento como mera manifestação externa do processo. Ambas as digressões pautaram a assunção de posições acadêmicas ou técnicas nos mais diversos meios em que a linguagem jurídica ecoa. A aparentemente inocente constatação, contudo, indica quão complexa é a relação processo e procedimento.

Afinal, em tese, poder-se-ia questionar se o processo seria procedimento (tomando este como gênero) ou, por outro lado, o procedimento seria apenas uma face do processo. Do mesmo modo, poder-se-ia encarar uma terceira hipótese de ser o processo e procedimento um mesmo fenômeno, como se defende nesta pesquisa.

Cândido Dinamarco apontava para a comum utilização da palavra "processo" em, pelo menos, três acepções conexas, porém, distintas.

Para o autor, processo pode nomear, em uma visão institucional, um sistema de técnicas instaladas no plano do Direito e voltadas à pacificação de conflitos jurídicos. Já em uma visão dogmática, processo seria categoria jurídica, ou seja, método de trabalho relacionado à atuação jurisdicional e ao exercício da ação e da defesa. Por fim, o processo poderia representar uma "realidade fenomenológica" própria da "experiência dos juízes e das partes em relação a cada um dos incontáveis conflitos entre pessoas ou grupos, concretamente trazidos ao Estado-juiz em busca de tutela jurisdicional".[100]

Todavia, mais que tomar partido de um dos significados ou usos do signo linguístico "processo" ou "procedimento", compreendê-los impõe seu alinhamento dentro de um conjunto de fenômenos jurídicos, de maneira a classificá-los com base em elementos e caraterísticas comuns.

Partindo da premissa de que a análise do art. 327, §2º, do CPC, pressupõe a compreensão do conceito de procedimento, para os fins desta pesquisa, a investigação partirá da concepção de processo como procedimento em contraditório desenvolvida Elio Fazzalari. Em seguida, de uma análise crítica dessa concepção, será demonstrada a identidade de essência entre o processo e o procedimento, bem como seus traços característicos.

Não se desconhecem outras importantes concepções teóricas que tentam indicar a natureza jurídica do processo[101]. Todavia, por opção metodológica, a tese será restrita à análise da concepção de processo como procedimento.

---

100. DINAMARCO, Cândido Rangel. *Instituições de Direito Processual Civil*. v. II. 7. ed. São Paulo: Malheiros, 2017, p. 23-25.

101. v. Oskar Von Bülow (BÜLOW, Oskar Von. *Teoria das exceções e dos pressupostos processuais*. 2. ed. Campinas: LZN, 2005), James Goldschmidt (GOLDSCHMIDT, James.

2.3.1. Processo como Procedimento em Contraditório.

Há algum tempo, a concepção de processo como procedimento em contraditório, de Elio Fazzalari[102], vem apresentando um crescente número de adeptos e interessados.

Para o autor, que se alinhava à doutrina administrativista[103], o procedimento corresponderia a uma série de normas, reguladoras de determinadas condutas (lícitas ou obrigatórias), encadeadas de maneira sucessiva. Cada uma dessas normas enunciaria como condição de sua incidência a realização ou o cumprimento da conduta prevista em outra norma da série, até desemborcar na última norma reguladora da cadeia – a norma reguladora do "ato final"[104].

Derecho procesal civil. Tradução de Leonardo Prieto Castro. Barcelona: Labor, 1936; GOLDSCHMIDT, James. *Principios generales del proceso:* Teoría General del Proceso. Buenos Aires: Ediciones Jurídicas Europa-América, 1961), Piero Calamandrei (CALAMANDREI, Piero. El proceso como situación jurídica. In: *Estudios sobre el proceso civil.* Tradução de Santiago Sentís Melendo. Buenos Aires: Bibliografica Argentina, 1945), Niceto Alcalá-Zamora y Castillo (ALCALÁ-ZAMORA Y CASTILLO, Niceto. *Estudios de teoría general e historia del proceso (1945-1972).* Cidade do México: Universidad Nacional Autónoma de México, 1974, t. I, p.377-452), João Mendes de Almeida Júnior (ALMEIDA JÚNIOR, João Mendes de. *Direito Judiciário Brasileiro.* 5. ed. Rio de Janeiro: Freitas Bastos, 1960), Eduardo J. Couture (COUTURE, Eduardo J. *Fundamentos del derecho procesal civil.* 4. ed. Montevideo/Buenos Aires: IBdeF, 2009), Jaime Guasp (GUASP, Jaime; ARAGONESES, Pedro. *Derecho Procesal Civil:* introducción y parte general. T. I. 7. ed. Madrid: S.L. Civitas Ediciones, 2005), Rosemiro Pereirra Leal (LEAL, Rosemiro Pereira. *Teoria geral do processo:* primeiros estudos. 8. ed. Rio de Janeiro: Forense, 2009), Carlos Alberto Carmona (CARMONA, Carlos Alberto. Considerações sobre a evolução conceitual do processo. *Revista de Processo,* n.º 57. São Paulo: Revista dos Tribunais, 1990, p.46), dentre outros.

102. Aroldo Plínio Gonçalves atribui a Fazzalari a maior contribuição na renovação do conceito de procedimento no âmbito do Direito Processual. Fazzalari teria partido de uma visão "bem estruturada" do ordenamento jurídico e de conjunto de conceitos "bem definidos", para investigar as formas de agrupamentos normativos decorrentes de entrelaçamento ou conexão de normas. GONÇALVES, Aroldo Plínio. *Técnica Processual e Teoria do Processo.* Rio de Janeiro, AIDE, 2001, p.105-118.
103. v. SANDULLI, Aldo M. *Il procedimento amministrativo.* Milano: Giuffré, 1964, p. 7-16; FAZZALARI, Elio. *Instituições de direito processual.* Campinas: Bookseller, 2006, p.112.
104. FAZZALARI, Elio. *Instituições de direito processual.* Op. cit., p.93. "Poderá ocorrer, e com efeito ocorre, que um mesmo *dictum* do legislador discipline mais atos uniformemente; mas, também em tal hipótese, decompondo a manifestação externa nas suas componentes lógicas, deverá reconhecer-se que ela enuncia outras tantas normas quantas são as condutas reguladas (qualificadas, isto é, como direito ou como obrigação). Poderá também acontecer, e acontece, que um artigo de lei não esgote a disciplina de uma

Fazzalari compreende que cada uma das normas que compõem o complexo procedimental imporia uma conduta, a qual seria qualificada como direito ou obrigação[105]. Caso o procedimento fosse, por conseguinte, organizado de modo a atender a uma ordem participativa em um contexto de simétrica paridade dos interessados – daqueles cujas esferas jurídicas serão afetadas pelo ato final[106] do procedimento, favoravelmente ou não – estar-se-ia diante do *processo.*[107]

O processo teria natureza de procedimento, no qual são ou estão habilitados a participar os interessados no provimento final, "em cuja esfera jurídica o ato final é destinado a desenvolver efeitos: em contraditório, e de

---

conduta, mas regule somente um ou mais elementos de uma ou mais condutas [...]: em tal caso se está diante de uma fração de norma, para conectar com outras, de onde sairá uma norma inteira, isto é, a completa disciplina de uma certa conduta." FAZZALARI, Elio. *Instituições de direito processual.* Campinas: Bookseller, 2006, p.113.

105. FAZZALARI, Elio. *Instituições de direito processual.* Op. cit., p.113.

106. "Isso não significa que o efeito jurídico decorra do complexo de atos que compõem o procedimento: aquele efeito dependerá mesmo, sempre do ato final, que é resultado do procedimento. Isso quer dizer, portanto, que tal ato não deve ser considerado válido e que a eficácia porventura desenvolvida poderá ser neutralizada, caso ele (o ato final) não tenha sido precedido da seqüência de atos determinados pela lei." FAZZALARI, Elio. *Instituições de direito processual.* Op. cit., p.115.

107. FAZZALARI, Elio. *Instituições de direito processual.* Op. cit., p.94. Nesse sentido, explica Feliciano Benvenuti: "No processo, os destinatários do ato [decisão] são, de fato, capazes de participar na transformação do poder, ou seja, na concretização do poder, no ato que é determinante da sua situação jurídica. Isso derradeiramente explica, de maneira bastante evidente, como o processo compreende a forma típica de explicação da função judicial. Porque a sentença da qual as partes são destinatárias é ato emanado em primeiro lugar no interesse destas, e só secundariamente no interesse do Estado pela justiça, é que, sobretudo na atuação daquela função, sente-se a necessidade que os destinatários fossem primordiais participantes do processo, de modo a concorrer para a determinação do ato no momento, mesmo em uma série de momentos em que o poder é realizado.". Tradução livre de "*Nel processo, infatti, gli stessi destinatari dell'atto hanno la possibilità di partecipare alla trasformazione del potere e cioè alla concretizzazione del potere in quell'atto che è determinativo di una loro posizione giuridica. E ciò spiega infine in modo evidentissimo como il processo sai la forma tipica di esplicazione della funzione giurisdizionale. Perchè la sentenza di cui la parti sono i destinatari è atto emanato prima di tutto del loro interesse, e solo secondariamente nell'interesse dello Stato alla giutizia; onde sopratutto nell'esplicazione di quella funzione si è sentita la necessità che i destinatari fossero ance partecipi del processo e cioè concorressero alla determinazione dell'atto nel momento, anzi nella serie dei momenti, in cui il potere si concretizza.*" BENVENUTI, Feliciano. Funzione amministrativa, procedimento, processo. *Rivista Trimestrale di Diritto Pubblico*, anno II. Milano: Giuffré, 1952, p.136.

modo que o autor do ato não possa obliterar as suas atividades"[108]. Nessa concepção, o contraditório é ressaltado e recebe papel de destaque[109]. Não há de se falar em processo sem o contraditório no contexto do pensamento de Fazzalari, uma vez que, sem o contraditório, haveria apenas o procedimento.

O que chama atenção na tese de Fazzalari é que o processo não se satisfaria com a mera participação dos sujeitos interessados no ato final, já que se imporia ao procedimento uma estrutura dialética[110].

Na referida estrutura dialética, à participação dos sujeitos interessados em paridade de posições na preparação do ato final soma-se a imposição de que as reações de tais interessados possam influir reciprocamente, em mútua implicação das suas atividades, e, no provimento futuro, com relevância dessa atividade para o autor do provimento. Segundo Fazzalari, essa influência recíproca acontece de maneira a que cada interessado em contraditório promova e execute um conjunto de escolhas, de reações, de controles, ao mesmo tempo em que sofre com a fiscalização (controle) e reações dos outros, sendo que o agente (autor do ato) deve prestar contas dos resultados.[111]

Em suma, processo haverá, segundo a tese de Fazzalari, somente e quando o procedimento contemplar a participação dos interessados e do autor do ato final, em contraditório, por meio de atividades que o autor do ato final não possa ignorar – nada obstante possa desatender[112] –, na produção do ato final da cadeia procedimental. Nesse sentido, o provimento jurisdicional (ou ato final) não se conformaria apenas com a atuação do órgão judicante, senão com a atividade de todos os interessados[113].

---

108. FAZZALARI, Elio. *Instituições de direito processual.* Op. cit., p.118-119.

109. "O que caracteriza fundamentalmente o *processo* é a celebração *contraditória* do procedimento, assegurada a participação dos interessados mediante exercício das faculdades e poderes integrantes da relação jurídica processual. A observância do procedimento em si próprio e dos níveis constitucionalmente satisfatórios de participação efetiva e equilibrada, segundo a generosa cláusula *due process of Law*, é que legitima o ato final do processo, vinculativo dos participantes.", DINAMARCO, Cândido Rangel. *A Instrumentalidade do Processo.* 13. ed. São Paulo: Malheiros, 2008, p.77.

110. FAZZALARI, Elio. *Instituições de direito processual.* Campinas: Bookseller, 2006, p.118-119.

111. FAZZALARI, Elio. *Instituições de direito processual.* Op. cit., p.119-120.

112. FAZZALARI, Elio. *Instituições de direito processual.* Op. cit., p.120.

113. Como bem alertava Rosemiro Pereira Leal: "De outra face, a sentença (provimento) não é, nessa teoria, um ato sentimental e solitário do juiz, mas uma conseqüência e expressão jurídica, racionalizada e categoricamente conclusiva, dos atos realizadores do procedimento em contraditório entre as partes.", LEAL, Rosemiro Pereira. *Teoria geral do processo:* primeiros estudos. 8. ed. Rio de Janeiro: Forense, 2009, p.83.

Fazzalari, ao propor uma visão renovada do processo, teve o mérito de reacender a importância do procedimento no estudo do processo[114]. Contudo, apesar da importância da construção, é possível observar uma séria impropriedade metodológica na concepção de Fazzalari, uma vez que associou uma construção lógica-jurídica (*Processo*) a elementos contingenciais do Direito Positivo (*contraditório*)[115].

Conquanto a importância do contraditório na conformação do Direito Processual moderno e contemporâneo, em especial sob a égide de uma Estado constitucional e democrático de direito[116-117], do ponto de vista da Teoria Geral do Processo, desponta (o contraditório) como elemento contingente à categoria "Processo". O Processo não poderia ser procedimento em contraditório, na medida em que desse conceito se excluiriam os "Processos" desenvolvidos em contextos arbitrários e autoritários (ordenamentos não democráticos)[118] ou os Processos irregulares e passíveis de anulação diante da ausência de contraditório[119].

---

114. CARMONA, Carlos Alberto. Considerações sobre a evolução conceitual do processo. *Revista de Processo*, n.º 57. São Paulo: Revista dos Tribunais, 1990, p.48.

115. DIDIER JR., Fredie. *Sobre a teoria geral do processo, essa desconhecida*. 3. ed. Salvador: Juspodivm, 2016, p.81-82.

116. TROCKER, Nicolò. *Processo civile e Constituzione*. Problemi di diritto tedesco e italiano. Milano: Giuffré, 1974, p. 367-372; MARINONI, Luiz Guilherme. *Novas linhas do Processo Civil*. 4. ed. São Paulo: Malheiros, 2000, p. 252-253; NUNES, Dierle José Coelho. *Processo jurisdicional democrático*. Curitiba: Juruá, 2008, p.212 e ss.

117. Sobre a chamada processualização do procedimento, cf. DANTAS, Miguel Calmon. Direito fundamental à processualização. In: GOMES JR., Luiz Manoel; WAMBIER, Luiz Rodrigues; DIDIER JR., Fredie (org.). *Constituição e processo*. Salvador: Juspodivm, 2007, p. 418-422. Em sentido próximo, v. GRECO, Leonardo. O princípio do contraditório. *Revista Dialética de Direito Processual*, n.º 24. São Paulo: Dialética, 2005, p. 74.

118. "Com efeito, o positivismo do séc. XIX e da primeira metade do séc. XX esvaziou o contraditório, que não era considerado um princípio inerente ao direito processual, restringindo-se a alguns poucos procedimentos. Mesmo o gênio de Carnelutti pregava, já no começo do século XX, contra a existência de um contraditório generalizado, e a Alemanha nazista chegou a vivenciar uma proposta de supressão do princípio, com o processo de partes absorvido pela jurisdição voluntária. Foi o período pós-2ª Guerra Mundial que fez com que o Estado de Direito fosse remodelado e permitiu a reconstrução teórica do princípio do contraditório, fulcrado no pano de fundo da dignidade humana, no acesso à justiça, nos direitos fundamentais, todos valores a serem tutelados e preservados em procedimentos dialéticos inclusivos." CABRAL, Antonio do Passo. *Nulidades no processo moderno*: contraditório, proteção da confiança e validade *prima facie* dos atos processuais. Rio de Janeiro: Forense, 2009, p. 110. Igualmente, cf. GRECO,

Daí porque, com razão, afirma Paula Sarno Braga "não ser o contraditório elemento constitutivo ou imprescindível para a existência de um processo, mas um requisito de validade seu, juridicamente positivado".[120]

Em consequência, promovendo uma redução conceitual com a supressão do elemento contingencial (o contraditório), poder-se-ia perceber que processo e procedimento representam a mesma categoria jurídica. Ou, nas palavras de Paula Sarno Braga, "são, em essência, noções indissociáveis entre si"[121].

De qualquer sorte, o defeito metodológico apontado, de difícil percepção no contexto do contemporâneo Estado Democrático de Direito, não macula a construção de Fazzalari a ponto de implicar sua superação. Em verdade, mostra-se contraproducente o desprezo às construções teóricas formuladas a partir das concepções anteriormente trabalhadas.

Desde a relação jurídica processual ao procedimento em contraditório, passando por diversas outras concepções menos expressivas (como a de situação jurídica processual), diversas foram as contribuições absolutamente relevantes para a compreensão da natureza do processo, a qual apresenta uma natureza complexa. É possível avançar, todavia, para se compreender adequadamente o significado dessa natureza complexa do processo.

Leonardo. O princípio do contraditório. *Revista Dialética de Direito Processual*, n.º 24. São Paulo: Dialética, 2005, p. 72-73.

119. "Sucede que, tomando o processo como conceito jurídico fundamental, o contraditório não pode ser considerado em sua definição, como elemento constitutivo de seu núcleo conceitual, na medida em que há que se admitir ordenamentos não-democráticos que se valem do fenômeno processual sem contraditório inerente. Além disso, em ordenamentos democráticos há processos nulos, sem contraditório, mas que são processos." BRAGA, Paula Sarno. *Norma de processo e norma de procedimento:* o problema da repartição de competência legislativa no Direito Constitucional brasileiro. Salvador: Juspodivm, 2015, p.160.

120. BRAGA, Paula Sarno. *Norma de processo e norma de procedimento:* o problema da repartição de competência legislativa no Direito Constitucional brasileiro. Op. cit., p.160.

121. BRAGA, Paula Sarno. *Norma de processo e norma de procedimento:* o problema da repartição de competência legislativa no Direito Constitucional brasileiro. Op. cit., p.161. Assumindo raciocínios e posições próximas, cf. CRETELLA JUNIOR, José. *Tratado de direito administrativo*. v. VI. Rio de Janeiro: Forense, 19?, p.16-17; DIDIER JR., Fredie. *Sobre a teoria geral do processo, essa desconhecida.* 3. ed. Salvador: Juspodivm, 2016, p. 81-82; SILVA, Paula Costa e. *Acto e Processo.* O dogma da irrelevância da vontade na interpretação e nos vícios do acto postulativo. Coimbra: Coimbra, 2003, p. 124-128.

2.3.2. Da essencial relação entre processo e procedimento, e sua consequência quanto à identificação da natureza jurídica do processo.

A afirmação de que processo e procedimento são essencialmente iguais pouco significa[122]. Ao contrário, seria um raciocínio tautológico (em que as premissas representariam as próprias conclusões) se, a partir desta identificação, não se colhessem os frutos para a formulação de conceito com alta densidade acerca da natureza jurídica do processo e suas implicações.

Antes, contudo, é preciso ressaltar certos traços do fenômeno procedimental, principalmente levando em conta que não é fenômeno exclusivamente jurídico. O procedimento, como fenômeno, extrapola os limites das construções culturais e é percebido na própria natureza, observando leis naturais ou lógicas distintas do Direito.

Existem procedimentos biológicos, como, por exemplo, o procedimento gestacional. É possível observar procedimentos físicos, como a órbita dos planetas e as estações do ano. Da mesma forma, existem procedimentos criados pela inteligência e a ação humanas, como, por exemplo, o algoritmo na constituição do *software* e o próprio processo judicial. Esses últimos são inseridos no rol de fenômenos culturais, a assumirem características que lhes são próprias[123].

O procedimento, quando associado a um conjunto de técnicas (tecnologia)[124] voltadas a realização concreta do Direito - conformação de atos normativos formais -, assume uma relação essencial com o processo

---

122. Apontando a pouca utilidade da distinção, cf. GRECO, Leonardo. *Instituição de processo civil.* v. I. 5. ed. Rio de Janeiro: Forense, 2015, ponto 10.4 [e-book].

123. Em sentido próximo, v. REDENTI, Enrico. *Profili pratici del diritto processuale civile.* 2. ed. Milano: Giuffré, 1939, p. 125-126; ZANZUCCHI, Marco Tullio. *Diritto processuale civile.* v. I. 4. ed. Milano: Giuffré, 1947, p.61; CALAMANDREI, Piero. *Instituciones de derecho procesal civil.* Segun el nuevo código. v. I. Tradução de Santiago Sentis Melendo. Buenos Aires: Ediciones Juridicas Europa-America, 1962, p. 317; DINAMARCO, Cândido Rangel. *Instituições de Direito Processual Civil.* v. II. 7. ed. São Paulo: Malheiro, 2017, p.516; ROCHA, José de Albuquerque. *Teoria geral do processo.* 10. ed. São Paulo: Atlas, 2009, p. 187-188.

124. Propondo uma distinção entre processo, como método (voltado à eficácia), e procedimento, como técnica (voltado à eficiência), v. SOARES, Marcos José Porto; ZANARDI, Glaziele. Distinção entre processo e procedimento. *Revista de Processo,* n.º 246. São Paulo: Revista dos Tribunais, 2015, p.208. Em sentido próximo, tratando o processo como "direção no movimento" e procedimento como "modo ou forma de mover", v. NALINI, José Renato. Processo e procedimento. Distinção e a celeridade da prestação jurisdicional. *Revista dos Tribunais*, n.º 730. São Paulo: Revista dos Tribunais, 1996, p.676-680.

(*procedimento como processo*), inexistindo elementos que justifiquem a diferenciação[125].

Nessa vertente, o procedimento é investigado como objeto da Teoria Geral do Processo, excerto da Teoria Geral do Direito. O procedimento encerra-se em conceito fundamental à sua construção e à compreensão da Ciência do Direito Processual – circunstância que viabiliza o desenvolvimento de teorias científicas relacionadas a elementos específicos de seu objeto, tais como a feição e a relação entre os procedimentos comum e especiais.[126]

Ocorre que a complexidade assumida pelo fenômeno processual impede reduções ou simplificações teóricas à sua conceituação ou à aferição de sua natureza jurídica, a justificar uma concepção multidimensional do processo/procedimento.

Já há algum tempo que Gaetano Foschini denunciava a feição complexa do fenômeno processual, reconhecendo-o como uma unidade combinada com uma pluralidade. Segundo Foschini, a natureza complexa do processo derivaria da natureza dos elementos que, combinados, concorrem para sua formação. Nessa ordem de ideias, para o autor, ora o processo seria encarado do ponto de vista abstrato, como relação jurídica complexa, ora do ponto de vista concreto e estático, como situação jurídica complexa, ou do ponto de vista concreto e dinâmico, como um ato jurídico complexo[127-128].

Embora não se concorde com as conclusões de Foschini, a realidade jurídico-processual parece corroborar com suas premissas. O processo/procedimento ora assume uma conformação abstrata não tão evidente (processo como complexo normativo ou modelo normativo), ora, de modo eminente, uma compleição concreta (processo como conjunto de atos ou ato complexo)[129].

---

125. Paula Costa e Silva entende que a diferenciação de uso dos termos "processo" e "procedimento" não se justifica, uma vez que se referem a uma realidade idêntica. SILVA, Paula Costa e. *Acto e processo*. O dogma da irrelevância da vontade na interpretação e nos vícios do acto postulativo. Coimbra: Coimbra, 2003, p. 124.

126. Considerando os limites estreitos da pesquisa, o enfoque recairá sobre a segunda vertente.

127. FOSCHINI, Gaetano. Natura Giuridica del Processo. *Rivista di Diritto Processuale*. v. 3, parte I. Padova: CEDAM, 1948, p. 110.

128. Defendendo sua natureza complexa, Fredie Didier Jr. afirma que o processo pode ser compreendido como método de criação de atos normativos, como ato jurídico complexo (procedimento) e como relação jurídica. DIDIER JR., Fredie. *Curso de Direito Processual Civil*: introdução ao Direito Processual Civil, parte geral e processo de conhecimento. 20. ed. Salvador: Juspodivm, 2018, p. 36.

129. Algo próximo já escreveu Enrico Redenti ao afirmar: "La ley se preocupa de determinar, con fines de justicia, cuáles puedan ser aquellas actividades; y cuando sean legalmente

José de Albuquerque Rocha enxerga as referidas dimensões de um ponto de vista distinto. Para o autor, referidas dimensões constituiriam, em verdade, elemento de distinção entre processo e procedimento. Explicava que o processo seria uma realidade material, "consistente numa cadeia de atos que tem em vista a produção de um efeito jurídico final, se é atuação ou conduta repetida, habitual". O processo, em sua concepção, corresponderia a dimensão concreta anteriormente afirmada.[130]

Por outro lado, o procedimento corresponderia à dimensão abstrata, na medida em que seria "o conjunto de normas que disciplinam essa conduta ou atuação repetida de atos em que consiste o processo". Arremata o autor que o procedimento (como conjunto de normas) estabeleceria "as condutas a serem observadas no desenvolvimento da atividade processual pelos sujeitos do processo: juiz, autor e réu, e, bem assim, pelos auxiliares da justiça e os terceiros que, eventualmente, sejam chamados a participar da atividade processual".[131]

---

necesarias o simplemente consentidas, en qué forma puedan o deban ser llevadas a cabo, y qué efectos u órdenes de efectos puedan seguirse de ellas y cómo deban coordinarse o combinarse recíprocamente. La ley preordena así *esquemas formales*, no tanto ni sólo de los actos singulares, cuanto y también de sus diversas combinaciones posibles en serie y son esquemas que varían según la naturaleza y entidad de las providencias, que se trate de formar, y de los jueces y demás sujetos que a ellos puedan o deban concurrir. Tales esquemas, predispuestos para los posibles procesos, toman o debieran tomar el nombre de *procedimientos*. Los dos términos, de proceso y procedimiento, cuando se los ponga en contraposición, deberán expresar respectivamente el fenómeno en concreto y el módulo legal del fenómeno en abstracto, mientras que la expresión de *procedura* debería aludir, más en general aún, a la clase o a la categoría de las formas, modos y métodos legales de proceder. Pero en el uso común, estos tres términos vienen a considerarse muy a menudo como susceptibles de intercambio o sustitución entre sí." REDENTI, Enrico. *Derecho procesal civil.* Tradução de Santiago Sentís Melendo e Marinho Ayerra Redín. Buenos Aires: Ediciones Juridicas Europa-América, 1957, t. I, p.88. Da mesma forma, quando da análise do procedimento, v. MARINONI, Luiz Guilherme. *Curso de processo civil*: teoria geral do processo. Op. cit., p. 409. No Brasil, Pimenta Bueno já sustentava no século XIX que: "O processo não é sinão o complexo dos meios, das normas, que a lei reflectidamente tem preestabelecido para regular os actos e os termos que as partes e os juizes devem empregar, e observar na marcha judiciária." BUENO, José Antonio Pimenta. *Apontamentos sobre as formalidades do processo civil.* 2. ed. Rio de Janeiro: Tipografia Nacional, 1858, p.1.

130. ROCHA, José de Albuquerque. *Teoria geral do processo.* 10. ed. São Paulo: Atlas, 2009, p.186.

131. ROCHA, José de Albuquerque. *Teoria geral do processo.* 10. ed. São Paulo: Atlas, 2009, p.186.

O autor, entretanto, não percebe que, em verdade, o fenômeno processual possui uma natureza complexa que permite simultânea manifestação em duas dimensões. São duas dimensões absolutamente imbricadas, seja porque a dimensão abstrata depende da concreta para se objetivar na realidade fática, seja porque a realidade concreta não prescinde da abstrata a qual lhe atribui sentido[132].

Na dimensão concreta, altamente evidenciada, é comum a associação entre o conceito de procedimento com a ideia de atos concatenados ou ordenados de maneira sucessiva, inclusive entre aqueles que defendem a distinção de natureza entre processo e procedimento. Por exemplo, tradicionalmente afirmava-se que o procedimento seria o aspecto exterior do processo e que seria a relação jurídica que animaria o procedimento[133]. Nada de errado haveria

---

132. Com relação à terminologia empregada afirmava Redenti: "Los términos, de proceso y procedimiento, cuando se los ponga en contraposición, deberán expresar respectivamente el fenómeno en concreto y el módulo legal del fenómeno en abstrato, mientras que la expresión de *procedura* debería aludir, más en general aún, a la clase o a la categoría de las formas, modos y métodos legales de proceder. Pero en el uso común, estos tres términos vienen a considerarse muy a menudo como susceptibles de intercambio o sustitución entre sí." REDENTI, Enrico. *Derecho procesal civil.* Tradução de Santiago Sentís Melendo e Marinho Ayerra Redín. Buenos Aires: Ediciones Juridicas Europa-América, 1957, t. I, p.88.

133. REDENTI, Enrico. *Derecho procesal civil.* Tradução de Santiago Sentís Melendo e Marinho Ayerra Redín. Buenos Aires: Ediciones Juridicas Europa-América, 1957, t. I, p.117; CALAMANDREI, Piero. *Instituciones de derecho procesal civil.* Segun el nuevo código. v. I. Op. cit., p. 336 e ss; LIEBMAN, Enrico Tullio. *Manual de Direito Processual Civil.* Op. cit.. p.63-64; WATANABE, Kazuo. *Da cognição no processo civil.* 2. ed. Campinas: Bookseller, 2000, p.122; DINAMARCO, Cândido Rangel. *Fundamentos do processo civil moderno.* 6. ed. São Paulo: Malheiros, 2010. t. I, p.297-298; DINAMARCO, Cândido Rangel. *Instituições de Direito Processual Civil.* v. II. 7. ed. São Paulo: Malheiros, 2017, p.25-28. Atribuindo ao processo a natureza finalística e ao procedimento o caráter formal e concreto de marcha dos atos em juízo v. MARQUES, José Frederico. *Instituições de Direito Processual Civil.* v. I. 3. ed. Rio de Janeiro: Forense, 1966, p.31; SANTOS, Moacyr Amaral. *Primeiras linhas de Direito Processual Civil.* v. 2. 27. ed. São Paulo: Saraiva, 2011, p. 112-113; PASSOS, José Joaquim Calmon de. *Comentários ao Código de Processo Civil.* v. III. 9. ed. Rio de Janeiro: Forense, 2005, p. 5; SHIMURA, Sérgio Seiji. *Arresto cautelar.* São Paulo: Revista dos Tribunais, 1993, p.17; GAJARDONI, Fernando da Fonseca. *Flexibilização procedimental*: um novo enfoque para o estudo do procedimento em matéria processual, de acordo com as recentes reformas do CPC. São Paulo: Atlas, 2008, p. 38. Considerando o processo como uma direção no movimento e o procedimento como modo de mover ou forma do movimento extrínseco, v. ALMEIDA JÚNIOR, João Mendes de. *Direito judiciário brasileiro.* 5. ed. Rio de Janeiro/São Paulo: Freitas Bastos, 1960, p. 243-248; LEITÃO, José Ribeiro. Aspectos de teoria geral dos procedimentos especiais. *Revista de Doutrina e Jurisprudência do TJ/DF,* abr., 1985.

nessa construção, salvo pela tentativa de dissociar processo de procedimento (que estão absoluta e essencialmente vinculados).

De qualquer sorte, persistiria a questão de perquirir em qual natureza se dá tal ordenação de atos.

Giovanni Conso[134], ao tratar do fato jurídico processual penal, propôs que os procedimentos, em geral, conformariam uma *fattispecie complexa de formação sucessiva*[135] de modo que os diversos fatos jurídicos que compõem o procedimento fossem conectados em vista de um efeito – um ato derradeiro –, o qual seria o efeito do procedimento, resolvendo-se numa pluralidade de atos compondo uma série temporal[136]. Esse ato derradeiro, "efeito final do procedimento", não necessariamente seria o último ato, mas poderia ser um ato intermediário[137].

Para tanto, Conso partiu do conceito de *fattispecie*[138] *complexa* como elemento central para a compreensão do fenômeno procedimental[139]. Como *fattispecie simples* seu esquema coincide com o dos fatos jurídicos suficientes para dar-lhes vida; a *fattispecie complexa* corresponderia àquela cuja verifica-

---

Disponível em https://bdjur.tjdft.jus.br/xmlui/bitstream/handle/tjdft/35132/aspectos%20de%20teoria%20geral%20dos%20procedimentos%20especiais.pdf?sequence=1. Acesso em 18 de ago. 2018, p.28; MIRANDA, Pontes de. *Comentários ao Código de Processo Civil.* 3. ed. Rio de Janeiro: Forense, 1996, t. III, p.435; BERMUDES, Sérgio. Procedimentos em matéria processual. *Revista de Direito da Defensoria Pública*, n.º 5. Rio de Janeiro, 1991, p. 162-164. Disponível em http://arquivos.proderj.rj.gov.br/dpge/site/Upload/RD05-160-A-167.PDF. Acesso em 04 de abr. 2018; ALVIM, J. E. Carreira. *Teoria geral do processo.* 21. ed. Rio de Janeiro: Forense, 2018, item 10.1 [e-book].

134. CONSO, Giovanni. *I fatti giuridici processuali penali.* Perfezione ed efficacia. Milano: Giuffré, 1955, p. 115-137.
135. CONSO, Giovanni. *I fatti giuridici processuali penali.* Op. cit., p. 121.
136. CONSO, Giovanni. *I fatti giuridici processuali penali.* Op. cit., p. 124.
137. CONSO, Giovanni. *I fatti giuridici processuali penali.* Op. cit., p. 127-129. Igualmente, v. FAZZALARI, Elio. *Instituições de direito processual.* Campinas: Bookseller, 2006, p.115.
138. Para o autor, a *fattispecie* ora representa um modelo abstrato previsto hipoteticamente na norma, ora como situação que se venha a verificar na realidade da vida e que se subsome no esquema abstrato previsto na norma – *fattispecie concreta.* CONSO, Giovanni. *I fatti giuridici processuali penali.* Op. cit., p. 1-6. Para interessante diferenciação entre *fattispecie* e suporte fático v. NEVES, Marcelo. *Entre Hidra e Hércules*: princípios e regras constitucionais como diferença paradoxal do sistema jurídico. São Paulo: WMF Martins Fontes, 2013, p. 4-5.
139. Para o autor a escolha da expressão "*fattispecie complexa*" decorreu principalmente dos riscos decorrentes dos distintos usos da expressão "ato complexo". CONSO, Giovanni. *I fatti giuridici processuali penali.* Op. cit., p. 46-47.

ção dependeria da reunião de fatos jurídicos necessários ao cumprimento de seu escopo[140]. Em sua formulação, Conso apresentou ao menos 3 (três) tipos de *fattispecie* complexa: *i.* a *fattispecie* complexa de formação sucessiva ou necessariamente sucessiva; *ii.* a *fattispecie* complexa de formação concomitante; *iii.* a *fattispecie* complexa de formação cronologicamente indiferente[141].

Conso entende que a maior dificuldade seria a distinção do procedimento com outras combinações de fatos jurídicos[142]. Tentando resolver a questão, o autor aponta para a inutilidade de se perquirir a relação entre os efeitos e os atos, salientando a necessidade de analisar a relação entre os atos para verificar suas diferentes naturezas e intensidades.[143]

No procedimento, argumenta o autor, haveria uma relação intensa entre os atos que compõem a cadeia, de modo que um número mais ou menos extenso de atos que constituem a estrutura procedimental surge como produto do cumprimento de obrigações decorrentes do procedimento, as quais estariam fortemente relacionadas com a atividade dos sujeitos de direito público no exercício de suas funções[144]. Segundo Paula Sarno Braga, analisando a referida construção teórica, Conso concebe o procedimento como um conjunto mais ou menos vasto de atos que se realizam em atendimento a um dever, o qual corresponderia à situação jurídica que surge ou se concretiza quando da verificação de um fato integrante do rito. Em outras palavras, um ato é praticado em razão de uma obrigação e, desse ato, surgiria novo dever de maneira sucessiva[145-146].

---

140. CONSO, Giovanni. *I fatti giuridici processuali penali.* Perfezione ed efficacia. Milano: Giuffré, 1955, p. 115.
141. CONSO, Giovanni. *I fatti giuridici processuali penali.* Op. cit., p. 115-116.
142. CONSO, Giovanni. *I fatti giuridici processuali penali.* Op. cit, p. 125.
143. CONSO, Giovanni. *I fatti giuridici processuali penali.* Op. cit., p. 131.
144. CONSO, Giovanni. *I fatti giuridici processuali penali.* Op. cit. p. 132.
145. CONSO, Giovanni. *I fatti giuridici processuali penali.* Op. cit. p. 133.
146. BRAGA, Paula Sarno. *Norma de processo e norma de procedimento:* o problema da repartição de competência legislativa no Direito Constitucional brasileiro. Salvador: Juspodivm, 2015, p.108. "Giovanni Conso segue refletindo sobre as diferentes possibilidades de dinâmica procedimental existentes, mas sempre com base na ideia de que a *obrigatoriedade* tanto qualifica o procedimento, quanto garante a progressão de sua série de atos. Cada fato do procedimento tem o efeito de fazer surgir o dever (daí o que chama de 'obrigatoriedade') para o sujeito de praticar atos sucessivos e, assim, parecer-lhe digna de nota a tese de que o procedimento é *série de atos e série de efeitos causalmente ligados, também a um efeito final.*" BRAGA, Paula Sarno. *Norma de processo e norma de procedimento:* o problema da repartição de competência legislativa no Direito Constitucional brasileiro. Op. cit. p.108. Seguindo uma linha próxima, Marcos

A aludida construção de Giovanni Conso é replicada com leves variações por outros autores. Calmon de Passos, por exemplo, entende que, na perspectiva estrutural, "o processo é um tipo complexo de formação sucessiva do tipo procedimento", uma vez que os vários atos que compõem sua estrutura normativa (tipo) sucedem-se no tempo e em uma ordem necessária e preestabelecida, de modo que os atos mantenham relação de pressuposto e condição[147-148]. No mesmo sentido, Fredie Didier Jr. defende que o processo é ato complexo de formação sucessiva haja vista que é conformado por um

---

Bernardes de Mello explica que o ato complexo não assume uma categoria especial de ato jurídico sendo apenas atos jurídicos cujos suportes fáticos são compostos por vários atos jurídicos, caracterizados pela presença de um ato final e pela presença de ato ou atos condicionantes desse ato final. Para o autor, que associa os atos complexos com o exercício de funções públicas ou de atividades da administração pública, todos estes atos seriam relacionados e estariam ordenados no tempo, "de modo que constituem partes integrantes de um *processo*, definido este como um conjunto ordenado de atos destinados a certo fim (exercício de uma competência, de um poder ou prestação de um dever)". MELLO, Marcos Bernardes de. *Teoria do fato jurídico:* plano da existência. 12. ed. São Paulo: Saraiva, 2003, p.154-155. Ressaltando a presença de tais combinações de atos (atos complexos) em circunstância nas quais o caráter privado mostra-se eminente, v. CARNELUTTI, Francesco. *Teoria geral do direito*. Tradução de Antônio Carlos Ferreira. São Paulo: Lejus, 1999, p. 505.

147. PASSOS, José Joaquim Calmon de. *Esboço de uma teoria das nulidades aplicada às nulidades processuais*. Rio de Janeiro: Forense, 2005, p.82.

148. "O processo é, pois, um procedimento regulado. Analisado estruturalmente, vale dizer, sem que se considere a atividade em que se traduz, mas do ponto de vista dos atos que o formalizam, lhe dão concreção e materialidade, ele atende a tudo quando se exige para conceituar-se um fenômeno jurídico como *tipo*, enquadrando-se ele na categoria dos tipos complexos de formação sucessiva do tipo procedimento." PASSOS, José Joaquim Calmon de. *Esboço de uma teoria das nulidades aplicada às nulidades processuais*. Op. cit., p.88. Nesse sentido, afirma Manuel Galdino da Paixão Júnior que o processo é fato jurídico complexo, disciplinado por normas jurídicas, de natureza pública e autônomo com relação aos fatos do direito material e suas relações, e unitário na medida em que ato e fatos estão vinculados por um objetivo comum. cf. PAIXÃO JÚNIOR, Manuel Galdino da. *Teoria geral do processo*. Belo Horizonte: Del Rey, 2002, p. 150; FERNANDES, Antônio Scarance. *Teoria Geral do Procedimento e o procedimento no processo penal*. São Paulo: Revista dos Tribunais, 2005, p. 31-33. "Realmente, como ocorre com todo o fato jurídico, os chamados atos complexos ou compostos carecem para que existam e/ou sejam válidos e eficazes de que estejam presentes, materializados, todos os elementos nucleares (= cerne e complementares), complementares e integrativos que compõem o seu suporte fáctico. Por isso, se falta algum dos nucleares, o ato jurídico não existe; se a carência ou defeito diz respeito aos complementares ou integrativos, conforme a espécie, embora existam, o ato jurídico será inválido ou ineficaz." MELLO, Marcos Bernardes de. *Teoria do fato jurídico:* plano da existência. 12. ed. São Paulo: Saraiva, 2003, p.156.

conjunto de atos jurídicos (atos processuais), relacionados entre si, voltados a um objetivo comum. No caso do processo jurisdicional, o autor afirma que o objetivo comum é a prestação jurisdicional.[149]

Por outro lado, com fundamento em distinta conceituação, há quem, a exemplo de Carnelutti[150], atribua ao processo a natureza de ato-procedimento. Segundo essa linha de entendimento, o ato-procedimento corresponderia a uma combinação de atos de efeitos jurídicos ligados entre si por uma lógica causal, voltados a um efeito final obtido por meio de uma cadeia causal dos efeitos de cada ato.[151]

Seguindo a conceituação de Carnelutti[152], Paula Costa e Silva explica que o ato-procedimento seria uma universalidade de atos que estariam agregados com vista a produzir um dado efeito, o qual se associa ao ato derradeiro da sequência. No ato-procedimento, os atos que conformariam a cadeia preparam o último ato, cujos efeitos não seriam possíveis caso não se observasse a sequência dos atos.[153]

O ato complexo seria uma universalidade de atos que se diluem num título que os transcendem, de modo que concorreriam com a satisfação de

---

149. DIDIER JR., Fredie. *Curso de Direito Processual Civil*: introdução ao Direito Processual Civil, parte geral e processo de conhecimento. 20. ed. Salvador: Juspodivm, 2018, p. 37-38. No mesmo sentido, v. DIDIER JR., Fredie. *Pressupostos processuais e condições da ação*: o juízo de admissibilidade do processo. São Paulo: Saraiva, 2005, p.17-21.

150. "Já deste lado, pois, se verifica uma série de atos jurídicos, para a consecução do referido efeito último e supremo. Ora, estes vários atos combinam-se por forma a que cada um produza o seu efeito próprio, que consiste nada mais nada menos que em tornar possível ou necessário o ato sucessivo, até ao final, que produzirá o caso julgado. Há, portanto, uma concatenação de efeitos sucessivos e, conseqüentemente, uma série de atos e de efeitos, por forma que cada ato com exceção do último, só mediatamente se relaciona com o efeito final. Daqui o pensar-se, desde logo, que esse efeito último vem afinal a produzir-se por uma série de impulsões, comunicadas de uns fatos para os outros, assemelháveis às das carruagens nos carris do caminho de ferro. O mesmo se passa também com as combinações dos atos das partes com os atos do juiz." CARNELUTTI, Francesco. *Teoria geral do direito*. Tradução de Antônio Carlos Ferreira. São Paulo: Lejus, 1999, p. 502.

151. CARNELUTTI, Francesco. *Teoria geral do direito*. Op. cit., p. 504.

152. Para Carnelutti, o ato complexo é aquele que pode ser cindido em partes, sendo que cada parte já constitui um ato em si, capaz de implementar sua causa. Segundo o autor, a unidade não se relaciona tanto pelo efeito jurídico, senão pela identidade ou interdependência de causas. CARNELUTTI, Francesco. Forma degli atti complessi. *Rivista di Diritto Commerciale e del Diritto Generale delle Obbligazioni*, v. XXXV. Milano: Casa Editrice Dottor Francesco Vallardi, 1937, p. 459.

153. SILVA, Paula Costa e. *Acto e processo*. O dogma da irrelevância da vontade na interpretação e nos vícios do acto postulativo. Coimbra: Coimbra, 2003, p. 100.

uma necessidade diversa e superior àquelas dos atos que isoladamente o conformam. Esse ato complexo é um ato único que assume a forma de ato continuado ou concursal, caso haja homogeneidade ou heterogeneidade do sujeito participante de sua produção.[154-155]

Nessa ordem de ideias, o processo corresponderia a ato-procedimento, na medida em que os atos processuais estão ordenados numa sequência dotada de racionalidade observando uma ordem que se aproxima cada vez mais da realização do ato terminal, ou seja, os atos processuais estão voltados à produção de um resultado[156].

Por sua vez, Paula Sarno Braga, explicitamente adotando uma concepção intermediária - igualmente acolhida nesta pesquisa -, absorvendo características do ato procedimento e do ato complexo, registra que procedimento seria "ato complexo de formação sucessiva, cujos atos integrantes são reunidos em cadeia causal, ordenada e progressivamente - em série de atos e posições -, que seguem rumo à obtenção de um ato único e final."[157]

---

154. v. CARNELUTTI, Francesco. *Teoria geral do direito*. Tradução de Antônio Carlos Ferreira. São Paulo: Lejus, 1999, p. 508-509; SILVA, Paula Costa e. *Acto e processo*. O dogma da irrelevância da vontade na interpretação e nos vícios do acto postulativo. Op. cit., p. 99-100. No mesmo sentido, MELLO, Celso Antônio Bandeira de. *Curso de direito administrativo*. 22. ed. São Paulo: Malheiros, 2007, p.471; MOREIRA, Egon Bockmann. *Processo Administrativo*. Princípios Constitucionais e a Lei 9.784/1999. 2. ed. São Paulo: Malheiro, 2003, p. 58-61; MIRANDA, Sandra. Julien. *Do ato administrativo complexo*. São Paulo: Malheiros, 1998, p.60-61.

155. De maneira próxima Fazzalari defende que o procedimento não se confunde com atos complexos ou compostos, na medida em que estes últimos regulamentam apenas um único ato ou *fattispecie*. Segundo o próprio Fazzalari, os atos complexos consubstanciam uma manifestação de vontade coletiva, sendo um ato conformado com a manifestação da vontade de mais de um sujeito. De outra maneira, os atos compostos são conformados por meio da ligação de uma norma (ou normas) a outra que disciplina uma atividade subserviente. FAZZALARI, Elio. *Instituições de direito processual*. cit., p. 92.

156. SILVA, Paula Costa e. *Acto e processo*. Op. cit., p. 122. "Com os dados antecedentes, podemos ensaiar uma qualificação do processo enquanto facto jurídico. O processo pertence à categoria do acto-procedimento e não à categoria do acto complexo. Isto porque a lei toma uma opção clara quando faz depender a produção dos efeitos, que com o processo se visam alcançar, a saber, a resolução de um litígio, da existência de um acto típico e terminal: a sentença, acto que é preparado por uma série de outros actos, que logicamente o antecedem." SILVA, Paula Costa e. *Acto e processo*. Op. cit., p. 123.

157. BRAGA, Paula Sarno. *Norma de processo e norma de procedimento:* o problema da repartição de competência legislativa no Direito Constitucional brasileiro. Salvador: Juspodivm, 2015, p.115.

Nada obstante o caráter concreto do processo/procedimento, é seu caráter abstrato que talvez devesse chamar mais atenção. Isso porque, analisadas as coisas com maior detalhe, na realidade concreta somente existiriam atos. O processo/procedimento corresponderia a uma qualificação de atos, portanto, categorias ideais pertencentes, no caso do Direito, à realidade cultural – sem desconsiderar, mais uma vez, a imprescindível imbricação entre a dimensão concreta e a dimensão abstrata, bem como a importância da dimensão concreta na objetivação fáticas da dimensão abstrata[158].

Processo e procedimento apenas assumem aspectos discerníveis quando qualificados como tal. Atos ou seu conjunto assumiriam o sentido de processo/procedimento porque ordenados normativamente. Doutra maneira, seriam realidades ocas e de pouca importância prática. Nesse cenário, ressai-se a dimensão abstrata do processo/procedimento, como o verdadeiro aspecto de sua natureza, a merecer uma análise mais detalhada.

2.3.3. A dimensão abstrata do processo/procedimento: o processo como modelo normativo e seus efeitos.

Resumir o processo/procedimento a um conjunto de atos (ato complexo ou ato-procedimento) é ofuscar um verdadeiro traço de sua natureza jurídica e reduzi-lo a elementos exteriores e simplificadores de sua complexidade. Os atos que conformam a estrutura orgânica do processo/procedimento são ocos se dissociados do(s) modelo(s) normativo(s) que lhes dá(ão) sentido.

Como visto anteriormente, Fazzalari compreendia o procedimento como uma série de normas ou uma sequência de normas, qualificadoras de determinadas condutas (lícitas ou obrigatórias), encadeadas de maneira sucessiva. Segundo explica o autor, cada uma das normas enunciaria como condição de sua incidência a realização ou cumprimento da conduta prevista em outra norma da série, até desemborcar na última norma reguladora da cadeia – a norma reguladora do "ato final"[159].

---

158. "Se quisermos ser fiéis e coerentes com quanto afirmado precedentemente, seremos obrigados a concluir que o direito, enquanto produto de pensamento e decisão (julgamento) é sempre linguagem, texto, proposição descritiva ou proposição prescritiva, extremamente vulnerável e impotente. Este, entretanto, é o material com que trabalhamos, nós, os juristas, e representa tudo quanto se coloca no espaça de nossa percepção e é *operável* por nós." PASSOS, José Joaquim Calmon de. Instrumentalidade do processo e devido processo legal. In: *Ensaios e artigos*. v. 1. Salvador: Juspodivm, 2014, p.32-33.

159. FAZZALARI, Elio. *Instituições de direito processual.* Op. cit., p.93. Também cf. CALAMANDREI, Piero. *Instituciones de derecho procesal civil.* Segun el nuevo código. v. I. Op. cit., p. 322-324. Em sentido próximo, CHIOVENDA, Giuseppe. *Instituições de Direito*

Nada obstante, essa combinação de normas, igualmente, forma diversas outras estruturas e modelos normativos, sendo que nem todos esses modelos assumem a natureza procedimental[160]. Mas como distinguir o processo/procedimento de outras estruturas ou modelos normativos?

Ao que parece, dois aspectos chamam atenção.

O primeiro é a própria organização normativa voltada a regular e permitir a produção do ato final. Como já tratado acima, pouco importa sua designação (ato complexo ou ato-procedimento), a dimensão concreta do processo implica uma sequência de atos voltados a potencialmente produzir um ato final da cadeia, em razão de uma ordem normativa estabelecida no modelo procedimental. No entanto, a análise organizacional é insuficiente para atender ao intento diferenciador, na medida em que, considerando a feição cultural do Direito, seus institutos são voltados à promoção de certas funções.

Nesta linha de raciocínio, o segundo aspecto a ser verificado é seu aspecto finalístico ou teleológico. Como ressalta Paula Costa e Silva, o processo é forma que existiria em razão dos objetivos pelos quais foi pensado e criado[161]. Essa constatação é bastante emblemática quando da análise da dimensão abstrata do processo.

Processual Civil. v. I. Tradução de J. Guimarães Menegale. São Paulo: Saraiva, 1965, p.51. Igualmente, Calamandrei afirmava que "La regulación de las formas procesales sirve precisamente para esto: las reglas del procedimiento son, en sustancia, una especie de *metodología* fijada por la ley para servir de guía a quien quiera pedir justicia: casi, podría decirse, el manual del litigante, que le enseña cómo se debe comportar con el juez para se escuchado por éste." CALAMANDREI, Piero. *Instituciones de derecho procesal civil.* Segun el nuevo código. v. I. Op. cit., p. 322.

160. FAZZALARI, Elio. *Instituições de direito processual.* Op. cit., p.85-92.

161. SILVA, Paula Costa e. *Acto e processo.* Op. cit., p. 103-105. "O que distingue o processo jurisdicional dos restantes processos é a função específica que serve. Este processo é instituído, na fase declarativa, para resolver conflitos. A resolução pressupõe, em última instância, o proferimento de uma decisão. De aqui não se pode seguir que, por o processo judicial, atendendo à função específica que lhe cabe, implicar um acto terminal, todos os processos dependerem da existência de um acto deste tipo. Em suma, a distinção entre o procedimento administrativo e o processo judicial não pode estabelecer-se com base na existência, respectivamente, eventual ou necessária do acto final normal. Pois assim como o procedimento administrativo existe mesmo que não venha a ser praticado o acto administrativo, também o processo judicial existe mesmo que não venha a ser proferida uma sentença." SILVA, Paula Costa e. *Acto e processo.* Op. cit., p. 126.

Com efeito, às vezes, associam-se os aspectos finalísticos aos atos que compõem o processo/procedimento[162]. Entretanto, essa leitura parece ser defeituosa, haja vista que apenas à norma jurídica é possível atribuir certos direcionamentos valorativos (ou de interesses)[163].

Os atos processuais são os comportamentos esperados, que somente a partir de uma verificação normativa, podem ser qualificados como devidos, facultados ou proibidos. Em consequência, são as normas qualificadoras que absorvem as finalidades e impõem a função aos atos.

Eventual verificação do ajuste (adequação) entre o ato e a finalidade normativa é algo que se verifica fora da Teoria Geral do Direito (no caso da Teoria Geral do Processo), no seio da Ciência do Direito (no caso, Ciência do Direito Processual) específica e sempre considerando o Direito Positivo. Não faz parte, pois, da análise da natureza jurídica do processo (como categoria fundamental).

Todavia, ainda na Teoria Geral do Processo, seria possível questionar, no caso do processo, qual finalidade é característica e qual função se impõe ao complexo de atos? No âmbito jurídico-cultural, o processo conformaria um complexo normativo voltado à produção do ato normativo (formal, ou seja, não costumeiro), seja diante da atuação estatal, seja diante de atuação de sujeitos ou entes particulares (no exercício do autorregramento da vontade).[164-165]

---

162. Por exemplo, Chiovenda defendia que o processo civil "é o complexo de atos coordenados ao objetivo da atuação da vontade da lei (com respeito a um bem que se pretende garantido por ela), por parte dos órgãos da jurisdição ordinária." CHIOVENDA, Giuseppe. *Instituições de Direito Processual Civil.* v. I. Tradução de J. Guimarães Menegale. São Paulo: Saraiva, 1965, p.37.

163. "A norma enfeixa um conjunto de providências, protetoras, julgadas necessárias para satisfazer a certas exigências econômicas e sociais; será interpretada de modo que melhor corresponda àquela finalidade e assegure plenamente a tutela de interesses para a qual foi redigida." MAXIMILIANO, Carlos. *Hermenêutica e aplicação do direito.* 19. ed. Rio de Janeiro: Forense, 2009, p.125. Dentre outros vários, v. ENGISCH, Karl. *Introdução ao pensamento jurídico.* 11. ed. Tradução de João Baptista Machado. Lisboa: Fundação Caloustre Gulbenkian, 2014, p.46-47; MAXIMILIANO, Carlos. *Hermenêutica e aplicação do direito.* Op. cit., p.138.

164. BARRIOS DE ANGELÍS, Dante. *Teoría del proceso.* 2. ed. Montevideo/Buenos Aires: BdeF, 2002, p. 13; SILVA, Clóvis V. do Couto e. *A obrigação como processo.* Rio de Janeiro: FGV, 2006; PASSOS, José Joaquim Calmon de. *Comentários ao Código de Processo Civil.* v. III. 9. ed. Rio de Janeiro: Forense, 2005, p.3; ROCHA, José de Albuquerque. *Teoria geral do processo.* 10. ed. São Paulo: Atlas: 2009, p.20; DIDIER JR., Fredie. *Curso de*

Não por acaso se verificam "dificuldades" em se diferenciar as diversas atividades processuais, observadas especialmente no âmbito de atuação estatal. Carnelutti, por exemplo, reconhecia decisivas aproximações entre a atividade legislativa e a jurisdicional, atribuindo a um critério funcional a diferença entre elas. Para o autor, enquanto a atividade legislativa voltava-se à produção normativa de caráter geral (*lex generalise*), na atividade jurisdicional os preceitos produzidos seriam voltados ao caso singular (*lex specialis*).[166-167]

Direito Processual Civil: introdução ao Direito Processual Civil, parte geral e processo de conhecimento. 20. ed. Salvador: Juspodivm, 2018, p. 96-99; BRAGA, Paula Sarno. *A aplicação do devido processo legal nas relações privadas*. Salvador: Juspodivm, 2008, p.40-49. Igualmente, v. ALEXY, Robert. *Teoria dos direitos fundamentais*. Tradução de Virgílio Afonso da Silva. São Paulo: Malheiro, 2008, p. 484.

165. SANDULLI, Aldo M. *Il procedimento amministrativo*. Milano: Giuffré, 1964, p. 7-16; MERKL, Adolf. *Teoría general del derecho administrativo*. Ciudad del Mexico: Nacional, 1980, p. 279-282. "O processo é conceito que transcende ao direito processual. Sendo instrumento para o legítimo exercício do poder, ele está presente em todas as atividades estatais (processo administrativo, legislativo) e mesmo não-estatais (processos disciplinares dos partidos políticos ou associações, processos das sociedades mercantis para aumento de capital etc.)." CINTRA, Antônio Carlos de Araújo; GRINOVER, Ada Pellegrini; DINAMARCO, Cândido Rangel. *Teoria geral do processo*. 31. ed. São Paulo: Malheiros, 2015, p.318. No mesmo sentido, explica Aroldo Plínio Gonçalves que: "A espécie de procedimento denominada processo se subdivide, também, em subclasses, e pode-se falar em espécies de processos: processo administrativo, em que se desenvolve a atividade da Administração, processo legislativo, em que se desenvolve a atividade legislativa, processo jurisdicional, em que se desenvolve a atividade do Estado de fazer a justiça, por meio de seus juízes. Há, ainda, os 'processos' infra-estatais, que são aqueles que, no campo do Direito Privado, em que prevalece a autonomia da vontade, preparam um ato final sem a característica do ato estatal, porque não dotado da imperatividade do provimento, mas que tem o caráter de uma deliberação, e cuja dinâmica se faz pelo modelo do processo jurisdicional. " GONÇALVES, Aroldo Plínio. *Técnica Processual e Teoria do Processo*. Rio de Janeiro, AIDE, 2001, p.115. Igualmente, dentre outros, cf. PASSOS, José Joaquim Calmon de. *Comentários ao Código de Processo Civil*. v. III. 9. ed. Rio de Janeiro: Forense, 2005, p. 2-3; DIDIER JR., Fredie. *Curso de Direito Processual Civil*: introdução ao Direito Processual Civil, parte geral e processo de conhecimento. 20. ed. Salvador: Juspodivm, 2018, p. 36-37.

166. "A legislação é uma produção de direito *sub specie* normativa, isto é, uma produção de normas jurídicas; poderíamos dizer, uma produção do preceito em série, para casos típicos, não para casos concretos. A jurisdição, pelo contrário, produz preceitos, ministra direitos para caso singular; ousarei dizer, não trabalha para armazenar, mas por encomenda, sob medida. Esta diferença, baseada no critério de *lex generalise* da *lex specialis*, é bastante conhecida e exprime-se, quanto à jurisdição, na chamada limitação dos efeitos do caso julgado, que é o nome porque se designa o produto da atividade jurisdicional." CARNELUTTI, Francesco. *Teoria Geral do Direito*. Op. cit., p. 147.

Sem analisar o mérito da afirmação de Carnelutti considerando os limites objetivos da pesquisa, seu raciocínio aponta que a finalidade do processo é instrumentalizar a produção do ato normativo formal[168]. Processo, nesta ordem de ideias, seria igualmente linguagem sobre linguagem, ou seja, uma linguagem voltada à produção de outra linguagem (o ato normativo formal). Toda atuação voltada à produção normativa encontra-se associada à atividade processual, de modo que, como ressalta Calmon de Passos, os textos, proposições e prescrições jurídicas seriam todos resultados de um processo que os precedeu e que foi determinante para a definição de seu conteúdo[169].

De todo modo, se o objeto da pesquisa envolve a análise do processo jurisdicional, não é truísmo afirmar que a finalidade do processo estaria voltada à produção do ato decisório emanado da autoridade jurisdicional.

---

167. Entendimento próximo (nada obstante com certa variação) já se defendeu em pesquisas anteriores. Não se pode olvidar que é a atividade jurisdicional realiza-se de modo processualizado. Nada obstante, a jurisdição não se confunde com o processo. Cumpre salientar que, há algum tempo, já se defende a referida distinção à luz de um conceito complexo de processo, que em uma acepção plural assenta suas bases. A própria finalidade do processo não se confunde com as finalidades da jurisdição. CERQUEIRA, Társis Silva de. *Julgamento dos recursos repetitivos nos tribunais superiores:* uma nova leitura do princípio da inafastabilidade da jurisdição. Salvador: Juspodivm, 2012, p. 40-81.

168. Poder-se-ia argumentar que o costume, como ato normativo, igualmente decorreria de um processo histórico de conformação social. Contudo, considerando os limites dessa investigação, tais questões não serão analisadas no presente trabalho. Sobre o costume e sua formação, cf. KELSEN, Hans. *Teoria geral do direito e do Estado*. Tradução de Luíz Carlos Borges. 4. ed. São Paulo: Martins Fontes, 2005, p. 167-168.

169. PASSOS, José Joaquim Calmon. Instrumentalidade de processo e devido processo legal. In: *Ensaios e artigos*. v. I. Salvador: Juspodivm, 2014, p.33. Segundo Calmon de Passos: "Se o Direito foi e será sempre o produto do *dizer* de alguém, esse dizer é o *processo* que dá concreção, vida ao Direito. Sem ele, ou antes dele, não há porque se falar em Direito. Esse *dizer* o Direito sempre esteve associado ao poder de dizê-lo e efetivá-lo coercitivamente. Sem este complemento, não é Direito, no sentido de algo utilizável para quem legitimado para operá-lo, produzindo faticidade revestida de juridicidade. Daí ser necessário direcionar-se a reflexão para o próprio *processo de produção do Direito*." PASSOS, José Joaquim Calmon de. *Comentários ao Código de Processo Civil*. v. III. Op. cit., p.3. No mesmo sentido, afirma Fredie Didier Jr.: "Processo é método de exercício de poder normativo. As normas jurídicas são produzidas após um processo (conjunto de atos organizados para a produção de um ato final). As leis, após o *processo legislativo*; as normas administrativas, após um *processo administrativo*; as normas individualizadas jurisdicionais, enfim, após um *processo jurisdicional*." DIDIER JR., Fredie. *Curso de Direito Processual Civil*: introdução ao Direito Processual Civil, parte geral e processo de conhecimento. Op. cit., p.88.

Por conseguinte, o modelo normativo processual, associado ao exercício da função jurisdicional, implica em um conjunto ordenado de atos voltados à produção do ato decisório.

Tal concepção não impede, todavia, que seja tomado o processo em outro aspecto da sua dimensão abstrata, intimamente relacionada com as tradicionais concepções teóricas que o associam com efeito jurídico. A questão a se perquirir seria a eventual possibilidade de se considerar o processo como relação jurídica[170] ou complexo de situações jurídicas.

Em princípio poderia causar estranheza considerar o processo simultaneamente como fato jurídico e produto (ou efeito) deste fato[171]. Isso porque, quanto à sua natureza, o processo não é efeito jurídico, senão concomitantemente dimensão abstrata (complexo normativo) e concreta (ato complexo ou ato procedimento). Como visto, a complexidade do processo impõe uma análise multifocal, haja vista uma possível integração de suas dimensões.

Todavia, do ponto de vista da Teoria Geral do Processo, não existe contraindicação utilizar o termo *Processo*, igualmente, como efeito jurídico. Tal como chama atenção Fredie Didier Jr., por metonímia, "pode-se afirmar que essas relações jurídicas formam uma única relação jurídica, que também se chamaria processo"[172]. Seria uma questão de denominação e não propriamente de natureza.

Por conseguinte, o processo pode ser encarado como complexo normativo (modelo normativo), o qual prevê, nos respectivos suportes fáticos normativos, uma série de atos que, caso ocorridos, provocam a incidência das normas que formam a cadeia procedimental com a produção dos fatos jurídicos que o conformam. Desses fatos (ou atos), resulta potencialmente uma série de efeitos jurídicos conhecidos como situações jurídicas processuais. É possível perceber que do processo/procedimento decorre a relação jurídica (processo como relação jurídica processual – processo como efeito jurídico[173]) que se estabelece como uma ligação entre os sujeitos do processo[174].

---

170. v. BÜLOW, Oskar Von. *Teoria das exceções e dos pressupostos processuais*. 2. ed. Campinas: LZN, 2005, p.05.

171. v. CARNELUTTI, Francesco. *Derecho y proceso*. Tradução de Santiago Sentis Melendo. Buenos Aires: Ediciones Jurídicas Europa-America, 1971, p.41.

172. Cf. DIDIER JR., Fredie. *Curso de Direito Processual Civil*: introdução ao Direito Processual Civil, parte geral e processo de conhecimento. Op. cit., p.39.

173. "Tudo o que se passa no mundo jurídico, sem exceção, é conseqüência (eficácia) de fato jurídico. Nele nada ocorre sem que haja um fato jurídico em sua origem. Partindo

Nessa linha de raciocínio[175], o processo/procedimento, na sua dimensão concreta, seria o suporte fático jurídico normativo *realizado* que dá ensejo a uma série de situações jurídicas processuais que, em conjunto, substanciam a chamada relação jurídica processual (a qual poderá ser suporte fático de outras normas – *v.g.* da norma que prevê a litispendência).

Como se percebe, no processo, tanto sua dimensão normativa (abstrata) quanto sua dimensão concreta, bem como as situações jurídicas processuais (igualmente, a festejada relação jurídica processual) prescritas normativamente e decorrentes potencialmente dos atos ou fatos processuais coexistiriam, em harmonia. Em verdade, uma seria pressuposto, elemento ou consequência da outra. Noutras palavras, só existiria relação jurídica processual se antes um processo fosse instaurado e deste houvesse o surgimento de situações jurídicas processuais (ônus, faculdades, direitos e deveres)[176], os quais formam aquela relação jurídica[177].

---

dessa premissa, tem-se à evidência que relação jurídica é, exclusivamente, efeito de fato jurídico, sendo conceito pertinente ao plano da eficácia. Relação intersubjetiva que não constitua, ela própria, fato jurídico ou que não decorra do fato jurídico não é relação jurídica, mesmo que seja relação inter-humana." MELLO, Marcos Bernardes de. *Teoria do fato jurídico:* plano da eficácia – 1ª parte. São Paulo: Saraiva, 2003, p.169. Nesse sentido, Ponte de Miranda aduz que: "Onde os fatos jurídicos ocorrem, tôdas as relações que dêles emanam são eficácia, porém o fato jurídico em si pode *já ser* relação jurídica. [...] Tôda relação jurídica são juridicização de relações inter-humanas; não só eficácia dessas, após as juridicizações. Toda relação jurídica que se prende ao fato jurídico *anterior* é efeito, sim, *mais* algum outro fato que a fêz vir." MIRANDA, Pontes de. *Tratado de direito privado.* 2. ed. Rio de Janeiro: Borsoi, 1954, t. I, p.119. Ainda nesse sentido caminha Lourival Vilanova quando explica: "O ponto de vista sob o qual encaramos a relação jurídica é parcial. Toma a relação como o efeito do fato jurídico, ao qual norma de um dado sistema positivo conferiu tal eficácia." VILANOVA, Lourival. *Causalidade e Relação no Direito*. 4. ed. São Paulo: Revista dos Tribunais, 2000, p.146.

174. GREGER, Reinhard. Cooperação como princípio processual. Tradução de Ronaldo Kochen. *Revista de Processo,* n.º 206. São Paulo: Revista dos Tribunais, 2012, p. 125. Igualmente, cf. TESHEINER, José Maria Rosa. Situações subjetivas e processo. *Revista de Processo,* n.º 107. São Paulo: Revista dos Tribunais, 2002, p.22.

175. MIRANDA, Pontes de. *Tratado de direito privado.* 2. ed. Rio de Janeiro: Borsoi, 1954, t. I, p. 117-120.

176. As mesmas considerações podem ser encontradas na lição de Manuel Antônio Domingues de Andrade, uma vez que considera a relação jurídica em sentido estrito como a relação da vida social, a qual recebe disciplina pelo Direito, por meio da atribuição de um direito subjetivo a uma pessoa, bem como da imposição de um dever ou sujeição a outra pessoa. Mais especificamente, é possível associar suas palavras ao processo, quando da análise do conceito de relação jurídica complexa ou múltipla. Para o autor, esta espécie de relação jurídica distingue-se das demais ante a verificação de um con-

O processo/procedimento concreto gera a relação jurídica processual[178], de maneira que esta não pode ser considerada o mesmo fato jurídico (*latu sensu*) que a ensejou. Não se deve confundir o fato jurídico que ensejou a formação da relação jurídica com a própria relação perfectibilizada[179]. Desse modo, não se pode concordar com as afirmações de Carnelutti para quem os atos que conformariam o processo seriam uma decorrência da relação jurídica processual[180].

---

junto de direitos subjetivos e de deveres ou sujeições decorrentes de um mesmo fato jurídico. ANDRADE, Manuel A. Domingues de. *Teoria geral da relação jurídica.* v. I. Coimbra: Almedina, 1997, p. 1-5.

177. Como acentua Torquato Castro, no âmbito da teoria dos fatos jurídicos, um efeito pode tornar-se fato jurídico, caso componha o suporte fático de outra norma. Segundo o autor: "Em vários casos é freqüente a combinação, no suporte fático de uma norma, ao lado de um fato qualquer. Em princípio, isso se dá com as normas sancionadoras dos preceitos de outras normas. A norma que prefigura o débido é diversa daquela que impõe a sanção. São normas diversas na componência de seus suportes fáticos e apenas conexas (A. Thon). No suporte fático da norma secundária, ou de sanção, entra a obrigação de pagar, estabelecida como *efeito jurídico* da norma primária, e mais o fato *novo* do inadimplemento." CASTRO, Torquato. *Teoria da situação jurídica em direito privado nacional:* estrutura, causa e título legitimário do sujeito. São Paulo: Saraiva, 1985, p.30.

178. No mesmo sentido, v. SILVA, Paula Costa e. *Acto e processo.* Op. cit., p. 128; PASSO, José Joaquim Calmon de. *Esboço de uma teoria das nulidades aplicada às nulidades processuais.* Op. cit., p. 87.

179. No mesmo sentido, o alerta feito por James Goldschmidt: "El hecho jurídico que produce una relación jurídica no es, por essa sola circunstancia, una relación jurídica ni siquiera latente." GOLDSCHMIDT, James. *Principios generales del proceso:* Teoría General del Proceso. Buenos Aires: Ediciones Jurídicas Europa-América, 1961, p.24.

180. "Basta recordar, para demonstrar la necesidad de ello, la íntima correlación entre los dos conceptos de la relación y del acto, los cuales están en función uno de otro: el acto jurídico es desarrollo de la relación, y la relación jurídica es el fundamento del acto; la juridicidad de la relación es el prius de la juridicidad del acto y está, a su vez, deriva de aquélla. El parangón hace un momento insinuado, entre el sistema de las relaciones del proceso y el sistema nervioso podría proseguirse comparando el sistema de los actos al sistema muscular: los músculos no pueden obrar sin los nervios, y los nervios desarrollan su acción a través de los músculos." CARNELUTTI, Francesco. *Derecho y proceso.* Tradução de Santiago Sentis Melendo. Buenos Aires: Ediciones Jurídicas Europa-America, 1971, p.43. Defendendo raciocínio próximo a Carnelutti, cf. REDENTI, Enrico. *Derecho procesal civil.* Tradução de Santiago Sentís Melendo e Marinho Ayerra Redín. Buenos Aires: Ediciones Juridicas Europa-América, 1957, t. I, p.116-117; CHIOVENDA, Giuseppe. *Instituições de Direito Processual Civil.* v. I. Op. cit., p.57; REDENTI, Enrico. *Profili pratici del diritto processuale civile.* Op. cit., p.129; SEGNI, Antonio; COSTA, Sergio. Procedimento civile. *Novissimo Digesto Italiano,* v.

Noutro aspecto, importante registrar que, tomando o processo como efeito, é possível verificar que ao invés de uma relação jurídica processual, existe um emaranhado de situações dispostas em uma rede de relações[181] ou relação jurídica complexa[182]. Essas relações conformariam um conjunto, um feixe de relações jurídicas[183], de modo que poderia haver tantas relações jurídicas quantos fossem os fatos jurídico processuais[184].

XIII. Torino: Tipografia Sociale Torinese, 1957, p. 1.042; BETTI, Emílio. *Diritto processuale civile italiano.* Roma: Foro Italiano, 1936, p. 100-111; ZANZUCCHI, Marco Tullio. *Diritto processuale civile.* v. I. 4. ed. Milano: Giuffré, 1947, p.61; CALAMANDREI, Piero. *Instituciones de derecho procesal civil.* Segun el nuevo código. v. I. Tradução de Santiago Sentis Melendo. Buenos Aires: Ediciones Juridicas Europa-America, 1962, p. 334-335. Igualmente, afirmava Frederico Marques: "Em função dessa *causa finalis*, os atos processuais se reúnem e se coordenam como relação jurídica complexa em que figuram, ao lado do órgão judiciário do Estado, os sujeitos da lide, ou partes." MARQUES, José Frederico. *Instituições de Direito Processual Civil.* v. I. Op. cit., p.31.

181. CARNELUTTI, Francesco. *Derecho y proceso.* Tradução de Santiago Sentis Melendo. Buenos Aires: Ediciones Jurídicas Europa-America, 1971, p.41. Igualmente, cf. FOSCHINI. Gaetano. La complessione del processo. *Rivista di diritto processuale.* v. IV, parte I. Padova: CEDAM, 1949, p. 16-17; REDENTI, Enrico. *Derecho procesal civil.* Tradução de Santiago Sentís Melendo e Marinho Ayerra Redín. Buenos Aires: Ediciones Juridicas Europa-América, 1957, t. I, p. 116-117; ALLORIO, Enrico. Reflexiones sobre el desenvolvimento de la ciencia procesal. In: *Problemas de derecho procesal.* Tradução de Santiago Sentis Melendo. Buenos Aires: Ediciones Jurídicas Europa-América, 1963, p. 118; FAZZALARI, Elio. *Note in tema di diritto e processo.* Milano: Giuffrè, 1957, p. 112; CALAMANDREI, Piero. El proceso como situación jurídica. In: *Estudios sobre el proceso civil.* Tradução de Santiago Sentís Melendo. Buenos Aires: Bibliografica Argentina, 1945, p. 215.

182. De certa medida confundindo os planos, há quem desenvolva a ideia de processo como relação jurídica complexa: "o processo é uma relação jurídica complexa e não uma amálgama de relações jurídicas, que começaria como um ato da parte (do autor) – que Kohler qualificava como negócio jurídico – ou seja, com a propositura da demanda". Nesse sentido, os atos processuais formariam um nexo jurídico que se caracterizaria por um influxo recíproco, de maneira a existir uma única relação jurídica. CARMONA, Carlos Alberto. Considerações sobre a evolução conceitual do processo. *Revista de Processo,* n.º 57. São Paulo: Revista dos Tribunais, 1990, p.48; CHIOVENDA, Giuseppe. *Instituições de Direito Processual Civil.* v. I. Tradução de J. Guimarães Menegale. São Paulo: Saraiva, 1965, p.56. Igualmente, MARCATO, Antonio Carlos. *Procedimentos especiais.* 16. ed. São Paulo: Atlas, 2016, p.47.

183. CARNELUTTI, Francesco. *Derecho y proceso.* Tradução de Santiago Sentis Melendo. Buenos Aires: Ediciones Jurídicas Europa-America, 1971, p.41-43; MONACCIANI, Luigi. *Azione e Legittimazione.* Milano: Giuffrè, 1951, p. 46; FERNANDES, Antonio Scarance. *Teoria Geral do Procedimento e o procedimento no processo penal.* São Paulo: Revista dos Tribunais, 2005, p.28; CABRAL, Antônio do Passo. *Nulidades no processo*

De qualquer sorte, não é possível antecipar, do ponto de vista da Teoria Geral do Processo, o perfil e conteúdo dessas relações jurídicas. Para tanto, é imprescindível o exame do Direito Positivo a partir do modelo de processo estabelecido constitucionalmente[185].

Feitas essas considerações, a investigação ajusta o curso da análise, dessa vez, tomando como matriz teórica preponderantemente as concepções formuladas a partir da Ciência do Direito Processual. Para tanto, firmadas as premissas teóricas relativas à concepção de processo/procedimento, habilitada está a investigação dos procedimentos comum e especiais, suas características no contexto do Direito Processual brasileiro.

---

moderno: contraditório, proteção da confiança e validade prima facie dos atos processuais. Rio de Janeiro: Forense, 2009, p. 175-177.

184. NOGUEIRA, Pedro Henrique Pedrosa. Situações jurídicas processuais. In: DIDIER JR., Fredie (coord.). *Teoria do Processo – Panorama Doutrinário Mundial*. v. 2. Salvador: Juspodivm, 2010, p. 767. No mesmo sentido, TESHEINER, José Maria Rosa. Situações subjetivas e processo. *Revista de Processo*, n.º 107. São Paulo: Revista dos Tribunais, 2002, p.22.

185. DIDIER JR., Fredie. *Curso de Direito Processual Civil*: introdução ao Direito Processual Civil, parte geral e processo de conhecimento. Op. cit., p. 39.

Capítulo 3

REFLEXÕES TEÓRICAS SOBRE O PROCEDIMENTO COMUM E OS PROCEDIMENTOS ESPECIAIS

O objeto do capítulo anterior foi o estudo das categorias fundamentais da Teoria Geral do Direito e da Teoria Geral do Processo. Estabeleceram-se parâmetros necessários para a compreensão do art. 327, § 2º, do CPC.

O presente capítulo constitui-se como um divisor de águas, a refletir a superação de um campo de análise propedêutico para se investir em uma incursão eminentemente científica-dogmática à luz do sistema jurídico positivo brasileiro (especialmente).

O primeiro ponto que merece destaque na análise do art. 327, §2º, do CPC é sua inserção entre dois polos de análise.

De um lado, têm-se o procedimento comum e as suas características.

Não se pode desconsiderar que o aludido dispositivo regula diretamente a manipulação da estrutura do procedimento comum. O art. 327, §2º, insere-se na Parte Especial do CPC, no título I do Livro I que trata do "procedimento comum". Esse aspecto não pode ser deixado ao largo pelo pesquisador, intérprete ou aplicador.

No outro extremo, há os procedimentos especiais, igualmente com suas feições. Também de uma breve leitura do texto do dispositivo referido (art. 327, §2º, do CPC), percebe-se um movimento de aproximação entre os procedimentos especiais e o procedimento comum, com ineditismo no ordenamento processual brasileiro.

Não seria absurda a hipótese de que o aludido dispositivo inaugura uma nova forma de relação entre o procedimento comum e os procedimentos especiais – algo que será analisado como mais detalhe à frente.

3.1. O PROCEDIMENTO COMUM E OS PROCEDIMENTOS ESPECIAIS: CONCEITOS E DISTINÇÕES.

O estudo do aludido dispositivo (art. 327, §2º, do CPC) passa pela compreensão do significado e das características do procedimento comum, bem como pelo conceito e características do(s) procedimento(s) especial(ais).

De qualquer sorte, a correta compreensão do procedimento comum não dispensa a compreensão dos procedimentos especiais e vice-versa. A qualificação do próprio procedimento em comum pressupõe a existência de modelos distintos, sob pena de não se justificar falar em procedimento comum.

Somente é possível inferir a existência de procedimentos especiais na medida em que se extrai do sistema normativo o complexo de normas que formam o procedimento comum. Da mesma forma, só é possível verificar o procedimento comum ante a existência de procedimentos especiais[1].

Nada obstante sejam fenômenos contingenciais, é possível verificar conceitos lógicos jurídicos de procedimento comum e procedimento especial. Daí a se questionar o que são e em que aspectos se distinguiriam o procedimento comum e o procedimento especial?

3.1.1. O procedimento comum.

O procedimento comum, em um primeiro sentido, é o procedimento padrão[2] voltado à realização ou à tutela da generalidade das situações jurídicas conforme um dado ordenamento jurídico.

O procedimento comum, ao lado do procedimento especial, é tipo/espécie de procedimento. Sua definição depende da compreensão do conceito de procedimento, como categoria fundamental da Teoria Geral do Processo.

Por conseguinte, quanto a sua natureza, o procedimento comum corresponde a um modelo normativo (em sentido abstrato) que atende a uma dada finalidade (conformação de ato normativo formal), bem como a um conjunto ordenado de atos que materializa o aludido modelo normativo. No caso do processo jurisdicional, esse ato normativo formal é a decisão judicial a resolver ou regular a situação jurídica objeto da atividade jurisdicional (seja contenciosa ou de jurisdição voluntária).

---

1. No mesmo sentido, v. ABELHA, Marcelo. *Manual de Direito Processual Civil.* 6. ed. Rio de Janeiro: Forense, 2016, p.787.
2. cf. COSTA, Alfredo Araújo Lopes da. *Manual elementar de Direito Processual Civil.* Rio de Janeiro: Forense, 1956, p.46; SANTOS, Cézar. *O procedimento sumaríssimo*. 2. ed. Rio de Janeiro: Forense, 1985, p. 2-3; LEITÃO, José Ribeiro. Aspectos de teoria geral dos procedimentos especiais. *Revista de Doutrina e Jurisprudência do TJ/DF,* abr., 1985. Disponível em https://bdjur.tjdft.jus.br/xmlui/bitstream/handle/tjdft/35132/aspectos%20de%20teoria%20geral%20dos%20procedimentos%20especiais.pdf?sequence=1. Acesso em 18 de ago. 2018, p.28; PAULA, Jônatas Luiz Moreira de. A unidade procedimental no processo de conhecimento. *Revista de Processo,* n.º 189. São Paulo: Revista dos Tribunais, 2010, p. 335-336.

A qualificação "comum" está vinculada, em grande parte, à função a ser desempenhada com o referido procedimento. O procedimento comum corresponde ao procedimento padrão a ser utilizado na promoção e na tutela da maioria das situações jurídicas.[3]

Sob a égide do CPC-1973, explicava Frederico Marques que o procedimento comum era o padrão (procedimento-regra), o qual estava vinculado à atividade cognitiva, executiva e cautelar. O procedimento ordinário[4] corresponderia, ao lado do procedimento sumário, a uma espécie de procedimento comum de cognição exauriente. Como explicitava o autor, não existiria um procedimento ordinário de execução ou cautelar.[5]

Por outro lado, no vigente CPC, a distinção de Frederico Marques não faz mais sentido. Primeiro, em razão do sincretismo processual, diferentes funções podem ser promovidas sob a mesma base procedimental (atividade cognitiva, executiva/satisfativa e cautelar)[6]. Ademais, não existe a anterior separação entre procedimento ordinário e procedimento sumário, tal como existia no CPC-1973[7].

---

3. v. MOREIRA, José Carlos Barbosa. O procedimento ordinário no novo Código de Processo Civil. *Revista Forense*, v. 246. Rio de Janeiro: Forense, 1974, p. 21.
4. Analisando o CPC-1973, Barbosa Mareira entendia que o procedimento rigorosamente comum era apenas o procedimento ordinário. MOREIRA, José Carlos Barbosa. O procedimento ordinário no novo Código de Processo Civil. *Revista Forense*, v. 246. Rio de Janeiro: Forense, 1974, p. 21.
5. MARQUES, José Frederico. Procedimento ordinário. In: *O processo civil*. 4. ed. São Paulo: AASP, 1975, p. 9. Igualmente, v. SAMPAIO, José S. *O procedimento comum no novo Código de Processo Civil*. São Paulo: Revista dos Tribunais, 1975, p.5.
6. v. THEODORO JÚNIOR, Humberto. *Curso de Direito Processual Civil*. v. III. 51. ed. Rio de Janeiro: Forense, 2018, n.º8 [e-book]; BUENO, Cássio Scarpinella. Art. 318. In: BUENO, Cássio Scarpinella (coord.). *Comentários ao Código de Processo Civil*. v. 2 (arts. 318 a 538). São Paulo: Saraiva, 2017, p.29; MARANHÃO, Clayton. *Comentários ao Código de Processo Civil*: artigos 1.045 ao 1.072. São Paulo: Revista dos Tribunais, 2016, p.120; SICA, Heitor Vitor Mendonça. Breve histórico legislativo e doutrinário da dicotomia cognição-execução no sistema processual brasileiro – autonomia ou sincretismo? In: LUCON, Paulo Henrique dos Santos; FARIA, Juliana Cordeiro de; MARX NETO, Edgard Audomar; REZENDE, Ester Camila Gomes (orgs.). *Processo civil contemporâneo*: homenagem aos 80 anos do professor Humberto Theodoro Júnior. Rio de Janeiro: Forense, 2018, p.634-653.
7. Wellington Pimentel sob a égide do CPC-1973 afirmava possível defender a ausência de um procedimento comum no referido código considerando a divisão do procedimento em ordinário e sumário, circunstância que lhe retiraria o caráter de generalidade. v. PIMENTEL, Wellington Moreira. *Comentários ao Código de Processo Civil*. 2. ed. São Paulo: Revista dos Tribunais, 1973, p.39.

Não obstante as diferentes características, o caráter geral e a feição de procedimento padrão mantiveram-se no procedimento comum previsto pelo novo código. A referida circunstância reforça a percepção de que o conceito de procedimento comum se trata, à primeira vista, de um conceito funcional que leva em conta a finalidade e não propriamente a estrutura do fenômeno jurídico[8]. Essa concepção será chamada de conceito ou sentido estrito de procedimento comum.

Nesse sentido, o procedimento comum corresponde ao procedimento padrão, ou seja, o procedimento aplicável a todas as causas, com exceção daquelas submetidas aos procedimentos especiais (art. 318, *caput*, do CPC); do mesmo modo, seria o aplicável subsidiariamente aos procedimentos especiais e ao processo de execução (art. 318, parágrafo único, do CPC). No caso brasileiro, o procedimento comum encontra-se regulado no título I, do livro I, da Parte Especial do Código de Processo Civil brasileiro de 2015.[9]

Além do funcional, outro sentido pode ser atribuído ao procedimento comum. Essa segunda concepção será chamada de conceito ou sentido amplo de procedimento comum.

O procedimento comum é, em um segundo sentido, o procedimento geral e básico[10]. Esse segundo conceito tem natureza relacional e dependente do paradigma examinado[11], como será analisado com mais detalhes à frente. O referido sentido decorre principalmente da percepção de que

8. v. BOBBIO, Norberto. *Da estrutura à função*: novos estudos de teoria do direito. Tradução de Daniela Beccaccia Versiani. Barueri: Manole, 2007, p.81 e ss.

9. DIDIER JR., Fredie; CABRAL, Antonio do Passo; CUNHA, Leonardo Carneiro da. *Por uma nova teoria dos procedimentos especiais*: dos procedimentos às técnicas. Salvador: Juspodivm, 2018, p.21. No mesmo sentido, v. MARANHÃO, Clayton. *Comentários ao Código de Processo Civil*: artigos 1.045 ao 1.072. São Paulo: Revista dos Tribunais, 2016, p.120; CAMBI, Eduardo; DOTTI, Rogéria; PINHEIRO, Paulo Eduardo d'Arce; MARTINS, Sandro Gilbert; KOZIKOSKI, Sandro Marcelo. *Curso de processo civil completo*. São Paulo: Revista dos Tribunais, 2017, p.333.

10. FABRÍCIO, Adroaldo Furtado. *Comentários ao Código de Processo Civil*. v. VIII. 8. ed. Rio de Janeiro: Forense, 2001, t. III, p.36-37.

11. GOUVEIA FILHO, Roberto P. Campos. Da especialidade do procedimento das execuções fundadas em título extrajudicial: primeiras notas de uma teoria semiótica dos procedimentos especiais. MACÊDO, Lucas Buril de; PEIXOTO, Ravi; FREIRE, Alexandre (orgs.). *Procedimentos especiais, tutela provisória e direito transitório*. 2. ed. Coleção novo CPC - Doutrina selecionada. Fredie Didier Jr. (coord. geral). v. 4. Salvador: Juspodivm, 2016, p.310.

a existência do procedimento comum depende da ocorrência de procedimento(s) especial(ais)[12].

Nos ordenamentos que experimentaram procedimento unitário[13], não haveria sentido prático na distinção entre procedimentos especiais e o procedimento comum. Da mesma forma, em um sistema de procedimentos individualizados para cada situação jurídica, não seria possível falar em procedimentos especiais diante da ausência de um procedimento geral para comparação[14].

É preciso alertar que, mesmo que possa ser estranho diante do arquétipo processual positivado no Brasil, não é impossível pensar na adoção de um procedimento único. Calmon de Passos, por exemplo, criticando a previsão de procedimentos especiais, afirmava que o processo judicial estaria assentado em quatro pilares essenciais a todo processo: *(i.)* a postulação, *(ii.)* a instrução, *(iii.)* a decisão e *(iv.)* a efetivação. Para o autor, ou tudo se cumpriria de maneira livre ou observaria uma disciplina prévia de como se realizariam tais atividades segundo soluções que se impuseram universal e necessariamente.[15]

---

12. Nesse sentido, ARAGÃO, Egas Moniz de. Procedimento ordinário. In: *O processo civil*. 4. ed. São Paulo: AASP, 1975, p. 155.
13. Sobre as experiências de códigos unitários, v. ALCALÁ-ZAMORA Y CASTILLO, Niceto. *Estudios de teoría general e historia del processo (1945-1972)*. Cidade do México: Universidad Nacional Autónoma de México, 1974, t. I, p.561-563. Ainda sobre a Teoria Geral do Processo, cf. CARNELUTTI, Francesco. *Cuestiones sobre el proceso penal*. Tradução de Santiago Sentís Melendo. Buenos Aires: Ediciones Jurídicas Europa-América, 1961, p. 43-50; GUERRA FILHO, Willis Santiago. Teoria geral do processo: em que sentido? In: RODRIGUE, Horácio Wanderlei (org.). *Lições alternativas de direito processual*. São Paulo: Acadêmica, 1995, p. 212-227.
14. Leonardo Greco, por exemplo, defende a ausência de um procedimento comum de execução (GRECO, Leonardo. *Instituição de processo civil*. v. I. 5. ed. Rio de Janeiro: Forense, 2015, ponto 10.4 [e-book]). Igualmente, cf. DINAMARCO, Cândido Rangel. *Instituições de Direito Processual Civil*. v. II. 7. ed. São Paulo: Malheiro, 2017, p. 539. Em sentido diverso, Didier Jr., Cabral e Cunha vislumbram um procedimento comum de cumprimento de sentença, um procedimento comum de execução de título executivo extrajudicial, bem como procedimento comum de jurisdição voluntária. v. DIDIER JR., Fredie; CABRAL, Antonio do Passo; CUNHA, Leonardo Carneiro da. *Por uma nova teoria dos procedimentos especiais*: dos procedimentos às técnicas. Salvador: Juspodivm, 2018, p.23-24.
15. PASSOS, José Joaquim Calmon de. Teoria geral dos procedimentos especiais. In: DIDIER JR., Fredie; FARIAS, Cristiano Chaves de (coords.). *Procedimentos especiais cíveis*: legislação extravagante. São Paulo: Saraiva, 2003, p.2. No mesmo sentido, v. PASSOS, José Joaquim Calmon de. *Comentários ao Código de Processo Civil*. v. III. 9. ed. Rio de

Quando se trata do procedimento jurisdicional, a previsão dos procedimentos especiais ao lado do processo comum desponta como opção política, difundida e incorporada em diversos países[16], a exemplo do que ocorre no Brasil[17]. Haja vista a interdependência com procedimento comum, é preciso compreender o que é (são) o(s) procedimento(s) especial(ais).

3.1.2. O conceito de procedimento especial e os elementos de distinção do procedimento comum.

Especial é aquilo que não é geral; uma qualidade de algo que não se repete na maioria das situações. Qualidade de um fenômeno particular que o faz diferente e específico dentre uma generalidade de fenômenos.

Procedimento especial e procedimento comum são fenômenos interdependentes. Haverá procedimento comum somente se existir procedimento especial, sendo que a existência dos procedimentos especiais dependeria da existência de um procedimento padrão, comum, ordinário, regra[18] ou

---

Janeiro: Forense, 2005, p. 8-10; ROCHA, José Taumaturgo. Procedimento ordinário: alguns aspectos da demanda, da resposta, do saneamento. *Revista de Processo*, n.º 22. São Paulo: Revista dos Tribunais, 1981, p.171.

16. "Otra distinción que se encuentra también en nuestro Código es la distinción entre procedimientos ordinarios y procedimientos especiales [...]. Esta distinción tiene un valor esencialmente relativo: solamente cuando haya sido establecido, a base de criterios que pueden variar en cada legislación positiva, como es el procedimiento típico que debe observarse a *falta de disposiciones diversas* como normal y ordinario, el procedimiento especial se presenta como una desviación del mismo, que la ley permite sólo para casos expresamente previstos, en consideración de particulares exigencias determinadas o por la materia de ciertas causas o por la constitución de ciertos órganos judiciales." CALAMANDREI, Piero. *Instituciones de derecho procesal civil.* Segun el nuevo código. v. I. Op. cit., p. 364-365. No mesmo sentido, REDENTI, Enrico. *Derecho procesal civil.* Tradução de Santiago Sentís Melendo e Marinho Ayerra Redín. Buenos Aires: Ediciones Juridicas Europa-América, 1957, t. I, p.89-90; BARRIOS DE ANGELÍS, Dante. *Teoría del proceso.* 2. ed. Montevideo/Buenos Aires: BdeF, 2002, p. 215 e ss.; MOREIRA, José Carlos Barbosa. A estrutura do novo Código de Processo Civil. *Revista Forense,* n.º 246. Rio de Janeiro: Forense, 1974, p. 35.

17. A multiplicidade de procedimentos especiais foi apontada como opção legislativa característica do sistema legislativo processual brasileiro. v. DINAMARCO, Cândido Rangel. *Instituições de Direito Processual Civil.* v. I. 8. ed. São Paulo: Malheiros, 2016, p. 297-300.

18. Sobre as expressões utilizadas, cf. SILVA, Manuel Dias da. *Processos civis especiaes.* 2. ed. Coimbra: F. França Amado, 1919, p. 13.

geral[19] ao qual possa ser comparado[20]. Mesmo com a natureza contingencial dos fenômenos, igualmente é possível a formulação de um conceito lógico-jurídico de procedimento especial (tal como o procedimento comum).

O(s) procedimento(s) especial(ais), ao lado do procedimento comum, é(são) tipo(s)/espécie(s) de procedimento. Em uma construção teórica bastante simples, é especial todo o procedimento que não seja o procedimento comum, ou seja, será especial todo aquele procedimento que, de alguma maneira, se afaste dos termos do procedimento geral[21].

Trata-se de um conceito que se associa à concepção ampla do procedimento comum, na medida em que é tipicamente relacional e obtido por exclusão. Por exemplo, o procedimento de ação civil pública pode ser considerado especial em comparação ao procedimento comum do Código de Processo Civil, ao mesmo tempo em que pode ser considerado procedimento comum (geral e básico) em relação aos demais processos coletivos[22]. Neste aspecto, o enquadramento dependeria da perspectiva do observador.[23]

---

19. FAIREN GUILLÉN, Victor. *El juicio ordinario y los plenarios rápidos*. Barcelona: Bosch, 1953, p. 53; BARROS, Hamilton de Morais e. Aspectos gerais dos procedimentos especiais em face do novo Código de Processo Civil. *Revista Forense*, n.º 247. Rio de Janeiro: Forense, 1974, p. 16; FABRÍCIO, Adroaldo Furtado. *Comentários ao Código de Processo Civil*. v. VIII. 8. ed. Rio de Janeiro: Forense, 2001, t. III, p.5-6.
20. Igualmente nesse sentido, v. GOUVEIA FILHO, Roberto P. Campos. Da especialidade do procedimento das execuções fundadas em título extrajudicial: primeiras notas de uma teoria semiótica dos procedimentos especiais. In: MACÊDO, Lucas Buril de; PEIXOTO, Ravi; FREIRE, Alexandre (orgs.). *Procedimentos especiais, tutela provisória e direito transitório*. 2. ed. Coleção novo CPC - Doutrina selecionada. Fredie Didier Jr. (coord. geral). v. 4. Salvador: Juspodivm, 2016, p.354.
21. v. SILVA, Manuel Dias da. *Processos civis especiaes*. 2. ed. Coimbra: F. França Amado, 1919, p. 12; MANDRIOLI, Crisanto. *Corso di diritto processuale civile*: l'esecuzione forzata, i procedimenti speciali, i processi del lavoro, locatizio e societario. 5. ed. Torino: G. Giappichelli, 2006, p. 145-148; DIDIER JR., Fredie; CABRAL, Antonio do Passo; CUNHA, Leonardo Carneiro da. *Por uma nova teoria dos procedimentos especiais*: dos procedimentos às técnicas. Salvador: Juspodivm, 2018, p.22-23.
22. DIDIER JR., Fredie; ZANETI JR., Hermes. *Curso de Direito Processual Civil*: processo coletivo. 12. ed. Salvador: Juspodivm, 2018, p.63. Para Alberto dos Reis um procedimento especial com referência a outro procedimento especial é um procedimento especialíssimo ou especial de segundo grau. REIS, Alberto dos. *Processos especiais*. v. I. Coimbra: Coimbra, 1955, p.3. Igualmente, cf. SILVA, Manuel Dias da. *Processos civis especiaes*. Op. cit., p. 12; FABRÍCIO, Adroaldo Furtado. *Comentários ao Código de Processo Civil*. v. VIII. 8. ed. Rio de Janeiro: Forense, 2001, t. III, p.36-37.
23. v. GOUVEIA FILHO, Roberto P. Campos. Da especialidade do procedimento das execuções fundadas em título extrajudicial: primeiras notas de uma teoria semiótica

O procedimento especial pode ser conceituado como o procedimento cuja estrutura se distingue do procedimento comum (geral e básico). Nesse sentido, corresponde a um modelo normativo (em sentido abstrato), bem como a um conjunto ordenado de atos que materializa o aludido modelo normativo distinto do procedimento comum.

Os procedimentos especiais assumem uma feição estruturante atinente não somente à forma, sequência e organização dos atos processuais, mas também a regular situações processais, como legitimidade, competência, coisa julgada e a própria extensão da cognição judicial[24]. Aqui, a variação é praticamente infinita[25].

Por outro lado, como ocorre com o procedimento comum, o procedimento especial comporta um conceito estrito.

Nesse outro sentido, o procedimento especial pode ser conceituado como o procedimento constituído para atender à promoção, concretização

---

dos procedimentos especiais. Op. cit., p.310; DIDIER JR., Fredie; CABRAL, Antonio do Passo; CUNHA, Leonardo Carneiro da. *Por uma nova teoria dos procedimentos especiais*: dos procedimentos às técnicas. Salvador: Juspodivm, 2018, p.22-24. Igualmente afirmava Frederico Marques: "Pode haver um procedimento comum para várias ações. No processo de execução, por exemplo, há um procedimento comum para a execução destinada à entrega de coisa certa. Há um procedimento comum para a execução destinada às obrigações de fazer ou não fazer. Há um procedimento comum para a execução contra o devedor insolvente, a execução coletiva. A falência já é uma forma especial dessa execução coletiva. Há a forma comum, que é aquela regulada no Código. De forma que há várias espécies de procedimento comum, isto quer dizer de procedimento padrão, procedimento regra. Em contraposição, há o procedimento especial, o procedimento exceção." MARQUES, José Frederico. Procedimento ordinário. In: *O processo civil*. 4. ed. São Paulo: AASP, 1975, p.9-10.

24. SICA, Heitor Vitor Mendonça. Reflexões em torno da teoria geral dos procedimentos especiais. *Revista de Processo*, n.º 208. São Paulo: Revista dos Tribunais, 2012, p. 66-67; CALAMANDREI, Piero. *Instituciones de derecho procesal civil*. Segun el nuevo código. v. I. Op. cit., p. 360-366.

25. "A lei, embora regulando preventivamente as formas dos atos processuais, admite algumas grandes divisões das causa, segundo a natureza ou importância delas, e para cada uma dessas divisões prescreve normas especiais: a) seja sôbre as atividades processuais necessárias a elas; b) seja sôbre os princípios que as governam; c) seja sôbre as formas a que estão sujeitas: daí os vários tipos de procedimentos, civil e comercial, ordinário e formal, pretorial e assim por diante. É comum não se justificarem essas diversidades de procedimentos, que, afinal, correspondem a uma grande sementeria de litígios, na hipótese de ser incerta a própria natureza da causa; e isto especialmente no que se refere às diferenças entre causas cíveis e comerciais." CHIOVENDA, Giuseppe. *Instituições de Direito Processual Civil*. v. III. 2. ed. Tradução de J. Guimarães Menegale. São Paulo: Saraiva, 1965, p. 8.

ou tutela de situações jurídicas específicas. Como afirmava Alberto dos Reis, os processos especiais são baseados na ideia de ajustar a forma ao objeto da ação, de modo a garantir uma harmonia entre os trâmites procedimentais e as características (configuração) do direito que se pretende fazer reconhecer ou efetivar[26]. Para o autor "é a *fisionomia especial do direito* que postula a forma especial do processo".[27]

Com base no critério finalístico, será especial o corpo normativo procedimental[28] que fixe uma organização específica e individualizada[29] de

---

26. "Com efeito, o *processo* é o conjunto mesmo dos atos entre si encadeados e orientados no sentido da solução do litígio, ao passo que por *procedimento* se designam a forma, a ordem e a disposição dos mesmos na série, variável segundo as exigências da relação de direito material a ser tratada ou segundo outras necessidades e conveniências que ao legislador tenham impressionado. Com efeito, variáveis e multifários são os provimentos jurisdicionais que podem resultar do processo civil, e essa multiplicidade corresponde, por vezes, a necessidade de também variarem a quantidade, a substância e a disposição dos atos conducentes àquele resultado. O número, a natureza e a posição relativa que tais atos assumem no conjunto afeiçoam-se às diferenciadas necessidades, determinado ritos ou procedimentos. O procedimento é, pois, o conteúdo cujo continente é o processo; aquele é em relação a este como a dezena em face do número concreto - que pode ser menor do que a dezena, ou conter mais de uma." FABRÍCIO, Adroaldo Furtado. *Comentários ao Código de Processo Civil.* v. VIII. 8. ed. Rio de Janeiro: Forense, 2001, t. III, p.3-4; FABRÍCIO, Adroaldo Furtado. Justificação teórica dos procedimentos especiais. In: *Ensaios de direito processual.* Rio de Janeiro: Forense, 2003, p.34-35. Antes v. CARNELUTTI, Francesco. *Instituiciones del proceso civil.* v. I. 2. ed. Traducción Santiago Sentis Meleno. Buenos Aires: Ediciones Juridicas Europa-America, 1973, p. 420-421.
27. REIS, Alberto dos. *Processos especiais.* v. I. Coimbra: Coimbra, 1955, p.2. No mesmo sentido, MARCATO, Antonio Carlos. *Procedimentos especiais.*16. ed. São Paulo: Atlas, 2016, p. 73-74; SICA, Heitor Vitor Mendonça. Reflexões em torno da teoria geral dos procedimentos especiais. Op. cit., p. 66.
28. Nesse sentido, v. FABRÍCIO, Adroaldo Furtado. Justificação teórica dos procedimentos especiais. In: *Ensaios de direito processual.* Rio de Janeiro: Forense, 2003, p. 36-37; FABRÍCIO, Adroaldo Furtado. *Comentários ao Código de Processo Civil.* v. VIII. 8. ed. Rio de Janeiro: Forense, 2001, t. III, p. 5-6. Antes v. SILVA, Manuel Dias da. *Processos civis especiaes.* 2. ed. Coimbra: F. França Amado, 1919, p. 12 e 14; REIS, Alberto dos. *Processos especiais.* v. I. Coimbra: Coimbra, 1955, p.1; TUCCI, Rogério Lauria. *Procedimentos e outros tema de Direito Processual Civil.* São Paulo: Bushatsky, 1976, p.33-34.
29. FABRÍCIO, Adroaldo Furtado. *Comentários ao Código de Processo Civil.* v. VIII. Op. cit., p.6-7; NEVES, Celso. *Estrutura fundamental do processo civil*: tutela jurídica processual, ação, processo e procedimento. Rio de Janeiro: Forense, 1995, p. 289-290; MARCATO, Antônio Carlos. *Procedimentos especiais.* 16. ed. São Paulo: Atlas, 2016, p.74.

atos cuja finalidade é atender à tutela de certas situações jurídicas dotadas de particularidades (pressupostos de cabimento específicos[30]).

Dessas reflexões, é possível observar que o conceito de procedimento especial, da mesma forma que o procedimento comum, pode assumir distintos sentidos, não havendo qualquer erro na opção da utilização de qualquer deles[31]. De todo modo, subsiste a questão de saber qual é a posição que permite a adequada compreensão do dispositivo do art. 327, §2º, do CPC?

3.1.3. A posição adotada na pesquisa.

Como ressaltado nas linhas iniciais deste capítulo, o primeiro ponto que merece destaque na compreensão do art. 327, §2º, do CPC é sua inserção entre dois polos de análise: o procedimento comum e o procedimento especial. É preciso, doravante, ressaltar a posição assumida nesta pesquisa sobre o conceito adotado e utilizado dos procedimentos comum e especial.

No que concerne ao procedimento comum, o estudo adequado do referido dispositivo do art. 327, §2º, do CPC passa tanto pela utilização do seu conceito amplo, quanto pelo uso do seu conceito estrito. Essa distinção é fundamental para a compreensão da estrutura normativa decorrente do aludido preceito, assim como seu âmbito de incidência.

Em outras palavras, o conceito amplo de procedimento comum importa em observações distintas do art. 327, §2º, do CPC, daquelas verificadas a partir do conceito estrito de procedimento comum.

No que concerne ao conceito amplo (ou relacional), é possível verificar a aplicabilidade ampla do art. 327, §2º, do CPC, a qualquer forma de procedimento comum em sentido amplo. Por outro lado, o conceito estrito (ou finalístico) é mais adequado à compreensão do aludido dispositivo no contexto de sua aplicação como mecanismo de regulação do instituto da cumulação de pedidos. Trata-se de aspectos que serão analisados com detalhes no próximo capítulo.

Por sua vez, com relação ao conceito de procedimento especial, o sentido amplo, em princípio, é o que melhor se adequa à análise do art. 327, §2º,

---

30. SILVA, Clóvis Couto e. *Comentários ao Código de Processo Civil*. v. XI. São Paulo: Revista dos Tribunais, 1977, t. I, p. 7; CHIOVENDA, Giuseppe. *Principii di diritto processuale civile*. Napoli: Jovene, 1980, p.1228.

31. DIDIER JR., Fredie; CABRAL, Antonio do Passo; CUNHA, Leonardo Carneiro da. *Por uma nova teoria dos procedimentos especiais*: dos procedimentos às técnicas. Salvador: Juspodivm, 2018, p.22-23.

do CPC. Nessa acepção, o procedimento especial será aquele cuja estrutura se distingue do procedimento comum (geral e básico). Aqui, adota-se uma concepção não finalística, relacional ou ampla de procedimentos especiais.

Logo, para os fins desta tese, o procedimento especial corresponde a um modelo normativo (em sentido abstrato), bem como a um conjunto ordenado de atos que materializam o aludido modelo normativo distinto do procedimento comum. A opção por trabalhar com o conceito relacional (ou amplo) de procedimento especial, do mesmo modo, decorre da percepção da ampla incidência do art. 327, §2º, do CPC.

Isso não significa, contudo, que o conceito estrito (ou finalístico) de procedimento especial não colabore com as discussões relacionadas ao art. 327, §2º, do CPC. Como será abordado mais adiante, de maneira paradoxal, o próprio dispositivo do art. 327, §2º, do CPC corrobora com a paulatina perda de sentido do conceito amplo ou relacional dos procedimentos especiais. São aspectos que serão melhores compreendidos quando da análise da repercussão do dispositivo do art. art. 327, §2º, do CPC, na Teoria dos Procedimentos Especiais.

Feitas essas considerações, é preciso avançar na investigação de dois temas igualmente relevantes para compreensão do art. 327, §2º, do CPC: as características dos procedimentos (comum e especial) no Direito Processual Civil brasileiro e a justificação dos procedimentos especiais e das técnicas de diferenciação procedimental.

3.2. SOBRE AS CARACTERÍSTICAS DOS PROCEDIMENTOS (COMUM E ESPECIAL).

Como ressaltado desde as linhas iniciais, para se extrair a real dimensão do art. 327, §2º, do CPC, é imprescindível a compreensão do significado e das características do procedimento comum no Direito Processual Civil brasileiro, bem como do(s) procedimento(s) especial(ais) – de maneira geral. Nos tópicos acima, foram feitas incursões sobre a definição dos aludidos fenômenos; doravante, é preciso investigar as características dos procedimentos, principalmente do procedimento comum.

Neste ponto da pesquisa, a análise assumirá duas frentes. Na primeira, a intenção é apresentar a visão tradicional do procedimento no Direito Processual Civil brasileiro, em especial, do procedimento comum. No segundo tópico, a reflexão foca na paulatina modificação das características dos procedimentos, capaz de implicar inovações tal como o dispositivo do art. 327, §2º, do CPC.

De qualquer forma, é preciso alertar que as características do procedimento comum impactam diretamente nas características dos procedimentos especiais, o que não poderia ser diferente dada a correlação entre os institutos. Necessária, pois, uma investigação conjunta, observando a cautela de identificar o fenômeno em análise.

3.2.1. Sobre a rigidez e as características dos procedimentos. Uma visão tradicional.

A verificação das características dos procedimentos pressupõe, ao menos, a compreensão da maneira como são ordenadas as estruturas processuais.

Calamandrei identificava três possíveis sistemas[32] segundo os quais são determinados os modos como devem ser realizados ou ordenados os atos que compõem o processo[33]. Dois deles seriam abstratamente contrapostos.

O primeiro sistema seria o sistema de liberdade das formas processuais, o qual, segundo o autor, provavelmente jamais teria sido aplicado de modo integral. Neste sistema, seria deixado à liberdade dos jurisdicionados a forma como levariam ao juiz suas aspirações de providências jurisdicionais, de maneira que poderia optar pelo modo que considerasse mais oportuno e persuasivo, sem a necessidade de seguir ordem ou modos preestabelecidos[34].

O segundo sistema corresponderia ao sistema da legalidade das formas processuais, no qual as atividades processuais seriam realizadas no modo e na ordem em que a lei tenha estabelecido. Essas regras legais formariam uma espécie de paradigma sobre o qual as atividades deveriam se modelar,

---

32. Nesse sentido, CINTRA, Antônio Carlos de Araújo; GRINOVER, Ada Pellegrini; DINAMARCO, Cândido Rangel. *Teoria geral do processo.* 31. ed. São Paulo: Malheiros, 2015, p.64. Com pequenas variações em sua proposta, cf. ROCHA, José de Albuquerque. *Teoria geral do processo.* 10. ed. São Paulo: Atlas, 2009, p.236.

33. "Grave problema de legislação processual está em se as formas devem ser determinadas pela lei ou se se deve deixar ao arbítrio do juiz regulá-las vez por vez ao sabor das exigências do caso concreto. Na maior parte das legislações prevalece o primeiro sistema, como o que maiores garantias oferece aos litigantes. Certamente a extensão dos podêres do juiz, mesmo no domínio das formas, representa poderoso meio de simplificação processual (do que é exemplo o regulamento austríaco); ela, porém, só é possível em proporção da confiança que, em dado momento, a ordem judiciária inspira aos cidadãos." CHIOVENDA, Giuseppe. *Instituições de Direito Processual Civil.* v. III. 2. ed. Tradução de J. Guimarães Menegale. São Paulo: Saraiva, 1965, p. 5.

34. CALAMANDREI, Piero. *Instituciones de derecho procesal civil.* Op. cit., p.319.

permitindo a visão abstrata de como deveria desenvolver-se um processo para ser considerado regular.[35]

O terceiro sistema seria aparentemente intermediário entre os dois anteriormente apresentados. Chamado de sistema de disciplina judicial das formas, sua característica central seria sujeitar em todo procedimento às regras especiais fixadas pelo juiz[36] em que o processo se inicia, conforme caso a caso.[37]

Nada obstante sejam as reflexões acima passíveis de críticas diante da complexidade da realidade jurídica e cultural, que refuta um raciocínio absolutamente binário ou um simples ponto de vista intermediário[38], é possível observar, tradicionalmente, a prevalência do sistema de legalidade das formas processuais[39]. O referido sistema de legalidade influenciou e ainda influencia a compreensão do Direito Processual Civil brasileiro e das características que são observadas no(s) procedimento(s).

Nesse contexto, a legalidade é, tradicionalmente, apontada como característica dos procedimentos. Argumenta-se que o bom resultado do processo depende, em grande parte, da postura do legislador e que as exigências legais de forma devem atender a critérios racionais[40] identificados por este (legislador).

---

35. CALAMANDREI, Piero. *Instituciones de derecho procesal civil.* v. I. Op. cit., p.321.
36. "De tal sorte, servindo o processo para a realização do direito material, não pode a lei processual estabelecer regulação que, por motivos meramente processuais, ponha em perigo, com risco até de eliminá-la, a igualdade jurídica assegurada na norma material. Tais considerações afastam a possibilidade de se conceder espaço no processo a um poder incondicional do órgão judicial, como se este pudesse ser o 'senhor do processo' (*Herr des Verfahrens*), autorizado a estabelecer a seu bel-prazer as regras processuais a serem aplicadas no caso concreto. Além de todos os inconvenientes inerentes ao exercício arbitrário do poder, atitude dessa ordem poderia conduzir a desigual realização do direito material." OLIVEIRA, Carlos Alberto Alvaro de. *Do formalismo no processo civil*: proposta de um formalismo-valorativo. 4. ed. São Paulo: Saraiva, 2010, p.99-100.
37. CALAMANDREI, Piero. *Instituciones de derecho procesal civil.* v. I. Op. cit., p.323.
38. Outras estruturas normativas ou sistemáticas podem ser absorvidas pelo ordenamento jurídico. É possível pensar, por exemplo, em uma estrutura de flexibilização procedimental que não se confunda com o sistema de liberdade das formas processuais, tampouco com o sistema de disciplina judicial, ou um outro sistema que seja permeado por um modelo de liberdade de conformação processual negociada, tal como adotado pelo Código de Processo Civil brasileiro (v.g art. 190).
39. SANTOS, Moacyr Amaral. *Primeiras linhas de Direito Processual Civil.* v. 2. 27. ed. São Paulo: Saraiva, 2011, p.96.
40. CINTRA, Antônio Carlos de Araújo; GRINOVER, Ada Pellegrini; DINAMARCO, Cândido Rangel. *Teoria geral do processo.* 31. ed. São Paulo: Malheiros, 2015, p.405.

Compreende-se que a falta absoluta de exigências legais quanto às formas procedimentais implicaria desordem, confusão e incerteza[41]. A legalidade da estrutura e da forma processual vinculava-se especialmente à noção de previsibilidade do comportamento dos agentes operadores do processo e de proteção da confiança dos cidadãos nos atos da administração[42], à uniformidade da aplicação do Direito por meio do processo[43], bem como com à observância das garantias e direitos fundamentais próprios do *devido processo legal*[44].

No segundo aspecto, também, a rigidez poderia se associar à noção de legalidade como relevante característica dos procedimentos. Ainda na

---

41. CINTRA, Antônio Carlos de Araújo; GRINOVER, Ada Pellegrini; DINAMARCO, Cândido Rangel. *Teoria geral do processo.* Op. cit., p.405. Cf. GAJARDONI, Fernando da Fonseca. Procedimento, déficit procedimental e flexibilização procedimental no novo CPC. *Revista de Informação Legislativa.* Brasília, ano 48, n.º 190, abr./jun. 2011, p.171-172.
42. "É preciso realçar que todas as considerações feitas a respeito da necessidade de afastamento da surpresa, em geral, recobram importância no âmbito do Direito Processual. Isso porque os direitos fundamentais, na sua eficácia de defesa relativamente a intervenções estatais, também repelem a surpresa no âmbito dos procedimentos, sejam eles administrativos ou judiciais. Sendo assim, o cidadão não pode ser, no curso do processo, surpreendido com medidas que frustrem expectativas ou que causem embaraço, direito ou indireto, aos seus direitos de ampla defesa e contraditório, como juntada de prova sem vista ou introdução de argumento novo no julgamento de segundo grau." ÁVILA, Humberto. *Teoria da segurança jurídica.* 3. ed. São Paulo: Malheiros, 2014, p.633-634; GAJARDONI, Fernando da Fonseca. *Flexibilização procedimental*: um novo enfoque para o estudo do procedimento em matéria processual, de acordo com as recentes reformas do CPC. São Paulo: Atlas, 2008, p.85. Igualmente, cf. PASSOS, José Joaquim Calmon de. *Comentários ao Código de Processo Civil.* v. III. 9. ed. Rio de Janeiro: Forense, 2005, p.6-7. Sobre princípio da segurança como projeção do ideal de confiança legítima v. MARTINS-COSTA, Judith. A re-significação do princípio da segurança jurídica na relação entre o Estado e os cidadãos: a segurança como crédito de confiança. Revista CEJ, Brasília, n.º 27, 2004. Disponível em http://www.jf.jus.br/ojs2/index.php/revcej/article/viewFile/641/821. Acesso em 17 de ago. 2018, p. 112-116.
43. OLIVEIRA, Carlos Alberto Alvaro de. *Do formalismo no processo civil:* proposta de um formalismo-valorativo. 4. ed. São Paulo: Saraiva, 2010, p.102-107.
44. CHIOVENDA, Giuseppe. Las formas en la defesa judicial del derecho. *Ensayos de derecho procesal civil.* Tradução de Santiago Sentís Melendo. v. II. Buenos Aires: Ediciones Juridicas Europa-America, 1949, p. 126; CALAMANDREI, Piero. *Instituciones de derecho procesal civil.* Segun el nuevo código. v. I. Op. cit., p. 322; DINAMARCO, Cândido Rangel. *Instituições de Direito Processual Civil.* v. II. 7. ed. São Paulo: Malheiros, 2017, p.30; BEDAQUE, José Roberto dos Santos. *Efetividade do processo e técnica processual.* 2. ed. São Paulo: Malheiros, 2007, p.62; OLIVEIRA, Paulo Mendes de. *Segurança jurídica e processo*: da rigidez à flexibilização processual. São Paulo: Revista dos Tribunais, 2018, p.123-124.

visão tradicional, o procedimento brasileiro seria do tipo rígido, uma vez que obedeceria "a cânones rigorosos, desenvolvendo-se por meio de fases claramente determinadas pela lei e atingidas pela preclusão"[45].

A observância rígida da forma procedimental pelas partes e pelo juiz representaria "penhores da regularidade do processo e da correta observância dos princípios constitucionais do contraditório e do devido processo legal [...]". Eventuais mitigações a essa rigidez seriam toleradas se inerentes ao próprio sistema.[46]

Em razão de aspectos relacionados à legalidade e à rigidez, o procedimento comum (ordinário no CPC-1973) era composto de fases (postulatória, ordinatória, instrutória e decisória) particularmente rígidas, conformado por um sistema de preclusões, a impor um caminhar para frente, sem retrocessos, com limitada margem de flexibilidade aos sujeitos processuais[47]. Eventuais

---

45. CINTRA, Antônio Carlos de Araújo; GRINOVER, Ada Pellegrini; DINAMARCO, Cândido Rangel. *Teoria geral do processo.* 31. ed. São Paulo: Malheiros, 2015, p.405. No mesmo ponto, explicam os autores que em um sistema flexível, as formas procedimentais são mais livres, de modo que as fases procedimentais sejam mais fluídas. CINTRA, Antônio Carlos de Araújo; GRINOVER, Ada Pellegrini; DINAMARCO, Cândido Rangel. *Teoria geral do processo.* Op. cit., p.405. Sobre a organização do procedimento em fases rígidas submetidas a preclusão, cf. MILLAR, Wyness Robert. *Los principios formativos del procedimento civil.* Tradução de Catalina Grossmann. Buenos Aires: Ediar, 19?, p.95-117.

46. DINAMARCO, Cândido Rangel. *Instituições de Direito Processual Civil.* v. II. 4. ed. São Paulo: Malheiros, 2004, p.445. Igualmente, na versão pós novo CPC, v. DINAMARCO, Cândido Rangel. *Instituições de Direito Processual Civil.* v. II. 7. ed. São Paulo: Malheiros, 2017, p.517. Cândido Dinamarco, ao tratar do conteúdo das normas que definem o procedimento, afirmava que: "O Código de Processo Civil proclama formalmente a regra da *liberdade das formas* (art. 154), que, quando levada a extremos, seria fator de enorme insegurança para os litigantes e portanto colidiria com a cláusula *due process of law*. Ele diz que as formas predeterminadas só se imporão *quando a lei expressamente as exigir* (ainda art. 154), mas tantas exigências são formuladas na disciplina específica dos atos processuais, que na realidade está consagrado um sistema de *legalidade formal*, não de liberdade. A Lei dos Juizados Especiais faz semelhante proclamação (art. 13) e cumpre: ela contém poucos dispositivos portadores de exigências formais." DINAMARCO, Cândido Rangel. *Instituições de Direito Processual Civil.* v. II. Op. cit., p.445. Igualmente, na versão pós novo CPC, v. DINAMARCO, Cândido Rangel. *Instituições de Direito Processual Civil.* v. II. 7. ed. São Paulo: Malheiros, 2017, p.517. Com mesmo entendimento, v. YARSHELL, Flávio Luiz. *Tutela jurisdicional.* 2. ed. São Paulo: DPJ, 2006, p.185-186.

47. "Qualquer modificação da natureza anteriormente cogitada, então, deve ser reputada excepcional e sempre observar os parâmetros estabelecidos pela lei, portanto, mantendo a regra de tipicidade. É preciso igualmente que, em qualquer hipótese, a alteração

alterações dessa ordem dependeriam da previsão de modelos procedimentais especiais, em atendimento a uma imposição de adequação[48].[49]

Argumentava-se que as alterações do procedimento comum (ordinário no CPC-1973) ocorreriam na medida em que os critérios de interesse público (ordenar a atividade jurisdicional estatal), que ensejaram sua escolha, fossem afetados de maneira relevante em função das peculiaridades do Direito material. Como afirma Flávio Yarshell, "o procedimento é estabelecido de forma a racionalizar o exercício da atividade jurisdicional e a preservação dessa racionalidade justifica a adequação do procedimento."[50]

O procedimento comum (ordinário no CPC-1973) era tomado como um padrão[51] representativo de um ideal racionalista[52], construído como algo

---

preserve o contraditório, assegure o caráter racional do procedimento e atenda aos escopos da jurisdição." YARSHELL, Flávio Luiz. *Tutela jurisdicional*. Op. cit., p.186-187.

48. LACERDA, Galeno Vellinho de. O código como sistema legal de adequação do processo. *Revista do Instituto dos Advogados do Rio Grande do Sul*. Comemorativa do cinqüentenário 1926-1976. Porto Alegre, 1976, p.163-164.
49. DINAMARCO, Cândido Rangel. *Instituições de Direito Processual Civil*. v. II. 4. ed. São Paulo: Malheiros, 2004, p.446-447. Igualmente, na versão pós CPC vigente, v. DINAMARCO, Cândido Rangel. *Instituições de Direito Processual Civil*. v. II. 7. ed. São Paulo: Malheiros, 2017, p.519-520.
50. YARSHELL, Flávio Luiz. *Tutela jurisdicional*. Op. cit., p.200.
51. ARAGÃO, Egas Dirceu Moniz de. *Comentários ao Código de Processo Civil*. v. II. 10. ed. Rio de Janeiro: Forense, 2005, p. 329; MARQUES, José Frederico. Procedimento ordinário. In: *O processo civil*. 4. ed. São Paulo: AASP, 1975, p. 9; COSTA, Alfredo Araújo Lopes da. *Manual elementar de Direito Processual Civil*. Rio de Janeiro: Forense, 1956, p.46; LEITÃO, José Ribeiro. Aspectos de teoria geral dos procedimentos especiais. *Revista de Doutrina e Jurisprudência do TJ/DF*, abr., 1985. Disponível em https://bdjur.tjdft.jus.br/xmlui/bitstream/handle/tjdft/35132/aspectos%20de%20teoria%20geral%20dos%20procedimentos%20especiais.pdf?sequence=1. Acesso em 18 de ago. 2018, p.28; PAULA, Jônatas Luiz Moreira de. A unidade procedimental no processo de conhecimento. *Revista de Processo*, n.º 189. São Paulo: Revista dos Tribunais, 2010, p. 336.
52. "O mito da ordinariedade, em uma apertada síntese, pode ser resumido pelas seguintes premissas: (i) há uma divisão entre *imperium* e *iurisdictio* do processo formulário romano que separa o que é jurisdição do que não é; (ii) todos os atos que não operam apenas no plano normativo não possuem natureza jurisdicional; (iii) juízos baseados nas circunstâncias sumárias da causa (sem exaurir todos os atos do método/processo) não são compatíveis com a verdadeira função da jurisdição; e, por fim; (iv) o método (procedimento ordinário) é universal e atemporal, vale dizer, somente através da passagem de todas as suas fase que haverá um provimento idôneo sobre o mérito da causa. Em que pese as premissas convirjam para a formação do mito, é possível afirmar com base no estudo dos tópicos pretéritos que as duas primeiras se identificam mais com

perfeito a atender um número significativo de pretensões[53]. Não por acaso, o procedimento comum mostra-se intimamente afeto ao ideal de segurança jurídica[54], atrelado a um discurso de legalidade da forma[55]. O procedimento

---

a herança romana do processo formulário, ao passo que as duas últimas estão mais identificadas com o racionalismo." RAATZ, Igor; LOPES, Ziel Ferreira; DIETRICH, Willam Galle. O que é isto: a ordinariedade? Perspectivas de superação no processo civil contemporâneo. *Revista de Processo,* n.º 272. São Paulo: Revista dos Tribunais, 2017, p.145-146; SILVA, Ovídio A. Baptista da. *Processo e ideologia*: o paradigma racionalista. Rio de Janeiro: Forense, 2004, p.153-154; SILVA, Ovídio A. Baptista da. Racionalismo e tutela preventiva em processo civil. *Revista do Tribunais,* n.º 801. São Paulo: Revista dos Tribunais, 2002, p.39. Sobre a estruturação "lógica" do procedimento ordinário, cf. SANTOS, Moacyr Amaral. As fases lógicas do procedimento ordinário. *Revista Forense,* n.º 243. Rio de Janeiro: Forense, 1973, p. 22-27.

53. LEONARDO, Rodrigo Xavier. O paradigma da efetividade do processo e os procedimentos especiais: uma abordagem crítica. *Revista Jurídica Themis,* n.º 10, 1998, p.70; MONROY GALVEZ, Juan; MONROY PALACIOS, Juan. Del mito del proceso ordinario a la tutela diferenciada: apuntes iniciales. *Revista de Processo,* n.º 109. São Paulo: Revista dos Tribunais, 2003, p.190; WAMBIER, Luiz Rodrigues. Abuso do procedimento especial. *Revista de Processo,* n.º 204. São Paulo: Revista dos Tribunais, 2012, p. 52; PAULA, Jônatas Luiz Moreira de. A unidade procedimental no processo de conhecimento. *Revista de Processo,* n.º189. São Paulo: Revista dos Tribunais, 2010, p.336.

54. "Si não fossem as formalidades da lei, a chicana, a duplicidade, o arbitrio, e a injustiça predominarião com toda a facilidade; por isso mesmo que desde então não haveria regras fixas nem modo certo e exacto de proceder." BUENO, José Antonio Pimenta. *Apontamentos sobre as formalidades do processo civil.* 2. ed. Rio de Janeiro: Tipografia Nacional, 1858, p.1; ALMEIDA JÚNIOR, João Mendes de. *O Processo Criminal Brasileiro.* v. I. 4. ed. São Paulo: Livraria Freitas Bastos, 1959, p. 13. Sobre o tema v. SILVA, Ovídio A. Baptista da. *Processo e ideologia*: o paradigma racionalista. Rio de Janeiro: Forense, 2004, p.143; MONROY GALVEZ, Juan; MONROY PALACIOS, Juan. Del mito del proceso ordinario a la tutela diferenciada: apuntes iniciales. Op. cit., p.190; GAJARDONI, Fernando da Fonseca. *Flexibilização procedimental*: um novo enfoque para o estudo do procedimento em matéria processual, de acordo com as recentes reformas do CPC. São Paulo: Atlas, 2008, p.85.

55. "Permitir se desenvolvesse a atividade dos protagonistas do processo segundo melhor lhes parecesse, privilegiadas as partes, porque os mais autorizados juízes do próprio interesse, ou privilegiado o julgador, por se o sujeito imparcial e por isso mesmo o melhor árbitro do interesse público no particular, seria olvidar-se que, numa ou noutra hipótese, a incerteza e a insegurança representaria o alto preço de vantagens muito discutíveis. A legalidade da forma, por conseguinte, se impôs como solução universal, estando na lei, e somente nela, toda a ordenação da atividade a ser desenvolvida para que o Estado dê efetividade ao Direito por ele posto." PASSOS, José Joaquim Calmon de. *Comentários ao Código de Processo Civil.* v. III. 9. ed. Rio de Janeiro: Forense, 2005, p.6-7.

comum (ordinário, no CPC-1973) era concebido como padrão perfeito o qual se permitiria a realização da atividade cognitiva plena e exauriente[56-57].

Não se deve ao acaso que, tradicionalmente, o procedimento comum era visto como reflexo de uma concepção universalista voltado à "ordinarização" da técnica processual/procedimental, associada com uma visão liberal-individualista[58], a qual se inspirava em um ideal de neutralidade[59] e indiferença do processo em relação ao Direito material[60-61].

---

56. WATANABE, Kazuo. *Da cognição no processo civil.* 2. ed. Campinas: Bookseller, 2000, p.143. Igualmente, TUCCI, José Rogério Cruz e. *Comentários ao Código de Processo Civil.* v. VII (arts. 318 a 368). São Paulo: Saraiva, 2016, p.51.
57. Ovídio Baptista afirmava que eram considerados incompatíveis com a verdadeira função jurisdicional, procedimentos que permitiam juízos sumários sobre as causas sem exaurir todas as etapas procedimentais possíveis. SILVA, Ovídio A. Baptista da. Racionalismo e tutela preventiva em processo civil. Op. cit., p.39-40.
58. SILVA, Ovídio A. Baptista da. *Curso de processo civil:* processo de conhecimento. 5. ed. São Paulo: Revista dos Tribunais, 2000, p.120-125; MARINONI, Luiz Guilherme; ARENHART, Sérgio Cruz; MITIDIERO, Daniel. *Novo curso de processo civil*: tutela dos direitos mediantes procedimentos diferenciados. 3. ed. São Paulo: Revista dos Tribunais, 2017, p.29-32.
59. Pisani afirma que o direito processual não pode ser considerado neutro, uma vez que não é e não pode ser indiferente à natureza do interesse em conflito. O autor defende que da predisposição de um procedimento idôneo a fornecer a tutela jurisdicional adequada dependem a existência e o modo de existir do próprio direito material. cf. PISANI, Andrea Proto. *Lezioni di diritto processuale civile.* 6. ed. Napoli: Jovene, 2014, p.6.
60. "Desde la visión liberal-individualista 'privatista' ha prevalecido al principio de la universalización, concebida como 'ordinarización' de las técnicas y soluciones procedimentales, en paralelo con la búsqueda de las 'uniformidade' de que se nutren las ciencias naturales y las ciencias lógicas. Sin embargo – como se ha resaltado agudamente – al despreciarse las diversas situaciones que se ensalzan en el plano del proceso, la aplicación de las metodologías de las ciencias experimentales y la búsqueda de 'generalidades' ha conducido a enarbolar el principio de *ordinariedad*, que supone conferir un mismo y único tipo procedimental para la canalización de todos los conflictos, con prescindencia de la materia o derecho sustantivo que se discute y, sobre todo, de la condición y situación de los sujetos involucrados. Concepción aquella que se inspira en la ilusión de la *neutralidad* del proceso en relación al derecho material." BERIZONCE, Roberto Omar. Ideologías y proceso. *Revista Iberoamericana de Derecho Procesal*, v. 4. São Paulo: Revista dos Tribunais, 2016, p.265. Igualmente, SILVA, Ovídio A. Baptista da. A "plenitude da defesa" no processo civil. In: TEIXEIRA, Sálvio de Figueiredo (coord.). *As Garantias do Cidadão na Justiça.* São Paulo: Saraiva, 1993, p.163-165; SILVA, Ovídio A. Baptista da. *Curso de processo civil:* processo de conhecimento. 5. ed. São Paulo: Revista dos Tribunais, 2000, p.116-117.

Não havia espaço para a inserção de técnicas processuais diferenciadas no procedimento comum. A tutela diferenciada era um apanágio dos procedimentos especiais[62], que eram cabíveis nas hipóteses em que fugissem ao procedimento comum (padrão), a qual seria o residual (critério de exclusão)[63].

Nesse cenário, a especialidade procedimental ocorreria apenas em circunstâncias excepcionais, na medida em que os procedimentos especiais seriam desvios das rotas do curso normal do procedimento comum[64], previstos em lei[65], e observaria os pressupostos de cabimento específicos[66].

---

61. "De igual modo, esse ideal é um resquício da era das codificações, que buscava reunir em um bloco monolítico de regras todos os esquemas procedimentais imagináveis. O procedimento comum ou ordinário era aquele que retratava a consolidação do que a experiência secular mostrava ser o formado de procedimento mais adequado para todos ou quase todos os litígios levados ao judiciário. Era também o procedimento mais alongado, onde poderiam ser utilizados todos os instrumentos previsto em um dado ordenamento processual, com o que se permitiria uma cognição ampla e irrestrita." DIDIER JR., Fredie; CABRAL, Antônio do Passo; CUNHA, Leonardo Carneiro da. *Por uma nova teoria dos procedimentos especiais*: dos procedimentos às técnicas. Salvador: Juspodivm, 2018, p.19-20.
62. DIDIER JR., Fredie; CABRAL, Antônio do Passo; CUNHA, Leonardo Carneiro da. *Por uma nova teoria dos procedimentos especiais*: dos procedimentos às técnicas. Op. cit., p.39.
63. MARQUES, José Frederico. Procedimento ordinário. In: *O processo civil*. 4. ed. São Paulo: AASP, 1975, p.9; ARAGÃO, Egas Moniz de. Procedimento ordinário. In: *O processo civil*. 4. ed. São Paulo: AASP, 1975, p.155.
64. CHIOVENDA, Giuseppe. *Principii di Diritto Processuale Civile*. Napoli: Jovene, 1980, p.1228; SILVA, Manuel Dias da. *Processos civis especiaes*. 2. ed. Coimbra: F. França Amado, 1919, p.58; REIS, Alberto dos. *Processos Especiais*. v. I. Coimbra: Coimbra, 1955, p. 24; SATTA, Salvatore. *Diritto processuale civile*. 9. ed. Padova: CEDAM, 1981, p.739; BARROS, Hamilton de Morais e. Aspectos gerais dos procedimentos especiais em face do novo Código de Processo Civil. *Revista Forense*, n.º 247. Rio de Janeiro: Forense, 1974, p.16; LEITÃO, José Ribeiro. Aspectos de teoria geral dos procedimentos especiais. *Revista de Doutrina e Jurisprudência do TJ/DF*, abr., 1985. Disponível em https://bdjur.tjdft.jus.br/xmlui/bitstream/handle/tjdft/35132/aspectos%20de%20teoria%20geral%20dos%20procedimentos%20especiais.pdf?sequence=1. Acesso em 18 de ago. 2018, p.29; Jacy de Assis, por exemplo, chegou ao ponto de defender que o cabimento dos procedimentos especiais excluía a incidência do procedimento comum. v. ASSIS, Jacy de. Os procedimentos especiais na sistemática processual brasileira. *Revista de Processo*, n.º 3. São Paulo: Revista dos Tribunais, 1976, p. 178.
65. SILVA, Manuel Dias da. *Processos civis especiaes*. 2. ed. Coimbra: F. França Amado, 1919, p.11; REIS, Alberto dos. *Processos Especiais*. v. I. Coimbra: Coimbra, 1955, p. 3; SANTOS, Cézar. *O procedimento sumaríssimo*. 2. ed. Rio de Janeiro: Forense, 1985, p. 2-3; BENETI, Sidnei Agostinho. Procedimentos especiais contra ausentes, abreviados e

Essa especialização procedimental consideraria critérios de tipicidade fechada e taxatividade, uma vez que a lei esgotaria as possibilidades procedimentais[67].

As mesmas rigidez e inflexibilidade impediriam a adaptação ou flexibilização para além das especificidades previstas na legislação[68]. Nada obstante se admitisse certo poder de direção processual ao magistrado (v.g art. 125 do CPC-1973), por exemplo, ao dar concretude ao seu dever de velar pela rápida solução do litigio, sua atuação deveria atentar ao modelo legal.[69]

Desvios desse roteiro tornariam irregular o ato, o procedimento ou até mesmo o provimento jurisdicional. As irregularidades ensejariam a eliminação dos efeitos produzidos pelos atos, conforme disciplina legal[70].

---

no juizado especial. *Revista de Processo*, n.º 89. São Paulo: Revista dos Tribunais, 1998, p.213; SOARES, Marcos José Porto. A (im)possibilidade da mediação nos procedimentos especiais. *Revista de Processo,* n.º 264. São Paulo: Revista dos Tribunais, 2017, p.534. No mesmo sentido, o art. 675 da Consolidação Ribas afirmava que "somente são sumárias as causas declaradas tais por lei ou praxe geral do foro...".

66. CHIOVENDA, Giuseppe. *Principii di Diritto Processuale Civile.* Op. cit., p.1228; SILVA, Clóvis Couto e. *Comentários ao Código de Processo Civil.* v. XI. São Paulo: Revista dos Tribunais, 1977, t. I, p. 7-8.

67. SILVA, Manuel Dias da. *Processos civis especiaes.* Op. cit., p.58; REIS, Alberto dos. *Processos Especiais.* v. I. Op. cit., p. 24; BARROS, Hamilton de Morais e. Aspectos gerais dos procedimentos especiais em face do novo Código de Processo Civil. *Revista Forense,* n.º 247. Rio de Janeiro: Forense, 1974, p. 15-16; SILVA, Clóvis Couto e. *Comentários ao Código de Processo Civil.* v. XI. São Paulo: Revista dos Tribunais, 1977, t. I, p. 8; BENETI, Sidnei Agostinho. Procedimentos especiais contra ausentes, abreviados e no juizado especial. Op. cit., p.213; SOARES, Marcos José Porto. *Teoria Geral dos Procedimentos especiais.* Rio de Janeiro: Lumen Juris, 2017, p.57.

68. cf. SILVA, Ovídio A. Baptista da. *Processo e ideologia*: o paradigma racionalista. Rio de Janeiro: Forense, 2004, p. 36-38.

69. YARSHELL, Flávio Luiz. *Tutela jurisdicional.* 2. ed. São Paulo: DPJ, 2006, p.187. Nada obstante reconheçam a inexistência de possibilidade expressa de adaptação procedimental, Eduardo Cambi e Aline Nevem apontam a existência de hipóteses restritas de flexibilização também no Código de Processo Civil de 1973. cf. CAMBI, Eduardo; NEVES, Aline Regina das. Flexibilização procedimental no Novo Código de Processo Civil. In: MÂCEDO, Lucas Burril; PEIXOTO, Ravi; FREIRE, Alexandre (orgs.). *Novo CPC doutrinas selecionadas*: Parte geral. Salvador: Juspodivm, 2016, p.631-634.

70. DINAMARCO, Cândido Rangel. *Instituições de Direito Processual Civil.* v. II. 4. ed. São Paulo: Malheiros, 2004, p.447. Igualmente, na versão pós novo CPC, v. DINAMARCO, Cândido Rangel. *Instituições de Direito Processual Civil.* v. II. 7. ed. São Paulo: Malheiros, 2017, p.519-520. "A efetiva observância das regras do procedimento constitui culto à garantia constitucional do devido processo legal e os eventuais desvios, transgressão. Não é que o *due processo* se resuma à exigência do cumprimento das formas e a reali-

A preservação de atos processuais irregulares, por sua vez, somente seria autorizada quando fossem observados os critérios fixados legalmente, como, por exemplo, quando a imperfeição do ato não tenha produzido prejuízo[71]. Do mesmo modo, a fungibilidade e a conversão do rito processual não seriam permitidas, haja vista a relação do procedimento com a realização do interesse público (por ordenar a atividade jurisdicional estatal). O procedimento era considerado indisponível[72].

O procedimento comum (ordinário no CPC-1973), igualmente, era considerado indisponível. Os interessados deveriam se valer tão somente do modelo estabelecido em lei[73]. Seriam, pois, as normas que comporiam o procedimento, atreladas à noção de interesse público (por ordenar a atividade jurisdicional estatal), não estando à mercê da vontade das partes.[74]

Não haveria opção para o litigante de escolher outro procedimento[75]. Essa indisponibilidade apenas estaria mitigada em circunstâncias excepcionais,

---

zação de certos atos predeterminados, mas a legalidade no procedimento que em cada caso se faz é aspecto mais visível da fidelidade das experiências processuais aos grandes pilares da democracia. Entre estes figura a *participação* – e o procedimento adequado, regido por lei adequadas, oferece aos litigantes reais oportunidade de participar nas atividades de preparação do provimento jurisdicional que depois atingirá as esferas de direitos. É por esse modo que o procedimento e a observância de suas regras concorrem para a legitimação dos provimentos jurisdicionais, mediante a efetivação da garantia constitucional do contraditório." DINAMARCO, Cândido Rangel. *Instituições de Direito Processual Civil.* v. II. Op. cit., p.447-448. Igualmente, na versão pós novo CPC, v. DINAMARCO, Cândido Rangel. *Instituições de Direito Processual Civil.* v. II. 7. ed. São Paulo: Malheiros, 2017, p.519-520.

71. PASSOS, José Joaquim Calmon de. *Esboço de uma teoria das nulidades aplicada às nulidades processuais.* Rio de Janeiro: Forense, 2005, p.131; WAMBIER, Teresa Arruda Alvim. *Nulidades do processo e da sentença.* 7. ed. São Paulo: Revista dos Tribunais, 2014, p.169-170.
72. AMENDOEIRA JR., Sidnei. *Fungibilidade de meios.* São Paulo: Atlas, 2008, p. 140.
73. YARSHELL, Flávio Luiz. *Tutela jurisdicional.* 2. ed. São Paulo: DPJ, 2006, p.199.
74. LIEBMAN, Enrico Tullio. *Manual de Direito Processual Civil.* v. I. 3. ed. Tradução de Cândido Rangel Dinamarco. São Paulo: Malheiros, 2005, p.291; DINAMARCO, Cândido Rangel. *Instituições de Direito Processual Civil.* v. II. 4.ed. São Paulo: Malheiros, 2004, p.463; MIRANDA, Pontes de. *Comentários ao Código de Processo Civil (1939).* 2. ed. Rio de Janeiro: Forense, 1958, t.I, p.50-51; GRECO, Leonardo. Os atos de disposição processual – primeiras reflexões. *Revista Eletrônica de Direito Processual – REDP,* v. 1, n.º 1, out-dez. 2007, p.8.
75. BARROS, Hamilton de Morais e. Aspectos gerais dos procedimentos especiais em face do novo Código de Processo Civil. *Revista Forense,* n.º 247. Rio de Janeiro: Forense, 1974, p. 16-17; NEVES, Daniel Amorim Assumpção. *Manual de Direito Processual*

como, por exemplo, quando houvesse cumulação de pedidos[76], com a opção pelo procedimento ordinário se o procedimento especial fosse facultativo (art. 292, §2º, do CPC-1973). Negócios jurídicos processuais eram vistos como excepcionais, quando não eram tomados como vedados ou inexistentes[77].

A explicação era que, em sendo a ação um direito voltado a provocar a atuação do Estado-juiz, o caráter público dessa função espraiar-se-ia sobre toda a atuação processual. O processo é público na medida em que é meio que permite a atuação estatal por meio da jurisdição[78]. Não haveria espaço para manobra da vontade das partes no processo[79].

Civil. 10. ed. Salvador: Juspodivm, 2018, p.585; ARAÚJO, Fabio Caldas de. *Curso de processo civil*. São Paulo: Malheiros, 2016, t. I, p.403.

76. DINAMARCO, Cândido Rangel. *Instituições de Direito Processual Civil*. v. II. 4.ed. São Paulo: Malheiros, 2004, p.463.

77. Cândido Rangel Dinamarco, por exemplo, acreditava que os atos processuais jamais seriam qualificados de negócio jurídicos na medida em os efeitos desejados pelo agente somente seriam produzidos se a lei processual autorizasse. Não haveria espaço de disposição diante de efeitos que seriam sempre resultados da lei e não necessariamente da vontade. Dinamarco chega a afirmar que, se houvesse disposição legal, o ato produziria inclusive efeitos não desejados pelo agente. DINAMARCO, Cândido Rangel. *Instituições de Direito Processual Civil*. v. II. 4. ed. São Paulo: Malheiros, 2004, p. 472. O mesmo entendimento defendido sob a égide do CPC-1973, por José de Albuquerque Rocha, Alexandre Câmara e Daniel Mitidiero. cf. ROCHA, José de Albuquerque. *Teoria geral do processo*. 10. ed. São Paulo: Atlas, 2009, p.236; CÂMARA, Alexandre Freitas. *Lições de Direito Processual Civil*. v. I. 25. ed. Rio de Janeiro: Lumen Juris, 2014, p.278; MITIDIERO, Daniel. *Comentários ao Código de Processo Civil*. São Paulo: Memória Jurídica, 2005, t. 2, p. 15-16.

78. "Evidentemente, não é apenas nesses pontos que se mostra o caráter público do processo. Sua natureza instrumental impõe que todo o sistema processual seja permeado dessa conotação, para que realmente apareça e funcione como *instrumento do Estado* para a realização de certos objetivos por ele traçados; como o aspecto ético do processo não se compadece o seu abandona à sorte que as partes lhe derem, ou uma delas em detrimento da mais fraca, pois isso desvirtuaria os resultados do exercício de uma atividade puramente estatal e pública, que é a jurisdição." DINAMARCO, Cândido Rangel. *A instrumentalidade do processo*. 13. ed. São Paulo: Malheiro, 2008, p.62-63. Igualmente, afirma Flávio Yarshell: "Nesse particular, inclinamo-nos pelas respostas negativas (inexistência de faculdade para a parte interessada) porque, ao estabelecer diferentes modelos procedimentais, o legislador leva em conta elementos que dizem respeito ao próprio exercício da função jurisdicional, de tal soerte que prevalece, não sem boa razão, o argumento da cogência das correspondentes regras legais, as quais escapam ao poder de disposição das partes." YARSHELL, Flávio Luiz. *Tutela jurisdicional*. 2. ed. São Paulo: DPJ, 2006, p.199.

Firmou-se uma blindagem sobre as normas e institutos processuais. Estes refletiriam a concepção idealizada de que eram as disposições normativas fruto da racionalidade humana e geral que, segundo se entendia, capaz de alcançar verdades absolutas e imutáveis. Noutras palavras, a lei, que se confundia com a norma, orientava-se por uma racionalidade originada da manifestação da vontade do legislador, a qual representava o povo[80]. A lei processual, que se confundia com a norma processual, era considerada fruto da razão iluminada do legislador[81].

Contudo, esse modelo legalista contribuía para a assunção de uma postura seletiva por parte do Estado que indicava quais as demandas a serem apreciadas pelo Judiciário e os respectivos ritos. Como afirma Becker, "ao rigoroso controle legal-judicial do *input* das demandas no aparelho do Estado, corresponde um claro *déficit* de procedimentos adequados às diferentes situações de Direito material (e às respectivas demandas)".[82]

De toda sorte, paulatinamente se observaram modificações das características atribuídas ao procedimento comum, bem como aos procedimentos especiais. Há mudanças em diversos aspectos.

A dogmática dos procedimentos (comum e especial) do Novo Código de Processo Civil é bem diferente da do antigo CPC. Em diversos pontos são verificadas tais inovações, especialmente em razão de uma postura crítica adotada pela doutrinária na atualidade. A isso será dedicado o próximo item.

---

79. Sobre o referido contexto, v. NOGUEIRA, Pedro Henrique. *Negócios jurídicos processuais*. Salvador: Juspodivm, 2016, p.160.
80. "A doutrina juspositivista das fontes assume os movimentos da situação acima descrita, isto é, da existência de ordenamentos jurídicos complexos e hierarquizados, e sustenta que a fonte predominante, quer dizer, a fonte que se encontra no plano hierárquico mais alto, é a lei, visto que outros fatos ou atos produtores de normas são apenas fontes subordinadas." BOBBIO, Norberto. *O positivismo jurídico*: Lições de filosofia do Direito. Tradução Márcio Pugliesi, Edson Bini, Carlos E. Rodrigues. São Paulo: Ícone, 2006, p.164.
81. Nesse sentido, v. CAMBI, Eduardo. *Neoconstitucionalismo e neoprocessualismo*: direitos fundamentais, políticas públicas e protagonismo judiciário. São Paulo: Revista dos Tribunais, 2009, p. 79-81.
82. BECKER, Laércio A. Introdução crítica aos procedimentos especiais. In: BECKER, Laércio A. (org.). *Qual o jogo do processo?* Porto Alegre: Sergio Antonio Fabris, 2012, p. 366.

3.2.2. Sobre a flexibilização procedimental e a revisitação das características dos procedimentos.

De uma rápida análise do Direito Processual brasileiro, de pronto se percebe que, na atualidade, as características dos procedimentos (comum ou especial) são bem diversas daquelas tidas como tradicionais. Por exemplo, o próprio art. 327, §2º, CPC, é produto e produtor de importantes mudanças, a autorizar uma nova percepção das características do procedimento comum e da sua relação com os procedimentos especiais.

A investigação do referido dispositivo, contudo, não prescinde da necessária revisitação das características dos procedimentos, principalmente do procedimento comum.

Inicialmente, para que não haja equivocada compreensão, é preciso alertar que a nova roupagem do(s) procedimento(s), em especial do procedimento comum, não decorre apenas de inovações introduzidas pelo Código de Processo Civil de 2015. Muitas das feições atuais foram paulatinamente incorporadas especialmente ao procedimento comum a partir das reflexões da doutrina acerca do respectivo fenômeno e de mudanças do Direito brasileiro ao menos desde 1994. A própria flexibilidade era autorizada em circunstâncias excepcionais[83].

Além disso, as inovações percebidas no procedimento comum, igualmente, impactaram ainda que indiretamente as características dos procedimentos especiais. Não se pode desconsiderar neste aspecto a proximidade entre fenômenos (procedimento comum e procedimentos especiais).

Feitas essas considerações, é possível analisar as características atuais do procedimento no Direito processual brasileiro, principalmente do procedimento comum.

3.2.2.1. Da legalidade à juridicidade. As fontes do procedimento no Direito processual brasileiro.

O primeiro ponto que merece destaque na compreensão do(s) procedimento(s) na atualidade diz respeito à paulatina substituição da noção de legalidade pela de juridicidade.

Observou-se que a referida modificação decorreu principalmente da expansão das fontes normativas. A juridicidade representa a ruptura do

---

83. Pequenas flexibilizações já eram observadas sob a égide do antigo CPC (v.g o art. 342 do CPC/1973 permitia que o juiz em qualquer estado do processo determinasse o comparecimento pessoal das partes, a fim de interrogá-las sobre os fatos da causa).

absolutismo jurídico da lei que "eclode com força e viço a ideia de que na pluralidade do ordenamento jurídico se apoia a vitalidade do Direito e da Democracia".[84]

Não faz sentido, na atualidade, enxergar noção de legalidade como o simples respeito à lei, enquanto ato formal de "suprema expressão" de "norma jurídica"[85]. Prioriza-se o respeito ao sistema normativo ou ordenamento jurídico de modo integral. A lei não deve simplesmente ser alocada em uma posição hierárquica superior em comparação aos demais atos normativos[86].

Se a lei não é a única fonte normativa, o Direito Processual não está necessária e integralmente prescrito em lei[87]. Não se deve afirmar, na atualidade, que os arranjos normativos conformadores do procedimento decorressem exclusivamente de fontes legislativas em sentido estrito[88].

---

84. MOREIRA NETO, Diogo de Figueiredo. Juridicidade, pluralidade normativa, democracia e controle social: reflexões sobre alguns rumos do Direito público neste século. In: ÁVILA, Humberto (org.). *Fundamentos do estado de direito*: Estudos em homenagem ao professor Almiro do Couto e Silva. São Paulo: Malheiros, 2003, p.103-104. "Nada mais natural, diante da crise do projeto jurídico estatal enquanto paradigma hegemônico, que se articule toda uma preocupação epistemológica na busca de novo referencial para o Direito. Evidentemente que a substituição do clássico modelo jurídico técnico-dogmático por um novo paradigma aponta, no dizer de Campilongo, para um amplo processo de 'flexibilização, abrangência e racionalidade substantiva' que leva à superação da 'rígida identificação formal do Direito com a lei' e à revisão do 'princípio do monopólio estatal da produção normativa'." WOLKMER, Antônio Carlos. *Pluralismo jurídico*: fundamentos de uma nova cultura do Direito. 3. ed. São Paulo: Alfa-Omega, 2001, p.76.
85. BASTOS, Celso Ribeiro; MARTINS, Ives Gandra. *Comentários à Constituição do Brasil*: promulgada em 5 de outubro de 1988. v. 2. São Paulo: Saraiva, 1989, p.23. Igualmente relacionando à legalidade com a democracia e a superação do absolutismo, v. BOBBIO, Norberto. *O futuro da democracia*. 7. ed. Tradução Marco Aurélio Nogueira. São Paulo: Paz e Terra, 2000.
86. "A legalidade só cede, portanto, diante da constitucionalidade. Daí surge o princípio da supremacia da lei. Destarte, dispondo sobre o fazer ou não fazer do indivíduo ela está assegurando para si uma posição de superioridade jurídica sobre os demais atos normativos: decreto, portarias, contratos, declarações unilaterais de vontade, tudo haverá de subordinar-se à lei" BASTOS, Celso Ribeiro; MARTINS, Ives Gandra. *Comentários à Constituição do Brasil*: promulgada em 5 de outubro de 1988. v. 2. São Paulo: Saraiva, 1989, p.24.
87. Não se pode confundir o princípio da legalidade com o da reserva de lei. Para o primeiro, exige-se uma submissão e o respeito à lei, ou uma atuação na esfera de estabelecida pelo legislador, enquanto que no segundo exige que a regulamentação de determinada matéria seja estabelecida pelo legislador. SILVA, José Afonso da. *Curso de Direito Constitucional positivo*. 24. ed. São Paulo: Malheiros, 2005, p.421.
88. Fredie Didier Jr. cita como fontes da norma jurídica processual a Constituição, a lei federal, os tratados internacionais, as medidas provisórias, os precedentes, os negócios

Nesse cenário, é preciso observar, ao menos, dois aspectos.

O primeiro aspecto diz respeito ao fenômeno de constitucionalização do Direito Processual Civil. A Constituição, considerada fonte de normas jurídicas[89], deve ser tratada como fonte suprema do Direito Processual. Os arranjos normativos procedimentais, inicialmente, devem ser interpretados conforme a Constituição e devem se submeter às prescrições constitucionais.[90]

A relação processo e Constituição apresenta-se de maneira direta, principalmente tendo em conta a finalidade do processo (produção de atos normativos formais) e outras finalidades que se aderem em razão da associação com diversas realidades no contexto jurídico positivo. Por exemplo, em sendo a jurisdição (típica função estatal[91]) instrumentalizada pelo processo,

---

jurídicos, os regimentos internos, as resoluções do Conselho Nacional de Justiça, a lei estadual e os costumes. DIDIER JR., Fredie. *Curso de Direito Processual Civil*: introdução ao Direito Processual Civil, parte geral e processo de conhecimento. 20. ed. Salvador: Juspodivm, 2018, p.75-81.

89. Nem sempre foi óbvio considerar a Constituição como fonte imediata de normas jurídicas. Sobre o tema v. SARMENTO, Daniel. O Neoconstitucionalismo no Brasil: Riscos e possibilidades. In: NOVELINO, Marcelo (org.). *Leituras complementares de Direito Constitucional – Teoria da Constituição.* Salvador: Juspodivm, 2009, p.31-32.

90. MOREIRA, José Carlos Barbosa. A constitucionalização do Processo no Direito Brasileiro. In: MAC-GREGOR, Eduardo Ferrer; LARREA, Arturo Zaldívar Lelo de (coord.). *Estudos de direito processual constitucional*: Homenagem brasileira a Héctor Fix-Zamudio em seus 50 anos como pesquisador de direito. São Paulo: Malheiros, 2009, p.47-48; PICÓ I JUNOY, Joan. *Las garantías constitucionales del proceso.* Barcelona: Bosch, 2012, p. 29-36; WAMBIER, Luiz Rodrigues. Diretrizes fundamentais do novo CPC. In: WAMBIER, Luiz Rodrigues; WAMBIER, Teresa Arruda Alvim (coord.). *Temas essenciais do novo CPC:* análise das principais alterações do sistema processual civil brasileiro. São Paulo: Revista dos Tribunais, 2016, p.42-43; DIAS, Ronaldo Brêtas de Carvalho. A constitucionalização do novo Código de Processo Civil. In: DIDIER JR. Fredie; NUNES, Dierle; FREIRE, Alexandre (coord.). *Normas fundamentais.* Salvador: Juspodivm, 2016, p.59-63; ZANETI JR., Hermes. A legalidade na era da proteção das necessidades de tutela: Princípio da Constitucionalidade e Legalidade Ampla. In: DIDIER JR. Fredie; NUNES, Dierle; FREIRE, Alexandre (coord.). *Normas fundamentais.* Salvador: Juspodivm, 2016, p.176-179; ZANETI JÚNIOR, Hermes. *A constitucionalização do processo*: o modelo constitucional da justiça brasileira e as relações entre processo e constituição. 2. ed. São Paulo: Atlas, 2014, p.106-119; MITIDIERO, Daniel. *Colaboração no processo civil*: pressupostos sociais, lógicos e éticos. 2. ed. São Paulo: Revista dos Tribunais, 2011, p. 39-40.

91. MOREIRA, José Carlos Barbosa. Sobre a multiplicidade de perspectivas no estudo do processo. *Revista de Processo*, n.º 49. São Paulo: Revista dos Tribunais, 1988, p.12-13.

o arranjo do processo judicial não poderia ser outro senão o arranjo pautado na matriz constitucional[92-93].

Em outro aspecto, a substituição da noção de legalidade pela noção de juridicidade importa em abertura de novos espaços de estruturação dos procedimentos não necessariamente relacionados com a lei. A lei não deve ser considerada o local exclusivo, senão mais uma das fontes normativas de prescrição de estruturas procedimentais.[94]

---

92. "Realmente, se o processo, na sua condição de autêntica ferramenta de natureza pública indispensável para a realização da justiça e da pacificação social, não pode ser compreendido como mera técnica mas, sim, como instrumento de realização de valores e especialmente de valores constitucionais, impõe-se considerá-lo como Direito Constitucional aplicado" OLIVEIRA, Carlos Alberto Alvaro de. O processo civil na perspectiva dos direitos fundamentais. *Revista Forense,* n.º 372. Rio de Janeiro: Forense, 2004, p.78; ZANETI JÚNIOR, Hermes. Processo constitucional: relações entre Processo e Constituição. In: MITIDIERO, Daniel Francisco; ZANETI JÚNIOR, Hermes. *Introdução ao estudo do processo civil*: primeiras linhas de um paradigma emergente. Porto Alegre: Sérgio Antônio Fabris, 2004, p.24. Igualmente, cf. MENDES JÚNIOR, João. A nova phase da doutrina e das leis do processo brasileiro. *Revista da Faculdade de Direito de São Paulo*, v. 7, 1899, p.119 e ss.
93. No passado, já haveria quem afirmasse, inclusive, que as leis processuais seriam leis que complementam regulamentam a garantia constitucional da justiça consagrada na Constituição. v. ALMEIDA JÚNIOR, João Mendes de. *O Processo Criminal Brasileiro*. v. I. 4. ed. São Paulo: Livraria Freitas Bastos, 1959, p. 13; MARQUES, José Frederico. *Ensaio sobre jurisdição voluntária*. Campinas: Millennium, 2002, p.8-9; COUTURE, Eduardo J. Las garantías constitucionales del proceso civil. *Estudios de derecho procesal civil.* Buenos Aires: EDIAR, 1947, t. I, p.19; LIEBMAN, Enrico Tullio. Diritto Costituzionale e processo civile. *Rivista Diritto Processale*, v. VII, parte I. Padova: CEDAM, 1952, p. 327-332.
94. CUNHA, Leonardo Carneiro da. Comentário ao art.8. In: STRECK, Lênio Luiz; NUNES, Dierle; CUNHA, Leonardo Carneiro da; FREIRE, Alexandre (org.). *Comentários ao Código de Processo Civil.* 2. ed. São Paulo: Saraiva, 2017, p.47-48. Explicam Marinoni, Arenhart e Mitidiero: "O modelo empregado pelo Código de Processo Civil atual é um pouco diverso daquele, embora traga em sua gênese a mesma ideia. A legislação atual trabalho com o conceito de *flexibilização procedimental*, permitindo a adaptação – ainda que limitada – do rito processual às peculiaridades do caso concreto. (...) Regras como essas, obviamente, permitem quase que a 'construção' de um procedimento adequado ao caso concreto, com a interveniência do órgão judiciário e das partes. Assim, rompe-se com a estrutura rígida dos procedimentos especiais antigos e da pretensão ao procedimento único liberal, para entrar aos protagonistas do processo a possibilidade de adequar o procedimento ao caso concreto." MARINONI, Luiz Guilherme; ARENHART, Sérgio Cruz; MITIDIERO, Daniel. *Novo curso de processo civil*: tutela dos direitos mediante procedimentos diferenciados. 3. ed. São Paulo: Revista dos Tribunais, 2017, p.58.

Diversas são as prescrições procedimentais decorrentes de fontes normativas não legais, a exemplo dos negócios jurídicos processuais[95], das decisões judiciais[96], dos regimentos internos dos tribunais[97] etc. Nesse aspecto é preciso cautela, todavia, para que a ampliação do espaço de estruturação dos procedimentos não implique desprezo à coerência e ao próprio sentido de sistema que deve existir no Direito Processual brasileiro. Em outras palavras, ao mesmo tempo em que se permite uma abertura para novas fontes normativas, tais fontes não devem ser concebidas de maneira isolada ou dissociada do restante do ordenamento processual.

Nada obstante não haver espaço nesta pesquisa para tratar da questão da hierarquia de fontes normativas, não se pode deixar de observar que a Constituição, com primazia, exerce função unificadora do ordenamento jurídico como um todo[98], como um tronco do qual se ramificam outras expressões normativas, como o Direito Processual Civil.

Ademais, o Código de Processo Civil, em um segundo momento, igualmente serve de base de unificação do Direito Processual Civil[99], seja

---

95. Cf. DIDIER JR., Fredie. Fonte normativa da legitimação extraordinária no novo Código de Processo Civil: a legitimação extraordinária de origem negocial. In: MACÊDO, Lucas Buril; PEIXOTO, Ravi; FREIRE, Alexandre. *Novo CPC doutrinas selecionadas*: parte geral. Salvador: Juspodivm, 2015, p.169; NOGUEIRA, Pedro Henrique Pedrosa. Sobre os acordos de procedimento no Processo Civil Brasileiro. In: CABRAL, Antonio do Passo; NOGUEIRA, Pedro Henrique (coord.). *Negócios Processuais*. Salvador: Juspodivm, 2015, p.90-92.
96. DIDIER JR., Fredie. Sobre dois importantes, e esquecidos, princípios do processo: adequação e adaptabilidade do procedimento. *Revista dos Mestrandos em Direito Econômico da UFBA*, n.º 9. Salvador: Curso de Mestrado em Direito Econômico da UFBA, 2001, p. 235-237. Mais recentemente, v. GAJARDONI, Fernando da Fonseca; SOUZA, Maurício Bearzotti de. Os princípios da adequação, da adaptabilidade e da flexibilização procedimental pelo juiz no novo CPC. *Revista do TST.* Brasília, v. 82, n.º 3, jul/set 2016, p. 166-167.
97. CARNEIRO, Paulo Cezar Pinheiro. Art. 8. In: WAMBIER, Teresa Arruda Alvim; DIDIER JR., Fredie; TALAMINI, Eduardo; DANTAS, Bruno, (Coords.). *Breves comentários ao Código de Processo Civil.* 3. ed. São Paulo: Revista dos Tribunais, 2016, p.95.
98. v. ZAGREBELSKY, Gustavo. *El derecho dúctil*: ley, derechos, justicia. 11. ed. Traducción de Marina Gascón. Madrid: Trotta, 2011, p.39-41.
99. DIDIER JR., Fredie. *Curso de Direito Processual Civil*: introdução ao Direito Processual Civil, parte geral e processo de conhecimento. 20. ed. Salvador: Juspodivm, 2018, p.186. Com relação ao Código de Processo Civil, o autor reconhece a existência de um postulado hermenêutico denominado postulado interpretativo da unidade do código ao impor que o "Código deve ser interpretado como um conjunto de normas orgânico e

legislado ou não. Considerando que o Direito não se interpreta em tiras[100], não se devem interpretar as estruturas normativas procedimentais originadas de fontes não legais de maneira isolada, como se estranha ao Direito Processual.

O Direito Processual deve ser interpretado em sua unidade, em especial com relação ao Código de Processo Civil, que não é mais visto como um bloco monolítico exclusivista. Inclusive, no que concerne ao Direito Processual legislado, o Código exerce uma força atrativa com relação à legislação setorial (sistemas ou microssistemas normativos) - como será tratado com maior detalhe no próximo capítulo.[101]

Em suma, na atualidade, mais que simplesmente se submeter à legalidade estrita, as estruturas procedimentais observam a juridicidade. Por conseguinte, o Direito Processual Civil conforma um sistema normativo integrado e pautado na coerência de suas fontes normativas e das normas delas originadas. Não é possível, doravante, observar a prevalência do sistema de legalidade estrita das formas processuais.

Paralelamente à ascensão da noção de juridicidade, igualmente, verificou-se a paulatina revisão das outras características dos procedimentos, sobretudo do procedimento comum, em especial da noção de rigidez e da indisponibilidade procedimental.

3.2.2.2. Flexibilização concreta do procedimento.

Além da submissão à juridicidade, no tempo atual, outro importante traço dos procedimentos, especialmente do procedimento comum, é sua flexibilidade em concreto. O procedimento é de tal modo flexível que se permite amoldar em diversos arranjos e estruturas normativas a partir do modelo existente ou para além desse modelo.

Como visto acima, numa concepção tradicional, eventuais alterações no modelo procedimental dependeriam da conformação legislativa de procedimentais especiais, em atendimento a uma imposição de adequação.

---

coerente". DIDIER JR., Fredie. *Curso de Direito Processual Civil:* introdução ao Direito Processual Civil, parte geral e processo de conhecimento. Op. cit., p.186.

100. GRAU, Eros Roberto. *Por que tenho medo dos juízes (a interpretação/aplicação do direito e os princípios)*. 6. ed. São Paulo: Malheiros, 2014, p. 84.

101. TUPINAMBÁ, Carolina. Comentário ao art. 15. In: CABRAL, Antonio do Passo; CRAMER, Ronaldo. *Comentários ao Código de Processo Civil.* 2. ed. Rio de Janeiro: Forense, 2016, p.48-49; DIDIER JR., Fredie; CABRAL, Antonio do Passo; CUNHA, Leonardo Carneiro da. *Por uma nova teoria dos procedimentos especiais*: dos procedimentos às técnicas. Salvador: Juspodivm, 2018, p.90-91.

Percebeu-se, todavia, que a tarefa de adequar o procedimento não poderia ser confiada exclusivamente ao legislador[102].

A propósito de viabilizar a efetividade[103-104] da tutela jurisdicional (em concretização da cláusula geral de inafastabilidade da jurisdição - art. 5º, inciso XXXV, da Constituição da República), de nada adiantaria apenas a previsão em abstrato de técnicas processuais especializadas. A plasticidade da realidade e das diversas situações sociais e jurídicas carentes de intervenção judicial requer uma postura mais dinâmica e flexível no trato do instrumento processual.

Marinoni, Arenhart e Mitidiero defendem, sob uma perspectiva histórica, que no desenvolvimento atual do Direito Processual passou-se da fase dos procedimentos jurisdicionais diferenciados para as fases das normas

---

102. v. PICARDI, Nicola. I processi speciali. *Revista di Diritto Processuale*, v. XXXVII, n.º 2. Padova: CEDAM, 1982, p.701.

103. A noção de efetividade deve ser compreendida na pesquisa a partir da máxima de "dar a cada um o que lhe é de direito". Como na máxima Chiovendiana de "tudo aquilo e exatamente aquilo" (CHIOVENDA, Giuseppe. Dell'azione nascente dal contratto preliminare. *Saggi di diritto processuale civile*. v. 1. Roma, Foro Italiano, 1930), que adaptado por Barbosa Moreira tornou-se o postulado da Máxima Coincidência Possível. v. MOREIRA, José Carlos Barbosa. Tutela sancionatória e tutela preventiva. *Temas de direito processual:* segunda série. São Paulo: Saraiva, 1980, p.21. Essa perspectiva, leciona Marcelo Lima Guerra, consistiria na relação de coincidência concreta entre o Direito material e a tutela jurisdicional, a exigir que o resultado do processo seja para o titular do direito o mais coincidente possível com o efeito resultante do cumprimento espontâneo das normas de Direito material. GUERRA, Marcelo Lima. *Direitos Fundamentais e a Proteção do Credor na Execução Civil.* São Paulo: Revista dos Tribunais, 2003, p. 102. Sobre o tema, igualmente, v. MOREIRA, José Carlos Barbosa. Tendência na execução de sentença e ordens judiciais. *Temas de direito processual*: quarta série. São Paulo: Saraiva, 1989, p.215-224.

104. De maneira correta, Fredie Didier Jr. distingue a eficiência da efetividade processual: "*Efetivo* é o processo que realiza o direito afirmado e reconhecido judicialmente. *Eficiente* é o processo que atingiu esse resultado de modo satisfatório, nos termos acima. Um processo *pode ser efetivo sem ter sido eficiente* - atingiu-se o fim 'realização do direito' de modo insatisfatório (com muitos resultados negativos colaterais e/ou excessiva demora, por exemplo). Mas *jamais poderá ser considerado eficiente sem ter sido efetivo*: a não realização de um direito reconhecido judicialmente é quanto basta para a demonstração da ineficiência do processo". DIDIER JR., Fredie. *Apontamentos para a concretização do princípio da eficiência do processo.* In: FREIRE, Alexandre; DANTAS, Bruno; NUNES, Dierle; DIIDER JR., Fredie; MEDINA, José Miguel Garcia; FUX, Luiz; CAMARGO, Luiz Henrique Volpe; OLIVEIRA, Pedro Miranda de (orgs.). *Novas tendências do processo civil*: estudos sobre o projeto do novo Código de Processo Civil. Salvador: Juspodivm, 2013, p.438.

abertas e da disponibilidade do procedimento. Tanto o órgão jurisdicional quanto as partes estão autorizados, dentro de certos limites, a construírem o procedimento adequado à tutela jurisdicional da situação jurídica material no caso concreto.[105]

Exemplos dessa flexibilidade são facilmente encontrados no vigente CPC: a possibilidade de concessão de tutela provisória, cautelar ou satisfativa, fundada em urgência ou em evidência, liminar ou durante o processo, na generalidade de causas; a existência de dispositivos que permitem a adaptação do processo (art. 7º, 139, IV, 297, 300 e 536, §1º); a estruturação de técnicas de tratamento das questões de Direito repetitivas (art. 928)[106]; a autorização expressa de fracionamento da resolução do mérito da causa (art. 354, parágrafo único, e 356); a possibilidade de saneamento e organização do processo voltado à sua realização de modo eficiente, num prazo razoável e sem surpresas[107]; a existência de, pelo menos, quatro circuitos[108] ou rotas procedimentais para solução do pedido (improcedência liminar do pedido,

---

105. MARINONI, Luiz Guilherme; ARENHART, Sérgio Cruz; MITIDIERO, Daniel. *Novo curso de processo civil*: tutela dos direitos mediante procedimentos diferenciados. 3. ed. São Paulo: Revista dos Tribunais, 2017, p.59. Como visto no capítulo anterior, cada vez mais comum, a utilização das cláusulas gerais e dos conceitos jurídicos indeterminados na conformação do direito processual positivo. Nesses casos, o legislador atribui à parte ou ao órgão jurisdicional "o poder de adotar, entre várias, a técnica processual que reputar adequada às suas necessidades, ou ainda o poder de utilizar técnica processual que dependa da demonstração de determinada circunstância capaz de ocorrer no caso concreto." MARINONI, Luiz Guilherme; ARENHART, Sérgio Cruz; MITIDIERO, Daniel. *Novo curso de processo civil*: tutela dos direitos mediante procedimentos diferenciados. Op. cit., p.54.

106. Seguindo linha defendida na doutrina. cf. CUNHA, Leonardo José Carneiro da. As causas repetitivas e a necessidade de um regime que lhes seja próprio. *Revista da Faculdade de Direito do Sul de Minas*. Pouso Alegre, 2009, v.25, n.º 2. Disponível em https://www.fdsm.edu.br/adm/artigos/6ea85962ff34254460414154a9541524.pdf. Acesso em 12 de ago. 2018; NUNES, Dierle. Novo enfoque para as tutelas diferenciadas no Brasil? Diferenciação procedimental a partir da diversidade de litigiosidades. *Revista de Processo*, n.º 184. São Paulo: Revista dos Tribunais, 2010, p.135-138; BASTOS, Antonio Adonias Aguiar. *O devido processo legal nas demandas repetitivas*. Tese de Doutorado. Salvador, Universidade Federal da Bahia, 2012, p.191-195.

107. RAATZ, Igor. *Autonomia privada e processo*: negócios jurídicos processuais, flexibilidade procedimental e o direito à participação na construção do caso concreto. Salvador: Juspodivm, 2017, p.298.

108. Reconhecendo diversificação de circuitos procedimentais na legislação estrangeira, cf. CADIET, Loïc. El equilibrio entre la rigidez y la flexibilidad en el proceso: elementos de teoría general del proceso y de derecho procesal comparado. In: ARENHART, Sérgio Cruz; MITIDIERO, Daniel (coords.). *O processo civil entre a técnica processual e a tutela*

julgamento antecipado do mérito, extinção do procedimento não impugnado de tutela provisória satisfativa de urgência concedida em caráter antecedente; julgamento do mérito após a audiência de instrução)[109-110] etc.

O próprio art. 327, §2º, do CPC somente seria coerente com um sistema processual que permitisse a flexibilidade procedimental.

Como se observa, a flexibilização procedimental se manifesta por meio de medidas promovidas pelos órgãos jurisdicionais (*case management*)[111] ou por negócios jurídicos realizados pelas partes do processo, com ou sem a participação do magistrado. Ademais, a flexibilização é característica dos procedimentos no Direito Processual brasileiro, podendo ser observado no procedimento comum e nos procedimentos especiais – como se verificará principalmente quando da análise do art. 327, §2º, do CPC.

A depender do modo como se manifesta a flexibilização, os fundamentos dogmáticos e o regime jurídico apresentam variações. Considerando tais especificidades, as referidas manifestações merecem uma abordagem individualizada.

---

dos direitos: estudos em homenagem a Luiz Guilherme Marinoni. São Paulo: Revista dos Tribunais, 2017, p.148-149.

109. OLIVEIRA, Paulo Mendes de. *Segurança jurídica e processo*: da rigidez à flexibilização processual. São Paulo: Revista dos Tribunais, 2018, p. 199-205.

110. DIDIER JR., Fredie; CABRAL, Antônio do Passo; CUNHA, Leonardo Carneiro da. *Por uma nova teoria dos procedimentos especiais*: dos procedimentos às técnicas. Salvador: Juspodivm, 2018, p.65-67. Outros exemplos são apresentados por Heitor Sica cf. SICA, Heitor Vitor Mendonça. *Novas reflexões em torno da teoria geral dos procedimentos especiais*. Disponível em: http://genjuridico.com.br/2017/04/26/novas-reflexoes-em-torno-da-teoria-geral-dos-procedimentos-especiais/. Acesso em 12 de ago. 2018. No direito estrangeiro, v. ONO, Taynara Tiemi. A flexibilização procedimental: uma comparação entre os sistemas jurídicos brasileiro, inglês e português. *Revista de Processo*, n.º 254. São Paulo: Revista dos Tribunais, 2016, p. 407-425.

111. SILVA, Paulo Eduardo Alves da. *Gerenciamento de processos judiciais*. São Paulo: Saraiva, 2010, 137 e ss.; MEIRELES, Edilton. Dever de gestão processual adequada. Disponível em *http://ediltonmeireles.com/?p=107*. Acesso em 20 de nov. 2018; CAHALI, Cláudia Elisabete Schwerz. *O gerenciamento de processos judiciais*: em busca da efetividade da prestação jurisdicional. Brasília: Gazeta Jurídica, 2013, p.56-57; NEVES, Daniel Amorim Assumpção. *Manual de Direito Processual Civil*. 10. ed. Salvador: Juspodivm, 2018, p.111-112; ONODERA, Marcus Vinicius Kiyoshi. Breves anotações sobre gerenciamento do processo (*case management*) e o novo Código de Processo Civil. In: LUCON, Paulo Henrique dos Santos; APRIGLIANO, Ricardo de Carvalho; SILVA, João Paulo Hecker da; VASCONCELOS, Ronaldo; ORTHMANN, André (coords.). *Processo em jornadas*. Salvador: Juspodivm, 2016, p.728-744; OLIVEIRA, Guilherme Pires de; BARIONI, Rodrigo; ALVIM, Teresa Arruda. Case management: brazilian report. *Revista de Processo*, n.º 282. São Paulo: Revista dos Tribunais, 2018, p. 512-517.

3.2.2.2.1. A adaptação (judicial) do procedimento. Das cláusulas abertas à flexibilização atípica do procedimento.

Do direito fundamental de adequação processual resulta, igualmente em seu viés objetivo, a imposição do poder/dever do órgão jurisdicional em adaptar o procedimento para que se ajuste às necessidades concretas da situação material em análise[112]. Trata-se do princípio da adaptabilidade do procedimento às necessidades da causa (ou princípio da elasticidade processual) a implementar a imposição de um modelo procedimental flexível e ajustável às características e especificidades da situação jurídica material[113].

O princípio da adaptabilidade permite observar que a adequação processual/procedimental não se resume a aspectos abstratos do processo, estando vinculado à atuação concreta e constante da atividade jurisdicional[114]. Por mais minuciosas que sejam as estruturas normativas processuais,

112. DIDIER JR., Fredie. Sobre dois importantes, e esquecidos, princípios do processo: adequação e adaptabilidade do procedimento. *Revista dos Mestrandos em Direito Econômico da UFBA*, n.º 9. Salvador: Curso de Mestrado em Direito Econômico da UFBA, 2001, p. 235; GAJARDONI, Fernando da Fonseca; SOUZA, Maurício Bearzotti de. Os princípios da adequação, da adaptabilidade e da flexibilização procedimental pelo juiz no novo CPC. *Revista do TST.* Brasília, v. 82, n.º 3, jul/set 2016, p. 166-167.

113. BEDAQUE, José Roberto dos Santos. *Direito e processo*: influência do direito material sobre o processo. 4. ed. São Paulo: Malheiro, 2006, p.60. Igualmente, v. CALAMANDREI, Piero. *Instituciones de derecho procesal civil.* v. I. Op. cit., p.323-324; LACERDA, Galeno. Função e processo cautelar: revisão crítica. *Revista AJURIS*, n.º 56. Porto Alegre: 1992, p.7-8; DIDIER JR., Fredie. Sobre dois importantes, e esquecidos, princípios do processo: adequação e adaptabilidade do procedimento. Op. cit., p. 235-237; GAJARDONI, Fernando da Fonseca; SOUZA, Maurício Bearzotti de. Os princípios da adequação, da adaptabilidade e da flexibilização procedimental pelo juiz no novo CPC. Op. cit, p. 166-167.

114. "Hoje, devo reconhecer que o processo, tal como está escrito no Código, não passa de um modelo vazio que, ao se traduzir em realidade, assume diferentes formas, segundo as diversas substâncias que colocam em seu interior. Tanto é assim que, de um mesmo modelo único, podem vir à tona, em diferentes circunscrições jurisdicionais do mesmo Estado, procedimentos dos mais variados tipos, que, embora todos pretendam ser fiel concretização da mesma lei processual, possuem, entre eles, menor semelhança que aquela que possuem os filhos da mesma mãe." CALAMANDREI, Piero. *Processo e democracia*: conferências realizadas na Faculdade de Direito da Universidade Nacional Autônoma do México. Tradução de Mauro Fonseca Andrade. Porto Alegre: Livraria do Advogado, 2017, p.29-30. No mesmo sentido, cf. MOREIRA, José Carlos Barbosa. Sobre a multiplicidade de perspectivas no estudo do processo. *Revista de Processo*, n.º 49. São Paulo: Revista dos Tribunais, 1988, p.8-9; MARINONI, Luiz Guilherme; MITIDIERO, Daniel; ARENHART, Sérgio Cruz. *Novo curso de processo civil:* teoria do processo civil. 3. ed. São Paulo: Revista dos Tribunais, 2017, p. 462-464.

as atividades que lhes são decorrentes não poderiam ser previstas de forma absolutamente rigorosa a impedir certa margem de iniciativa e discricionariedade dos sujeitos chamados a observá-la.

Calamandrei ensina que o procedimento é um esquema que nem sempre se apresenta invariável, uma vez que permite que a escolha do sujeito que deve observá-lo defina a forma que certa operação da cadeia seja realizada, "em dois ou mais maneiras diferentes, de modo que também as operações sucessivas deverão ser realizadas de maneira diversa para corresponder àquelas que lhe precedem e que, de certo modo, condicionam-lhe"[115].

Na atualidade, não existem grandes dificuldades no reconhecimento do aludido princípio da adaptação procedimental, seja no Direito brasileiro[116], seja no Direito estrangeiro[117-118]. O maior problema está na identificação de eventual cláusula geral de adaptação a permitir uma atipicidade das situações e técnicas de adaptação.

---

115. CALAMANDREI, Piero. *Processo e democracia*: conferências realizadas na Faculdade de Direito da Universidade Nacional Autônoma do México. Tradução de Mauro Fonseca Andrade. Porto Alegre: Livraria do Advogado, 2017, p. 33-34.

116. Sobre o tema, entre outros, cf. DIDIER JR., Fredie. *Curso de Direito Processual Civil*: introdução ao Direito Processual Civil, partes geral e processo de conhecimento. Op. cit., p. 148-150; MARINONI, Luiz Guilherme. *Curso de processo civil*: teoria geral do processo. Op. cit., p. 435-437; OLIVEIRA, Carlos Alberto Alvaro de. *Do formalismo no processo civil*: proposta de um formalismo-valorativo. Op. cit., p.160-165; BEDAQUE, José Roberto dos Santos. *Efetividade do processo e técnica processual*. Op. cit., p.62-71; GAJARDONI, Fernando da Fonseca. *Flexibilização procedimental*: um novo enfoque para o estudo do procedimento em matéria processual, de acordo com as recentes reformas do CPC. Op. cit., p.84-87 e 133-137; DELFINO, Lúcio. *Direito Processual Civil*: artigos e pareceres. Belo Horizonte: Fórum, 2011, p.179 e ss.; MARANHÃO, Clayton. *Comentários ao Código de Processo Civil*: artigos 1.045 ao 1.072. São Paulo: Revista dos Tribunais, 2016, p.121-122; OLIVEIRA, Paulo Mendes de. *Segurança jurídica e processo*: da rigidez à flexibilização processual. São Paulo: Revista dos Tribunais, 2018, p.171-182; REDONDO, Bruno Garcia. *Adequação do procedimento pelo juiz*. Salvador: Juspodivm, 2017, *passim*.

117. CALAMANDREI, Piero. *Instituciones de derecho procesal Civil*. v. I. Op. cit., p. 378. No direito português v. BRITO, Pedro Madeira de. O novo princípio da adequação formal. In: SOUSA, Miguel Teixeira (org.). *Aspectos do novo processo civil*. Lisboa: Lex, 1997, p.49-69; SILVA, Paula Costa e. *Acto e processo*. O dogma da irrelevância da vontade na interpretação e nos vícios do acto postulativo. Coimbra: Coimbra, 2003, p. 121-122; FREITAS, José Lebre de. *Introdução ao processo civil*: conceito e princípios gerais à luz do novo código. 3. ed. Coimbra: Coimbra, 2013, p.228-231. Com uma análise bastante abrangente da legislação estrangeira, cf. REDONDO, Bruno Garcia. *Adequação do procedimento pelo juiz*. Salvador: Juspodivm, 2017, p.194-212.

118. Com algumas considerações aparentemente contrárias, defende Luhmann ser um equívoco considerar um procedimento uma sequência fixa de ações determinadas.

Em outras palavras, é preciso questionar se a adaptação do procedimento é possível em qualquer caso ou apenas nas circunstâncias autorizadas pela lei (ainda que em cláusulas gerais ou por meio de conceitos indeterminados). Além disso, é preciso questionar se a conformação processual seria livre ou dependente das técnicas tipificadas na lei.

Com o olhar para o Direito brasileiro atual[119], verifica-se que, muitas vezes, essa flexibilização em concreto é permitida devido à conformação da própria norma procedimental, observada a partir da interpretação do texto normativo[120] ou da densificação das cláusulas gerais[121] e dos conceitos jurídicos indeterminados[122]. Nestes textos, utilizam-se de expressões que possibilitam a individualização da técnica processual a partir do caso concreto, desde que presentes determinados pressupostos[123]. Permite-se a abertura do Direito Processual em detrimento da antiga concepção de legalidade cerrada.

Todavia, no processo civil brasileiro não existe dispositivo que explicite a autorização da flexibilização procedimental atípica conduzida pelo órgão jurisdicional. É preciso chamar atenção para o fato de que a previsão da flexibilização atípica (na proposta do art. 107, V, e art. 151, §1, ambos do Projeto de Lei do Senado 166/2010), presente no anteprojeto do Código de

Para o autor, o mencionado equívoco conceberia o procedimento como um ritual em que tão-somente uma única ação estaria certa em cada caso, bem como as ações encadear-se-iam de maneira que uma dependeria da outra, excluindo a possibilidade de escolha. LUHMANN, Niklas. *Legitimação pelo Procedimento.* Tradução de Maria da Conceição Côrte-Real. Brasília: Universidade de Brasília, 1980, p.37.

119. Aqui, mais uma vez, chama atenção que a nova roupagem do procedimento comum não decorre em todos os aspectos de inovações introduzidas pelo novo CPC.

120. O art. 355 do CPC, por exemplo, permite que o juiz antecipe o julgamento do mérito quando não houver necessidade de produção de outras provas (inciso I).

121. O art. 7º do CPC é exemplo de cláusula geral que determina ao magistrado "zelar pelo efetivo contraditório". Não indica o modo ou a consequência na aplicação do enunciado normativo.

122. Por exemplo o art. 357, §3º, do CPC autoriza ao magistrado promover audiência para o saneamento do processo em cooperação com as partes sempre que a "causa apresentar complexidade em matéria de fato ou de direito". Caberá ao magistrado no caso concreto densificar o significado de "complexidade" para a aplicação do dispositivo.

123. MARINONI, Luiz Guilherme; ARENHART, Sérgio Cruz; MITIDIERO, Daniel. *Novo curso de processo civil*: tutela dos direitos mediante procedimentos diferenciados. 3. ed. São Paulo: Revista dos Tribunais, 2017, p.54.

Processo Civil[124], não foi acolhida quando da promulgação da lei 13.105/2015, circunstância que dificultaria a defesa da referida prerrogativa.[125]

---

124. Sobre o projeto, cf. SICA, Heitor Vitor Mendonça. *Novas reflexões em torno da teoria geral dos procedimentos especiais*. Disponível em: http://genjuridico.com.br/2017/04/26/novas-reflexoes-em-torno-da-teoria-geral-dos-procedimentos-especiais/. Acesso em 12 de ago. 2018; NOBLAT, Francis; MEIRELLES, Delton Ricardo Soares. De "poder do juiz" à "convenção das partes": uma análise da flexibilização procedimental na atual reforma do Código de Processo Civil. Revista Eletrônica de Direito Processual, v. XIII, 2014. Disponível em http://www.e-publicacoes.uerj.br/index.php/redp/article/view/10783/9332. Acesso em 20 de ago. 2018, p.212-223; TAVARES, Luis Marcelo Cabral. Perspectivas da flexibilização procedimental na experiência brasileira em face do substitutivo do Senador Valter Pereira ao Projeto de Lei no Senado n.º 166, de 2010. *Revista Eletrônica de Direito Processual*, v. VII. Rio de Janeiro, 2011, Disponível em http://www.e-publicacoes.uerj.br/index.php/redp/article/view/21119/15210. Acesso em 20 de ago. 2018, p.154-155; REDONDO, Bruno Garcia. Deveres-poderes do juiz no projeto de Novo Código de Processo Civil. In: DIDIER JR. Fredie; BASTOS, Antonio Adonias Aguiar (coords.). *O projeto do Novo Código de Processo Civil*: Estudo em homenagem a José Joaquim Calmon de Passos. 2ª série. Salvador: Juspodivm, 2012, p.208-209; FELITTE, Beatriz Valente. A adaptabilidade procedimental no CPC 2015: a restrição ao amplo poder judicial projetado e o enaltecimento da participação das partes. In: LUCON, Paulo Henrique dos Santos; APRIGLIANO, Ricardo de Carvalho; SILVA, João Paulo Hecker da; VASCONCELOS, Ronaldo; ORTHMANN, André (coords.). *Processo em jornadas*. Salvador: Juspodivm, 2016, p.124-131.

125. OLIVEIRA, Paulo Mendes de. *Segurança jurídica e processo*: da rigidez à flexibilização processual. São Paulo: Revista dos Tribunais, 2018, p. 21. Defendendo uma ampla flexibilização procedimental, afirmava Carlos Alberto Alvaro de Oliveira que, em sede de reforma legislativa, deveria se adotar o princípio de adequação formal do processo como princípio geral do processo, a permitir ao juiz "obtido o acordo das partes, e sempre que a tramitação processual prevista na lei não se adapte perfeitamente às exigências da demanda aforada, a possibilidade de amoldar o procedimento à especificidade da causa, por meio da prática de atos que melhor se prestem à apuração da verdade e acerto da decisão, prescindindo dos que se revelem inidôneos para o fim do processo." OLIVEIRA, Carlos Alberto Alvaro de. Efetividade e Processo de Conhecimento. *Revista de Processo*, n.º 96. São Paulo: Revista dos Tribunais, 1999, p.66. Em defesa de uma ampla flexibilidade, igualmente, v. WAMBIER, Luiz Rodrigues; WAMBIER, Teresa Arruda Alvim. Tutela diferenciada. *Revista de Processo*, n.º 180. São Paulo: Revista dos Tribunais, 2010, p.52-54; GAJARDONI, Fernando da Fonseca. *Flexibilização procedimental*: um novo enfoque para o estudo do procedimento em matéria processual, de acordo com as recentes reformas do CPC. São Paulo: Atlas, 2008, p.85; CABRAL, Trícia Navarro Xavier. Flexibilização procedimental. *Revista Eletrônica de Direito Processual – REDP*, v. 6, n.º 6, jul-dez. 2010, p.158-160. Sobre o tema v. MARINONI, Luiz Guilherme. *Curso de processo civil*: teoria geral do processo. 8. ed. São Paulo: Revista dos Tribunais, 2014, p. 409-412; REDONDO, Bruno Garcia. *Adequação do procedimento pelo juiz*. Salvador: Juspodivm, 2017, p. 154.

De um lado, argumentos contrários à flexibilização atípica judicial são construídos com fundamento na eventual violação à legalidade (e ao devido processo legal), à separação de poderes (e às regras de competência legislativa - art. 22, I, e 24, XI, da Constituição da República), bem como à segurança jurídica, em especial, no que concerne à sua previsibilidade.[126]

Por outro, a forma ou estrutura processual não deve perecer a excessos obstaculizadores da realização da própria finalidade do processo[127]. Não se deve desconsiderar que a busca pelo equilíbrio entre os valores fundamentais de segurança jurídica e a efetividade da tutela jurisdicional (algumas vezes

126. Sobre a impossibilidade de adequação atípica cf. YARSHELL, Flávio Luiz. *Tutela jurisdicional.* Op. cit., p.199-204; BONICIO, Marcelo José Magalhães. *Proporcionalidade e processo civil*: a garantia constitucional da proporcionalidade, a legitimação do processo civil e o controle das decisões judiciais. São Paulo: Atlas, 2006, p.148-149; SOUZA, Natasha Brasileiro de; SOARES, Marcos Antonio Striquer. *O formalismo processual e o princípio da adaptabilidade do procedimento.* Disponível em: www.uel.br/revistas/uel/index.php/iuris/article/download/14004/11816. Acesso em: 28 de fev. 2018, p.102. Levantando dúvidas sobre o resultado positivo de uma cláusula de adaptação judicial atípica do processo afirma Daniel Assumpção Neves: "Apesar de reconhecer a inegável inovação do dispositivo legal, sempre me pareceu incerto que o resultado do aumento de poderes do juiz para fixar o procedimento no caso concreto seja positivo. Ainda que o projeto demandasse o respeito ao contraditório e à ampla defesa, o que seria o suficiente para afastar a eventual surpresa das partes, é de se perguntar até que ponto a liberdade concedida ao juiz não criaria insegurança jurídica e, eventualmente, quebra da isonomia" NEVES, Daniel Amorim Assumpção. *Novo Código de Processo Civil comentado.* 2. ed. Salvador: Juspodivm, 2017, p.254. Igualmente interpretando a flexibilização de modo restritivo, v. RUBIN, Fernando. *Atos processuais.* In: REICHELT, Luis Alberto; DALL'ALBA, Felipe Camilo (coords.). *Primeiras linhas de Direito Processual Civil.* v. 1. Porto Alegre: Livraria do Advogado, 2016, 153 e ss. Com a crítica ao projeto do novo CPC, o manifesto da Seccional de São Paulo da Ordem dos Advogados do Brasil. Disponível em http://www.oabsp.org.br/subs/saoluizdoparaitinga/noticias/oab-sp-divulga-manifesto-e-critica-novo-projeto-do. Acesso em 17 de jul. 2018. Sobre o tema v. REDONDO, Bruno Garcia. *Adequação do procedimento pelo juiz.* Op. cit., p. 154. Igualmente, com críticas ao projeto, considerando a ausência de parâmetros legais para aplicação do dispositivo, a implicar a necessidade de um maior amadurecimento científico e pragmático, v. CABRAL, Trícia Navarro Xavier. *Ordem pública processual.* Brasília: Gazeta Jurídica, 2015, p.307.

127. CALAMANDREI, Piero. *Instituciones de derecho procesal civil.* Segun el nuevo código. v. I. Op. cit., p. 322-323; TROLLER, Alois. *Dos fundamentos do formalismo processual civil.* Tradução de Carlos Alberto Alvaro de Oliveira. Porto Alegre: Sergio Antonio Fabris, 2009, p.15-16; OLIVEIRA, Carlos Alberto Alvaro de. *Do formalismo no processo civil:* proposta de um formalismo-valorativo. 4. ed. São Paulo: Saraiva, 2010, p.99.

identificada com celeridade[128]) é uma questão que se associa à estruturação do processo e das técnicas de diferenciação de tutela.[129]

Em face de mudanças essenciais na sociedade, "a própria segurança jurídica induz a mudança, o movimento, visto que deve estar a serviço de um objetivo mediato de permitir a efetividade do direito fundamental ao processo equânime"[130]. No Brasil, a efetividade entra em cena em decorrência da inafastabilidade da jurisdição (art. 5º, XXXV, da Constituição da

---

128. "Cada sistema terá o seu catálogo de actos processuais, apesar de os diversos legisladores processuais terem um mesmo objectivo em vista: construir modelos que permitam dirimir litígios com segurança e celeridade. A grande dificuldade reside exactamente na determinação do modo adequado de articulação destes dois valores. A resposta para ela não deverá ser, como tantas vezes parece, estritamente conjuntural. O aumento da litigiosidade não se combate, em primeira linha, com um empobrecimento das faculdades que integram o direito de ação. Nem com um exarcebar do formalismo." SILVA, Paula Costa e. *Acto e processo*. O dogma da irrelevância da vontade na interpretação e nos vícios do acto postulativo. Coimbra: Coimbra, 2003, p. 115-116.

129. "Além disso, deve ser ressaltado que a efetividade e a segurança constituem valores essenciais para a conformação do processo em tal ou qual direção, com vistas a satisfazer determinadas finalidades. Poder-se-ia dizer, numa perspectiva deontológica, tratar-se de sobreprincípios, embora sejam, a sua vez, também instrumentais em relação ao fim último do processo, que é a realização da Justiça do caso. Como sobreprincípio, podem atuar sobre outras normas, tanto no âmbito semático quanto no axiológico. Interessante é que ambos se encontram em permanente conflito, numa relação proporcional, pois quanto maior a efetividade menor a segurança, e vice-versa." OLIVEIRA, Carlos Alberto Alvaro de. *Do formalismo no processo civil:* proposta de um formalismo-valorativo. 4. ed. São Paulo: Saraiva, 2010, p.98. Igualmente, v. BARBI, Celso Agrícola. *Comentários ao Código de Processo Civil*. v. I. 10. ed. Rio de Janeiro: Forense, 1998, p. 385; TORNAGHI, Hélio. *Comentários ao Código de Processo Civil*. v. 1. 2. ed. São Paulo: Revista dos Tribunais, 1976, p.382; ARMELIN, Donaldo. Tutela jurisdicional cautelar. *Revista da Procuradoria Geral do Estado de São Paulo*, n.º23. São Paulo, 1985, p.126; BEDAQUE, José Roberto dos Santos. *Efetividade do processo e técnica processual*. 2. ed. São Paulo: Malheiros, 2007, p.101-102; GAJARDONI, Fernando da Fonseca. O princípio constitucional da tutela jurisdicional sem dilações indevidas e o julgamento antecipadíssimo da lide. In: CALDEIRA, Adriano; FREIRE, Rodrigo da Cunha Lima (Orgs.). *Terceira etapa da reforma do Código de Processo Civil*: estudos em homenagem ao Ministro José Augusto Delgado. Salvador: Juspodivm, 2007, p. 150; GAJARDONI, Fernando da Fonseca. *Técnicas de aceleração do processo*. Franca: Lemos e Cruz, 2003, p.40-43; CADIET, Loïc. El equilibrio entre la rigidez y la flexibilidad en el proceso: elementos de teoría general del proceso y de derecho procesal comparado. In: ARENHART, Sérgio Cruz; MITIDIERO, Daniel (coords.). *O processo civil entre a técnica processual e a tutela dos direitos*: estudos em homenagem a Luiz Guilherme Marinoni. São Paulo: Revista dos Tribunais, 2017, p.151-153.

130. OLIVEIRA, Carlos Alberto Alvaro de. *Do formalismo no processo civil:* proposta de um formalismo-valorativo. 4. ed. São Paulo: Saraiva, 2010, p.99.

República) a impor que a prestação jurisdicional seja tanto quanto possível eficiente, efetiva, justa, sem formalismos ou dilações excessivas.[131]

Além disso, a noção de flexibilização judicial típica esbarra em problemas de ordem prática.

Por exemplo, a previsão de regras procedimentais decorrentes de leis genéricas não garantiria a promoção de adequações rituais ao Direito material, provocando a proliferação de procedimentos especiais não ajustadas às circunstâncias do conflito em si (circunstâncias concretas)[132].

Como explica Humberto Ávila, em lição que se aplica integralmente ao processo civil, o legislador pode usar padrões gerais que reflitam a média dos fatos geradores efetivamente ocorridos. Todavia, deve incorporar cláusulas de equidade capazes de corrigir discrepâncias significativas entre a dimensão abstrata (presumida de fato) e a concreta (dimensão real) para evitar que essas gerem uma desigualdade que afete bens jurídicos essenciais protegidos por direitos fundamentais – especialmente a liberdade.[133]

---

131. OLIVEIRA, Carlos Alberto Alvaro de. *Do formalismo no processo civil:* proposta de um formalismo-valorativo. Op. cit., p.111. Relacionando a efetividade com o direito de ação, cf. ARAGÃO, Egas Moniz de. O estado de direito e o direito de ação. *Revista Brasileira de Direito Processual.* v. 16, 1978, p.69 e ss. Igualmente, MARINONI, Luiz Guilherme. *Curso de processo civil:* teoria geral do processo. Op. cit., p. 436-437.

132. Convém ressaltar que a mesma ideia de neutralidade do processo está presente na concepção dos processos especiais, na medida em que estariam sustentados em simples razões de celeridade e melhor tratamento das causas. Tal circunstância ensejaria uma proliferação de procedimentos especiais e, na consequente, disfuncionalidade do processo matriz de cognição plena. O Estado de Democrático de Direito implica na configuração de certas tutelas diferenciadas e preferenciais que assegurem a plenitude dos direitos (especialmente os fundamentais). As aludidas preferências valorativas, plasmadas na Constituição, erigem-se como fundamento válido prioritário e, como regra, excludente de uma especialidade do trato processual. O procedimento comum, ainda que abreviado e operacionalizado com medidas satisfativas e de urgência, é a opção pelo qual se canaliza a referida tutela. BERIZONCE, Roberto Omar. Ideologías y proceso. *Revista Iberoamericana de Derecho Procesal*, v. 4. São Paulo: Revista dos Tribunais, 2016, p.266; PISANI, Andrea Proto. *Lezioni di diritto processuale civile.* 6. ed. Napoli: Jovene, 2014, p. 4-9; PISANI, Andrea Proto. Necessitá di scogliere i nodi e gli equivoci della espressione: tutela giurisdizionale diferenziata. *Revista de Processo*, n.º 240. São Paulo: Revista dos Tribunais, 2015, p.281 e ss. Em sentido próximo, igualmente, v. MARINONI, Luiz Guilherme; ARENHART, Sérgio Cruz; MITIDIERO, Daniel. *Novo curso de processo civil*: tutela dos direitos mediantes procedimentos diferenciados. 3. ed. São Paulo: Revista dos Tribunais, 2017, p.50.

133. ÁVILA, Humberto. *Teoria da igualdade tributária.* 3. ed. São Paulo: Malheiro, 2015, p.23.

Com efeito, qualquer padronização deve prever cláusulas de abertura ou de equidade a impedir ou, ao menos, evitar excessivo rigor e permitir uma diferenciação concretamente justa[134]. Não poderia ser diferente com relação ao processo, uma vez que o modelo de procedimento pode não ser o mais ajustado à promoção de sua finalidade no caso concreto.

Ainda do ponto de vista prático, deve-se considerar também que a velocidade com que os conflitos são criados na sociedade moderna impede o devido tratamento de tais situações com alterações legislativas e a implementação de processos especiais, uma vez que estas não conseguiriam acompanhar as referidas mudanças.[135]

Ocorre que, na atualidade, órgão jurisdicional é chamado a atuar como gestor do processo (*case management*)[136]. A adequação procedimental decorrente de atuação exclusivamente legislativa é limitada e ignora a realidade social complexa. Tal expediente desconsidera a igualdade material, na medida em que pressupõe realidades homogêneas, bem como reduz "a

134. ÁVILA, Humberto. *Teoria da igualdade tributária*. Op. cit., p.110.

135. GAJARDONI, Fernando da Fonseca. *Flexibilização procedimental*: um novo enfoque para o estudo do procedimento em matéria processual, de acordo com as recentes reformas do CPC. São Paulo: Atlas, 2008, p.85. No mesmo sentido, cf. DENTI, Vittorio. Valori costituzionali e cultura processuale. *Rivista di diritto processuale*. v. XXXIX. Padova: CEDAM, 1984, p. 443-456; ABELHA, Marcelo. *Manual de Direito Processual Civil*. 6. ed. Rio de Janeiro: Forense, 2016, p.788; DIDIER JR., Fredie; CABRAL, Antônio do Passo; CUNHA, Leonardo Carneiro da. *Por uma nova teoria dos procedimentos especiais*: dos procedimentos às técnicas. Salvador: Juspodivm, 2018, p.78.

136. NEVES, Daniel Amorim Assumpção. *Manual de Direito Processual Civil*. 10. ed. Salvador: Juspodivm, 2018, p.111-112; SILVA, Paulo Eduardo Alves da. *Gerenciamento de processos judiciais*. São Paulo: Saraiva, 2010, 137 e ss.; CAHALI, Cláudia Elisabete Schwerz. *O gerenciamento de processos judiciais*: em busca da efetividade da prestação jurisdicional. Brasília: Gazeta Jurídica, 2013, p.56-57; ONODERA, Marcus Vinicius Kiyoshi. Breves anotações sobre gerenciamento do processo (*case management*) e o novo Código de Processo Civil. In: LUCON, Paulo Henrique dos Santos; APRIGLIANO, Ricardo de Carvalho; SILVA, João Paulo Hecker da; VASCONCELOS, Ronaldo; ORTHMANN, André (coords.). *Processo em jornadas*. Salvador: Juspodivm, 2016, p.728-744; OLIVEIRA, Guilherme Pires de; BARIONI, Rodrigo; ALVIM, Teresa Arruda. Case management: brazilian report. *Revista de Processo*, n.º 282. São Paulo: Revista dos Tribunais, 2018, p. 512-517. Sobre os poderes dos órgãos jurisdicionais na gestão do processo no direito inglês, v. ANDREWS, Neil. *O moderno processo civil:* formas judiciais e alternativas de resolução de conflitos na Inglaterra. Orientação e revisão de tradução Teresa Arruda Alvim Wambier. São Paulo: Revista dos Tribunais, 2009, p. 73-78.

estereótipos engendrados pelo próprio Estado a diferença entre a situação de indivíduos diferentes"[137].

Ademais, à míngua da disposição específica no Código de Processo Civil autorizando a flexibilização judicial atípica, nada impede que o referido poder-dever de adaptação procedimental em circunstâncias atípicas decorra dos princípios constitucionais atrelados à própria noção de efetividade da tutela jurisdicional. Ao contrário daqueles que negam tal poder/dever, a flexibilização judicial atípica é um efeito normativo decorrente da própria garantia da inafastabilidade da jurisdição, da igualdade de tratamento entre os litigantes e da própria segurança jurídica.[138]

Desse conjunto normativo, poder-se-ia aferir a existência de um poder geral de adaptação do magistrado (*case management*) que não careceria de disposição legal específica[139], na medida em que decorre do sistema constitucional. A Constituição, ao garantir o amplo acesso à justiça, o faz sob a promessa da manutenção ou constituição de uma estrutura normativa-procedimental dotada de capacidade de fornecer a tutela às mais diferenciadas situações jurídicas. Consequentemente, o juiz detém a função (poder-dever) de adaptar o procedimento ao caso concreto se necessário for.[140]

---

137. DIDIER JR., Fredie; CABRAL, Antônio do Passo; CUNHA, Leonardo Carneiro da. *Por uma nova teoria dos procedimentos especiais*: dos procedimentos às técnicas. Salvador: Juspodivm, 2018, p.78; BECKER, Laércio A. Introdução crítica aos procedimentos especiais. In: BECKER, Laércio A. (org.). *Qual o jogo do processo?* Porto Alegre: Sergio Antonio Fabris, 2012, p. 367-368.

138. Cf. COHEN-KOPLIN, Klaus. Origen y fundamentación iusfilosófica del "princípio de la adaptabilidad del procedimiento judicial". In: MITIDIERO, Daniel; AMARAL, Guilherme Rizzo (Coord.). *Processo civil*: estudos em homenagem ao Professor Doutor Carlos Alberto Alvaro de Oliveira. São Paulo: Atlas, 2012, p. 266-267. Igualmente, cf. MARINONI, Luiz Guilherme. *Curso de processo civil*: teoria geral do processo. 8. ed. São Paulo: Revista dos Tribunais, 2014, p. 411.

139. Neste ponto cabe o registro de que a redação do art. 188, inciso V, contido no projeto do Novo Código de Processo Civil (Projeto 166/2010) previa o poder geral de adaptação do magistrado a qual poderia "adequar as fases e os atos processuais às especificações do conflito, de modo a conferir maior efetividade à tutela do bem jurídico, respeitando sempre o contraditório e a ampla defesa". Contudo, o CPC aprovado não traz dispositivo com redação idêntica. É preciso alertar que o art. 139, inciso VI, do CPC traz redação muito mais restritiva, relacionada com questões de prazo e meios de prova. A sugestão de dispositivo com tal envergadura foi feita por Carlos Alberto Alvaro de Oliveira sob a influência do art. 285-A do CPC Português. v. OLIVEIRA, Carlos Alberto Alvaro de. Efetividade e processo de conhecimento. *Revista de Processo*, n.º 96. São Paulo: Revista dos Tribunais, 1999, p. 66.

140. CALAMANDREI, Piero. *Direito Processual Civil*. v. I. Tradução de Luiz Abezia e Sandra Drina Fernandez Barbiery. Campinas: Bookseller, 1999, p. 299-300; BEDAQUE,

Para além do reconhecimento do poder/dever de adaptação procedimental, outra importante questão está nos excessos eventualmente cometidos em nome deste poder[141]. O tratamento de tais excessos, por sua vez, deve ocorrer no caso a caso, por meio dos sistemas de recursos e impugnações, sendo incapaz de proscrever o referido poder-dever.

Ao revés das teses não simpáticas à noção da flexibilidade judicial atípica, os ganhos em efetividade superam eventuais perdas em segurança e previsibilidade. Se bem utilizados, especialmente observando o preferencialmente prévio e efetivo contraditório (arts. 9º e 10º do CPC)[142] e a motivação das decisões judiciais (art. 11 do CPC)[143], seria um excepcional trunfo na busca pelo equilíbrio entre segurança e efetividade.

José Roberto dos Santos. *Efetividade do processo e técnica processual.* 2. ed. São Paulo: Malheiros, 2007, p.425; LEONEL, Ricardo de Barros. *Tutela jurisdicional diferenciada.* São Paulo: Revista dos Tribunais, 2010, p.15-17; DIDIER JR., Fredie. Sobre dois importantes, e esquecidos, princípios do processo: adequação e adaptabilidade do procedimento. *Revista dos Mestrandos em Direito Econômico da UFBA*, n.º 9. Salvador: Curso de Mestrado em Direito Econômico da UFBA, 2001, p. 235-237; GAJARDONI, Fernando da Fonseca; SOUZA, Maurício Bearzotti de. Os princípios da adequação, da adaptabilidade e da flexibilização procedimental pelo juiz no novo CPC. *Revista do TST.* Brasília, v. 82, n.º 3, jul/set 2016, p. 175-176.

141. Por exemplo, o magistrado não deve promover alterações procedimentais em situações bastante semelhantes de modo a ofender a isonomia entre as partes. cf. BAUR, Fritz. Potere giudiziale e formalismo del diritto processuale. *Rivista Trimestrale di Diritto e Procedura Civile*, v. 19, n.º 2. Milano: Giuffré, 1965, p.1689-1691; GAJARDONI, Fernando da Fonseca. *Flexibilização procedimental*: um novo enfoque para o estudo do procedimento em matéria processual, de acordo com as recentes reformas do CPC. Op. cit., p.79. Segundo Guilherme Peres de Oliveira, é vedado ao magistrado promover a adaptação do procedimento com a criação de atos inúteis, prejudiciais a celeridade e a efetividade do processo, bem como aquelas que visem desconstituir preclusões já consumadas. OLIVEIRA, Guilherme Peres de. *Adaptabilidade judicial*: a modificação do procedimento pelo juiz no processo civil. São Paulo: Saraiva, 2013, p.122-123.

142. CASTRO, Daniel Penteado de. Considerações sobre a sobrevivência dos procedimentos especiais no NCPC. In: MACÊDO, Lucas Buril de; PEIXOTO, Ravi; FREIRE, Alexandre (orgs.). *Procedimentos especiais, tutela provisória e direito transitório.* 2. ed. Coleção novo CPC - Doutrina selecionada. Fredie Didier Jr. (coord. geral). v. 4. Salvador: Juspodivm, 2016, p. 324; DELFINO, Lúcio. *Direito Processual Civil:* artigos e pareceres. Belo Horizonte: Fórum, 2011, p.182-183; TESSARI, Cláudio. Os poderes do juiz de adaptação de procedimentos processuais no âmbito do CPC/2015 como uma forma de preservar os direitos fundamentais das partes. *Revista de Processo*, n.º 278. São Paulo: Revista dos Tribunais, 2018, p. 65-66.

143. DELFINO, Lúcio. *Direito Processual Civil:* artigos e pareceres. Op. cit., p.179 e ss. Com críticas ao poder de adaptar o procedimento, considerando possíveis atrasos na marcha processual em decorrência seja da observância do contraditório seja pela falta de

De todo modo, eventuais atrasos na marcha processual, seja diante da necessária observância do contraditório, seja pela falta de habitualidade dos magistrados no exercício de tal poder[144], seriam justificados diante da imposição constitucional e legal, e das vantagens decorrentes do resultado da tutela jurisdicional. Não se deve, simplesmente, tomar os riscos e a dificuldades inerentes como fatores a impedir o reconhecimento do aludido poder-dever de adaptação atípica do procedimento.

3.2.2.2.2. Da flexibilização concreta negociada do procedimento.

Outro mecanismo de flexibilização procedimental concreta é a realização de negócios jurídicos processuais. O sistema jurídico processual brasileiro prevê uma cláusula aberta e geral de flexibilização negociada, o que não é repetido com a flexibilização judicial.

Com relação à flexibilidade negocial do processo, o elemento chave está na observação do significativo avanço na utilização dos negócios jurídicos processuais decorrentes do advento do vigente CPC, quer por força da fixação de uma cláusula geral de negociação (art. 190 e art. 200), quer em razão da previsão de diversas modalidades de negócios processuais típicos a formar um microssistema de negociação processual[145].

A vontade das partes passa a assumir prioritária relevância na conformação do processo, o que pode se inferir inclusive a partir do modelo cooperativo de processo[146]. Em sendo as partes corresponsáveis pela condução

---

habitualidade dos magistrados com o aludido poder, v. SICA, Heitor Vitor Mendonça. Reflexões em torno da teoria geral dos procedimentos especiais. *Revista de Processo*, n.º 208. São Paulo: Revista dos Tribunais, 2012, p. 85-86

144. SICA, Heitor Vitor Mendonça. Reflexões em torno da teoria geral dos procedimentos especiais. Op. cit., p. 85-86.

145. NOGUEIRA, Pedro Henrique. *Negócios jurídicos processuais*. Salvador: Juspodivm, 2016, p.224

146. Nesse sentido, NOGUEIRA, Pedro Henrique. *Negócios jurídicos processuais*. Op. cit., p.223-225; CADIET, Loïc. Primeira lição. A justiça civil francesa entre eficiência e garantias. In: CADIET, Loïc. *Perspectivas sobre o sistema da justiça civil francesa. Seis lições brasileiras*. Tradução de Daniel Mitidiero; Bianca Gava Toscano de Oliveira; Luciana Robles de Almeida; Rodrigo Leonardo. São Paulo: Revista dos Tribunais, 2017, p.30. Igualmente, apontando para uma gestão compartilhada do procedimento, v. CUEVA, Ricardo Villas Bôas. Flexibilidade do procedimento e calendário processual no novo CPC. In: CARVALHO FILHO, Antônio; SAMPAIO JUNIOR, Herval (orgs.). *Os juízes e o novo CPC*. Salvador: Juspodivm, 2017, p.195-202; RAATZ, Igor. *Autonomia privada e processo*: negócios jurídicos processuais, flexibilidade procedimental e o direito à participação na construção do caso concreto. Salvador: Juspodivm, 2017, p. 292-313.

e pelo resultado da atividade processual, a elas deve-se garantir o poder de gestão e de conformação da própria atividade processual[147-148].

Não há mais espaço para concepções que atrelem, de maneira absoluta, a noção de *ordem, certeza e eficiência*[149], tampouco ordem pública[150], como fator de imposição de rigidez processual/procedimental[151]. Os procedimentos (inclusive os especiais), para cumprirem a finalidade da adequação, devem-

147. GAJARDONI, Fernando da Fonseca. *Flexibilização procedimental:* Um novo enfoque para o estudo do procedimento em matéria processual, de acordo com as recentes reformas do CPC. São Paulo: Atlas, 2008, p.216.
148. O poder de autorregramento da vontade localiza-se em quatro zonas de liberdade: a) zona das negociações preliminares verificadas em momento anterior à consumação do negócio e materializadas como liberdade de negociação; b) na zona da possibilidade de criar modelos jurídicos negociais novos e atípicos para servirem ao interesse das partes que se materializa na liberdade de criação; c) na zona da possibilidade de se estabelecer o conteúdo negocial consubstanciada na liberdade de estipulação; d) na zona referente à liberdade de vinculação ou celebração relativa à faculdade de celebrar ou não o negócio. ASCENSÃO, José de Oliveira. *Direito Civil:* teoria geral. v. II. 3. ed. São Paulo: Saraiva, 2010, p. 80-81.
149. "As formas processuais correspondem a uma necessidade de ordem, certeza e eficiência. Sua escrupulosa observância representa uma garantia de andamento regular e leal do processo e de respeito aos direitos das partes. O formalismo é necessário no processo, muito mais que nas outras atividades jurídicas". LIEBMAN, Enrico Tullio. *Manual de Direito Processual Civil.* v. I. 3. ed. Tradução de Cândido Rangel Dinamarco. São Paulo: Malheiros, 2005, p.290. Igualmente, v. DINAMARCO, Cândido Rangel. *Instituições de Direito Processual Civil.* v. II. 4.ed. São Paulo: Malheiros, 2004, p.463; MIRANDA, Pontes de. *Comentários ao Código de Processo Civil (1939).* 2. ed. Rio de Janeiro: Forense, 1958, t.I, p.50-51; GRECO, Leonardo. Os atos de disposição processual – primeiras reflexões. *Revista Eletrônica de Direito Processual – REDP,* v. 1, n.º 1, out-dez. 2007, p.8.
150. Segundo Trícia Cabral, a ordem pública pode ser considerada um estado de coisas constitucionalmente imposto, buscado pelo direito e necessário à segurança e confiança dos cidadãos. A ordem pública atuaria como um paradigma jurídico a ser perseguido e mantido pelo Estado, por seu poder de controle e intervenção restritiva de liberdade. Para a autora, o Direito Processual Civil, por disciplinar função estatal, é pautado pela ordem pública que se manifesta como fator regulador e diretivo, bem como limites estatais à autonomia privada e pública. O grande desafio é promover um equilíbrio entre atos de disposição e faculdade de agir dos sujeitos processuais com os interesses concernentes à ordem pública. CABRAL, Trícia Navarro Xavier. *Ordem pública processual.* Brasília: Gazeta Jurídica, 2015, p.80.
151. GAJARDONI, Fernando da Fonseca. *Flexibilização procedimental:* Um novo enfoque para o estudo do procedimento em matéria processual, de acordo com as recentes reformas do CPC. São Paulo: Atlas, 2008, p.215.

-se ajustar às necessidades das partes (ao jurisdicionado), promovendo um olhar mais democrático e menos autoritário.[152]

Convém ressaltar que, da combinação entre os dispositivos do art. 190 com o art. 200 do Código de Processo Civil, se extrai a regra geral de respeito à autorregulação da vontade no CPC[153]. Os dispositivos, os quais devem ser interpretados conjuntamente, formam um núcleo do conjunto de normas que disciplinam a negociação sobre o processo, ao fixar um modelo dogmático de negociação sobre o processo no Direito Processual Civil brasileiro[154].

Segundo Bruno Garcia Redondo, da combinação dos dois dispositivos é possível extrair, pelo menos, três novidades significativas: (*i.*) o princípio da adequação procedimental, em especial, a negociada; (*ii.*) uma cláusula geral de atipicidade de negócios processuais; e (*iii.*) o princípio do respeito ao autorregramento da vontade no processo a impor eficácia imediata aos negócios jurídicos processuais unilaterais ou bilaterais.[155]

O art. 190 fixa a regra de reconhecimento dos negócios jurídicos atípicos no processo brasileiro, ao autorizar que as partes formulem negócios processuais dispondo sobre o procedimento e sobre as diversas situações jurídicas que conformam a "relação jurídica processual". Combinado com o art. 200, observa-se que tais negócios produzirão efeito imediato e independentemente da intervenção do órgão jurisdicional. Isso significa que os negócios processuais se inserem no âmbito de liberdade das partes, em sendo dever do órgão jurisdicional observá-los e garantir-lhes efetividade.[156]

---

152. DIDIER JR., Fredie; CABRAL, Antônio do Passo; CUNHA, Leonardo Carneiro da. *Por uma nova teoria dos procedimentos especiais*: dos procedimentos às técnicas. Salvador: Juspodivm, 2018, p.80; MEDINA, José Miguel Garcia. *Direito Processual Civil moderno*. 2. ed. São Paulo: Revista dos Tribunais, 2016, p.122.

153. "É certo que esse princípio não tem, no Direito Processual Civil, a mesma roupagem dogmática com que se apresenta, por exemplo, no Direito Civil. Por envolver o exercício de uma função pública (a jurisdição), a negociação processual é mais regulada e o seu objeto, mais restrito." DIDIER JR., Fredie. Princípio do respeito ao autorregramento da vontade no Processo Civil. In: CABRAL, Antonio do Passo; NOGUEIRA, Pedro Henrique Nogueiras (coords.). *Negócios processuais*. Salvador: Juspodivm, 2015, p. 20-21.

154. DIDIER JR., Fredie. *Curso de Direito Processual Civil*: introdução ao Direito Processual Civil, parte geral e processo de conhecimento. 20. ed. Salvador: Juspodivm, 2018, p.446.

155. REDONDO, Bruno Garcia. Negócios processuais: necessidade de rompimento radical com o sistema do CPC/1973 para a adequada compreensão da inovação do CPC/2015. In: CABRAL, Antonio do Passo; NOGUEIRA, Pedro Henrique Nogueiras (coords.). *Negócios processuais*. Salvador: Juspodivm, 2015, p. 274-275.

156. Nesse sentido, o enunciado 261 do Fórum Permanente de Processualistas Civis estabelece que "o art. 200 aplica-se tanto aos negócios unilateriais quanto aos bilaterais, incluindo

Eventual homologação judicial do negócio é simples ato de reconhecimento, em que se promove a análise exclusiva de sua admissibilidade. Como dito acima, os negócios jurídicos processuais produzem, em regra, efeito imediato e independentemente de homologação judicial[157], a qual assume a natureza de mecanismo de publicização do negócio e de anuência no sentido de que o negócio se encontra efetivo, sem qualquer vício ou defeito capaz de comprometer a sua validade. É o preceito normativo que se extrai do dispositivo do art. 200, ao prescrever que os negócios jurídicos unilaterais ou bilaterais das partes (declarações unilaterais ou bilaterais de vontade)*"produzem imediatamente a constituição, modificação ou extinção de direitos processuais"*.

De qualquer forma, a homologação judicial será condição de efetividade do negócio jurídico processual nas hipóteses exigidas pelo sistema processual[158] (v. g. desistência da ação, como previsto no art. 200, parágrafo único, do Código de Processo Civil).

---

as convenções processuais do art. 190". É direito da parte sozinha ou conjuntamente com a outra ou com o órgão jurisdicional estabelecer regramentos de suas condutas processuais devendo o magistrado zelar pela observância desse direito. Trata-se de uma decorrência do devido processo legal, a qual não se compatibiliza com um processo jurisdicional hostil ou injustificadamente limitador do exercício da liberdade. DIDIER JR., Fredie. Princípio do respeito ao autorregramento da vontade no Processo Civil. In: CABRAL, Antonio do Passo; NOGUEIRA, Pedro Henrique Nogueiras (coords.). *Negócios processuais.* Salvador: Juspodivm, 2015, p. 21. Afirmando a inexistência de capacidade negocial do juiz, Antonio do Passo Cabral defende que o Estado-juiz em razão de seu distanciamento com os interesses dos litigantes não poderia praticar atos em favor de nenhum interesse próprio. Para Cabral, o magistrado vincula-se ao negócio das partes em razão de uma heterolimitação da atuação judicial concernente sobre a atuação legítima das partes no espaço de autonomia que o ordenamento processual lhes assegura. CABRAL, Antônio do Passo. *Convenções processuais*. Salvador: Juspodivm, 2016, p. 223-226. Sobre a possibilidade de participação do juiz no negócio, cf. ABREU, Rafael Sirangelo de. "Customização processual compartilhada": o sistema de adaptabilidade do novo CPC. *Revista de Processo*, n.º 257. São Paulo: Revista dos Tribunais, 2016, p.69-71; igualmente, cf. BARREIROS, Lorena Miranda Santos. *Convenções processuais e poder público.* Salvador: Juspodivm, 2016, p.203-204.

157. CABRAL, Antônio do Passo. *Convenções processuais*. Op. cit., p. 231.

158. CABRAL, Antônio do Passo. *Convenções processuais*. Op. cit., p. 232-235. No mesmo sentido, v. NOGUEIRA, Pedro Henrique Pedrosa. Sobre os acordos de procedimento no Processo Civil Brasileiro. In: CABRAL, Antonio do Passo; NOGUEIRA, Pedro Henrique Nogueiras (coords.). *Negócios processuais.* Salvador: Juspodivm, 2015, p. 90. Fredie Didier Jr. seguindo a linha do enunciado 133 do Fórum Permanente de Processualistas Civis defende que a homologação do negócio somente será exigida quando existir expressa previsão legal. DIDIER JR., Fredie. *Curso de Direito Processual Civil*:

Em todo caso, além de zelar pelo efetivo exercício do direito ao autorregramento da vontade no processo, é dever do juiz atuar no controle dos requisitos indispensáveis à manutenção do equilíbrio das diversas relações jurídicas inseridas no processo (ou decorrência desses), seja em garantia de um contraditório efetivo (art. 7º, CPC) seja na verificação dos requisitos de validade dos negócios jurídicos processuais (art. 190, parágrafo único, CPC)[159]. Impõe-se, igualmente, que o magistrado promova o controle da observância das garantias processuais fundamentais do processo[160] como pressupostos da realização do negócio.[161]

Em suma, observa-se que o juiz não tem competência de interferir no mérito do negócio, tampouco na autorregulação da vontade das partes, ainda que particularmente entenda que o negócio é "prejudicial" à eficiência do processo[162]. O juiz pode, todavia, exclusivamente, promover um controle de

---

introdução ao Direito Processual Civil, parte geral e processo de conhecimento. 20. ed. Salvador: Juspodivm, 2018, p. 456.

159. Não se pode olvidar que compete ao juiz verificar se o negócio firmado concerne a aspectos disponíveis (transacionáveis) do direito objeto do processo.

160. CUNHA, Leonardo Carneiro da. Negócios jurídicos processuais no processo civil brasileiro. In: CABRAL, Antonio do Passo; NOGUEIRA, Pedro Henrique Nogueiras (coords.). *Negócios processuais*. Salvador: Juspodivm, 2015, p. 59.

161. Os limites dessa atuação costumam variar na doutrina. Alguns entendem que não seria possível negócios processuais que afetem a atividade jurisdicional (v. MARINONI, Luiz Guilherme; MITIDIERO, Daniel; ARENHART, Sérgio Cruz. *Novo curso de processo civil:* teoria do processo civil. 3. ed. São Paulo: Revista dos Tribunais, 2017, p. 536-540). Outros, tal como defendido nesta pesquisa, entendem que por um maior campo de liberdade na realização de negócios processuais (v. CAPONI, Remo. Autonomia privada e processo civil: os acordos processuais. Tradução de Pedro Gomes de Queiroz. *Revista Eletrônica de Direito Processual – REDP*, v. 13, n.º 13, 2014, p.735-736; CAPONI, Remo. Autonomia privata e processo civile: gli accordi processuali. *Accordi di parte e processo. Quaderni della Rivista Trimestrale di Diritto e Procedura Civile.* Milano: Giuffré, 2008, p. 100-102); CADIET, Loïc. Los acuerdos procesales en derecho francés: situación actual de la contractualización del proceso y de la justicia en Francia. *Civil Procedure Review*, v. 3, n.º 3, 2012. Disponível em www.civilprocedurereview.com. Acesso em 12 de out. 2018, p. 4-6; DIDIER JR., Fredie. Princípio do respeito ao autorregramento da vontade no Processo Civil. In: CABRAL, Antonio do Passo; NOGUEIRA, Pedro Henrique Nogueiras (coords.). *Negócios processuais*. Salvador: Juspodivm, 2015, p.21).

162. Em sentido contrário, convém registrar que Flávio Luiz Yarshell entende que a possibilidade de criação de regras por meio de negócios jurídicos processuais deve se prestar a racionalizar o processo, não o tornar menos eficiente. YARSHELL, Flávio Luiz. Convenções das partes em matéria processual: rumo a uma nova era? In: CABRAL, Antonio do Passo; NOGUEIRA, Pedro Henrique Nogueiras (coords.). *Negócios processuais*. Salvador: Juspodivm, 2015, p. 64.

validade (capacidade e vícios de consentimento[163] etc.) e licitude do negócio (especialmente do objeto[164] ou em casos de colusão processual - art. 142 do CPC) firmado, observando os requisitos impostos no ordenamento jurídico[165].

O processo não é instrumento voltado apenas à persecução do interesse estatal (por ordenar a atividade jurisdicional estatal), de modo que, na atualidade, não tem qualquer sentido defender um sistema que se organize e estruture somente pelo que o Estado entende por melhor. Com o propósito da adequação, os procedimentos (comum e especiais) devem se ajustar ao que as partes entendem por necessário.[166]

3.2.2.3. *Outras características dos procedimentos na atualidade.*

Da análise acima, verifica-se que os procedimentos, na atualidade, assumem o caráter de flexível e disponível. Percebe-se que, muitas vezes, os textos normativos e os dispositivos relacionados aos procedimentos possuem feição de textos abertos e densificados nos casos concretos. Igualmente, observa-se que os procedimentos não mais se submetem exclusivamente à legalidade, senão à juridicidade, uma vez que outras fontes normativas são recepcionadas na regulação e conformação das estruturas procedimentais.

163. Neste aspecto, aplica-se o art. 177 do Código Civil que não autoriza o conhecimento de ofício pelo magistrado dos vícios de consentimento na realização do negócio, inclusive, em prol da conservação do negócio processual (art. 283 do CPC). MOREIRA, José Carlos Barbosa. Convenções das partes sobre matéria processual. *Temas de Direito Processual.* 3ª Série. São Paulo: Saraiva, 1984, p.96. Nesse sentido, nada obstante propugnar certo afastamento dos negócios processuais da concepção de ato processual, v. YARSHELL, Flávio Luiz. Convenções das partes em matéria processual: rumo a uma nova era? Op. cit., p. 64 e 78.

164. Por exemplo, o magistrado deve impedir a realização de negócios sobre temas reservados à lei, como é o caso da constituição de novos recursos. CUNHA, Leonardo Carneiro da. Negócios jurídicos processuais no processo civil brasileiro. Op. cit., p. 59.

165. Nessa ordem de ideias, o parágrafo único do art. 190 do Código de Processo Civil atribui ao juiz o controle de "validade" das convenções processuais, *"recusando-lhes aplicação somente nos casos de nulidade ou de inserção abusiva em contrato de adesão ou em que alguma parte se encontre em manifesta situação de vulnerabilidade"*. Quanto ao tema, Barbosa Moreira defende que as convenções celebradas extrajudicialmente estariam subordinadas aos mesmos requisitos relativos ao negócio a que aderem. MOREIRA, José Carlos Barbosa. Convenções das partes sobre matéria processual. *Temas de Direito Processual.* 3ª Série. São Paulo: Saraiva, 1984, p.94.

166. MEDINA, José Miguel Garcia. *Direito Processual Civil moderno.* 2. ed. São Paulo: Revista dos Tribunais, 2016, p.122; DIDIER JR., Fredie; CABRAL, Antônio do Passo; CUNHA, Leonardo Carneiro da. *Por uma nova teoria dos procedimentos especiais*: dos procedimentos às técnicas. Salvador: Juspodivm, 2018, p.80.

De toda maneira, duas outras características são imprescindíveis à compreensão do conteúdo eficacial do art. 327, §2º, do CPC – como será tratado no próximo capítulo. A primeira é a força atrativa que o procedimento comum exerce sobre as técnicas de diferenciação procedimental; enquanto que a segunda é a fungibilidade entre os procedimentos.

No primeiro aspecto, ao contrário do que se verificava de uma leitura tradicional, o procedimento comum, assim, passa ser o receptor de técnicas processuais diferenciadas. Estas técnicas, antes exclusividade dos procedimentos especiais, podem ser verificadas no procedimento comum – a exemplo da técnica monitória[167] atualmente contida no art. 303 e 304 do CPC.

No segundo aspecto, observa-se a fungibilidade entre o procedimento comum e os procedimentos especiais[168]. As relações que se travam entre o procedimento comum e os procedimentos especiais, e estes entre si, permitiriam falar na ampliação do espaço de liberdade na escolha e na utilização dos procedimentos.

Dada a íntima relação das aludidas características com o dispositivo do art. 327, §2º, do CPC, o detalhamento das respectivas análises será realizado no capítulo a seguir.

3.3. A JUSTIFICAÇÃO DOS PROCEDIMENTOS ESPECIAIS E DAS TÉCNICAS DE DIFERENCIAÇÃO PROCEDIMENTAL.

Justificar os procedimentos especiais é apontar para possíveis elementos (critérios) e circunstâncias que levaram à sua positivação. Esses elementos são os mais diversificados, tais como são diversificadas as possibilidades técnicas de especialização procedimental.

As principais justificativas, a utilidade dogmática da própria análise da justificativa e a relevância de sua identificação com relação ao estudo do art. 327, §2º, do CPC são os objetos de análise deste ponto. Primeiro,

---

167. v. GRINOVER, Ada Pelegrini. Proposta de alteração ao Código de Processo Civil. Justificativa. *Revista de Processo*, n.º 86. São Paulo: Revista dos Tribunais, 1997, p.192; GRINOVER, Ada Pelegrini. Tutela jurisdicional diferenciada: a antecipação de tutela e sua estabilização. *Revista de Processo*, n.º 121. São Paulo: Revista dos Tribunais, 2005, p.30-34; TALAMINI, Eduardo. Tutela de urgência no projeto do novo Código de Processo Civil: a estabilização da medida urgente e 'monitorização' do processo civil brasileiro. *Revista de Processo*, n.º 209. São Paulo: Revista dos Tribunais, 2012, p. 21-28.

168. v. GUEDES, Jefferson Carús. *Procedimentos especiais a partir do CPC/2015*: a ressignificação do confronto entre as técnicas processuais diferenciadas e o atual procedimento comum (flexível e fundível). p.15-16.

é preciso identificar quais são os principais elementos de justificação dos procedimentos especiais.

3.3.1. Aspectos gerais e principais elementos de justificação dos procedimentos especiais.

As razões de existir dos procedimentos especiais importam no reconhecimento de elementos ou critérios absolutamente contingenciais e variados. A previsão de procedimentos especiais é decisão circunstancial e até mesmo cultural[169] de um dado e momentâneo ordenamento jurídico[170].

Não se consegue precisar a origem das estruturas procedimentais especiais, apesar de sua adoção não ser opção jurídico-cultural recente. Afora algumas experiências de regulamentos únicos, principalmente no trato de questões cíveis e penais[171], do ponto de vista histórico, o fenômeno dos procedimentos especiais era observado nos antigos germânicos, no processo de *iure Canonico* e no Direito Romano[172].

Naquelas circunstâncias, a justificativa da previsão das estruturas processuais especializadas foi o enfrentamento da "inconveniente delonga" do processo "ordinário"[173]. A demora do procedimento padrão poderia, pois, ser

169. v. CHASE, Oscar G. *Direito, cultura e ritual*: sistemas de resolução de conflitos no contexto da cultura comparada. Tradução Sergio Arenhart, Gustavo Osna. São Paulo: Marcial Pons, 2014, p.21.

170. "Infelizmente é difícil conseguir-se um sistema de formas lógico, isto é, correspondente às condições do tempo em que se vive. Muitas formas são o reflexo das condições sociais e políticas da época; muitas, porém, constituem resquícios de sistemas antigos, que se transmitem por um apêgo, por vêzes justificável, por vêzes desarrazoado, à tradição, e pelo espírito conservador que domina a casta forense, com tôda classe que se educa numa longa preparação *técnica*. A isto acresce o prejuízo oriundo da aplicação que se faz das formas, não raro com espírito litigioso e vexatório, ou ainda mais por espírito caviloso e formalístico, alimentado pela medíocre elevação e cultura das pessoas chamadas a utilizá-las." CHIOVENDA, Giuseppe. *Instituições de Direito Processual Civil*. v. III. 2. ed. Tradução de J. Guimarães Menegale. São Paulo: Saraiva, 1965, p. 4.

171. v. ALCALÁ-ZAMORA Y CASTILLO, Niceto. *Estudios de teoría general e historia del proceso (1945-1972)*. Cidade do México: Universidad Nacional Autónoma de México, 1974, t. I, p.561-563.

172. Em outro sentido, Berizonce afirmava que foi na alta Idade Média que surgiram novas formas e tipos procedimentais. O autor defende a inexistência de diversificação de processos no Direito primitivo e no Direito Romano. BERIZONCE, Roberto Omar. *Tutela procesales diferenciadas*. Santa Fe: Rubinzal-Culzoni, 2009, p.15.

173. ROCHA, José de Moura. Sobre os procedimentos especiais. *Revista de Processo*, n.º 53. São Paulo: Revista dos Tribunais, 1989, p. 22-23. Igualmente, v. LOBÃO, Manoel de

considerada a justificativa original do estabelecimento de procedimentos especiais[174].

Mais recentemente, costuma-se afirmar que a previsão dos procedimentos especiais se relaciona à fisionomia de certos direitos materiais[175] que inviabilizaria a tutela destes direitos pelo procedimento padrão[176].

Para Adroaldo Furtado Fabrício, em tema de procedimento, é usual que se comece pela definição de um modelo procedimental padrão "minunciosamente regulado e em geral estruturado em fases lógicas nítidas" para em seguida introduzir modificações por razões de ordem variadas[177]. Afirma o autor que tais variações são ditadas (ou podem ser ditadas) por "necessidades-imanentes à própria natureza da relação jurídica de direito material controvertida ou por considerações outras, de mera conveniência ou de política judiciária". Em se tratando de especialização imposta por peculiaridades da relação de Direito material, chamou de *especialidade substancial*; por outro

Almeida e Souza. *Tractado Pratico Compendiario de todas as Acções Summarias, sua Indole, e Natureza em Geral, e em Especial.* Lisboa: Impressão Regia, 1816, prefácio. Mais recentemente, v. ALMEIDA, João Alberto de; BRITO, Thiago Carlos de Souza. Tempo, duração razoável e celeridade do processo: ensaio sobre os mitos e o tempo necessário para o julgamento. In: LUCON, Paulo Henrique dos Santos; FARIA, Juliana Cordeiro de; MARX NETO, Edgard Audomar; REZENDE, Ester Camila Gomes (orgs.). *Processo civil contemporâneo*: homenagem aos 80 anos do professor Humberto Theodoro Júnior. Rio de Janeiro: Forense, 2018, p. 157-158.

174. Em sua origem, os processos sumários objetivavam promover uma maior celeridade à marcha processual. cf. MONROY GALVEZ, Juan; MONROY PALACIOS, Juan. Del mito del proceso ordinario a la tutela diferenciada: apuntes iniciales. *Revista de Processo*, n.º 109. São Paulo: Revista dos Tribunais, 2003, p.191; DIDIER JR., Fredie; CABRAL, Antonio do Passo; CUNHA, Leonardo Carneiro da. *Por uma nova teoria dos procedimentos especiais*: dos procedimentos às técnicas. Salvador: Juspodivm, 2018, p.31.

175. MARCATO, Antonio Carlos. *Procedimentos especiais.* 16. ed. São Paulo: Atlas, 2016, p. 74.

176. SICA, Heitor Vitor Mendonça. Reflexões em torno da teoria geral dos procedimentos especiais. *Revista de Processo*, n.º 208. São Paulo: Revista dos Tribunais, 2012, p. 69; WAMBIER, Luiz Rodrigues. Abuso do procedimento especial. *Revista de Processo*, n.º 204. São Paulo: Revista dos Tribunais, 2012, p. 53; NEVES, Daniel Amorim Assumpção. *Manual de Direito Processual Civil.* 10. ed. Salvador: Juspodivm, 2018, p. 111; MEDINA, José Miguel Garcia. *Direito Processual Civil moderno.* 2. ed. São Paulo: Revista dos Tribunais, 2016, p.122.

177. No mesmo sentido, v. MARCATO, Antonio Carlos. *Procedimentos especiais.* Op. cit., p. 74.

lado, de *especialidade meramente formal* aquela relacionada a critérios de simples conveniência.[178]

Desde a década de 70 do século XX, sobretudo em razão dos estudos de Proto Pisani, intenta-se associar, para fins de justificação, os procedimentos especiais com a chamada tutela jurisdicional diferenciada[179]. Segundo lição de Pisani, por tutela jurisdicional diferenciada, em que pese a expressão seja altamente controversa, poder-se-ia compreender a predisposição de vários procedimentos de cognição exauriente e plena, alguns modelados em razão das particularidades das situações substanciais controvertidas; por outro lado, igualmente, a tutela jurisdicional diferenciada corresponderia à predisposição de formas típicas de tutela sumárias (cautelares ou simplesmente sumárias)[180].

Com um olhar na história, assistiu-se à paulatina superação do ideal eminentemente pandectista[181] do estudo[182] do processo e a ascensão da per-

---

178. FABRÍCIO, Adroaldo Furtado. *Doutrina e prática do procedimento sumaríssimo.* 2. ed. Rio de Janeiro: Aide, 1980, p. 19.

179. v. DIDIER JR., Fredie; CABRAL, Antonio do Passo; CUNHA, Leonardo Carneiro da. *Por uma nova teoria dos procedimentos especiais*: dos procedimentos às técnicas. Salvador: Juspodivm, 2018, p.27-28. Sobre o tema, ver item abaixo.

180. PISANI, A. Proto. Sulla tutela giurisdizionale differenziata. *Rivista di Diritto Processuale,* v. XXXIV (II Serie). Padova: CEDAM, 1979, p.536-537; PISANI, Andrea Proto. Acerca de la tutela jurisdiccional diferenciada. Tradução de Héctor Augusto Campos García. In: *La tutela jurisdiccional.* Lima: Palestra, 2014, p.197-200. Igualmente, cf. PISANI, Andrea Proto. Necessitá di sciogliere i nodi e gli equivoci della espressione: tutela giurisdizionale differenziata. *Revista de Processo,* n.º 240. São Paulo: Revista dos Tribunais, 2015, p.283; PISANI, Andrea Proto. Tutela giurisdizionale differeziata e nuovo processo del lavoro. *Il Foro Italiano,* v. 96, n.º 9. Roma: Il Foro Italiano, 1973, p. 206 e ss.

181. Pensamento pandectista, lastrado pela busca da sistematização, da unidade diante da variedade de objetos e sentidos conexos, conduzidos por uma lógica formal. v. LARENZ, Karl. *Metodología de la ciencia del derecho.* Tradução de M. Rodríguez Molinero. Barcelona: Ariel Derecho, 2009, p.39-44. Sobre o tema, igualmente, cf. WIEACKER, Franz. *História do direito privado moderno.* Tradução de A. M. Botelho Hespanha. 2. ed. Lisboa: Fundação Caloustre Gulbenkian, 1993, p.456-458; CARVALHO, Orlando de. *A teoria geral da relação jurídica*: seu sentido e limites. 2. ed. Coimbra: Centelha, 1981, p. 13 e ss.; SILVA, Ovídio Araújo Baptista da. *Jurisdição e execução na tradição romano-canônica.* 3. ed. São Paulo: Revista dos Tribunais, 2007, p. 192-201.

182. "A nuestro entender, las mutaciones que a partir de 1868 se operaran son fundamentalmente las siguientes: a) la independización del derecho procesal frente al derecho material, iniciada por los judicialistas de la escuela de Bolonia y acentuada cuando la codificación napoleónica difunde el modelo de su legislación separada, se lleva a sus últimas consecuencias: el siervo, de que gráficamente habla Sperl, se emancipa del

cepção da necessidade de sua aproximação com a realidade sociocultural em que se insere[183]. Nesse contexto, a noção de tutela diferenciada representou um passo em direção a um modelo ideológico preocupado com o ideal igualitário e social de processo, doravante pautado na efetividade[184] da tutela jurisdicional[185].

---

todo; b) los conceptos y cuestiones primordiales de nuestra disciplina - la acción, la jurisdicción, el proceso, la actuación de las parte, etcétera –, se examinan conforme a criterios de riguroso derecho procesal, con lo cual se dilatan sus límites, y, en todo caso, se perfilan; c) la superación del método expositivo, mediante la sustitución de la exégesis por el sistema; d) el estudio de la materia procesal se acomete con enfoque y técnica distintos: mientras los procedimentalistas hacen, o *Filosofía*, de mayor o menor valor y más de la justicia y de la función judicial que del proceso, o, sencillamente, *Descripción* de las instituciones procesales, los procesalistas hacen *Teoría* del derecho procesal, incluso acerca del procedimiento, y rompen sus amarras respecto de la *Práctica forense* como terreno ciertamente colidante, pero empírico y no científico; mediante una metáfora diríamos que en tanto el procedimentalista se detiene en la *anatomía* del fenómeno procesal, el procesalista penetra en su *fisiología*. En cambio, desde el punto de vista del contenido, las diferencias no son tan grande, y, por ejemplo, en muchos procesalistas el tema de la naturaleza del proceso se despacha en pocas páginas y sin que se perciba después su trascendencia." ALCALÁ-ZAMORA Y CASTILLO, Niceto. *Estudios de teoría general e historia del proceso (1945-1972)*. Op. cit., t. II, p.293. Também v. ALCALÁ-ZAMORA Y CASTILLO, Niceto. *Proceso, autocomposición y autodefensa*: contribución al estudio de los fines del proceso. 3. ed. Cidade do México: Universidad Nacional Autónoma de México, 1991, p.110-111.

183. DINAMARCO, Cândido Rangel. *Instituições de Direito Processual Civil*. v.I. 8. ed. São Paulo: Malheiros, 2016, p.389. "Note-se que a ciência processual, porque de berço pandectista, nasce comprometida com a neutralidade axiológica inerente a esse momento da ciência jurídica alemã. Em outros termos, os processualistas alemães do final do século XIX imaginavam estar fundando uma ciência processual atemporal, infensa à história. Vale dizer: descomprometida com a cultura. Daí a razão pela qual o exacerbado conceitualismo levou igualmente à fuga da realidade social: se o direito não pertence à cultura, e pode ser teorizado no modelo epistemológico das ciências exatas, então os institutos de direito processual são invariavelmente institutos desligados da realidade social e válidos em qualquer contexto social." OLIVEIRA, Carlos Alberto Alvaro de. *Do formalismo no processo civil*: proposta de um formalismo-valorativo. 4. ed. São Paulo: Saraiva, 2010, p. 18.

184. Sobre o tema, cf. PISANI, A. Proto. Sulla tutela giurisdizionale differenziata. *Rivista di Diritto Processuale*, v. XXXIV (II Serie). Padova: CEDAM, 1979, p.536-591; PISANI, Andrea Proto. Acerca de la tutela jurisdiccional diferenciada. Tradução de Héctor Augusto Campos García. In: *La tutela jurisdiccional*. Lima: Palestra, 2014, p.197-279; PISANI, Andrea Proto. Appunti sulla tutela sommaria. In: *Il Processi speciali, studi offerti a Virgilio Andrioli dai suoi allievi*. Napoli: Jovene, 1979, p. 309-360; CARPI, Federico. Flashes sulla tutela giurisdizionale diferenziata. *Rivista Trimestrale di Diritto e Procedura Civile*. Milano: Giuffré, 1980, p.237-242; PICARDI, Nicola. I processi speciali.

Principalmente no pós-Segunda Guerra Mundial, a percepção do processo, afeto aos valores do Estado Constitucional e instrumento de atuação

---

Revista di Diritto Processuale, v. XXXVII, n.º 2. Padova: CEDAM, 1982, p..700-764; MONTESANO, Luigi. Luci ed ombre in leggi e proposte di "tutela differenziata" nei processi civili. *Rivista di Diritto Processuale*, v. XXXIV (II Serie). Padova: CEDAM, 1979, p.592-603; MORELLO, Augusto Mário. Las nuevas exigencias de tutela. *Revista de Processo*, n.º 31. São Paulo: Revista dos Tribunais, 1983, p.210-220; PISANI, Andrea Proto. Il principio di effettività nel processo civile italiano. *Revista de Processo*, n.º 239. São Paulo: Revista dos Tribunais, 2015, p. 370-374. No Brasil, v. DINAMARCO, Cândido Rangel. *A instrumentalidade do processo*. 13. ed. São Paulo: Malheiros, 2008; MOREIRA, José Carlos Barbosa. Tutela sancionatória e tutela preventiva. In: *Temas de direito processual:* segunda série. São Paulo: Saraiva, 1980, p.21-23; MOREIRA, José Carlos Barbosa. Tendências contemporâneas no Direito Processual Civil. In: *Temas de direito processual*: Terceira série. São Paulo: Saraiva, 1984, p.2-6; MOREIRA, José Carlos Barbosa. Notas sobre o problema da "efetividade" do processo. In: *Temas de direito processual*: terceira série. São Paulo: Saraiva, 1984, p.27-42; WATANABE, Kazuo. *Da cognição no processo civil.* 2. ed. Campinas: Bookseller, 2000, p. 19-32; BIDART, Adolfo Gelsi. Tutela processual "diferenciada". *Revista de Processo*, n.º 44. São Paulo: Revista dos Tribunais, 1986, p. 100-105; ARMELIN, Donaldo. Tutela jurisdicional diferenciada. *Revista de Processo*, n.º 65. São Paulo: Revista dos Tribunais, 1992, p. 45 e seguintes; WAMBIER, Luiz Rodrigues; WAMBIER, Teresa Arruda Alvim. Tutela diferenciada. *Revista de Processo*, n.º 180. São Paulo: Revista dos Tribunais, 2010, p. 42 e seguintes; LEONEL, Ricardo de Barros. *Tutela jurisdicional diferenciada.* São Paulo: Revista dos Tribunais, 2010, p.18-27; MARINONI, Luiz Guilherme; ARENHART, Sérgio Cruz; MITIDIERO, Daniel. *Novo curso de processo civil*: tutela dos direitos mediante o procedimento comum. 3. ed. São Paulo: Revista dos Tribunais, 2017, p.145 e ss.

185. "Desde al hontanar 'publicístico' se replica que semejante visión ideológica ha quedado superada en el Estado de Derecho contemporáneo, donde el principio de igualdad en concreto exige procedimientos diferenciados para tutelar derechos y situaciones preferentes en la escala valorativa. [...] Y, de hecho, la 'universalización' que supone el proceso ordinario se torna anacrónica y ha de ceder frente a los tipos diferenciados sumarios. No cabe admitir que el proceso civil vaya a desligarse del papel que el derecho material y los derechos fundamentales desempeñan en la sociedad. De ahí que el derecho al procedimienteo adecuado se considere corolario del derecho fundamental a la tutela jurisdiccional efectiva." BERIZONCE, Roberto Omar. Ideologías y proceso. *Revista Iberoamericana de Derecho Procesal*, v. 4. São Paulo: Revista dos Tribunais, 2016, p.265. Igualmente, VERDE, Giovanni. Unicità e pluralità di riti nel processo civile. *Rivista di diritto processuale.* v. XXXIX. Padova: CEDAM, 1984, p. 663; COMOGLIO, Luigi Paolo. Tutela differenziata e pari effetività nella giustizia. *Rivista di Diritto Processuale*, v. LXIII, n.º 6. Milano: CEDAM, 2008, p.1.530; SILVA, Ovídio A. Baptista da. A "plenitude da defesa" no processo civil. In: TEIXEIRA, Sálvio de Figueiredo (coord.). *As Garantias do Cidadão na Justiça.* São Paulo: Saraiva, 1993, p.163-165; DANTAS, Marcelo Navarro Ribeiro. Reforma do Código de Processo Civil e os procedimentos especiais. *Revista da Procuradoria-Geral da República*, n.º 7. São Paulo: Revista dos Tribunais, 1994, p.137; MARINONI, Luiz Guilherme; ARENHART, Sérgio Cruz; MITIDIERO, Daniel. *Novo*

Estatal, reivindicou a revisitação de conceitos jurídicos a imprimir legitimidade da atuação jurisdicional do Estado. A referida legitimidade estaria associada à participação das partes na formação da decisão, à previsão de procedimentos idôneos à tutela dos direitos materiais (principalmente, fundamentais[186]), "especialmente em razão das normas processuais abertas, que dão à parte o poder de estruturar o procedimento segundo as necessidades do direito material e do caso concreto"[187], à observância das normas e garantias fundamentais do processo, bem como à legitimação substancial da decisão tomada.[188]

Compreendia-se (e, de certo modo, ainda se compreende) que o procedimento comum não serviria de resposta à necessidade de uma tutela efetiva das várias situações de Direito substancial/material[189-190]. Considerado rígido e inflexível, o procedimento ordinário era conformado por generalizações e sistematizações insuficientemente capazes de atender a diferenças objetivas

---

curso de processo civil: tutela dos direitos mediante procedimentos diferenciados. 3. ed. São Paulo: Revista dos Tribunais, 2017, p.39-40.

186. cf. FREITAS, José Lebre de. *Introdução ao processo civil*: conceito e princípios gerais à luz do novo código. 3. ed. Coimbra: Coimbra, 2013, p.93-94.

187. MARINONI, Luiz Guilherme. *Curso de processo civil*: teoria geral do processo. 8. ed. São Paulo: Revista dos Tribunais, 2014, p.407.

188. v. MARINONI, Luiz Guilherme. *Curso de processo civil*: teoria geral do processo. Op. cit., p.406-408.

189. "Do mesmo modo que o procedimento comum não serve para a tutela efetiva das várias situações de direito substancial, a noção de uma tutela jurisdicional descompromissada com o direito material e com a realidade social não reflete o ideal de instrumentalidade do processo. Ou seja, é insuficiente a idéia de direito à tutela jurisdicional como direito a uma sentença. Não é por razão diversa que a doutrina contemporânea passa a falar em tutela jurisdicional dos direitos. A expressão tutela jurisdicional dos direitos revela um compromisso com a instrumentalidade substancial do processo; constitui um alerta contra o dogma da neutralidade do processo em relação ao direito substancial." v. MARINONI, Luiz Guilherme. *Efetividade do processo e tutela de urgência*. Porto Alegre: Sergio Antonio Fabris, 1994, p.1; MONROY GALVEZ, Juan; MONROY PALACIOS, Juan. Del mito del proceso ordinario a la tutela diferenciada: apuntes iniciales. *Revista de Processo*, n.º 109. São Paulo: Revista dos Tribunais, 2003, p.196-198; BERIZONCE, Roberto O. Fundamentos y confines de las tutelas procesales diferenciadas. *Revista de Processo*, n.º 165. São Paulo: Revista dos Tribunais, 2008, p.132-133; FABRÍCIO, Adroaldo Furtado. Justificação teórica dos procedimentos especiais. In: *Ensaios de direito processual*. Rio de Janeiro: Forense, 2003, p.39-40. No mesmo sentido, FABRÍCIO, Adroaldo Furtado. *Comentários ao Código de Processo Civil*. v. VIII. 8. ed. Rio de Janeiro: Forense, 2001, t. III, p.3-4; SILVA, Ovídio A. Baptista da. *Procedimentos especiais*. Rio de Janeiro: Aide, 1989, p. 7 e ss; ROCHA, José de Moura. Sobre os procedimentos especiais. *Revista de Processo*, n.º 53. São Paulo: Revista dos Tribunais, 1989, p.22-29.

e subjetivas que surgissem em disputas judiciais. Não se pode desconsiderar que a ordinariedade dos procedimentos padrão, bem como sua rigidez e inflexibilidade, eram neutros e indiferentes ante as necessidades do direito material, o que impedia a efetividade na prestação da tutela jurisdicional.[191]

Proto Pisani, por exemplo, assevera não existir um procedimento que ofereça uma forma única de tutela de todas as situações jurídicas de vantagem. Segundo sua percepção, a diversidade dos processos e da forma da tutela jurisdicional, assim como a diversidade de combinações, refletem as diferentes necessidades de tutela das situações de vantagem, de modo a impor que a estrutura do processo forneça uma tutela efetiva, e não meramente formal ou abstrata do Direito.[192]

---

190. Por exemplo, Marinoni defendia que o procedimento ordinário não corresponderia a um obstáculo para a classe dominante "à medida em que esta, patrocinando o *lobby*, consegue procedimentos diferenciados que tutelam egoisticamente seus interesses [...]". MARINONI, Luiz Guilherme. *Efetividade do processo e tutela de urgência.* Op. cit., p.1. Igualmente, Kazuo Watanabe enxergava um privilegio da tutela processual de certos direitos patrimoniais, que não se estendia à tutela de direito não patrimoniais, decorrente da mentalidade da interpretação do ordenamento jurídico (formalista e patrimonialista) a qual o Direito Processual seria inspirado. WATANABE, Kazuo. Da defesa do consumidor em juízo. Disposições gerais. In: GRINOVER, Ada Pellegrini, et. al. *Código brasileiro de defesa do consumidor*: comentado pelos autores do anteprojeto. 8. ed. Rio de Janeiro: Forense Universitária, 2005, p.835-836. Da mesma forma, Ovídio Baptista afirmava que: "A suposição de que o direito, especialmente o Processo Civil, terá de ser imune a valores, consagra a idéia de que a ordem jurídica não pode consagrar privilégios; que a lei haverá de ser a mesma para todos os homens e igualmente a todos aplicada. Esta ideologia, como adverte Sergio Chiarloni, em penetrante observação, podia ser, como efetivamente o foi, facilmente sustentada pelos grupos já firmemente consolidados no poder, quando ninguém ignora que os 'procedimentos especiais' historicamente representaram, sempre, as aspirações dos novos estratos sociais emergentes, da própria burguesia contra o feudalismo medieval; essa mesma burguesia que, uma vez assentada no poder, proclama a excelência da ordinariedade, contra as formas *sumárias* de tutela processual." SILVA, Ovídio A. Baptista da. A "plenitude da defesa" no processo civil. In: TEIXEIRA, Sálvio de Figueiredo (coord.). *As Garantias do Cidadão na Justiça.* São Paulo: Saraiva, 1993, p.164; OLIVEIRA, Carlos Alberto Alvaro de. Procedimento e ideologia no direito brasileiro atual. *Revista da AJURIS*, n.º 33. Porto Alegre: 1985, p.80-81.

191. DIDIER JR., Fredie; CABRAL, Antonio do Passo; CUNHA, Leonardo Carneiro da. *Por uma nova teoria dos procedimentos especiais*: dos procedimentos às técnicas. Salvador: Juspodivm, 2018, p.28.

192. PISANI, Andrea Proto. *Lezioni di diritto processuale civile.* 6. ed. Napoli: Jovene, 2014, p.5-6. Igualmente, v. ARMELIN, Donaldo. Tutela jurisdicional diferenciada. *Revista de Processo*, n.º 65. São Paulo: Revista dos Tribunais, 1992, p.45; MARINONI, Luiz

Os procedimentos especiais, neste contexto, assumem importante função dentro de um ideal de busca por uma tutela jurisdicional efetiva. Os procedimentos especiais seriam estruturas conformadas para suprir a necessidade de se atenderem às características específicas do caso em julgamento (situação jurídica material objeto da tutela[193]), em que seria (eventualmente) disfuncional e lesiva a adoção do procedimento comum em sua inteireza[194].

A razão de ser dos procedimentos especiais, portanto, estaria na concretização do princípio da efetividade, promovida por meio da tutela diferenciada.[195]

Guilherme. *Efetividade do processo e tutela de urgência.* Porto Alegre: Sérgio Antonio Fabris, 1994, p.12.

193. Em interessante, porém aparentemente exagerada, crítica, Ronaldo Cunha Campos enxerga a existência dos procedimentos especiais como uma concessão à ideia de subordinação do Direito Processual ao Direito material, em prejuízo da autonomia entre os planos. Ademais, afirma que a rigidez própria dos procedimentos especiais importa em limitação à atividade do órgão jurisdicional, que estaria tolhido de investigar a matéria se ficasse adstrito ao dilema da adequação do Direito material ao procedimento adotado. CAMPOS, Ronaldo Cunha. Processo, procedimento e direito material. *Revista Brasileira de Direito Processual,* v. I. Uberaba: Vitória, 1975, p. 164. Em contraponto à crítica, em uma visão mais atualizada da relação entre os direitos processuais e materiais, v. ZANETTI JR., Hermes. Teoria circular dos planos (direito material e direito processual). In: DIDIER JR., Fredie (org.). *Leituras complementares de processo civil.* 7. ed. Salvador: Juspodivm, 2009, p. 286-308. Igualmente, v. BEDAQUE, José Roberto dos Santos. *Direito e processo*: influência do direito material sobre o processo. 4. ed. São Paulo: Malheiros, 2006, p. 60-75.

194. Nesse sentido, PASSOS, José Joaquim Calmon de. Teoria geral dos procedimentos especiais. In: DIDIER JR., Fredie; FARIAS, Cristiano Chaves de (coords.). *Procedimentos especiais* cíveis: legislação extravagante. São Paulo: Saraiva, 2003, p.4; FABRÍCIO, Adroaldo Furtado. *Comentários ao Código de Processo Civil.* v. VIII. 8. ed. Rio de Janeiro: Forense, 2001, t. III, p.7; FABRÍCIO, Adroaldo Furtado. Justificação teórica dos procedimentos especiais. In: *Ensaios de direito processual.* Rio de Janeiro: Forense, 2003, p.38; BARROS, Hamilton de Moraes e. Aspectos gerais dos procedimentos especiais em face do novo Código de Processo Civil. *Revista Forense,* n.º 247. Rio de Janeiro: Forense, 1974, p.16-17; LACERDA, Galeno. *Comentários ao Código de Processo Civil.* v. VIII. 10. ed. Rio de Janeiro: Forense, 2007, t. I, p. 24 e ss; RAMOS MÉNDEZ, Francisco Ramos. La reforma de los procesos civiles especiales. In: *Jornadas sobre la reforma del proceso civil.* Madrid: Ministerio de Justicia, 1990, p.135 e ss.; BONUMÁ, João. *Direito Processual Civil.* v. 2. São Paulo: Saraiva e Companhia Livraria Acadêmica, 1946. p.173; MEDINA, José Miguel Garcia. *Direito Processual Civil moderno.* 2. ed. São Paulo: Revista dos Tribunais, 2016, p. 805-806; SICA, Heitor Vitor Mendonça. Reflexões em torno da teoria geral dos procedimentos especiais. *Revista de Processo,* n.º 208. São Paulo: Revista dos Tribunais, 2012, p. 69.

195. Humberto Theodoro Jr. sugere que, para concretizar o princípio da efetividade, os procedimentos especiais sejam dotados de técnicas de simplificação e agilização do trâmite

Relacionar os procedimentos especiais com a ideia de tutela jurisdicional diferenciada possibilitou uma "maior adaptação das formas de tutela para ramos do Direito em que as especificidades do Direito material não coubessem nas estruturas do procedimento ordinário"[196], importando o reconhecimento de um direito fundamental ao procedimento adequado[197]. Os procedimentos especiais representariam as estruturas que viabilizavam a diversificação *legislativa* dos procedimentos em conformidade com o ideal de adequação da tutela, principalmente diante de novos direitos.[198]

Ainda assim, a realidade mostra-se ainda mais complexa na medida em que não existe uma clara justificativa para que o legislador estabeleça procedimentos especiais. Fatores de ordem histórica, política, antropológica e social influenciam, em geral, as opções estabelecidas[199].

---

processual (por meio de mecanismos de antecipação dos efeitos da tutela jurisdicional, redução de prazo e eliminação de atos desnecessários), delimitação do tema objeto do processo, bem como a explicitação dos requisitos materiais e processuais para que o procedimento especial fosse utilizado. THEODORO JÚNIOR, Humberto. *Curso de Direito Processual Civil*. v. II. 52. ed. Rio de Janeiro: Forense, 2018, §1, n.º 4. [e-book]

196. DIDIER JR., Fredie; CABRAL, Antonio do Passo; CUNHA, Leonardo Carneiro da. *Por uma nova teoria dos procedimentos especiais*: dos procedimentos às técnicas. Salvador: Juspodivm, 2018, p.27. Nesse sentido, cf. MARINONI, Luiz Guilherme. O direito à adequada tutela jurisdicional. *Revista dos Tribunais*, n.º 663. São Paulo: Revista dos Tribunais, 1991, p.244; NUNES, Dierle. Novo enfoque para as tutelas diferenciadas no Brasil? Diferenciação procedimental a partir da diversidade de litigiosidade. *Revista de Processo*, n.º 184. São Paulo: Revista dos Tribunais, 2010, p.115 e ss.

197. MARINONI, Luiz Guilherme; ARENHART, Sérgio Cruz; MITIDIERO, Daniel. *Novo curso de processo civil*: tutela dos direitos mediante procedimentos diferenciados. 3. ed. São Paulo: Revista dos Tribunais, 2017, p.39-40; MEDINA, José Miguel Garcia. *Direito Processual Civil moderno*. 2. ed. São Paulo: Revista dos Tribunais, 2016, p.122.

198. LACERDA, Galeno Vellinho de. O código como sistema legal de adequação do processo. *Revista do Instituto dos Advogados do Rio Grande do Sul*. Comemorativa do cinqüentenário 1926-1976. Porto Alegre, 1976, p.164-168-170; DANTAS, Marcelo Navarro Ribeiro. Reforma do Código de Processo Civil e os procedimentos especiais. *Revista da Procuradoria-Geral da República*, n.º 7. São Paulo: Revista dos Tribunais, 1994, p.137; COMOGLIO, Luigi Paolo. Tutela differenziata e pari effetività nella giustizia. *Rivista di Diritto Processuale*, v. LXIII, n.º 6. Milano: CEDAM, 2008, p.1.530-1531.

199. Mais uma vez, cf. MIRANDA, Pontes de. *Comentários ao Código de Processo Civil*. 2. ed. Rio de Janeiro: Forense, 2004, t. XIII, p.3. Igualmente, v. FABRÍCIO, Adroaldo Furtado. Justificação teórica dos procedimentos especiais. In: *Ensaios de direito processual*. Rio de Janeiro: Forense, 2003, p.39; FABRÍCIO, Adroaldo Furtado. *Comentários ao Código de Processo Civil*. v. VIII. 8. ed. Rio de Janeiro: Forense, 2001, t. III, p.8; SICA, Heitor Vitor Mendonça. Reflexões em torno da teoria geral dos procedimentos especiais. *Revista de Processo*, n.º 208. São Paulo: Revista dos Tribunais, 2012, p. 72; DIDIER JR., Fredie;

Em consequência dessa complexidade, é preciso refletir sobre a própria utilidade dogmática da investigação e estudo da justificação dos procedimentos especiais.

3.3.2. Reflexões críticas acerca da justificação dos procedimentos especiais.

Não existe uma razão clara que justifique a positivação dos procedimentos especiais. Da mesma forma, é desconhecido no Brasil qualquer prévio levantamento de dados que sejam considerados no momento da verificação da especialização ou diferenciação da estrutural processual/procedimental[200], o que dificulta o controle das escolhas.

CABRAL, Antônio do Passo; CUNHA, Leonardo Carneiro da. *Por uma nova teoria dos procedimentos especiais*: dos procedimentos às técnicas. Op. cit., p. 29-31.

200. "O Brasil não é um país de estatísticas: a reclamação, que se transformou em verdadeiro mote nacional, contaminou também os processualistas, que protestam, cada vez em maior número, contra a falta de colheita seletiva de dados trazidos pela experiência e respectiva análise técnica, análise esta que poderia evitar tantos equívocos na edição de novas leis do processo. Em tempos de reforma, o legislador ressente-se da ausência de bases estatísticas que poderiam servir como guia confiável para alcançar seus objetivos, especialmente quando procura mecanismos seguros de aceleração da tutela jurisdicional atento ao *princípio lógico* que informa o processo." CARMONA, Carlos Alberto. Prefácio. In: GAJARDONI, Fernando da Fonseca. *Técnicas de aceleração do processo.* São Paulo: Lemos & Cruz, 2003, p.11. Chiovenda já alertava para os inconvenientes da falta de análise racional em matéria de forma processual: "Por su parte la ciencia tiene un cometido igualmente grave: el estudio racional de las formas vigentes. Sin este trabajo preparatorio, el legislador andará a tientas en la inseguridad y en el error, y sin las debidas consideraciones suprimirá las formas antiguas e introducirá las nuevas. Sin este estudio racional, los prácticos continuarán dando vueltas, como hacen a menudo, en el dédalo de las formas, conociendo quizá a la perfección sus meandros, pero no sabiendo nada de sus orígenes y de su motivo. Y constituirá un grave daño; porque sí los prácticos tuvieran en el uso cuotidiano o en las formas judiciales una clara visión de las necesidades a las que las mismas responden y del modo en que responden a ellas, nadie mejor que ellos podrían aconsejar las reformas procesales." CHIOVENDA, Giuseppe. Las formas en la defesa judicial del derecho. *Ensayos de derecho procesal civil.* Tradução de Santiago Sentís Melendo. v. II. Buenos Aires: Ediciones Juridicas Europa-America, 1949, p. 128. Igualmente, cf. SICA, Heitor Vitor Mendonça. *Novas reflexões em torno da teoria geral dos procedimentos especiais.* Disponível em: http://genjuridico.com.br/2017/04/26/novas-reflexoes-em-torno-da-teoria-geral-dos-procedimentos-especiais/. Acesso em 12 de ago. 2018; NUNES, Dierle. Novo enfoque para as tutelas diferenciadas no Brasil? Diferenciação procedimental a partir da diversidade de litigiosidade. *Revista de Processo,* n.º 184. São Paulo: Revista dos Tribunais, 2010, p.119; NUNES, Dierle; BAHIA, Alexandre; CÂMARA, Bernardo Ribeiro; SOARES,

Se as escolhas promovidas pelo legislador infraconstitucional, quando da conformação de uma estrutura padrão ou de estruturas especializadas e diferenciadas de tutela, são praticamente infinitas, é possível concluir que, nada obstante todo o esforço de relacionar os fatores de justificação dos procedimentos especiais, não há propriamente uma razão específica e contundente que obrigue o legislador a prever os procedimentos especiais[201].

Diversos foram e são os elementos de justificação desses procedimentos – a exemplo da tradição[202] ou da conveniência política[203]. Estabelecer critérios *unitários* ou *apriorísticos* de justificação da especialização procedimental é tarefa hercúlea, para não dizer impossível de efetivar.

Não por acaso há quem defenda a pouca ou nenhuma utilidade dogmática na busca por razões para a introdução ou manutenção de um procedimento especial na legislação[204]. Igualmente, muito se criticou com relação à previsão

---

Carlos Henrique. *Curso de Direito Processual Civil:* Fundamentação e aplicação. Belo Horizonte: Fórum, 2011, p.446; DIDIER JR., Fredie; CABRAL, Antônio do Passo; CUNHA, Leonardo Carneiro da. *Por uma nova teoria dos procedimentos especiais*: dos procedimentos às técnicas. Salvador: Juspodivm, 2018, p.84-85.

201. MIRANDA, Pontes de. *Comentários ao Código de Processo Civil*. 2. ed. Rio de Janeiro: Forense, 2004, t. XIII, p.3. Igualmente, v. FABRÍCIO, Adroaldo Furtado. Justificação teórica dos procedimentos especiais. In: *Ensaios de direito processual*. Rio de Janeiro: Forense, 2003, p.39; FABRÍCIO, Adroaldo Furtado. *Comentários ao Código de Processo Civil*. v. VIII. 8. ed. Rio de Janeiro: Forense, 2001, t. III, p.8; SICA, Heitor Vitor Mendonça. Reflexões em torno da teoria geral dos procedimentos especiais. *Revista de Processo*, n.º 208. São Paulo: Revista dos Tribunais, 2012, p. 72; DIDIER JR., Fredie; CABRAL, Antônio do Passo; CUNHA, Leonardo Carneiro da. *Por uma nova teoria dos procedimentos especiais*: dos procedimentos às técnicas. Op. cit., p. 29-31.

202. SILVA, Clóvis Couto e. *Comentários ao Código de Processo Civil*. v. XI. São Paulo: Revista dos Tribunais, 1977, t. I, p. 7; MIRANDA, Pontes de. *Comentários ao Código de Processo Civil*. Op. cit., t.XIII, p.3-4; SICA, Heitor Vitor Mendonça. Reflexões em torno da teoria geral dos procedimentos especiais. *Revista de Processo*, n.º 208. São Paulo: Revista dos Tribunais, 2012, p. 72; CHIOVENDA, Giuseppe. *Principii di diritto processuale civile*. Napoli: Jovene, 1980, p.692-696.

203. CARPI, Federico. Flashes sulla tutela giurisdizionale diferenziata. *Rivista Trimestrale di Diritto e Procedura Civile*. Milano: Giuffré, 1980, p.238; BECKER, Laércio A. Introdução crítica aos procedimentos especiais. In: BECKER, Laércio A. (org.). *Qual o jogo do processo?* Porto Alegre: Sergio Antonio Fabris, 2012, p.379-380; LEONARDO, Rodrigo Xavier. O paradigma da efetividade do processo e os procedimentos especiais: uma abordagem crítica. *Revista Jurídica Themis*, n.º 10, 1998, p.73-74.

204. ROCHA, José de Moura. Sobre os procedimentos especiais. *Revista de Processo*, n.º 53. São Paulo: Revista dos Tribunais, 1989, p. 25; MARCATO, Antonio Carlos. *Procedimentos especiais*.16. ed. São Paulo: Atlas, 2016, p. 73; DIDIER JR., Fredie; CABRAL,

e à utilidade dos (ou de alguns) procedimentos especiais[205] a depender das circunstâncias e dos critérios de justificação – como será visto mais à frente.

Mortara, por exemplo, ressaltava já no século XIX as dificuldades da elaboração de uma teoria geral dos procedimentos especiais a partir de princípios científicos, considerando os riscos do estudo se identificar com comentários à lei[206]. As possibilidades de variação procedimental são praticamente infinitas[207] que, de certa maneira, impediriam a observação de traços comuns que alimentassem estruturas conceituais mais gerais[208].

A própria noção de tutela jurisdicional diferenciada é criticada. Picardi, ao analisar os procedimentos especiais, afirma que a expressão "tutela

---

Antônio do Passo; CUNHA, Leonardo Carneiro da. *Por uma nova teoria dos procedimentos especiais*: dos procedimentos às técnicas. Salvador: Juspodivm, 2018, p. 30.

205. Com críticas formuladas à previsão dos procedimentos especiais no antigo CPC, cf. MOREIRA, José Carlos Barbosa. A estrutura do novo Código de Processo Civil. *Revista Forense*, n.º 246. Rio de Janeiro: Forense, 1974, p.35; MOREIRA, José Carlos Barbosa. O procedimento ordinário no novo Código de Processo Civil. *Revista Forense*, v. 246. Rio de Janeiro: Forense, 1974, p. 21.

206. MORTARA, Lodovico. *Principii di procedura civile.* Florença: G. Barbèra, 1890, p.6. No mesmo sentido, v. TUCCI, Rogério Lauria. *Procedimentos e outros temas de Direito Processual Civil.* São Paulo: José Bushatsky, 1976, p.34.

207. Cf. CHIOVENDA, Giuseppe. *Instituições de Direito Processual Civil.* v. I. 2. ed. Op. cit., p. 52-55. São exemplos de técnicas de diferenciação procedimental: (*i.*) possibilidade de concessão de tutela provisória satisfativa; (*ii.*) restrições cognitivas ou probatórias; (*iii.*) proibição de alguns incidentes processuais ou de alguns recursos; (*iv.*) previsão de fases procedimentais específicas - o caso do contraditório prévio para a apreciação do pedido de tutela provisória liminar; (*v.*) Fragmentação do julgamento do mérito; (*vi.*) Redefinição da forma ou do prazo de alguns atos processuais; (*vii.*) redefinição das situações jurídicas processuais; (*viii.*) inversão do ônus de iniciativa ou monitorização do procedimento. DIDIER JR., Fredie; CABRAL, Antonio do Passo; CUNHA, Leonardo Carneiro da. *Por uma nova teoria dos procedimentos especiais*: dos procedimentos às técnicas. Op. cit., p.105-114.

208. SILVA, Clóvis Couto e. *Comentários ao Código de Processo Civil.* v. XI. São Paulo: Revista dos Tribunais, 1977, t. I, p. 7; MIRANDA, Pontes de. *Comentários ao Código de Processo Civil.* 2. ed. Rio de Janeiro: Forense, 2004, t. XIII, p.3-4; MARCATO, Antonio Carlos. *Procedimentos especiais.* Op. cit., p. 74. No mesmo sentido, dissertava Adroaldo Furtado Fabrício: "O peso da tradição histórica, com as complicações e incongruências decorrentes das múltiplas fontes de influência, nem sempre coevas e entre si coerentes; a eventual interpenetração, em um mesmo processo, de elementos de diversas modalidades de tutela jurisdicional (de cognição, de execução e de cautelar); razões de conveniência momentâneas e local, com caráter meramente emergencial; até mesmo a simples impaciência do legislador frente à morosidade do aparelhamento judiciário em contraste com a pressão da demanda social - tudo influi no sentido de retirar da

diferenciada" se apresenta ambígua. Defendeu, inclusive, que se tratava de mero *slogan*, que não implicava qualquer novidade, sendo nulo de significado técnico-jurídico[209]. A referência à expressão encobriria o objeto central da discussão que era a promoção da tutela jurídica efetiva, pautada na ideia de que a litígios diversos deveriam corresponder tutelas diversas.[210]

Da mesma forma, a relação entre os procedimentos especiais e as "necessidades-imanentes à própria natureza da relação jurídica de direito material controvertida" ou com a "mera conveniência ou de política judiciária", tal como defendido por Adroaldo Fabrício, mostra-se pouco conclusiva dentro de um contexto científico (Ciência do Direito Processual).

Primeiro, porque as necessidades-imanentes do Direito material apontam para uma análise teleológica. Verificar qual a carência de um direito é uma formulação finalística (o que necessita um direito para atingir uma dada finalidade?), própria de uma análise de adequação[211].

Ocorre que a necessidade-imanente do Direito material (ou suas especificidades) não é algo que diga respeito com exclusividade aos procedimentos especiais. Ao contrário, é valor que interessa à estruturação do processo jurisdicional como um todo, uma vez que o procedimento comum também deve ser adequado.

Como visto no item acima, na atualidade, o procedimento comum é dotado de flexibilidade e de caráter disponível. Sua forma maleável absorve

---

vala comum do rito ordinário um número crescente de 'ações', em antagonismo com a recomendação da doutrina, esta cada vez mais inclinada à redução numérica dos tipos procedimentais como imperativo de uma simplificação e da racionalização." FABRÍCIO, Adroaldo Furtado. Justificação teórica dos procedimentos especiais. In: *Ensaios de direito processual.* Rio de Janeiro: Forense, 2003, p.39. Igualmente, v. FABRÍCIO, Adroaldo Furtado. *Comentários ao Código de Processo Civil.* v. VIII. 8. ed. Rio de Janeiro: Forense, 2001, t. III, p.8; BECKER, Laércio A. Introdução crítica aos procedimentos especiais. In: BECKER, Laércio A. (org.). *Qual o jogo do processo?* Porto Alegre: Sergio Antonio Fabris, 2012, p.379-380; DIDIER JR., Fredie; CABRAL, Antonio do Passo; CUNHA, Leonardo Carneiro da. *Por uma nova teoria dos procedimentos especiais*: dos procedimentos às técnicas. Salvador: Juspodivm, 2018, p.30.

209. Na linha defendida por Montesano. Cf. MONTESANO, Luigi. Luci ed ombre in leggi e proposte di "tutele differenziate" nei processi civile. *Rivista di Diritto Processuale,* v. XXXIV (II serie). Padova: CEDAM, 1979, p. 593.

210. PICARDI, Nicola. I processi speciali. *Revista di Diritto Processuale*, v. XXXVII, n.º 2. Padova: CEDAM, 1982, p. 703-704.

211. CLÉRICO, Laura. *El examen de proporcionalidad en el derecho constitucional.* Buenos Aires: Universidad de Buenos Aires, 2016, p.46-47.

técnicas de diferenciação de tutelas, permitindo ajustes que se amoldem às "necessidades-imanentes" da situação jurídica material controvertida.[212]

O procedimento comum deve ser estruturado para atender, se não a todas as situações jurídicas possíveis de proteção, ao menos, a uma gama significativa dessas situações, independentemente da ausência de uma uniformidade absoluta entre elas. Essa realidade é percebida, por exemplo, a partir da assertiva de que processo jurisdicional se assenta em um itinerário essencial, que compõe o núcleo do chamado "devido processo constitucional de produção jurisdicional do direito" ou simplesmente "devido processo legal"[213].

Por outro lado, a afirmação de que os procedimentos especiais decorrem de mera conveniência ou de política legislativa, igualmente, pode soar um tanto quanto arbitrária[214]. Isso significaria, por assim argumentar, a viabilização de qualquer forma de procedimento especial de maneira absolutamente irrestrita.

De todo modo, a doutrina contemporânea observa que muitas vezes a justificativa para a constituição de procedimentos especiais pelo legislador era a simples busca por maior celeridade[215], pouco importando as especificidades do direito[216]. Intenta-se a vinculação da especialização procedimental com a

212. THEODORO JÚNIOR, Humberto. *Curso de Direito Processual Civil.* v. II. 52. ed. Rio de Janeiro: Forense, 2018, §1, n.º 7 [e-book].

213. PASSOS, José Joaquim Calmon de. Teoria geral dos procedimentos especiais. In: DIDIER JR., Fredie; FARIAS, Cristiano Chaves de (coords.). *Procedimentos especiais* cíveis: legislação extravagante. São Paulo: Saraiva, 2003, p.3-5; PASSOS, José Joaquim Calmon de. *Comentários ao Código de Processo Civil.* v. III. 9. ed. Rio de Janeiro: Forense, 2005, p. 10-12.

214. Sobre a crítica SILVA, Manuel Dias da. *Processos civis especiaes.* Op. cit., p. 16-17; TUCCI, Rogério Lauria. *Procedimentos e outros tema de Direito Processual Civil.* São Paulo: Bushatsky, 1976, p.34.

215. cf. SICA, Heitor Vitor Mendonça. Reflexões em torno da teoria geral dos procedimentos especiais. *Revista de Processo*, n.º 208. São Paulo: Revista dos Tribunais, 2012, p. 73 e nota 36; DIDIER JR., Fredie; CABRAL, Antonio do Passo; CUNHA, Leonardo Carneiro da. *Por uma nova teoria dos procedimentos especiais*: dos procedimentos às técnicas. Salvador: Juspodivm, 2018, p.31.

216. Acerca dos procedimentos especiais alertava Bonumá: "Os procedimentos especiais diversificam dos modelos comuns, mas a diversidade não consiste em uma menor ou maior quantidade de atos processuais, nem em uma inversão da ordem do juízo, como nos executivos, mas em serem atos diferentes e adaptáveis à natureza tôda especial das relações jurídicas a que se aplicam". BONUMÁ, João. *Direito Processual Civil.* v. 2. São Paulo: Saraiva e Companhia Livraria Acadêmica, 1946. p.173. Igualmente, LEITÃO, José Ribeiro. Aspectos de teoria geral dos procedimentos especiais. *Revista de Doutrina e Jurisprudência do TJ/DF*, abr., 1985. Disponível em https://bdjur.tjdft.jus.br/xmlui/

simples sumarização do processo[217], aqui compreendida como a concentração e redução de atos e a simplificação do procedimento[218], voltada à redução do tempo do processo[219].

---

bitstream/handle/tjdft/35132/aspectos%20de%20teoria%20geral%20dos%20procedimentos%20especiais.pdf?sequence=1. Acesso em 18 de ago. 2018, p.32.

217. É preciso notar que a compreensão do significado da sumarização do processo assume conotações distintas na doutrina. Compreendida em um sentido amplo, Ovídio Baptista diz que: "A técnica de sumarização de uma demanda qualquer pode utilizar-se de um dos seguintes expedientes: a) permite-se que o juiz decida como base em cognição apenas *superficial* sobre todas as questões da lide, como acontece com as decisões (sentenças) liminares; b) permite-se que o juiz decida com base em *cognição exauriente* das questões próprias daquela lide, mas veda-se que ele investigue e decida fundado em determinadas questões controvertidas, previamente excluídos da área litigiosa a ela pertencente. É isto o que ocorre com as ações cambiárias e possessórias, para mencionar apenas os exemplos mais notórios; c) sumariza-se, também, impedido que o juiz se valha de certa espécie de prova, como acontece nos chamados *processos documentais*, de que, aliás, o cambiário foi o exemplo mais eminente, mas que encontram na ação de mandado de segurança uma espécie típica do direito moderno; finalmente d) pode dar-se sumarização, ao estilo dos antigos processos sumários, com verdadeira 'reserva de exceções', por exemplo, em certas ações de despejo (*convalida di sfratto*) do direito italiano e nos processos *d'ingiunzione* também existentes no direito peninsular, nas quais a sentença liminar torna-se desde logo executiva se o demandado não oferecer prova escrita contrária, reservando-se para uma fase subseqüente da própria ação o exame das questões que exijam prova demorada e complexa." SILVA, Ovídio A. Baptista da. *Procedimentos especiais*. Rio de Janeiro: Aide, 1989, p. 46-47; SILVA, Ovídio A. Baptista da. *Curso de processo civil:* processo de conhecimento. 5. ed. São Paulo: Revista dos Tribunais, 2000, p.117. Por outro lado, na explicação de Proto Pisani, a sumarização do processo estava associada a três finalidades principais: a) redução do custo do processo em situações em que este não se justificava de maneira plena e exauriente; b) evitar o abuso do direito de defesa; c) assegurar a efetividade da tutela jurisdicional diante dos riscos decorrente do tempo necessário à realização do processo com cognição plena e exauriente. PISANI, Andrea Proto. Appunti sulla tutela sommaria. In: *Il Processi speciali, studi offerti a Virgilio Andrioli dai suoi allievi*. Napoli: Jovene, 1979, p. 314-316.

218. CADIET, Loïc. El equilibrio entre la rigidez y la flexibilidad en el proceso: elementos de teoría general del proceso y de derecho procesal comparado. In: ARENHART, Sérgio Cruz; MITIDIERO, Daniel (coords.). *O processo civil entre a técnica processual e a tutela dos direitos*: estudos em homenagem a Luiz Guilherme Marinoni. São Paulo: Revista dos Tribunais, 2017, p.147.

219. ARMELIN, Donaldo. Tutela jurisdicional diferenciada. *Revista de Processo*, n.º 65. São Paulo: Revista dos Tribunais, 1992, p.46; PISANI, Andrea Proto. Necessitá di sciogliere i nodi e gli equivoci della espressione: tutela giurisdizionale differenziata. *Revista de Processo*, n.º 240. São Paulo: Revista dos Tribunais, 2015, p.284. Ainda sobre a questão da celeridade processual e redução do tempo do processo v. MONTESANO, Luigi. Luci ed ombre in leggi e proposte di "tutele differenziate" nei processi civile. *Rivista di*

Não se trata, todavia, de justificativa que se possa aplicar indistintamente.

A própria concepção de adequação processual poderia impor, em certos casos, o aumento da complexidade da estrutura processual tendo em vista entender situações que exigem um maior tempo de maturação e efetivação. Essa constatação abriria a oportunidade para pensar em tutelas jurisdicionais diferenciadas com aumento de complexidade e tempo do processo, e não apenas para a simplificação, desde que pautadas em critério de segurança e efetivação (operatividade do processo)[220].

Além disso, apesar do prolongamento indeterminado ou desnecessário do processo ser uma preocupação, especialmente diante do seu impacto na promoção da justiça no caso concreto[221], a ideia de celeridade processual e

---

Diritto Processuale, v. XXXIV (II serie). Padova: CEDAM, 1979, p. 592-593; WATANABE, Kazuo. *Da cognição no processo civil.* 2. ed. Campinas: Bookseller, 2000, p.142-145. No contexto dos procedimentos especiais, v. ROCHA, José de Moura. Sobre os procedimentos especiais. *Revista de Processo,* n.º 53. São Paulo: Revista dos Tribunais, 1989, p.22-25. No mesmo sentido, DIDIER JR., Fredie; CABRAL, Antônio do Passo; CUNHA, Leonardo Carneiro da. *Por uma nova teoria dos procedimentos especiais*: dos procedimentos às técnicas. Salvador: Juspodivm, 2018, p. 31. Entendendo a sumarização dos procedimentos como mecanismo de alavancar maior celeridade procedimental. v. ROCHA, Daniel de Almeida. *Princípio da eficiência na gestão e no procedimento judicial:* a busca da superação da morosidade na atividade jurisdicional. Curitiba: Juruá, 2012, p. 118.

220. v. SICA, Heitor Vitor Mendonça. *Novas reflexões em torno da teoria geral dos procedimentos especiais.* Disponível em: http://genjuridico.com.br/2017/04/26/novas-reflexoes--em-torno-da-teoria-geral-dos-procedimentos-especiais/. Acesso em 12 de ago. 2018.

221. WACH, Adolf. *Conferencias sobre la ordenanza procesal civil alemana.* Tradução de Ernesto Krotaschin. Buenos Aires: Ediciones Juridicas Europa-America, 1958, p. 266; BIDART, Adolfo Gelsi. El tiempo y el proceso. *Revista de Processo,* n.º 23. São Paulo: Revista dos Tribunais, 1981, p.121; VIGORITI, Vincenzo. Notas sobre o curso e a duração do processo civil na Itália. Tradução de Teresa Celina de Arruda Alvim. *Revista de Processo,* n.º 43. São Paulo: Revista dos Tribunais, 1986, p.142; TUCCI, José Rogério Cruz e. *Tempo e processo*: uma análise empírica das repercussões do tempo na fenomenologia processual (civil e penal). São Paulo: Revista dos Tribunais, 1997, p. 119 e ss.; GAJARDONI, Fernando da Fonseca. *Técnicas de aceleração do processo.* Franca: Lemos e Cruz, 2003, p.40-41; FERREIRA, Simone Rodrigues. Processo civil contemporâneo: tempo-processo e a efetividade jurisdicional. In: TELLENI, Denise Estrela; JOBIM, Geraldo Cordeiro; JOBIM, Marcio Félix (orgs.). *Tempestividade e efetividade processual:* novos rumos do processo civil brasileiro. Estudos em homenagem à professora Eliane Harzheim Macedo. Caxias do Sul: Plenum, 2010, p. 649-650. Sobre as reformas processuais na Europa, cf. CAPONI, Remo. *Modelli e riforme del processo di cognizione in Europa.* Disponível em: https://www.academia.edu/205261/R._Caponi_Modelli_e_riforme_del_processo_di_cognizione_in_Europa_2005?auto=download. Acesso em

rapidez a qualquer custo é um mito há muito tempo combatido[222]. O processo deve durar o tempo necessário à observância de suas garantias fundamentais, sem desmerecer a efetividade da tutela jurisdicional[223-224]. Inclusive é sobre esse ideal que se assenta a garantia da duração razoável do processo (art. 5, inciso LXXXVIII, da Constituição da República).

As estruturas normativas que conformam o processo são (ou devem ser) forjadas para garantir que ocorra dentro de um tempo razoável, seja em

---

12 de ago. 2018; CAPONI, Remo. Rigidez e flexibilidade do processo ordinário de cognição. Tradução de Michele Pedrosa Paumgartten. *Revista Eletrônica de Direito Processual – REDP,* v. 17, n.º 2, jul-dez. 2016, p.537.

222. MOREIRA, José Carlos Barbosa. O futuro da justiça: alguns mitos. *Revista de Processo*, n.º 99. São Paulo: Revista dos Tribunais, 2000, p.142-145; BEDAQUE, José Roberto dos Santos. *Efetividade do processo e técnica processual*. 2. ed. São Paulo: Malheiros, 2007, p.48; ALMEIDA, João Alberto de; BRITO, Thiago Carlos de Souza. Tempo, duração razoável e celeridade do processo: ensaio sobre os mitos e o tempo necessário para o julgamento. In: LUCON, Paulo Henrique dos Santos; FARIA, Juliana Cordeiro de; MARX NETO, Edgard Audomar; REZENDE, Ester Camila Gomes (orgs.). *Processo civil contemporâneo*: homenagem aos 80 anos do professor Humberto Theodoro Júnior. Rio de Janeiro: Forense, 2018, p. 157-162; SILVA, Ovídio A. Baptista da. Da função à estrutura. *Revista de Processo*, n.º 158. São Paulo: Revista dos Tribunais, 2008, p.11.

223. "Deve-se, portanto, atentar para a circunstância de que a necessidade de prestação jurisdicional em tempo razoável não deve suprimir as referidas garantias, pertinentes à adequada salvaguarda dos interesses tanto do autor, como do réu. Trata-se de princípios caros à sociedade e a cada um dos contendores. Primeiramente, porque o direito de ação deve ser enfocado sob o prisma da bilateralidade, propiciando os mecanismos para que o autor e o réu possam exercitar a defesa dos seus interesses e o poder de influenciar na formação do convencimento do juiz. Em segundo lugar, é indispensável que haja um 'amadurecimento' da causa, com a observância dos atos e das etapas procedimentais previamente estabelecidos pela lei, para que todo o conflito, as alegações e as provas sejam regular e inteiramente apresentados ao magistrado. Toda esta atividade consome tempo e ele deve ser respeitado sob pena de haver julgamentos arbitrários, provocando insegurança nas relações sociais, com os malefícios e prejuízos daí decorrentes. A confiabilidade na atividade jurisdicional não reside somente na velocidade da resposta, mas na sua correção e no atendimento da expectativa de aplicação do direito objetivo que está posto em abstrato." BASTOS, Antonio Adonias. *A razoável duração do processo*. Salvador: Faculdade Baiana de Direito/Juspodivm, 2009, p. 32.

224. Cf. CARNELUTTI, Francesco. *Derecho y proceso*. Op. cit., p.176-178; CANOTILHO, J. J. Gomes. *Direito Constitucional e Teoria da Constituição*. Op. cit., p.499; TUCCI, José Rogério Cruz e. Garantia do processo sem dilações indevidas: responsabilidade do Estado pela intempestividade da prestação jurisdicional. *Revista da Faculdade de Direito USP*, n.º 97. São Paulo: Universidade de São Paulo, 2002, p. 325; SILVA, Enio Moraes da. A garantia constitucional da razoável duração do processo e a defesa do Estado. *Revista de Informação Legislativa*, v. 43, n.º 172, p. 23-35, out./dez. 2006, disponível em http://www2.senado.leg.br/bdsf/handle/id/93271. Acesso em 12 de mai. 2018, p.27.

se tratando da estrutura normativa processual geral (procedimento comum) seja em se tratando das estruturas normativas que formam os procedimentos especiais. Neste ponto, o princípio da duração razoável do processo, igualmente, dirige-se ao legislador na estipulação das disposições relativas a tais estruturas normativas.[225]

A construção de procedimentos especiais com a simples intenção de acelerar o processo é algo que pode ocasionar consequências nocivas ao desenvolvimento do procedimento comum. Como assinalava Calmon de Passos, é incompreensível uma postura que, prevendo e compreendendo a inadequação da estrutura procedimental geral, permita que seja ele deixado como está, optando-se por uma via de escapatória desigualizadora e complicadora, que é "gerar miríades de procedimentos especiais, ao sabor de cada comichão processual e sempre acobertando algum tratamento privilegiado."[226]

Calmon de Passos defendia que a prioridade do desenvolvimento da técnica processual deveria recair sobre o procedimento ordinário (atualmente, sobre o procedimento comum)[227], na medida em que este representa o modelo que otimiza a tutela jurídica, por meio da tutela jurisdicional aplicável à quase totalidade dos casos[228]. O próprio art. 327, §2º, do CPC, ao que indica, implica um direcionamento da legislação numa paulatina concentração de técnicas de especialização no próprio procedimento comum - como se analisará no capítulo seguinte.

---

225. "Na medida em que a atividade processual que se desenvolve perante os entes estatais é essencialmente normatizada, cumpre ao legislador prover mecanismos legais para verificar se o processo se desenvolve em tempo razoável, bem como meios para incentivar as condutas que visem à sua observância e para coibir os atos que lhe são contrários." BASTOS, Antonio Adonias. *A razoável duração do processo*. Salvador: Faculdade Baiana de Direito/Juspodivm, 2009, p.13

226. PASSOS, José Joaquim Calmon de. Teoria geral dos procedimentos especiais. In: DIDIER JR., Fredie; FARIAS, Cristiano Chaves de (coords.). *Procedimentos especiais* cíveis: legislação extravagante. São Paulo: Saraiva, 2003, p.3-4.

227. Igualmente, v. FABRÍCIO, Adroaldo Furtado. Justificação teórica dos procedimentos especiais. In: *Ensaios de direito processual*. Rio de Janeiro: Forense, 2003, p.40-41; FABRÍCIO, Adroaldo Furtado. *Comentários ao Código de Processo Civil*. v. VIII. 8. ed. Rio de Janeiro: Forense, 2001, t. III, p.9; RAMOS MÉNDEZ, Francisco Ramos. La reforma de los procesos civiles especiales. In: *Jornadas sobre la reforma del proceso civil*. Madrid: Ministerio de Justicia, 1990, p.135 e ss.

228. PASSOS, José Joaquim Calmon de. Teoria geral dos procedimentos especiais. Op. cit., p.3. No mesmo sentido, v. PASSOS, José Joaquim Calmon de. *Comentários ao Código de Processo Civil*. v. III. 9. ed. Rio de Janeiro: Forense, 2005, p. 8-10.

De mais a mais, na conformação das estruturas formais do processo outros fatores e valores são igualmente considerados, tal como a segurança do processo[229].

A previsão de estruturas processuais/procedimentais céleres e prioritárias não implica necessariamente a introdução de técnicas especificamente direcionadas a direitos, liberdade e garantias, senão de "um *Direito Constitucional de amparo* de direitos a efectivar através das vias judiciais normais"[230]. Não por acaso, Proto Pisani, ao chamar a atenção para o fato de que a principal causa da proliferação de ritos especiais de cognição plena decorre do progressivo aumento da duração do processo ordinário, afirma não ter notado, contudo, qualquer reforma importante no direito substancial que induzisse o legislador a introduzir tal especialização.[231]

Nada obstante as críticas aos critérios de justificação dos procedimentos especiais, bem com a ausência de uma razão específica e contundente que obrigue o legislador a prever os procedimentos especiais, a verificação da justificação da especialização procedimental possui relevante utilidade dogmática.

Nesse contexto, ao que se pode observar, os critérios e circunstâncias de justificação, e a adequação das estruturas procedimentais ao atendimento de tais critérios, servem de importantes fatores de controle da liberdade de conformação legislativa no que concerne à previsão dos procedimentos especiais. É possível, ao menos, perquirir a utilidade e eventual obrigatoriedade das estruturas especializadas.

---

229. "Cumpre salientar, outrossim, que o formalismo, ao contrário do que geralmente se pensa, constitui o elemento fundador tanto da efetividade quanto da segurança do processo. A efetividade decorre, nesse contexto, do seu poder organizador e ordenador (a desordem, o caos, a confusão decididamente não colaboram para um processo ágil e eficaz), a segurança deriva do seu poder disciplinador. Sucede, apenas, que ao longo do tempo o termo sofreu desgaste e passou a simbolizar apenas o formalismo excessivo, de caráter essencialmente negativo." OLIVEIRA, Carlos Alberto Alvaro de. *Do formalismo no processo civil*. Op. cit., p.98-99.

230. CANOTILHO, J. J. Gomes. *Direito Constitucional e Teoria da Constituição*. Op. cit., p.506.

231. PISANI, Andrea Proto. Necessitá di sciogliere i nodi e gli equivoci della espressione: tutela giurisdizionale differenziata. *Revista de Processo*, n.º 240. São Paulo: Revista dos Tribunais, 2015, p.284.

3.3.3. As principais contribuições do estudo da justificação dos procedimentos especiais e sua relação com a compreensão do art. 327, §2º, do CPC.

As críticas e a diversidade dos critérios de justificação dos procedimentos especiais não retiram, por si, a utilidade dogmática da sua análise.

No mínimo, os referidos critérios servem de relevantes fatores de controle da liberdade de conformação legislativa no estabelecimento dos procedimentos especiais. Este controle se relaciona especialmente com sua utilidade e eventual obrigatoriedade dos procedimentos especiais.

A utilidade e obrigatoriedade dos procedimentos especiais são aspectos que corroboram com a compreensão da aplicação (e desdobramentos da aplicação) do art. 327, §2º, do CPC.

Primeiro, porque a análise da compatibilidade entre o procedimento comum e o procedimento especial perpassa também pela análise da obrigatoriedade do procedimento especial. Em segundo lugar, o art. 327, §2º, do CPC parece implicar em um direcionamento da legislação numa paulatina concentração de técnicas de especialização no próprio procedimento comum, o que, eventualmente, retiraria a utilidade dos procedimentos especiais. Tratam-se de aspectos que serão analisados detidamente no capítulo a seguir.

Por ora, o raciocínio pode ser resumido na ideia de que os procedimentos especiais que se justificam em critérios constitucionalmente irrelevantes podem ser considerados inúteis ou, ao menos, não obrigatórios. Nesse aspecto, a irrelevância dos critérios deve ser compreendida como a ausência de uma relação imediata com as finalidades inferidas das normas constitucionais. Para auxiliar a investigação, servir-se-á da metodologia própria da análise da isonomia (concretização do princípio de igualdade).

Se, na realidade concreta, duas situações dificilmente são absolutamente semelhantes ou distintas (ou jamais serão[232]), é preciso eleger os critérios que justificam o tratamento diferenciado da referida situação[233]. Esse tratamento relaciona-se tanto ao aspecto jurídico material quanto ao aspecto processual.

Para o Direito, a igualdade e a desigualdade são valorativas, ou seja, dependem do ponto de vista de valor a guiar a seleção das qualidades relevantes

232. ALEXY, Robert. *Teoria dos direitos fundamentais.* Tradução de Virgílio Afonso da Silva. São Paulo: Malheiros, 2008, p.399.

233. v. MELLO, Celso Antônio Bandeira de. *Conteúdo jurídico do princípio da igualdade.* 3. ed. São Paulo: Malheiros, 2005, p.11.

as quais permitem que a comparação se realize[234]. No tratamento jurídico de determinadas situações, fatores ou características seriam selecionados a justificar sua igualdade ou desigualdade.

Uma ordem jurídica diferenciada depende da relativização da igualdade (desigualdade) valorativa[235]. Na primeira relativização, é preciso observar que uma igualdade (ou desigualdade) valorativa deve se relacionar com igualdades (ou desigualdades) fáticas parciais, sob pena de em nada contribuir para fundamentar o tratamento diferenciado. Em segundo lugar, a igualdade ou desigualdade deve ter relação com determinados tratamentos[236], a explicar por que os sujeitos devem ser tratados de maneira igual em certos aspectos, mas não deverão ser sob os demais. Em terceiro lugar, impõe-se a verificação de um (ou alguns) critério(s) de valoração que permitisse(m) afirmar se a situação é igual ou desigual.[237]

Os problemas centrais da legitimidade da diferenciação estão no ato da escolha (e no controle desta escolha) e no critério utilizado para justificar o tratamento diferenciado (sua fundamentação racional)[238], afinal "a relevância da propriedade escolhida está justamente na *relação de pertinência* ou *vínculo de correlação lógica* que ela deve manter com a finalidade que justifica a comparação."[239]

Haverá sempre uma análise comparativa pautada em determinado(s) critério(s) que serviria(m) a uma dada finalidade[240]. A Constituição, ao ser

234. LUHMANN, Niklas. *Los derechos fundamentales como institución*: aportación a la sociología política. Mexico: Universidad Iberoamericana, 2010, p.274.

235. ALEXY, Robert. *Teoria dos direitos fundamentais*. Op. cit., p.400.

236. A comparação sempre se vincula a algum motivo, a qual permite verificar se a medida de comparação está correta. Carraza argumenta que não bastaria falar de igualdade, na medida em que é imprescindível indagar "igualdade em quê?" e "igualdade sob que perspectiva e como?". CARRAZZA, Roque Antonio. O princípio da igualdade. *Revista Justitia*, n.º 90, 1975. Disponível em: http://www.revistajustitia.com.br/links/edicao.php?ID=090. Acesso em 13 de jun. 2018, p. 338; ÁVILA, Humberto. *Teoria da igualdade tributária*. 3. ed. São Paulo: Malheiro, 2015, p.43.

237. ALEXY, Robert. *Teoria dos direitos fundamentais*. Op. cit., p.400; LUHMANN, Niklas. *Los derechos fundamentales como institución*: aportación a la sociología política. Op. cit., p.274.

238. ALEXY, Robert. *Teoria dos direitos fundamentais*. Op. cit., p.400.

239. ÁVILA, Humberto. *Teoria da igualdade tributária*. 3. ed. São Paulo: Malheiro, 2015, p.43. No mesmo sentido, MELLO, Celso Antônio Bandeira de. *Conteúdo jurídico do princípio da igualdade*. Op. cit., p.17; ROCHA, Cármen Lúcia Antunes. *O princípio constitucional da igualdade*. Belo Horizonte: Jurídicos Lê, 1990, p.118.

240. ÁVILA, Humberto. *Teoria da igualdade tributária*. 3. ed. São Paulo: Malheiro, 2015, p.43.

notada como opção política fundamental da sociedade[241], constitui-se no parâmetro dogmático, axiomático e axiológico (a indicar as finalidades a serem alcançadas[242]) para compreender a referida valoração[243].

Inicialmente, para atender ao raciocínio proposto a partir do princípio da igualdade, a opção se daria especialmente diante da verificação estatisticamente fundada (*suporte empírico considerável*)[244]. A aludida verificação permitiria aferir se o elemento indicativo da medida de comparação se correlaciona com a existência (ou intensificação) das propriedades que são próprias da medida de comparação.

Por outro lado, como visto anteriormente, qualquer prévio levantamento de dados que sejam considerados no momento da verificação da especialização ou diferenciação da estrutural procedimental é desconhecido no Brasil. Neste cenário, a reflexão poderia desembocar em mera crítica à política legislativa[245], com foco na eliminação de certos excessos a partir da revogação de estruturas normativas procedimentais sobressalentes e desnecessárias[246].

---

241. "La Constitución en sentido positivo contiene solo la determinación consciente de la concreta forma de conjunto por la cual se pronuncia o decide la unidad política. Esta forma se puede cambiar. Se pueden introducir fundamentalmente nuevas formas sin que el Estado, es decir, la unidad política del pueblo, cese. Pero siempre hay en el acto constituyente un sujeto capaz de obrar, que lo realiza con la voluntad de dar una Constitución. Tal Constitución es una decisión consciente que la unidad política, a través del titular del poder constituyente, adopta *por sí misma y se da a sí misma*." SCHMITT, Carl. *Teoría de la Constitución*. Tradução de Francisco Ayala. Madri: Alianza, 1996, p.46

242. ÁVILA, Humberto. *Teoria da igualdade tributária*. Op. cit., p.30-31.

243. MELLO, Celso Antônio Bandeira de. *Conteúdo jurídico do princípio da igualdade*. 3. ed. São Paulo: Malheiros, 2005, p.41-43.

244. Humberto Ávila explica que a questão da igualdade se completaria com a introdução de um *elemento indicativo da medida de comparação*, bem como com a relação de congruência entre este e a medida de comparação, e entre a medida de comparação e a finalidade que justificaria sua utilização. A suscitada congruência entre *elemento indicativo da medida de comparação* e a medida de comparação demandaria a verificação estatisticamente fundada, ou seja, as evidências disponíveis proporcionariam "um *suporte empírico considerável* no sentido de que a existência do elemento indicativo se correlaciona com a existência (ou intensificação) das propriedades que a medida de comparação pretende conotar." ÁVILA, Humberto. *Teoria da igualdade tributária*. Op. cit., p.50-52. Antes cf. SCHAUER, Frederick. *Profiles, probabilities and stereotypes*. Cambridge: The Belknap Press of Harvard University Press, 2003, p.112-113.

245. SILVA, Manuel Dias da. *Processos civis especiaes*. 2. ed. Coimbra: F. França Amado, 1919, p. 32-42.

Contudo, mesmo diante dessas dificuldades, poder-se-ia propor uma análise dogmática da justificação dos procedimentos especiais em, pelo menos, dois pontos.

No primeiro ponto, é preciso verificar se o legislador observou efetivamente a característica da situação jurídico material objeto da tutela que ensejou o tratamento diferenciado. Em seguida, impõe-se questionar se essa característica está relacionada com a efetividade da prestação jurisdicional ou outra justificativa constitucionalmente relevante.

Na primeira hipótese, a ausência de pertinência entre a especialização procedimental e a característica da situação jurídica material objeto da tutela implica na sua ilegitimidade. Nesse aspecto, nada contribuiria para fundamentar o tratamento diferenciado em razão da ausência de vinculação entre o tratamento diferenciado e os elementos fáticos parciais que a justificariam. O tratamento seria, nestes casos, anti-isonômico e, portanto, inconstitucional[247].

---

246. "Conviria, entretanto, que se resistisse mais a essa tendência multiplicadora, compensando-se-a, outrossim, com a revisão dos procedimentos especiais cuja sobrevivência talvez já não corresponda a uma necessidade tal e presente da vida. É bem provável, de resto, que a modernização do procedimento ordinário, escoimado de seus excessos de formalismo e de solenidade, enriquecido de recursos tecnológicos de há muito disponíveis mas ainda não incorporados a ele, tornasse dispensável e superados alguns dos atuais procedimentos diferenciados. Isso porque, sem dúvida, a morosidade e a ineficiência do pesado e obsoleto processo comum, de mão dadas com o crônico *deficit* de recurso materiais à disposição do Judiciário, são seguramente responsáveis, em parte deveras significativa, pela proliferação dos ritos especiais ondem nem sempre existe uma verdadeira incompatibilidade com aquele. A especialidade do rito não é mais, em tais casos, do que um expediente de fuga aos inconvenientes do ordinário, assim como em tempos foi, e por inércia ainda é, a forçada e indiscriminada adoção de ritos sumários sem a correspondente sumariedade da cognição." FABRÍCIO, Adroaldo Furtado. Justificação teórica dos procedimentos especiais. In: *Ensaios de direito processual.* Rio de Janeiro: Forense, 2003, p.40. No mesmo sentido, v. FABRÍCIO, Adroaldo Furtado. *Comentários ao Código de Processo Civil.* v. VIII. 8. ed. Rio de Janeiro: Forense, 2001, t. III, p.8-9. Nesse sentido, v. COUTURE, Eduardo J. Exposición. *Proyecto de código de procedimiento civil con exposición de motivos.* Buenos Aires: Depalma, 1945, p.25-26; VIEIRA, Luiz Alberto. Sobre el proyecto de nuevo código de procedimiento civil uruguayo. *Revista de Processo*, n.º 4. São Paulo: Revista dos Tribunais, 1976, p.164-165; NUNES, Dierle; BAHIA, Alexandre; CÂMARA, Bernardo Ribeiro; SOARES, Carlos Henrique. *Curso de Direito Processual Civil:* Fundamentação e aplicação. Belo Horizonte: Fórum, 2011, p.445.

247. Com críticas a utilização da especialização procedimental sem observância da isonomia v. OLIVEIRA, Carlos Alberto Alvaro de. Procedimento e ideologia no direito brasileiro atual. *Revista AJURIS*, n.º 33. Porto Alegre: 1985, p.81-82. A tutela diferenciada

Na segunda hipótese, se a justificação dos procedimentos especiais estiver dissociada da efetividade da prestação jurisdicional ou outra justificativa constitucionalmente relevante (a exemplo da segurança jurídica), é possível defender seu caráter facultativo ou, eventualmente, sua própria inutilidade.

Observem-se, por exemplo, os procedimentos especiais justificados na simples aceleração da tutela jurisdicional relacionada a certas situações jurídicas. Considerando que a mera celeridade processual não é um valor constitucional relevante - senão a duração razoável do processo –, nada impede que os referidos procedimentos sejam considerados facultativos, senão inúteis. Não é raro observar circunstâncias em que o legislador estabeleceu procedimentos especiais relacionados à promoção da tutela de situações materiais que poderiam, de certo modo e com pouca variação, estar inseridas no procedimento comum[248].

Em outros casos, contudo, deixar de promover a especialização procedimental poderia produzir consequências à efetividade da tutela jurisdicional, na medida em que se estaria promovendo um tratamento uniforme

---

como decorrência da igualdade substancial entre os litigantes cf. TROCKER, Nicolò. *Processo civile e Constituzione.* Problemi di diritto tedesco e italiano. Milano: Giuffré, 1974, p.701; SILVA, Ovídio A. Baptista da. Processo de conhecimento e procedimentos especiais. *Revista dos Tribunais,* n.º 692. São Paulo: Revista dos Tribunais, 1993, p.43; COMOGLIO, Luigi Paolo. Tutela differenziata e pari effetività nella giustizia. *Rivista di Diritto Processuale,* v. LXIII, n.º 6. Milano: CEDAM, 2008, p.1.530-1.531.

248. ABELHA, Marcelo. *Manual de Direito Processual Civil.* 6. ed. Rio de Janeiro: Forense, 2016, p.787-788. Para o autor: "As características apontadas pela doutrina como *tipificadoras da existência de um procedimento especial* não se sustentam mais, ou seja, dizer simplesmente que são *razões de direito material* não convence, pois é preciso dizer por que o procedimento comum é insuficiente e em que sentido um procedimento especial, engessado pela moldura do legislador, atende os reclames de adequação e efetividade da tutela. A justificativa de que critérios processuais seriam motivadores convence menos ainda, aliás, muito pelo contrário. Nada há ali que não possa constar nos procedimentos comuns. Nem *fungibilidade de pedidos, tutela provisórias sem urgência, atividade cognitiva com executiva, sentenças a um só tempo com eficácias declaratórias e constitutivas* etc. Ousamos dizer que há técnicas no procedimento comum muito mais "especiais" do que qualquer outra do procedimento especial. Enfim, parece-nos mais fácil dizer que o mister, de escolher as hipóteses que serão agraciadas (será?) pelo procedimento especial, nascem e morrem na *política legislativa.* Nada mais obscuro, nada mais complexo." ABELHA, Marcelo. *Manual de Direito Processual Civil.* Op. cit., p.788.

a situações diferenciadas[249]. O procedimento seria, por sua vez, justificado em critérios constitucionalmente relevantes.

A Constituição não regula qual é a forma ou estrutura processual, mas estabelece um estado de coisas a nortear a postura do legislador e do intérprete aplicador. Com efeito, caberia ao legislador a análise das circunstâncias em que a referida medida de comparação justificasse sua opção pela formulação da estrutura diferenciada.

No caso da efetividade da tutela jurisdicional, percebe-se sua vinculação com a cláusula geral da inafastabilidade da jurisdição e acesso à justiça. Os procedimentos devem ser estabelecidos para dar concretude ao resultado efetivo da tutela jurisdicional.

A tutela jurisdicional é diferenciada para atender às especificidades dos direitos, de modo a garantir a sua adequada satisfação. Essa é, inclusive, a finalidade eleita como mote do estado de coisas prescrito pelo princípio da inafastabilidade da jurisdição e acesso à justiça[250].

---

249. SICA, Heitor Vitor Mendonça. Reflexões em torno da teoria geral dos procedimentos especiais. *Revista de Processo*, n.º 208. São Paulo: Revista dos Tribunais, 2012, p. 71; SILVA, Ovídio A. Baptista da. Processo de conhecimento e procedimentos especiais. *Revista dos Tribunais*, n.º 692. São Paulo: Revista dos Tribunais, 1993, p.43; COMOGLIO, Luigi Paolo. Tutela differenziata e pari effetività nella giustizia. *Rivista di Diritto Processuale*, v. LXIII, n.º 6. Milano: CEDAM, 2008, p. 1.530-1.531.

250. MARINONI, Luiz Guilherme. *Curso de processo civil*: teoria geral do processo. Op. cit., p. 280. Segundo Canotilho, o direito de acesso aos tribunais consubstancia um direito fundamental formal que necessita de densificação por meio de outros direitos fundamentais materiais, implicando duas dimensões básicas: um esquema referencial em que os direitos e interesses particulares encerram-se e determinam o próprio fim do direito de acesso aos tribunais, ao mesmo tempo em que este garante a realização e concretização destes direitos e interesses particulares; de outro modo, ao tempo em que os direitos e interesses são efetivados por meio dos tribunais, são estes direitos e interesses que fixam as medidas materiais da proteção a ser realizada por estes tribunais. Segundo o autor: "Desta imbricação entre direito de acesso aos tribunais e direitos fundamentais resultam dimensões ineliimináveis do **núcleo essencial da garantia institucional da via judiciária.** A *garantia institucional* conexiona-se com o *dever de uma garantia jurisdicional de justiça* a cargo do Estado. Este dever resulta não apenas do texto da Constituição, mas também de um princípio geral ('de direito', das 'nações civilizadas') que impõe um dever de proteção através dos tribunais como um corolário lógico: (1) do monopólio de coação física legítima por parte do Estado; (2) do dever de manutenção da paz jurídica num determinado território; (3) da proibição de autodefesa a não ser em circunstâncias excepcionais definidas na Constituição e na lei [...].", CANOTILHO, J. J. Gomes. *Direito Constitucional e Teoria da Constituição*. Op. cit., p.497. Para Ronnie Preuss Duarte: "Não se pode negar a necessidade da densificação da garantia de acesso à justiça (acesso aos tribunais e ao direito mediante

É possível verificar outras circunstâncias em que o Direito material discutido justifica uma proteção diferenciada em critério constitucionalmente relevante, como a segurança jurídica. Por exemplo, a previsão do procedimento da ação rescisória se justifica na imposição constitucional da proteção à coisa julgada (art. 5º, XXXVI, da Constituição da República), como traço de concretização do valor segurança jurídica[251]. No caso, eventual sindicabilidade da coisa julgada nas hipóteses do art. 966, do §15, do art. 525, do §8º do art. 535 ou no art. 658, todo do CPC, promover-se-á por meio de um procedimento específico da ação rescisória, de caráter obrigatório e justificado por critério constitucionalmente relevante[252].

---

o processo eqüitativo), já que, como afirmado e ratificado, é impossível extrair direta e imediatamente da Constituição o seu conteúdo exato, dada a imprecisão semântica das disposições constitucionais atinentes ao acesso à justiça." DUARTE, Ronnie Preuss. *Garantia de Acesso à Justiça.* Os direitos processuais fundamentais. Coimbra: Coimbra, 2007, p.123. No mesmo sentido, v. DIDIER JR., Fredie. Notas sobre a Garantia Constitucional do Acesso à Justiça: o princípio do direito de ação ou da inafastabilidade do Poder Judiciário. *Revista de Processo*, n.º 108. São Paulo: Revista dos Tribunais, 2002, p.28; MARINONI, Luiz Guilherme. O direito à adequada tutela jurisdicional. *Revista dos Tribunais*, n.º 663. São Paulo: Revista dos Tribunais, 1991, p.244; MARINONI, Luiz Guilherme; ARENHART, Sérgio Cruz; MITIDIERO, Daniel. *Novo curso de processo civil*: tutela dos direitos mediantes procedimentos diferenciados. 3. ed. São Paulo: Revista dos Tribunais, 2017, p.39-40; MEDINA, José Miguel Garcia. *Direito Processual Civil moderno.* 2. ed. São Paulo: Revista dos Tribunais, 2016, p.122.

251. SOUZA, Bernardo Pimentel. *Introdução aos recursos cíveis e à ação rescisória.* 7. ed. São Paulo: Saraiva, 2010, p.816. Sobre a relação da coisa julgada e a segurança jurídica, especialmente no que concerne à segurança ao gozo de bens reconhecidos judicialmente, v. CABRAL, Antônio do Passo. *Coisa julgada e preclusões dinâmicas.* Entre continuidade, mudanças e transição de posições processuais estáveis. 2. ed. Salvador: Juspodivm, 2014, p.55-59. Igualmente, cf. PORTO, Sérgio Gilberto. Cidadania processual e relativização da coisa julgada. *Revista de Processo,* n.º 112. São Paulo: Revista dos Tribunais, 2003, p.23.

252. Nada obstante é preciso ressaltar que além da ação rescisória, a coisa julgada no Brasil pode ser impugnada por meio da *querela nullitatis* (no caso de vícios transrescisórios) e da impugnação prevista no §12 do art. 525 e no §5 do art. 535 do CPC (quando título executivo judicial fundado em lei ou ato normativo considerado inconstitucional pelo Supremo Tribunal Federal, ou fundado em aplicação ou interpretação da lei ou do ato normativo tido pelo Supremo Tribunal Federal como incompatível com a Constituição Federal, em controle de constitucionalidade concentrado ou difuso). Considerando os limites desta pesquisa, não serão abordados os referidos instrumentos. Para maior aprofundamento, cf. DIDIER JR., Fredie; CUNHA, Leonardo Carneiro da. *Curso de Direito Processual Civil:* processo civil nos tribunais, recursos, ação de competência originária de tribunal e *querela nullitatis,* incidentes de competência originária de tribunal. 14. ed. Salvador: Juspodivm, 2017, p.484 e ss. Sobre ação rescisória e *querela*

É importante ressaltar que, a despeito da ausência de elementos teóricos ditos ontológicos, a discricionariedade legislativa no estabelecimento dos procedimentos especiais não deve se desdobrar em arbitrariedade. Esse risco deve ser mitigado e controlado pela imposição da observância da Constituição e das opções políticas constitucionalmente fundamentadas como parâmetros de justificação da especialização procedimental[253].

Somente a partir dessa investigação que seria possível aferir uma justificativa legítima e constitucional do procedimento especial[254], bem como analisar dogmaticamente a utilidade e a obrigatoriedade dos procedimentos.

---

nulitatis, igualmente, cf. MOREIRA, José Carlos Barbosa. *Comentários ao Código de Processo Civil*. v. 5. 15. ed. Rio de Janeiro: Forense, 2010, p. 100 e ss. Sobre vícios transrescisórios, v. TESHEINER, José Maria; THAMAY, Rennan Faria Krüger. *Pressupostos processuais e nulidade no novo processo civil*. Rio de Janeiro: Forense, 2015, p.193-195.

253. Com relação ao conceito de ação e sua correspondência com os vários regimes constitucionais, v. CALAMANDREI, Piero. La relatividad del concepto de acción. In: *Estudios sobre el proceso civil*. Tradução de Santiago Sentis Meleno. Buenos Aires: Bibliografica Argentina, 1945, p. 135 e ss.

254. "Se o direito substancial deve ser igual para todos, no sentido de que a lei geral e abstrata deve ser igualmente aplicada em concreto a todos os casos iguais, não é concebível que o procedimento técnico, que serve para aplicar a lei aos concretos casos controvertidos, se plasmem de modo diverso, segundo as diferentes destrezas das partes em disputa, e que o equilíbrio do contraditório seja perturbado, segundo os casos, pela prepotência do mais forte ou pela habilidade do mais astuto." CALAMANDREI, Piero. *Processo e democracia*: conferências realizadas na Faculdade de Direito da Universidade Nacional Autônoma do México. Tradução de Mauro Fonseca Andrade. Porto Alegre: Livraria do Advogado, 2017, p.25.

Capítulo 4

O(S) ARRANJO(S) NORMATIVO(S) E O CONTEÚDO EFICACIAL DO ART. 327, §2º, DO CPC: A RELAÇÃO ENTRE O PROCEDIMENTO COMUM E OS PROCEDIMENTOS ESPECIAIS NO NOVO CPC.

Neste derradeiro momento da pesquisa, o foco da análise volta-se inteiramente à compreensão do dispositivo do art. 327, §2º, do CPC. O objetivo, aqui, é investigar sua natureza, as composições normativas que irradiam e seu conteúdo eficacial.

As reflexões realizadas nos capítulos anteriores cumprem o papel de permitir e de certo modo facilitar a empresa que ora se inicia. Por conseguinte, no primeiro ponto, imprescindível resumir as principais premissas e conclusões parciais estabelecidas nos capítulos anteriores.

4.1. SISTEMATIZAÇÃO DAS PREMISSAS E CONCLUSÕES PARCIAIS.

No capítulo 2, primeiramente se distinguiram as noções de texto e norma, princípios e regras, e cláusula gerais e conceitos indeterminados. Naquela oportunidade, concluiu-se que o art. 327, §2º, do CPC é uma cláusula geral.

Percebe-se que o aludido dispositivo não somente lida com conceitos indeterminados, como também não aponta, de maneira especificamente descritiva, a(s) consequência(s) e o(s) comportamento(s) a ser(em) adotado(s) em sua aplicação.

Observou-se que a abertura semântica da cláusula do art. 327, §2º, do CPC viabiliza extrair não somente regras, a impor diretamente comportamentos, mas especialmente princípios a fixar um estado de coisas a ser observado.

Ainda no capítulo 2, fixaram-se as premissas necessárias ao estudo dos procedimentos (comum e especiais), igualmente imprescindível à compreensão do art. 327, §2º, do CPC. Primeiro, do ponto de vista epistemológico, chamou-se atenção à distinção entre a Teoria Geral do Processo, a Ciência Processual e o Direito Processual.

Em outro tópico, concluiu-se que o conceito de procedimento em essência confunde-se com o conceito de processo, nada obstante não seja raro (e provavelmente por bastante tempo não será) acreditar na divisão conceitual entre processo e procedimento. A referida divisão corresponde a lugar comum na doutrina ainda prevalente. Em geral, não se percebe que a aludida diferenciação é meramente virtual (uma ficção com a aparência de realidade).

Quando se trabalha com versão integral do conceito de processo (uma visão complexa), percebe-se que processo não se resume a uma realidade abstrata, tampouco exclusivamente concreta. O processo não se resume ao seu conjunto de atos, sem que o observe como um modelo normativo.

Em realidade, processo corresponderia, igualmente, a uma estrutura normativa que informa e direciona aos atos (ou conjunto de atos), e que por ser objeto cultural implica o cumprimento de funções atreladas a uma (ou algumas) dada(s) finalidade(s). Acontece que, se o olhar de observador se direciona ao ambiente em que a estrutura (processual) se aplica em dada época, perceber-se-ia que os arranjos normativos são (ou podem ser) bastante variados.

O capítulo 3 foi dedicado à análise e definição dos fenômenos do procedimento comum e do procedimento especial. Como ponto de partida, verificou-se que os conceitos de procedimento comum e procedimento especial dependem da compreensão do conceito de procedimento, como categoria fundamental da Teoria Geral do Processo.

Naquele momento, observou-se que, apesar de serem fenômenos cuja existência decorre de fatores contingenciais e dependentes das estruturas do Direito Positivo, era possível estabelecer os conceitos (lógico-jurídicos) e a distinção entre os procedimentos comum e especial. Alertou-se, todavia, que as respectivas estruturas e características são decorrentes do Direito Positivo, de modo que suas teorizações ocorrem no nível da ciência processual.

No mesmo capítulo 3, propôs-se uma incursão científico-dogmática à luz do sistema jurídico positivo brasileiro (especialmente). O objetivo era evidenciar e enumerar as características do procedimento comum e dos procedimentos especiais. Chamou-se atenção que o art. 327, §2º, do CPC, tangencia os dois fenômenos, de maneira que a compreensão das respectivas características influencia a compreensão do referido dispositivo.

Naquele momento, descreveram-se os traços distintivos e o caráter relacional dos conceitos de procedimento comum e procedimento especial. Igualmente, verificou-se que o procedimento comum tradicionalmente era tido como inflexível (rígido), indisponível, estritamente submetido aos limites da legalidade, infungível e não admitia a incorporação de técnicas de diferenciação procedimental. Por sua vez, os procedimentos especiais eram considerados excepcionais, submetidos a critérios de tipicidade fechada e taxatividade, além de serem considerados o local privilegiado das técnicas de diferenciação procedimental.

Para fins de comparação, observou-se que na atualidade do Direito brasileiro, o procedimento comum e os especiais são flexíveis, seja em razão da previsão legislativa de cláusulas gerais, seja na observância do poder-dever de adaptação do procedimento pelo órgão jurisdicional, ou da realização de negócios jurídicos processuais pelas partes.

Os procedimentos (comum e especiais) não são considerados indisponíveis e o processo deixou de ser objeto de regulação exclusiva da lei, ao passo de ser regulado por outras fontes normativas (juridicidade). A admissibilidade da fungibilidade é ampliada e as técnicas de diferenciação incorporam-se ao procedimento comum. Os procedimentos especiais tendem a superar sua excepcionalidade em favor da universalização das técnicas de diferenciação procedimental.

Enfim, feitas essas digressões passa-se ao estudo específico do art. 327, §2º, do CPC.

4.2. A NOVA FEIÇÃO DO PROCEDIMENTO COMUM ANTE OS PROCEDIMENTOS ESPECIAIS: A COMPREENSÃO DO DISPOSITIVO DO ART. 327, §2º, DO CPC.

O dispositivo do art. 327, §2º, do CPC é inovação sem precedentes no antigo sistema processual[1]. Um trabalho que pretenda seriamente analisá-lo

1. Nesse sentido, v. BONDIOLI, Luis Guilherme Aidar. Das disposições gerais do procedimento comum. In: *Breves comentários ao novo Código de Processo Civil.* In: WAMBIER, Teresa Arruda Alvim; DIDIER JR., Fredie; TALAMINI, Eduardo; DANTAS, Bruno, (Coords.). 3. ed. São Paulo: Revista dos Tribunais, 2016, p.923; BONDIOLI, Luis Guilherme Aidar. Procedimento comum: fase postulatória. *Revista de Processo*, n.º 257. São Paulo: Revista dos Tribunais, 2016, p. 86; COSTA, Suzana Henrique. Art. 327. In: CABRAL, Antonio do Passo; CRAMER, Ronaldo (coords.). *Comentários ao novo Código de Processo Civil.* 2. ed. Rio de Janeiro: Forense, 2016, p.515; BUENO, Cássio Scarpinella. *Novo Código de Processo Civil anotado*. São Paulo: Saraiva, 2015. O art. 327, §2, do CPC como inovação que garante a otimização da prestação jurisdicional em razão da possibilidade de inserção de técnicas especiais no procedimento comum. v. TUCCI, José Rogério Cruz e. *Comentários ao Código de Processo Civil.* v. VII (arts. 318 a 368). São Paulo: Saraiva, 2016, p.115; VEIGA, Daniel Brajal. Art. 327.

deve partir, ao menos, dos contornos gerais do dispositivo e do conteúdo que dele seja possível extrair.

In: BUENO, Cássio Scarpinella (coord.). *Comentários ao Código de Processo Civil.* v. 2 (arts. 318 a 538). São Paulo: Saraiva, 2017, p.53; MALFATTI, Márcio Alexandre; SANTOS, José Carlos Van Cleef de Almeida. Art. 318 (Do Processo Comum) ao 429 (Da Força Probante do Documento). In: SARRO, Luis Antônio Giampaulo (coord.). *Novo Código de Processo Civil*: principais alterações do sistema processual civil. 2. ed. São Paulo: Rideel, 2016, p.55; MARINONI, Luiz Guilherme; ARENHART, Sérgio Cruz. *Comentários ao Código de Processo Civil:* artigos 294 ao 333. São Paulo: Revista dos Tribunais, 2016, v. 4, p. 449; PUPPIN, Bárbara Altoé; OLIVEIRA, Michelle Ivanir Cavalcanti de. Breves apontamentos sobre o artigo 327 §2º do CPC/2015. Disponível em: http://periodicos.ufes.br/processocivilinternacional/article/view/19843. Acesso em: 15 de jun. 2018. Apenas apontando o dispositivo como novidade do novo CPC. v. SÁ, Renato Montans de. *Manual de Direito Processual Civil.* 3. ed. São Paulo: Saraiva, 2018, p.468; CUNHA, Maurício; FIGUEIREDO, Roberto; DOURADO, Sabrina. *Comentários ao novo Código de Processo Civil.* Recife: Armador, 2015, p.308; WAMBIER, Teresa Arruda Alvim; CONCEIÇÃO, Maria Lúcia Lins; RIBEIRO, Leonardo Ferres da Silva; MELLO, Rogério Licastro Torres de. *Primeiros comentários ao novo Código de Processo Civil.* São Paulo: Revista dos Tribunais, 2015, p.554; ALVIM, Arruda. *Novo contencioso cível no CPC/2015.* São Paulo: Revista dos Tribunais, 2016, p.158-159; BERALDO, Leonardo de Faria. *Comentários às inovações do Código de Processo Civil:* Lei 13.105/2015. Belo Horizonte: Del Rey, 2015, p.132; MACEDO, Bruno Regis Bandeira Ferreira. As inovações procedimentais da petição inicial no Novo Código de Processo Civil. In: MÂCEDO, Lucas Burril; PEIXOTO, Ravi; FREIRE, Alexandre (orgs.). *Novo CPC doutrinas selecionadas*: procedimento comum. 2. ed. Salvador: Juspodivm, 2016, p.74; ROQUE, André Vasconcelos. Comentários ao art. 327. In: GAJARDONI, Fernando da Fonseca; DELLORE, Luiz; ROQUE, André Vasconcelos; OLIVEIRA JR., Zulmar Duarte. *Processo de conhecimento e cumprimento de sentença:* comentários ao CPC de 2015. São Paulo: Método, 2016, p.3; MARCACINI, Augusto Tavares Rosa. *As inovações do CPC de 2015:* Da propositura da ação até a sentença. São Paulo: A. Marcacini, 2016, item 1.3 [e-book]; MACHADO JUNIOR, Dario Ribeiro; WOLKART, Erik Navarro; HARTMANN, Guilherme Kronemberg; MENEZES, Gustavo Quintanilha Telles de; RODRIGUES, Roberto de Aragão Ribeiro; GISMONDI, Rodrigo A. O. C.; TEMER, Sofia. Art. 327. In: CARNEIRO, Paulo Cezar Pinheiro; PINHO, Humberto Dalla Bernardina de (coords.). *Novo Código de Processo Civil*: anotado e comparado. 2. ed. São Paulo: Forense, 2016 [e-book]. Entendendo que o dispositivo do art. 327 não trouxe alterações ao entendimento jurisprudencial citando como referência o REsp 816.402/RS e REsp 993.535/PR. AMARAL, Guilherme Rizzo. *Comentários às alterações do novo CPC.* São Paulo: Revista dos Tribunais, 2015, p.442-443. Ao que parece com entendimento análogo, nada obstante reconheça que o dispositivo "inova ao descortinar o fundamento da regra de seu dispositivo correspondente do texto revogado [...]", cf. LIMA, Bernardo; EXPÓSITO, Gabriela. Art. 327. In: RIBEIRO, Sérgio Luiz de Almeida; GOUVEIA FILHO, Roberto P. Campos; PANTALEÃO, Izabel Cristina Pinheiro Cardoso; GOUVEIA, Lucio Grassi de. *Novo Código de Processo Civil comentado.* t. II (art. 318 ao art. 770). São Paulo: Lualri, 2017, p.38-39.

A interpretação do dispositivo mostra-se desafiadora. De qualquer sorte, observando um critério lógico, iniciar-se-á a incursão pelo art. 327, §2º, do CPC a partir da premissa de que se trata de dispositivo que regulamenta a cumulação de pedidos; em seguida, será promovido um aprofundamento em seu conteúdo jurídico-interpretativo.

Antes, contudo, é preciso alertar que a análise feita acerca da cumulação objetiva[2] de pedidos tem por finalidade introduzir a discussão acerca do art. 327, §2º, do CPC. Nada obstante sua importância, não se investirá no detalhamento do fenômeno da cumulação objetiva de pedidos uma vez que tal incursão extrapolaria os limites deste trabalho.[3]

---

2. Muitas vezes a cumulação de pedidos é conhecida como cumulação objetiva, cumulação de ações ou cumulação de demandas. v. MIRANDA, Pontes de. *Comentários ao Código de Processo Civil.* 2. ed. Rio de Janeiro: Forense, 2004, t. XIII, p.4-5; GODINHO, Carlos. Cumulação de ações perante o novo Código de Processo Civil. *Revista Forense*, n.º 252. Rio de Janeiro: Forense, 1975, p.418. Leonardo Greco, entretanto, adota uma definição mais abrangente à cumulação de ações, a incluir a cumulação de pedidos como sua espécie: "Por cumulação de ações se entende o fenômeno que ocorre quando no mesmo processo se reúnem duas ou mais demandas a serem instruídas e decididas ou resolvidas simultaneamente. Aproveita-se um só processo para resolver duas ou mais ações. O processo é único, mas as demandas são variadas". GRECO, Leonardo. Concurso e cumulação de ações. *Revista de Processo*, n.º 147. São Paulo: Revista dos Tribunais, 2007, p.14. Por outro lado, é a cumulação de ações não se confunde com o fenômeno do "concurso de ações". Para Moacyr Amaral Santos, haverá concurso de ações quando concorrerem duas ou mais ações (em sentido material) para tutelar um mesmo direito subjetivo material à escolha do titular. Por sua vez, a cumulação de ações seria a reunião de ações no mesmo processo. SANTOS, Moacyr Amaral. *Primeiras linhas de Direito Processual Civil.* v. 1. 28. ed. São Paulo: Saraiva, 2011, p.224. Igualmente, GRECO, Leonardo. Concurso e cumulação de ações. *Revista de Processo*, n.º 147. São Paulo: Revista dos Tribunais, 2007, p.13. Liebman, por sua vez, também definia como "concurso de ações" a possibilidade de uma única demanda ser proposta por mais de um sujeito. v. LIEBMAN, Enrico Tullio. *Eficácia e autoridade da sentença e outros escritos sobre a coisa julgada.* Tradução de Alfredo Buzaid e Benvindo Aires. 4. ed. Rio de Janeiro: Forense, 2007, p.218-219. Igualmente, cf. CHIOVENDA, Giuseppe. *Principii di diritto processuale civile.* Op. cit., p.287. Igualmente, não será objeto de análise o fenômeno do acúmulo de causas de pedir. Trata-se de fenômeno conhecido como "concurso de pedidos" (PASSOS, José Joaquim Calmon. *Comentário ao Código de Processo Civil.* Op. cit. p. 233-234). Segundo Marinoni e Arenhart, trata-se de fenômeno regido pelas mesmas regras da cumulação de pedidos. Para maiores esclarecimentos, v. MARINONI, Luiz Guilherme; ARENHART, Sérgio Cruz. *Comentários ao Código de Processo Civil:* artigos 294 ao 333. São Paulo: Revista dos Tribunais, 2016, v. 4, p. 450-451.
3. Em que pese não se desconheça a existência de cumulação subjetiva, para os objetivos dessa pesquisa necessita-se exclusivamente da análise da cumulação objetiva. Para

4.2.1. Reflexões iniciais sobre o art. 327 do CPC. A cumulação objetiva de pedidos no Novo Código de Processo Civil.

Por questões de eficiência[4] (economia processual[5]) e simplificação[6], até mesmo para evitar decisões contraditórias entre si[7], sob uma mesma base procedimental é possível formular vários pedidos contra um mesmo réu. Trata-se de técnica de expressivo caráter instrumental, na medida em que autoriza a utilização de processo único sobre o qual recairão várias demandas contra um mesmo réu[8].

---

esclarecimentos sob o tema e a distinção dos fenômenos v. CARNELUTTI, Francesco. *Instituciones del proceso civil*. v. I. 2. ed. Traducción de Santiago Sentis Meleno. Buenos Aires: Ediciones Jurídicas Europa-América, 1973, p.387 e ss.; MARTINS NETTO, Modestino. *Da acumulação de ações e intervenção de terceiros*. Rio de Janeiro: Edições Trabalhistas, 1973; DINAMARCO, Cândido Rangel. *Instituições de Direito Processual Civil*. v. II. 7. ed. São Paulo: Malheiro, 2017, p. 190-192. Igualmente, sobre a denominação de processos cumulativos, cf. GRECO, Leonardo. *Instituição de processo civil*. v. I. 5. ed. Rio de Janeiro: Forense, 2015, ponto 20.1 [e-book].

4. ABELHA, Marcelo. *Manual de Direito Processual Civil*. 6. ed. Rio de Janeiro: Forense, 2016, p.479. Não se deve desconsiderar que na atualidade o princípio da eficiência processual corresponde a uma versão atualizada do princípio da economia processual. v. CONRADO, Paulo César. *Introdução à teoria geral do processo civil*. São Paulo: Max Limonad, 2003, p. 58 e ss; DIDIER JR., Fredie. *Apontamentos para a concretização do princípio da eficiência do processo*. In: FREIRE, Alexandre; DANTAS, Bruno; NUNES, Dierle; DIIDER JR., Fredie; MEDINA, José Miguel Garcia; FUX, Luiz; CAMARGO, Luiz Henrique Volpe; OLIVEIRA, Pedro Miranda de (orgs.). *Novas tendências do processo civil*: estudos sobre o projeto do novo Código de Processo Civil. Salvador: Juspodivm, 2013, p.436.
5. FABRÍCIO, Adroaldo Furtado. Justificação teórica dos procedimentos especiais. In: *Ensaios de direito processual*. Rio de Janeiro: Forense, 2003, p.47; ASSIS, Araken. *Processo civil brasileiro*. Parte geral: fundamentos e distribuição de conflitos. v. I. São Paulo: Revista dos Tribunais, 2015, p. 777; GRECO, Leonardo. *Instituição de processo civil*. v. I. 5. ed. Rio de Janeiro: Forense, 2015, ponto 20.1 [e-book]; TUCCI, José Rogério Cruz e. *Comentários ao Código de Processo Civil*. v. VII (arts. 318 a 368). São Paulo: Saraiva, 2016, p.109; VEIGA, Daniel Brajal. Art. 327. In: BUENO, Cássio Scarpinella (coord.). *Comentários ao Código de Processo Civil*. v. 2 (arts. 318 a 538). São Paulo: Saraiva, 2017, p.52; MARINONI, Luiz Guilherme; ARENHART, Sérgio Cruz. *Comentários ao Código de Processo Civil*: artigos 294 ao 333. São Paulo: Revista dos Tribunais, 2016, v. 4, p. 442.
6. cf. GRECO, Leonardo. *Instituição de processo civil*. v. I. Op. cit., ponto 20.1 [e-book].
7. ABELHA, Marcelo. *Manual de Direito Processual Civil*. Op. cit., p.479. No mesmo sentido sobre cumulação de ações, cf. GRECO, Leonardo. Concurso e cumulação de ações. *Revista de Processo*, n.º 147. São Paulo: Revista dos Tribunais, 2007, p.15; GRECO, Leonardo. *Instituição de processo civil*. v. I. Op. cit., ponto 10.4 [e-book].
8. Há que salientar que a cumulação pode ocorrer, inclusive, contra mais de um réu quando existirem pontos comuns de ordem jurídica e fática. Nesse sentido, v. CAMBI,

Com efeito, a cumulação de pedidos pode assumir duas espécies com regimes jurídicos próprios[9]. A primeira é a chamada cumulação própria dos pedidos (ou cumulação propriamente dita[10]). Neste tipo de cumulação, os pleitos formulados objetivam ser deferidos concomitante ou sucessivamente[11]. Com outras palavras, o demandante formula pedidos para que o juiz lhe defira todos os pleitos, ainda que o deferimento de algum(ns) dependa do deferimento de outro(s).[12]

A segunda espécie é a chamada cumulação imprópria de pedidos (ou cumulação ficta[13]), uma vez que não existe propriamente uma cumulação (soma de pleitos)[14]. Em verdade, o demandante formula mais de um pedido, contudo pretende apenas um dos pleitos formulados de maneira alternativa

---

Eduardo; DOTTI, Rogéria; PINHEIRO, Paulo Eduardo d'Arce; MARTINS, Sandro Gilbert; KOZIKOSKI, Sandro Marcelo. *Curso de processo civil completo*. São Paulo: Revista dos Tribunais, 2017, p.351; ROQUE, André Vasconcelos. Comentários ao art. 327. In: GAJARDONI, Fernando da Fonseca; DELLORE, Luiz; ROQUE, André Vasconcelos; OLIVEIRA JR., Zulmar Duarte. *Processo de conhecimento e cumprimento de sentença:* comentários ao CPC de 2015. São Paulo: Método, 2016, p.37. Nesse sentido, precedente do Superior Tribunal de Justiça (STJ, AgRg no REsp 953.731/SP, rel. Min. Herman Benjamin, 2ª turma, Julgado em 02.10.2008, Dje 19.12.2008).

9. Para uma maior análise de diversas classificações, ainda sob a vigência do CPC-1973, cf. FIGUEIRAS JR., Joel Dias. *Comentários ao Código de Processo Civil*. v.4. 2. ed. São Paulo: Revista dos Tribunais, 2007, t. II, p.151-158.
10. ABELHA, Marcelo. *Manual de Direito Processual Civil*. Op. cit., p.480.
11. DIDIER JR., Fredie. *Curso de Direito Processual Civil*: introdução ao Direito Processual Civil, parte geral e processo de conhecimento. 20. ed. Salvador: Juspodivm, 2018, p. 656.
12. v. PASSOS, José Joaquim Calmon de. *Comentários ao Código de Processo Civil*. v. III. 9. ed. Rio de Janeiro: Forense, 2005, p. 229-230; ASSIS, Araken. *Processo civil brasileiro*. Parte geral: fundamentos e distribuição de conflitos. v. I. São Paulo: Revista dos Tribunais, 2015, p. 776-779; CARVALHO, Milton Paulo de. *Do pedido no processo civil*. Porto Alegre: Sérgio Antonio Fabris, 1992, p.105-106.
13. ABELHA, Marcelo. *Manual de Direito Processual Civil*. 6. ed. Rio de Janeiro: Forense, 2016, p.480.
14. TJÄDER, Ricardo Luiz Costa. *Cumulação eventual de pedidos*: art. 289 do CPC sem segredos. Porto Alegre: Livraria do Advogado, 1998, p.33-34; DIDIER JR., Fredie. *Curso de Direito Processual Civil*: introdução ao Direito Processual Civil, parte geral e processo de conhecimento. 20. ed. Salvador: Juspodivm, 2018, p. 657; CARVALHO, Milton Paulo de. *Do pedido no processo civil*. Porto Alegre: Sérgio Antonio Fabris, 1992, p.106-107. Nas hipóteses de cumulação entre o pedido de mérito e pedidos (ou requerimentos) de cunho processual, Marinoni e Arenhart afirmam existir uma cumulação aparente ou falsa cumulação. Argumentam que não formam o objeto (mérito) da controvérsia, ou seja, não diz respeito ao conteúdo do litígio posto à análise judicial. MARINONI,

ou eventual (subsidiária)[15]. É importante esclarecer que, sob uma mesma base processual (procedimental), nada impede que a cumulação de pedidos própria se encontre associada à cumulação de pedidos imprópria.[16]

A admissibilidade da cumulação de pedidos independe da verificação da existência de conexão[17] entre as demandas (*caput* do art. 327 do CPC), circunstância que demonstra que não é o objetivo da cumulação dar tratamento a situações conexas[18]. A finalidade da cumulação é permitir e operacionalizar

---

Luiz Guilherme; ARENHART, Sérgio Cruz. *Comentários ao Código de Processo Civil:* artigos 294 ao 333. São Paulo: Revista dos Tribunais, 2016, v. 4, p. 443.

15. TJÄDER, Ricardo Luiz Costa. *Cumulação eventual de pedidos*: art. 289 do CPC sem segredos. Porto Alegre: Livraria do Advogado, 1998, p.34-39. Noutro sentido, Marcelo Abelha chama cumulação sucessiva de eventual. ABELHA, Marcelo. *Manual de Direito Processual Civil.* Op. cit., p.480. Marinoni e Arenhart chamam de alternativa ou eventual a cumulação denominada neste trabalho de subsidiária. v. MARINONI, Luiz Guilherme; ARENHART, Sérgio Cruz. *Comentários ao Código de Processo Civil:* artigos 294 ao 333. Op. cit., p. 444.
16. v. MOREIRA, José Carlos Barbosa. *O novo processo civil brasileiro*: exposição sistemática do procedimento. 22. ed. Rio de Janeiro: Forense, 2002, p.12-14; PASSOS, José Joaquim Calmon de. *Comentários ao Código de Processo Civil.* v. III. Op. cit., p. 230-233; ASSIS, Araken. *Processo civil brasileiro.* Parte geral: fundamentos e distribuição de conflitos. v. I. São Paulo: Revista dos Tribunais, 2015, p. 779-781.
17. O antigo Código de Processo Civil de 1939 continha no dispositivo do art. 155 a exigência de que os pedidos cumulados fossem conexos e consequentes. Comentando o dispositivo, Pontes de Miranda afirma que: "O advérbio 'consequente' aparece pela primeira vez no Código, em se tratando de pedido, ou de causa de pedir, ou de ação. Sempre que, havendo pluralidade de sujeitos, a cumulação subjetiva seria possível, é evidente que se há de permitir a cumulação unissubjetiva de pedidos. Caso há, porém, em que a ligação entre os pedidos se pode dar entre pedidos da mesma parte e não, ou, dificilmente, entre pedidos de partes diferentes. O art. 155 também provê a isso, ainda que não se trate de conexão, no sentido do art. 133, IV." MIRANDA, Pontes de. *Comentários ao Código de Processo Civil* (1939). 2. ed. Rio de Janeiro: Forense, 1958, t. II, p.391. Por sua vez, Carvalho Santos explica que os pedidos poderão ser considerados consequentes sempre que "resultem da mesma violação do próprio direito, que vai ser objeto da demanda", ou seja, nascem no julgamento de outros. SANTOS, J. M. Carvalho. *Código de Processo Civil interpretado.* v. II. 6. ed. São Paulo: Freitas Bastos, 1964, p.295.
18. Afirma Calmon de Passos que é a conexão subjetiva que autoriza a cumulação objetiva, tendo em vista que é indispensável a verificação de um nexo subjetivo, a qual se exige a identidade *física* e *jurídica* de ambas as partes. Para o autor, não será admissível que alguém que atue em substituição processual formule outro pedido contra o mesmo réu em nome próprio. PASSOS, José Joaquim Calmon de. *Comentários ao Código de Processo Civil.* v. III. Op. cit., p. 228; ASSIS, Araken. *Processo civil brasileiro.* Parte geral: fundamentos e distribuição de conflitos. v. I. Op. cit., p. 781-782

a formulação de várias demandas contra um mesmo réu, utilizando-se de uma mesma base procedimental, a atender à economia e à eficiência no uso do processo. Por outro lado, Barbosa Moreira defendia que a cumulação de pedidos pode resultar de uma decisão judicial que, de ofício, determine a reunião de demandas conexas, em razão da identidade de causa de pedir[19].

Da mesma forma, é possível observar que a cumulação de pedidos pode ser inicial (promovida pelo autor na petição inicial) ou ulterior (ocorrida posteriormente). A cumulação de demandas será ulterior (ou superveniente) nos casos de reconvenção[20] ou de reunião de processo por conexão pela causa de pedir (art. 55, §1º, do CPC), bem como quando do aditamento da inicial (art. 329, I) ou do ajuizamento da ação declaratória incidental por falsidade documental.[21]

Para a admissibilidade da cumulação de pedidos, o código prescreve a observância de certos pressupostos dispostos no art. 327, §1º, do CPC. Caso não sejam observados, a petição inicial poderá ser indeferida parcialmente (art. 330) ou a demanda será extinta sem exame do mérito quanto a parte dos pedidos (art. 485)[22]. Sempre importante lembrar que o indeferimento

---

19. MOREIRA, José Carlos Barbosa. *O novo processo civil brasileiro*: exposição sistemática do procedimento. 22. ed. Rio de Janeiro: Forense, 2002, p.14-15.

20. No caso da cumulação superveniente ou ulterior, realizado por partes distintas, Nelson Nery Jr. e Rosa Nery chamam de cumulação heterogênea. Por outro lado, será homogênea a cumulação promovida pela mesma parte. NERY JUNIOR, Nelson; NERY, Rosa Maria de Andrade. *Comentários ao Código de Processo Civil*. São Paulo: Revista dos Tribunais, 2015, p.897-898;

21. CUNHA, Leornardo Carneiro da. Art. 327. In: ALVIM, Angélica Arruda; ASSIS, Araken de; ALVIM, Eduardo Arruda; LEITE, George Salomão, (coords.). *Comentários ao Código de Processo Civil*. 2. ed. São Paulo: Saraiva, 2017, p.458-459. Igualmente, v. NERY JÚNIOR, Nelson; NERY, Rosa Maria de Andrade. *Comentários ao Código de Processo Civil*. Op. cit., p.897-898; GRECO, Leonardo. *Instituição de processo civil*. v. I. 5. ed. Rio de Janeiro: Forense, 2015, ponto 10.4 [e-book]; MARINONI, Luiz Guilherme; ARENHART, Sérgio Cruz. *Comentários ao Código de Processo Civil:* artigos 294 ao 333. São Paulo: Revista dos Tribunais, 2016, v. 4, p. 450.

22. TUCCI, José Rogério Cruz e. *Comentários ao Código de Processo Civil*. v. VII (arts. 318 a 368). São Paulo: Saraiva, 2016, p.111. No mesmo sentido, sob a égide do antigo CPC, a decisão do Superior Tribunal de Justiça no Recurso Especial n.º 1.255.415-DF, rel. Min. Moura Ribeiro, Dje 18/2/2015. Há quem defenda a possibilidade de desmembramento das demandas para que cada qual fosse julgada em processo próprio. v. NEGRÃO, Theotonio; GOUVÊA, José Roberto F.; BONDIOLI, Luis Guilherme A.; FONSECA, João Francisco N. da. *Novo Código de Processo Civil e legislação processual em vigor*. 48. ed. São Paulo: Saraiva, 2017, p.401.

da petição inicial ou a extinção do processo sem exame de mérito pressupõe que o autor tenha a oportunidade de corrigir o defeito processual (art. 321)[23].

Igualmente, convém ressaltar que os mesmos pressupostos são aplicáveis na cumulação de pedidos formulada pelo réu[24] (em reconvenção, por exemplo).[25]

O primeiro desses requisitos é a compatibilidade entre os pedidos, ou seja, "não se admite é que os pedidos cumulados inviabilizem-se ou excluam-se uns aos outros"[26]. A exigência de coerência na defesa dos interesses no processo é uma postura exigida pelo autor na construção de sua petição inicial. Não é por acaso a existência de defensores do princípio lógico como princípio formativo do processo a garantir a boa ordem e o encaminhamento correto de resultado[27].

Não se justifica no processo a formulação de pedidos em cumulação própria, que, ao serem comparados, ensejem modificação ou denegação do outro, na medida em que o interesse da parte recairá sobre a concessão/deferimento de todos os pedidos (simultaneamente ou em ordem sucessiva). É preciso observar que os pedidos incompatíveis provocam estado de insegurança ante a ausência de previsibilidade de comportamentos/interesse, bem como a falta de interesse de agir.

Na medida em que sua concomitante existência é impossível, haja vista que um dos pedidos importa na modificação ou exclusão do outro, a formulação de pedidos incompatíveis produz a ausência de utilidade no provimento judicial pleiteado e da tutela formulada a qual não trará situação de vantagem ao demandante. O CPC, por sua vez, prescreve que a incom-

---

23. Segundo Marinoni, Arenhart e Mitidiero, o indeferimento da petição da cumulação somente deverá ocorrer após a oportunidade da escolha do autor por um dos pedidos. MARINONI, Luiz Guilherme; ARENHART, Sérgio Cruz; MITIDIERO, Daniel. *Novo curso de processo civil*: tutela dos direitos mediante o procedimento comum. 3. ed. São Paulo: Revista dos Tribunais, 2017, p.168-169.
24. ABELHA, Marcelo. *Manual de Direito Processual Civil*. 6. ed. Rio de Janeiro: Forense, 2016, p.481.
25. Uma vez que extrapola os limites dessa pesquisa não serão analisados os requisitos da reconvenção, de eventuais pedidos contrapostos ou outras atuações possíveis do réu.
26. FIGUEIRAS JR., Joel Dias. *Comentários ao Código de Processo Civil*. v.4. 2. ed. São Paulo: Revista dos Tribunais, 2007, t. II, p.161.
27. v. DINAMARCO, Cândido Rangel. *Instituições de Direito Processual Civil*. v. I. 8. ed. São Paulo: Malheiros, 2016, p.324-326; TUCCI, José Rogério Cruz e. *Comentários ao Código de Processo Civil*. v. VII (arts. 318 a 368). São Paulo: Saraiva, 2016, p.110.

patibilidade entre os pedidos é causa de inépcia da petição inicial, na forma do art. 330, I e §1º, IV.

Noutro aspecto, Calmon de Passos defende que a compatibilidade exigida no dispositivo não se reduz a aspectos lógicos, senão igualmente jurídicos[28]. É essa incompatibilidade jurídica, por exemplo, que se verifica entre a tutela de direitos individuais (divisível e com características peculiares) e direitos coletivos em sentido amplo (indivisíveis e metaindividuais)[29] a justificar a impossibilidade de cumulação de pedidos relativos a direitos individuais e coletivos[30].

É preciso registrar que não se exige compatibilidade na chamada cumulação imprópria (art. 327, §3º, do CPC), uma vez que o objetivo do demandante é o deferimento de apenas um dos pedidos, seja de maneira alternativa[31], hipótese em que a escolha caberá ao magistrado (art. 326, parágrafo único, do CPC), seja diante do estabelecimento de uma ordem de preferência, de modo em que o juiz possa acolher do posterior quando não acolher o anterior e preferido (art. 326, *caput*, do CPC).[32]

---

28. PASSOS, José Joaquim Calmon de. *Comentários ao Código de Processo Civil.* v. III. 9. ed. Rio de Janeiro: Forense, 2005, p. 234.
29. Excluindo-se os direitos individuais homogêneos, que são coletivos por uma ficção jurídica. Estes direitos são individuais e divisíveis.
30. Acerca do tema v. CAPPELLETTI, Mauro; GARTH, Bryant. *Acesso à justiça.* Tradução Ellen Gracie Northfleet. Porto Alegre: Sergio Antonio Fabris, 1988, p.26-28.
31. Não se pode confundir a cumulação imprópria alternativa com o chamado pedido alternativo. Este último decorre das chamadas obrigações alternativas nas quais o devedor poderá cumprir a prestação de mais de um modo (art. 325). O dispositivo do parágrafo único do art. 325 permite que o juiz defira ao réu o cumprimento da prestação de um ou de outro modo, se a escolha lhe competir (pela lei ou contrato), ainda que o autor não tenha formulado pedido alternativo. Se a escolha competia ao autor, este deve realizá-la no momento da propositura da demanda. v. DIDIER JR., Fredie. *Curso de Direito Processual Civil*: introdução ao Direito Processual Civil, parte geral e processo de conhecimento. Op. cit., p. 661. Em outro sentido, identificando o pedido alternativo como cumulação alternativa v. TJÄDER, Ricardo Luiz Costa. *Cumulação eventual de pedidos*: art. 289 do CPC sem segredos. Porto Alegre: Livraria do Advogado, 1998, p.35; DUARTE, Ronnie Preuss. Litisconsórcios alternativo e subsidiário no processo civil brasileiro. *Revista de Processo*, n.º 147. São Paulo: Revista dos Tribunais, 2007, p.39.
32. Nesse sentido, igualmente, MOREIRA, José Carlos Barbosa. *O novo processo civil brasileiro*: exposição sistemática do procedimento. 22. ed. Rio de Janeiro: Forense, 2002, p.14. Nada obstante, neste ponto, Cruz e Tucci promove interessante objeção: "Seja como for, a incompatibilidade não significa que possam ser cumulados, na espécie aqui examinada, pedidos absolutamente autônomos quanto à sua gênese fático-jurídica.

De todo modo, a interpretação literal do dispositivo não deve excluir a exigência de certa compatibilidade na cumulação imprópria, no que concerne à respectiva aproximação entre a causa de pedir comum[33]. Ao menos se deve esperar da cumulação certa coerência lógica e sistematicidade. Não se pode desconsiderar que a interpretação do pedido deve considerar o conjunto da postulação (art. 322, §2º, CPC).

O segundo dos requisitos relativos à cumulação de pedidos é a competência do juízo para conhecer dos pedidos cumulados. Trata-se de requisito processual que permite a observância e concretização do princípio do juiz natural (art. 5º, inciso LIII, da Constituição Federal). Não se pode olvidar que, em certas situações, o magistrado detém competência para apreciar a questão de modo incidental, contudo não possui atribuição para resolvê-la de modo principal. No caso do dispositivo, a análise deve-se limitar a apreciar a competência do magistrado para resolver a questão como pleito principal ou objeto litigioso do processo (*thema decidendum*).

Por outro lado, a análise da competência deve levar em consideração critérios de competência absoluta[34]. Noutras palavras, será possível formular cumulação de pedidos submetidos a competências relativas distintas[35]. Caso

---

Na verdade, deverá haver um elo de prejudicialidade entre os pedidos, uma vez que o provimento jurisdicional de procedência do primário fulmina (implicitamente) o interesse processual e, consequentemente, exaure a pretensão do autor em relação ao pedido subsidiário. Desse modo, não se viabiliza o cúmulo subsidiário na hipótese de o autor reclamar o pagamento do preço decorrente da alienação de um automóvel e, subsidiariamente, na circunstância de ser rechaçado esse primeiro pedido, reivindicar ele a propriedade de um determinado imóvel." TUCCI, José Rogério Cruz e. Reflexões sobre a cumulação subsidiária de pedidos. In: *Causa de pedir e pedido no processo civil*: questões polêmicas. José Rogério Cruz e Tucci, José Roberto dos Santos Bedaque (Coords.). São Paulo: Revista dos Tribunais, 2002, p.285.

33. Marinoni e Arenhart defendem a exigência da compatibilidade também na cumulação eventual (subsidiária). Afirmam que na referida cumulação os pedidos aproximam-se pela causa de pedir comum. "São soluções possíveis diante da narrativa dos fatos apresentados e o pleito deixa claro que busca apenas uma das alternativas possíveis. Sob esse ângulo, são também compatíveis." MARINONI, Luiz Guilherme; ARENHART, Sérgio Cruz. *Comentários ao Código de Processo Civil:* artigos 294 ao 333. São Paulo: Revista dos Tribunais, 2016, v. 4, p. 447.

34. v. PASSOS, José Joaquim Calmon de. *Comentários ao Código de Processo Civil.* v. III. 9. ed. Rio de Janeiro: Forense, 2005, p. 235.

35. Por exemplo, em certas situações, a conexão entre as demandas poderá servir de pressuposto necessário da cumulação dos pedidos, no mesmo processo, se houve como efeito a prorrogação da competência. MOREIRA, José Carlos Barbosa. *O novo processo civil brasileiro*: exposição sistemática do procedimento. 22. ed. Rio de Janeiro: Forense, 2002, p.14.

não ocorra a arguição da incompetência relativa[36], haverá a prorrogação da competência e o juízo deverá apreciar normalmente todos os pedidos cumulados (art. 65)[37]. Todavia, em caso de conexão entre pedidos, o efeito modificativo da conexão impede que o réu se oponha à cumulação formulada ao fundamento de incompetência relativa[38].

Em caso de reconhecimento da incompetência absoluta ou relativa, esta última após arguição na contestação[39], o pedido cumulado deverá ser extinto sem resolução de mérito[40] por ausência de pressuposto de desenvolvimento válido e regular do processo (vide art. 45, §2º, combinado com o art. 485, IV, ambos do CPC), analisando-se apenas o pedido para o qual detenha com-

---

36. ASSIS, Araken de. *Cumulação de ações*. 4. ed. São Paulo: Revista dos Tribunais, 2002, p. 265-266; FUX, Luiz. *Curso de Direito Processual Civil*. Rio de Janeiro: Forense, 2002, p.202; GRECO FILHO, Vicente. *Direito Processual Civil brasileiro*. v. 2. 16. ed. São Paulo: Saraiva, 2003, p. 107; DIDIER JR., Fredie. *Curso de Direito Processual Civil*: introdução ao Direito Processual Civil, parte geral e processo de conhecimento. Op. cit., p. 664.
37. O mesmo raciocínio se aplica à cumulação de pedido submetido à arbitragem. Na forma do art. 337, § 6º, do CPC, a ausência da alegação de existência de convenção de arbitragem na contestação importa na aceitação da jurisdição estatal e renúncia ao juízo arbitral.
38. ASSIS, Araken de. *Cumulação de ações*. Op. cit., p. 266; FUX, Luiz. *Curso de Direito Processual Civil*. Rio de Janeiro: Forense, 2001, p.202-203; DIDIER JR., Fredie. *Curso de Direito Processual Civil*: introdução ao Direito Processual Civil, parte geral e processo de conhecimento. Op. cit., p. 664. Igualmente, o enunciado 289 do Fórum Permanente de Processualista Civis: "Se houver conexão entre pedidos cumulados, a incompetência relativa não impedirá a cumulação, em razão da modificação legal da competência."
39. CUNHA, Leornardo Carneiro da. Art. 327. In: ALVIM, Angélica Arruda; ASSIS, Araken de; ALVIM, Eduardo Arruda; LEITE, George Salomão, (coords.). *Comentários ao Código de Processo Civil*. 2. ed. São Paulo: Saraiva, 2017, p.460. Exceção feita ao art. 63, §3º, do CPC, no que concerne ao reconhecimento de ofício de ineficácia de cláusula de eleição de foro em caso de previsão abusiva.
40. Enunciado 170 da súmula da jurisprudência do Superior Tribunal de Justiça fixou o entendimento de que: "Compete ao juízo onde for intentada a ação de acumulação de pedidos, trabalhistas e estatutário, decidi-la nos limites da sua jurisdição, sem prejuízo do ajuizamento de nova causa, com pedido remanescente, no juízo próprio". No mesmo sentido, estabelecem o §§1º e 2º do art. 45 do CPC, ao tratarem da cumulação de pedidos realizado em demanda ajuizada na justiça federal que: "§ 1º Os autos não serão remetidos se houver pedido cuja apreciação seja de competência do juízo perante o qual foi proposta a ação; § 2º Na hipótese do § 1º, o juiz, ao não admitir a cumulação de pedidos em razão da incompetência para apreciar qualquer deles, não examinará o mérito daquele em que exista interesse da União, de suas entidades autárquicas ou de suas empresas públicas". No mesmo sentido, v. MOREIRA, José Carlos Barbosa. *O novo processo civil brasileiro*: exposição sistemática do procedimento. 22. ed. Rio de Janeiro: Forense, 2002, p.24; ASSIS, Araken de. *Cumulação de ações*. Op. cit., p. 279-280.

petência[41]. É preciso observar que, operacionalmente, é possível considerar a extinção medida mais econômica que a remessa de parcela das questões objetos do processo para o juízo competente – em que pese este último expediente seja normativamente adequado a prescrição do art. 64, §3º, do CPC[42]. Ademais disso, a cumulação de pedido sem observância de regras de competência produz defeito processual que atinge a própria petição inicial (admissibilidade do pedido) e os atos subsequentes.

Ainda com relação à questão da incompetência, em duas situações, contudo, a cumulação de pedidos é possível, como explica Leonardo Greco. O primeiro caso envolve a competência da Justiça Federal relacionado ao inciso I do art. 109 da Constituição da República – competência *ratione personae*. Para o autor, nesses casos, a competência da Justiça Federal exerce força atrativa sobre os pedidos cumulados[43]. A segunda situação envolve causas de competência originária de tribunais superiores.[44]

Nada obstante, é preciso observar caso a caso. Não se pode desconsiderar, por exemplo, que o próprio dispositivo do art. 109, inciso I, da Constituição da República, excepciona a competência da Justiça Federal em

41. Nesse sentido, o enunciado 170 da súmula da jurisprudência dominante do STJ. Igualmente a previsão do art. 45, §1, do CPC.

42. Em sentido contrário, entendem Marinoni e Arenhart que a primazia da análise de mérito e o princípio do aproveitamento dos atos processuais justificam a extração de cópia dos autos com sua respectiva remessa ao juízo competente para a análise do pedido. v. MARINONI, Luiz Guilherme; ARENHART, Sérgio Cruz. *Comentários ao Código de Processo Civil:* artigos 294 ao 333. São Paulo: Revista dos Tribunais, 2016, v. 4, p. 448. No mesmo sentido, v. CAMBI, Eduardo; DOTTI, Rogéria; PINHEIRO, Paulo Eduardo d'Arce; MARTINS, Sandro Gilbert; KOZIKOSKI, Sandro Marcelo. *Curso de processo civil completo.* São Paulo: Revista dos Tribunais, 2017, p.351-352. Há precedente no Superior Tribunal de Justiça (STJ, REsp 168.242/SP, rel. Min. Sálvio de Figueiredo Teixeira, julgado em 18.06.1998, Dj 21.09.1998, p.202).

43. Em sentido contrário, NEGRÃO, Theotonio; GOUVÊA, José Roberto F.; BONDIOLI, Luis Guilherme A.; FONSECA, João Francisco N. da. *Novo Código de Processo Civil e legislação processual em vigor.* 48. ed. São Paulo: Saraiva, 2017, p.401; CUNHA, Leornardo Carneiro da. Art. 327. In: ALVIM, Angélica Arruda; ASSIS, Araken de; ALVIM, Eduardo Arruda; LEITE, George Salomão, (coords.). *Comentários ao Código de Processo Civil.* 2. ed. São Paulo: Saraiva, 2017, p.459; CAMBI, Eduardo; DOTTI, Rogéria; PINHEIRO, Paulo Eduardo d'Arce; MARTINS, Sandro Gilbert; KOZIKOSKI, Sandro Marcelo. *Curso de processo civil completo.* Op. cit., p. 350-351.

44. GRECO, Leonardo. Concurso e cumulação de ações. *Revista de Processo*, n.º 147. São Paulo: Revista dos Tribunais, 2007, p.17-18; GRECO, Leonardo. *Instituição de processo civil.* v. I. 5. ed. Rio de Janeiro: Forense, 2015, ponto 20.2 [e-book].

certas causas – falência, acidente de trabalho e as sujeitas à Justiça Eleitoral e do Trabalho.

O terceiro requisito é que o tipo de procedimento seja adequado a todos os pedidos cumulados. Nesse sentido, compete ao demandante observar se os pedidos cumulados são submetidos a um mesmo procedimento (comum ou especial). Todavia, se os pedidos cumulados corresponderem a tipos diversos de procedimento, a cumulação será admitida quando o autor empregar o procedimento comum (art. 327, §2º). De qualquer sorte, exige a prescrição do art. 327, §2º, do CPC que o pedido submetido ao procedimento especial seja compatível com o procedimento comum para que possa ser cumulado, autorizando, inclusive, o emprego de técnicas processuais diferenciadas previstas nos procedimentos especiais[45] a que se sujeitam um ou mais pedidos cumulados.

Sob a égide do CPC-1973, quanto à adequação do procedimento, Barbosa Moreira[46] chamava atenção para três hipóteses.

A primeira situação ocorreria quando o demandante pretendesse cumular pedidos para os quais indicava, corretamente, procedimentos diversos. Nesses casos, haveria inviabilidade do processamento conjunto, contudo, a petição inicial seria mantida com relação a um dos pleitos, enquanto que outro seria processado em separado. Na segunda hipótese, o autor promove a cumulação de pedidos indicando para todos um mesmo procedimento não ordinário. Nessa hipótese, o juiz indeferirá a petição inicial com relação aos pedidos que correspondam a ritos diferentes do indicado pelo autor, a menos que este resolva, se possível, processá-los pelo rito ordinário. Enfim, na terceira hipótese, o autor opta pela utilização do rito ordinário para todos os pedidos. Nessa última situação, a cumulação será admitida, entretanto se houver algum pedido incompatível com o rito ordinário, a petição inicial será parcialmente indeferida com relação a esse pedido.[47]

45. O enunciado 506 do Fórum Permanente de Processualista Civis fixa o entendimento de que: "A expressão 'procedimentos especiais' a que alude o §2º do art. 327 engloba aqueles previstos na legislação especial". O aludido entendimento corrobora com o princípio da economia processual e evita reduções ao alcance das normas extraídas do dispositivo, considerando a ausência de qualquer restrição textual. v. RODRIGUES, Marco Antonio; SÁ, Carla Teresa Bonfadini de. Enunciado 506. In: PEIXOTO, Ravi (coord.). *Enunciados FPPC –Fórum Permanente de Processualistas Civis:* Organizados por assuntos, anotados e comentados. Salvador: Juspodivm, 2018, p.324.

46. MOREIRA, José Carlos Barbosa. *O novo processo civil brasileiro*: exposição sistemática do procedimento. 22. ed. Rio de Janeiro: Forense, 2002, p.15.

47. Ainda sob a égide do antigo CPC, Adroaldo Furtado Fabrício defende que eventual inadequação legal do tipo de procedimento adotado não acarretaria a invalidação

Nada obstante, a interpretação do aludido dispositivo do art. 327, §2º, do CPC, impede que se alcancem as mesmas conclusões resultantes da aplicação do antigo código. Já sob a égide do Novo Código de Processo Civil, Araken de Assis formula três diretrizes de adequação procedimental exigidas na cumulação de pedidos: (*i*) inadmissibilidade da cumulação simples de pedidos ainda que sob o rito comum para pedidos submetidos a procedimentos especiais; (*ii*) admissibilidade de cumulação sucessiva ou eventual, ficando as demandas sucessivas ou subordinadas submetidas ao rito do pedido principal (comum ou especial); e (*iii*) cumulação simples de pedido será sempre admissível nos pleitos (demandas) submetidas ao procedimento comum[48]. Apesar da relevância do entendimento, o dispositivo parece ir além das diretrizes propostas do autor de modo a exigir maiores reflexões.

Ao menos em princípio, é possível indicar duas novidades. A primeira dessas novidades é a possibilidade de flexibilização do procedimento comum a partir da cumulação com o emprego de técnicas processuais diferenciadas[49] previstas nos procedimentos especiais típicos dos pedidos cumulados. Noutro aspecto, é a introdução de um novo conceito de compatibilidade

---

integral do processo, senão a realização de correções e adaptações necessárias, com o aproveitamento dos atos remanescentes. Ademais, alerta o autor para a necessidade de se diferenciar questões relativas a vícios formais no procedimento da análise do mérito do pleito, no que concerne à sua viabilidade jurídica. FABRÍCIO, Adroaldo Furtado. *Comentários ao Código de Processo Civil*. v. VIII. 8. ed. Rio de Janeiro: Forense, 2001, t. III, p.20-21. No mesmo sentido, v. CASTRO, Daniel Penteado de. Considerações sobre a sobrevivência dos procedimentos especiais no NCPC. In: MACÊDO, Lucas Buril de; PEIXOTO, Ravi; FREIRE, Alexandre (orgs.). *Procedimentos especiais, tutela provisória e direito transitório*. 2. ed. Coleção novo CPC - Doutrina selecionada. Fredie Didier Jr. (coord. geral). v. 4. Salvador: Juspodivm, 2016, p. 320. Antes já explicava Alberto dos Reis que: "Atende-se ao pedido feito pelo autor e põe-se em correlação com o fim para que o processo foi estabelecido, o que equivale a dizer com o pedido para a formuação do qual, segundo a lei, o processo serve. A questão de saber se, em face dos artigos da lei substitutiva citados, o autor podia ou não pedir o que pediu, é questão de fundo da causa e não de forma processual." REIS, Alberto dos. *Processos especiais*. v. I. Coimbra: Coimbra, 1955, p.16.

48. ASSIS, Araken. *Processo civil brasileiro*. Parte geral: fundamentos e distribuição de conflitos. v. I. São Paulo: Revista dos Tribunais, 2015, p. 787.

49. Tal como preconizado por Heitor Vitor Sica que ainda sob a égide do CPC-1973 defendia: "Quando o procedimento especial se diferencia do comum ordinário pelo *acréscimo de fases* ou *atos processuais*, no mais das vezes será altamente recomendável que eles sejam preservados, sem que, com isso, se cause qualquer prejuízo para a marcha e a previsibilidade da causa." SICA, Heitor Vitor Mendonça. Reflexões em torno da teoria geral dos procedimentos especiais. *Revista de Processo*, n.º 208. São Paulo: Revista dos Tribunais, 2012, p. 82.

com o procedimento comum como requisito que autoriza a cumulação de pedidos submetidos a procedimentos distintos.

De qualquer sorte, as especificidades da prescrição impõem mais que uma interpretação ou análise sumária. Suas características demandam cuidadosa manipulação, como se observará a seguir[50].

4.2.2. O procedimento comum e sua feição modular na cumulação dos pedidos.

Ainda na temática da cumulação dos pedidos, o primeiro aspecto que carece de análise é a "feição modular" do procedimento comum[51]. Como visto no capítulo anterior, o procedimento comum na atualidade não mais apresenta o aspecto da rigidez e indisponibilidade de outrora.

Olhando para o procedimento comum forjado pelo vigente CPC, verifica-se um caráter eminentemente flexível e adaptável a inúmeras situações concretas e carecedoras de um tratamento diferenciado (tutela diferenciada). Como anteriormente indicados, são exemplos dessa característica a possibilidade de concessão de tutela provisória, cautelar ou satisfativa, fundada em urgência ou em evidência, liminar ou durante o processo, na generalidade de causas; a existência de dispositivos que permitem a adaptação do processo (art. 7º, 139, IV, 297, 300 e 536, §1º); a estruturação de técnicas de tratamento das questões de direito repetitivas (art. 928)[52]; a autorização expressa de

50. Nada obstante a inexistência de previsão no dispositivo, há quem defenda a existência de um quarto requisito: a oportunidade da Cumulação. Trata-se de um requisito supostamente extraído da exigência de economia processual. Nesse sentido, a cumulação não pode ocorrer de maneira indiscriminada e inoportuna. Por exemplo, a cumulação que compromete a defesa do demandado ou a rápida solução do litígio não deve ser admitida. Nesse sentido, v. MARINONI, Luiz Guilherme; ARENHART, Sérgio Cruz; MITIDIERO, Daniel. *Novo Código de Processo Civil comentado*. São Paulo: Revista dos Tribunais, 2015, p.348; MARINONI, Luiz Guilherme; ARENHART, Sérgio Cruz. *Comentários ao Código de Processo Civil:* artigos 294 ao 333. São Paulo: Revista dos Tribunais, 2016, v. 4, p. 448. Com críticas a admissão indiscriminada da cumulação objetiva, cf. PIMENTEL, Wellington Moreira. *Comentários ao Código de Processo Civil*. 2. ed. São Paulo: Revista dos Tribunais, 1973, p.203. De qualquer sorte, em que pese a ausência de previsão, o reconhecimento da oportunidade da cumulação nada mais permite que o controle do exercício abusivo da cumulação. Trata-se de tema que não será analisado de maneira pormenorizada, uma vez que extrapola os limites do objeto desta pesquisa.

51. Aqui analisado a partir de seu sentido estrito.

52. Seguindo linha defendida na doutrina. cf. CUNHA, Leonardo José Carneiro da. As causas repetitivas e a necessidade de um regime que lhes seja próprio. *Revista da Facul-*

fracionamento da resolução do mérito da causa (art. 354, parágrafo único, e 356); a possibilidade de saneamento e organização do processo voltado à sua realização de modo eficiente, num prazo razoável e sem surpresas[53]; a existência de, pelo menos, quatro circuitos ou rotas procedimentais para solução do pedido (improcedência liminar do pedido, julgamento antecipado do mérito, extinção do procedimento não impugnado de tutela provisória satisfativa de urgência concedida em caráter antecedente; julgamento do mérito após a audiência de instrução)[54-55] etc.

No contexto da cumulação de pedidos, o procedimento comum assume o caráter de um modelo/paradigma procedimental modulável e passível de flexibilização, conforme os parâmetros fixados na própria legislação. O art. 327, §2º, do CPC fixa regra que autoriza o aplicador a utilizar a base procedimental comum para formular pedidos submetidos a procedimentos distintos, sem desconsiderar a especialidade procedimental de cada pedido. Para tanto, o dispositivo impõe uma flexibilização procedimental (*ope legis*) com o emprego das técnicas processuais previstas nos procedimentos especiais a que se sujeitam um ou mais dos pedidos cumulados[56].

---

dade de Direito do Sul de Minas. Pouso Alegre, 2009, v.25, n.º 2. Disponível em https://www.fdsm.edu.br/adm/artigos/6ea85962ff34254460414154a9541524.pdf. Acesso em 12 de ago. 2018; NUNES, Dierle. Novo enfoque para as tutelas diferenciadas no Brasil? Diferenciação procedimental a partir da diversidade de litigiosidades. *Revista de Processo*, n.º 184. São Paulo: Revista dos Tribunais, 2010, p.135-138; BASTOS, Antonio Adonias Aguiar. *O devido processo legal nas demandas repetitivas*. Tese de Doutorado. Salvador, Universidade Federal da Bahia, 2012, p.191-195.

53. RAATZ, Igor. *Autonomia privada e processo*: negócios jurídicos processuais, flexibilidade procedimental e o direito à participação na construção do caso concreto. Salvador: Juspodivm, 2017, p.298.

54. OLIVEIRA, Paulo Mendes de. *Segurança jurídica e processo*: da rigidez à flexibilização processual. São Paulo: Revista dos Tribunais, 2018, p. 199-205.

55. Como consolidação dessas características, cf. DIDIER JR., Fredie; CABRAL, Antônio do Passo; CUNHA, Leonardo Carneiro da. *Por uma nova teoria dos procedimentos especiais*: dos procedimentos às técnicas. Salvador: Juspodivm, 2018, p.65-67. Outros exemplos são apresentados por Heitor Sica cf. SICA, Heitor Vitor Mendonça. *Novas reflexões em torno da teoria geral dos procedimentos especiais*. Disponível em: http://genjuridico.com.br/2017/04/26/novas-reflexoes-em-torno-da-teoria-geral-dos-procedimentos--especiais/. Acesso em 12 de ago. 2018.

56. cf. DIDIER JR., Fredie; CABRAL, Antônio do Passo; CUNHA, Leonardo Carneiro da. *Por uma nova teoria dos procedimentos especiais*: dos procedimentos às técnicas. Op. cit., p.101-102. Entendem possível, desde que adequados, a redução ao procedimento comum ainda que ambos (ou todos) os pedidos se submetam à procedimentos especiais. v. ROQUE, Andre Vasconcelos. Art. 327. In: STRECK, Lenio Luiz; NUNES, Dierle;

Nesse sentido, a técnica especial prevista nos dispositivos legais de regência do procedimento especial é inserida no procedimento comum. Por sua vez, o procedimento comum torna-se especializado tendo em vista a promover a tutela diferenciada adequada ao atendimento das especificidades da situação jurídica objeto da demanda.

Somando-se ao dispositivo do art. 327, §2º, do CPC, o parágrafo único do art. 1.049, CPC, estabelece que, diante da menção legislativa ao procedimento sumário, será observado o procedimento comum com as modificações previstas na lei especial, se houver. Por consequência, sempre que um procedimento especial utilize a base procedimental do CPC em aplicação supletiva ou subsidiária[57], deverá ser observado, se existente, o módulo procedimental específico previsto na legislação especial em adaptação (*ope legis*) do procedimento comum.

CUNHA, Leonardo Carneiro da (orgs.). *Comentários ao Código de Processo Civil.* 2. ed. São Paulo: Saraiva, 2017, p.490; FLEXA, Alexandre; MACEDO, Daniel; BASTOS, Fabrício. *Novo Código de Processo Civil.* Salvador: Juspodivm, 2015, p.272. Entendendo a necessidade dos procedimentos especiais a que se referem os pedidos sejam redutíveis ao procedimento comum, cf. ALVIM, Arruda. *Manual de Direito Processual Civil*: teoria do processo e processo de conhecimento. 17. ed. São Paulo: Revista dos Tribunais, 2017, p.750; WAMBIER, Luiz Rodrigues; TALAMINI, Eduardo. *Curso avançado de processo civil*: cognição jurisdicional (processo comum de conhecimento e tutela jurisdicional). 17. ed. São Paulo: Revista dos Tribunais, 2018, p.94; PRETTO, Pedro Siqueira De. Art. 327. In: SANTOS, Silas Silva; CUNHA, Fernando Antonio Maia da; CARVALHO FILHO, Milton Paulo de; RIGOLIN, Antonio (coords.). *Comentários ao Código de Processo Civil*: perspectiva da magistratura. São Paulo: Revista dos Tribunais, 2018, p.392. Em sentido contrário, Cruz e Tucci, entende como regra a impossibilidade de cumulação quando os pedidos são estrelados a procedimentos especiais. Nada obstante, entende possível o julgamento parcial da demanda. TUCCI, José Rogério Cruz e. *Comentários ao Código de Processo Civil.* v. VII (arts. 318 a 368). São Paulo: Saraiva, 2016, p.113-114. Admitindo a cumulação de pedidos submetidos a procedimentos especiais, cf. GRECO, Leonardo. *Instituição de processo civil.* v. I. 5. ed. Rio de Janeiro: Forense, 2015, ponto 20.2 [e-book]. Ainda sob a vigência do CPC-1973, entendendo possível a cumulação de pedidos submetidos a procedimentos especiais distintos, cf. MACHADO, Antônio Cláudio da Costa. *Código de Processo Civil interpretado*: artigo por artigo, parágrafo por parágrafo. 3. ed. São Paulo: Saraiva, 1997, p.291. Roberto Machado nega a possibilidade de cumulação de pedidos diversos daqueles já previstos em lei em procedimentos especiais, salvo com expressa previsão legal. v. MACHADO, Roberto. Procedimentos especiais no futuro CPC. In: VIANA, Juvêncio Vasconcelos; MAIA, Gretha Leite; AGUIAR, Ana Cecília Bezerra de (orgs.). *O projeto do futuro CPC:* tendências e desafios de efetivação. Curitiba: CRV, 2013, p.191.

57. v. BUENO, Cassio Scarpinella. *Novo Código de Processo Civil anotado.* São Paulo: Saraiva, 2015, p.694.

Com efeito, o art. 327, §2º, do CPC (sozinho ou combinado com o parágrafo único do art. 1.049, também do CPC) permite inferir uma cláusula geral de flexibilização do procedimento comum[58]. Segundo se extrai da aludida cláusula, o procedimento comum comportará uma abertura de seu tecido capaz de permitir sua adequação às tutelas diferenciadas contempladas nos dispositivos de regência dos procedimentos especiais[59].

Em outras palavras, como visto, todo procedimento conforma-se em uma estrutura normativa em cadeia, de modo que o ato subsequente seja regulado por uma norma que estabeleça sua dependência ao ato anterior que igualmente se encontra regulada por outra norma que o constitui como pressuposto do ato subsequente até a realização do ato final. Com a cláusula geral de flexibilização do procedimento comum, as normas que regem os módulos procedimentais se comunicarão com as normas regentes do procedimento comum, permitindo um intercâmbio de informações, regimes e traços específicos desse procedimento.

Metaforicamente seria como se substituíssem o traço ou cadeia de um DNA por outro traço e cadeia de DNA de um sujeito da mesma espécie em vista a atender a uma necessidade específica que o primeiro não teria como atender.

O procedimento comum é modulável e pode ser "montado" a partir de técnicas especializadas (módulos procedimentais) e decorrentes da legislação, independentemente de convenções das partes e com baixa margem de discricionariedade do órgão jurisdicional[60]. Basta que a postulação se insira

---

58. Nesse sentido, DIDIER JR., Fredie; CABRAL, Antônio do Passo; CUNHA, Leonardo Carneiro da. *Por uma nova teoria dos procedimentos especiais*: dos procedimentos às técnicas. Salvador: Juspodivm, 2018, p.71; PISANI, Andrea Proto. Acerca de la tutela jurisdiccional diferenciada. Traducción de Hector Augusto Campos Garcia. In: *La tutela jurisdicional.* Lima: Palestra, 2014, p.234-235. No sentido de cláusula geral de adaptação procedimental, igualmente, cf. CUNHA, Leornardo Carneiro da. Art. 327. In: ALVIM, Angélica Arruda; ASSIS, Araken de; ALVIM, Eduardo Arruda; LEITE, George Salomão, (coords.). *Comentários ao Código de Processo Civil.* 2. ed. São Paulo: Saraiva, 2017, p.461.

59. "O procedimento comum passa a ser território propício para a imigração de ajustes procedimentais desenvolvidos para a tutela de determinados direitos. Essa cláusula geral pode ser a fonte normativa da reafirmação e do desenvolvimento do princípio da adequação do procedimento. De todo modo, ao menos há uma certeza: o procedimento comum, no processo civil brasileiro, não é xenófobo e, por isso, não é rígido." DIDIER JR., Fredie. *Curso de Direito Processual Civil*: introdução ao Direito Processual Civil, parte geral e processo de conhecimento. Op. cit., p. 665.

60. GUEDES, Jefferson Carús Guedes. *Procedimentos especiais a partir do CPC/2015*: a ressignificação do confronto entre as técnicas processuais diferenciadas e o atual procedimento comum (flexível e fundível). p.17.

na previsão normativa para que incida o prescritivo do art. 327, §2º, do CPC – ou, no caso de menção ao procedimento sumário (extinto pelo atual CPC), do art. 1.049, parágrafo único, também do CPC. Noutras palavras, o modelo procedimental comum previsto no novo CPC é o paradigma, mas não o procedimento pronto e definitivo.

À primeira vista[61], a parte não teria escolha quanto à flexibilização procedimental[62], senão quanto à cumulação (art. 327, §2º) e quanto à formulação da tutela da situação jurídica a qual a lei estabeleça o procedimento especial supletivamente regulado, conforme o procedimento comum do CPC (art. 1.049, parágrafo único).

Os aludidos dispositivos afastam definitivamente a noção de rigidez do procedimento comum[63].

No entanto, para além da mencionada regra de flexibilização procedimental, em uma reflexão sobre o dispositivo do art. 327, §2º, do CPC (sozinho ou combinado com o parágrafo único do art. 1.049 do CPC) pode-se perceber o emergir de uma nova realidade (estado de coisas). Da cláusula geral de flexibilização, é possível extrair um princípio, especialmente quando da percepção das nuances aferidas na relação procedimento comum e procedimentos especiais. O referido princípio poderia ser denominado de *princípio da inter-relação em rede dos procedimentos comum com os procedimentos especiais* ou, simplesmente, *princípio da relação em rede dos procedimentos.*

É imprescindível ir além do instituto da cumulação de pedidos para que o potencial normativo possa ser mais bem evidenciado.

4.3. DO PRINCÍPIO DA INTER-RELAÇÃO EM REDE DO PROCEDIMENTO COMUM COM OS PROCEDIMENTOS ESPECIAIS.

4.3.1. Generalidades.

Como visto no capítulo anterior, a flexibilização do procedimento é uma realidade, considerando os preceitos que governam a atividade jurisdicional,

---

61. Ver considerações formuladas no item 4.3.2.4.4 a seguir.

62. Para Greco, deve o autor indicar na inicial o procedimento escolhido, conforme se extrairia dos artigos 327, § 2º, 382, § 4º, 509, 511, 538, § 3º, 548, 549 e 700. GRECO, Leonardo. *Instituição de processo civil.* v. II. 3. ed. Rio de Janeiro: Forense, 2015, ponto 1.1.10 [e-book].

63. No mesmo sentido, DIDIER JR., Fredie; CABRAL, Antônio do Passo; CUNHA, Leonardo Carneiro da. *Por uma nova teoria dos procedimentos especiais*: dos procedimentos às técnicas. Op. cit., p. 71.

em especial, o princípio constitucional da inafastabilidade da jurisdição (art. 5º, inciso XXXV).

Naquela oportunidade, verificou-se que a flexibilização em concreto, ora decorreria de determinação judicial (*case management*), ora dependeria de negócio jurídico processual (unilateral ou bilateral). Igualmente, restou afirmado que, diferentemente do que ocorre com a flexibilização negociada, não existe propriamente uma cláusula geral de adaptação procedimental (flexibilização judicial) atípica.

Nada obstante, viu-se que a flexibilização judicial atípica é autorizada como efeito normativo do preceito de inafastabilidade da jurisdição – atrelada à noção de efetividade da tutela jurisdicional –, da imposição da igualdade de tratamento entre os litigantes e da própria segurança jurídica. Não se pode desconsiderar que as previsões de flexibilização judicial (adaptação) típicas não conseguiriam atender à velocidade em que as mudanças ocorrem nas situações jurídicas materiais. Ademais, toda padronização deve prever uma cláusula de abertura e equidade a evitar excessos de rigor e permitir diferenciações concretamente justas.

Traçado o cenário, questiona-se: em que medida o art. 327, §2º, do CPC se insere nesse contexto?

O primeiro aspecto digno de nota é que o art. 327, §2º, do CPC, ao modificar a relação entre o procedimento comum e os procedimentos especiais, faz isso a partir do estabelecimento da possibilidade de flexibilização procedimental concreta. Ao contrário do que poderiam imaginar, o referido dispositivo não corresponde a uma cláusula geral de atipicidade da flexibilização judicial (adaptação) – nada obstante forme uma cláusula geral de flexibilização do procedimento comum[64] (sozinho ou combinado com o parágrafo único do art. 1.049).

Além de ser prescindível tal cláusula geral de adaptação atípica, tal como se observa do regramento constitucional, o art. 327, §2º, do CPC estabelece um regramento típico de flexibilização procedimental. Como visto anteriormente, de uma rápida, porém atenta, leitura, pode-se perceber que, quando da cumulação de pedidos correspondentes a tipos diversos de procedimento, será empregado o procedimento comum com as técnicas processuais diferenciadas previstas nos procedimentos especiais. O dispositivo é explícito quanto à hipótese de flexibilização.

---

64. Aqui analisado a partir de seu sentido estrito.

Na referida hipótese, a flexibilização impõe-se, não havendo, em princípio, grande espaço de discricionariedade do juiz. Há, porém, que se verificar que o dispositivo do art. 327, §2º, do CPC, prescreve, como requisito da cumulação de pedidos submetidos a diferentes procedimentos, que técnicas de diferenciação fossem compatíveis com o procedimento comum. Desde a primeira leitura do dispositivo, poder-se-ia inferir que a admissibilidade da cumulação de pedidos dependeria unicamente da comparação entre o procedimento comum e especial.

Por outro lado, a maneira como o dispositivo regula a relação processo comum e processo especial chama atenção. Ao estabelecer a possibilidade de flexibilização do procedimento comum a partir dos procedimentos especiais, o aludido dispositivo requalifica a relação entre o processo comum e os procedimentos especiais, que passa a assumir uma estrutura em rede. Se os procedimentos especiais antes eram submetidos a uma lógica de legalidade, excepcionalidade e taxatividade, doravante formam uma rede procedimental interligada ao procedimento comum.

Do aludido dispositivo (sozinho ou combinado com parágrafo único do art. 1.049 do CPC) extrai-se, por conseguinte, o *princípio da inter-relação em rede do procedimento comum com os procedimentos especiais* ou, simplesmente, *princípio da relação em rede dos procedimentos.* Trata-se de norma que ultrapassa os limites de regulação da cumulação de pedidos.

Como o processo se constitui, em sua complexidade, como modelo normativo (arranjo normativo), o art. 327, §2º, do CPC permite observar que tais arranjos normativos estão interligados em uma malha, ou seja, em uma rede em que as partes se comunicam com o todo a permitir um constante intercâmbio de "experiências" normativas[65]. "Desses dispositivos do CPC pode-se concluir que há uma espécie de livre trânsito das técnicas diferenciadas entre os procedimentos, exigida, apenas, a compatibilidade"[66].

Com efeito, a estrutura em rede permite um constante intercâmbio de experiências normativas, a operacionalizar, de maneira rápida e simplificada,

---

65. Falando de diálogo entre fontes v. TUPINAMBÁ, Carolina. Comentário ao art. 15. In: CABRAL, Antonio do Passo; CRAMER, Ronaldo. *Comentários ao Código de Processo Civil.* 2. ed. Rio de Janeiro: Forense, 2016, p.49; DINAMARCO, Cândido Rangel. *Instituições de Direito Processual Civil.* v. II. 7. ed. São Paulo: Malheiro, 2017, p. 195.

66. DIDIER JR., Fredie; CABRAL, Antônio do Passo; CUNHA, Leonardo Carneiro da. *Por uma nova teoria dos procedimentos especiais*: dos procedimentos às técnicas. Op. cit., p. 74. Elogiando a utilidade do dispositivo em tempos de processo sincrético, v. BUENO, Cassio Scarpinella. *Novo Código de Processo Civil anotado.* São Paulo: Saraiva, 2015, p.243.

a solução de problemas relacionados à eficiência e à efetividade do processo principalmente a partir das situações jurídicas concretas[67]. Tal estrutura em rede não impede, todavia, que os arranjos normativos especiais (procedimentos especiais) funcionem autonomamente.

Da mesma forma, não mais se coaduna com o estado de coisas prescrito pelo *princípio da inter-relação em rede do procedimento comum com os procedimentos especiais* a compreensão de que o procedimento comum apenas se aplicaria às situações regidas pelos procedimentos especiais em caso de lacunas (inexistência de norma específica).[68]

Como explicam Didier Jr., Cabral e Cunha, a subsidiariedade sempre foi compreendida de maneira equivocada. Para os autores, com o novo CPC,

67. DIDIER JR., Fredie; CABRAL, Antônio do Passo; CUNHA, Leonardo Carneiro da. *Por uma nova teoria dos procedimentos especiais*: dos procedimentos às técnicas. Op. cit., p. 82; CASTELO, Jorge Pinheiro. Da aplicação subsidiária e supletiva do novo CPC ao processo do trabalho (art. 15). *Revista LTr*, v. 78, n.º 8. São Paulo: Ltr, 2015, p. 983-985. No mesmo sentido, Sica defende que a promulgação de disposições legais voltadas à adaptação processual no próprio procedimento comum corresponderia a uma solução mais racional do que a criação de diversos procedimentos especiais, de modo a se evitar diversos problemas teóricos. SICA, Heitor Vitor Mendonça. *Novas reflexões em torno da teoria geral dos procedimentos especiais*. Disponível em: http://genjuridico.com.br/2017/04/26/novas-reflexoes-em-torno-da-teoria-geral-dos-procedimentos-especiais/. Acesso em 12 de ago. 2018. Igualmente COSTA, Suzana Henrique. Art. 327. In: CABRAL, Antonio do Passo; CRAMER, Ronaldo (coords.). *Comentários ao novo Código de Processo Civil*. 2. ed. Rio de Janeiro: Forense, 2016, p.515.

68. Atualmente, algumas vozes ainda ignoram a diferença entre a aplicação supletiva e subsidiária, para defender que o procedimento comum se aplica apenas subsidiariamente. v. CARNEIRO, Paulo Cezar Pinheiro. Art. 15. In: WAMBIER, Teresa Arruda Alvim; DIDIER JR., Fredie; TALAMINI, Eduardo; DANTAS, Bruno. *Breves comentários ao Código de Processo Civil*. 3. ed. São Paulo: Revista dos Tribunais, 2016, p. 113; NASSER, Paulo Magalhães. In: CÂMARA, Helder Moroni (coord.). *Código de Processo Civil comentado*. São Paulo: Almedina, 2016, p.45-46; ABELHA, Marcelo. *Manual de Direito Processual Civil*. 6. ed. Rio de Janeiro: Forense, 2016, p.786. Outros doutrinadores confundem os aludidos conceitos, v. MEDINA, José Miguel Garcia. *Direito Processual Civil moderno*. 2. ed. São Paulo: Revista dos Tribunais, 2016, p. 541-542, nota 8; OLIVEIRA JR., Zulmar Duarte. Art. 15. In: GAJARDONI, Fernando da Fonseca; DELLORE, Luiz; ROQUE, André Vasconcelos; OLIVEIRA JR., Zulmar Duarte. *Teoria geral do processo:* comentários ao CPC de 2015. Parte geral. São Paulo: Método, 2015, n.º 2 [e-book]; WAMBIER, Teresa Arruda Alvim; CONCEIÇÃO, Maria Lúcia Lins; RIBEIRO, Leonardo Ferres da Silva; MELLO, Rogério Licastro Torres de. *Primeiros comentários ao novo Código de Processo Civil*. São Paulo: Revista dos Tribunais, 2015, p.75; FREIRE, Alexandre; SCHMITZ, Leonard Ziesemer. Comentário ao art. 15. In: STRECK, Lênio Luiz; NUNES, Dierle; CUNHA, Leonardo Carneiro da; FREIRE, Alexandre (org.). *Comentários ao Código de Processo Civil*. 2. ed. São Paulo: Saraiva, 2017, p.66.

não mais é possível limitar a aplicação do procedimento comum apenas a uma aplicação subsidiária, senão, igualmente, supletiva.[69]

Considerando a extensão de sua estrutura, o procedimento comum serviria para fornecer regras supletivas aos demais procedimentos ou subsidiariamente integrar os arranjos normativos especiais em caso de omissão[70]. Não por acaso o procedimento comum é o modelo fundamental a ser adotado quando o autor pretenda cumular pedidos a que a lei prescreva ritos diversos. As dimensões desse procedimento permitem-no abarcar e atender com maior desenvoltura e precisão as garantias fundamentais do processo, tornando-o o procedimento tipo.[71]

O equívoco da tese limitadora era perceptível mesmo sob a vigência do CPC-1973. Eram vários os exemplos em que o então procedimento ordinário poderia ser aplicado aos procedimentos especiais (v.g. aplicação da medida de antecipação de tutela genérica - art. 273, do CPC-1973 - na ação possessória de "força velha"[72]). Isso sem falar na utilização do procedimento comum nos casos de procedimentos especiais opcionais.[73]

Com efeito, é possível afirmar que, no contexto do vigente CPC, o procedimento comum é (ou pretende ser) considerado compatível com a tutela

---

69. DIDIER JR., Fredie; CABRAL, Antônio do Passo; CUNHA, Leonardo Carneiro da. *Por uma nova teoria dos procedimentos especiais*: dos procedimentos às técnicas. Op. cit., p. 91-92; CASTELO, Jorge Pinheiro. Da aplicação subsidiária e supletiva do novo CPC ao processo do trabalho (art. 15). *Revista LTr*, v. 78, n.º 8. São Paulo: Ltr, 2015, p. 983-985.
70. Convém alertar para a distinção entre a aplicação subsidiária (voltada à integração de lacuna, ou seja, integração) e a aplicação supletiva (complementariedade normativa, ou seja, incidência simultânea de normas). v. NEVES, Daniel Amorim Assumpção. *Novo Código de Processo Civil comentado*. 2. ed. Salvador: Juspodivm, 2017, p.54; TUPINAMBÁ, Carolina. Comentário ao art. 15. In: CABRAL, Antonio do Passo; CRAMER, Ronaldo. *Comentários ao Código de Processo Civil*. 2. ed. Rio de Janeiro: Forense, 2016, p.50; MEIRELES, Edilton. O novo CPC e sua aplicação supletiva e subsidiária no processo do trabalho. In: MIESSA, Élisson (org.). *O novo Código de Processo Civil e seus reflexos no Processo do Trabalho*. Salvador: Juspodivm, 2015, p.39.
71. FABRÍCIO, Adroaldo Furtado. *Comentários ao Código de Processo Civil*. v. VIII. 8. ed. Rio de Janeiro: Forense, 2001, t. III, p.6.
72. SICA, Heitor Vitor Mendonça. Reflexões em torno da teoria geral dos procedimentos especiais. *Revista de Processo*, n.º 208. São Paulo: Revista dos Tribunais, 2012, p. 76, nota 40.
73. DIDIER JR., Fredie; CABRAL, Antônio do Passo; CUNHA, Leonardo Carneiro da. *Por uma nova teoria dos procedimentos especiais*: dos procedimentos às técnicas. Op. cit., p. 91-92.

de qualquer situação jurídica, independentemente de suas características e sua natureza. Tal circunstância é verificada na medida em que o CPC remete a cumulação de pedidos com procedimentos distintos ao procedimento comum, impondo inclusive sua adaptação por meio da utilização da técnica procedimental especial para que possa mais bem atender às especificidades da situação jurídica tutelada.

Com o art. 327, §2º, do CPC, por sua vez, percebe-se que o procedimento comum é eleito como arranjo normativo estrutural dessa rede, adquirindo uma nova feição. Essa nova feição implica, por exemplo, uma flexibilidade modular do procedimento comum, especialmente diante das necessidades e especificidades da tutela de situações jurídicas submetidas a procedimentos especiais[74]. O procedimento comum passa a ser o local privilegiado das técnicas de diferenciação da tutela jurisdicional, que não mais podem ser tratadas como monopólio ou exclusividade dos procedimentos especiais[75].

Observa-se uma tendência à universalização das técnicas de diferenciação procedimental, o que pode impactar na própria função e utilidade dos procedimentos especiais – como será analisado com mais detalhes linhas à frente.

Antes de avançar, porém, convém investigar a forma como a rede processual pode ser manipulada, em especial, diante de certas barreiras e contenções. As principais barreiras e contenções na manipulação da rede processual são associadas à segurança jurídica, ao contraditório, às questões operacionais e finalística e, por fim, à indisponibilidade do processo.

---

74. "A lógica do sistema passa a ser a mais ampla integração possível para que, da equação resultantes de sua aplicação conjugada, possa-se ofertar ao jurisdicionado não só um leque variado de técnicas especiais, mas também um repertório de instrumentos que possam ser combinados, a fim de emprestar ao procedimento maior efetividade." DIDIER JR., Fredie; CABRAL, Antônio do Passo; CUNHA, Leonardo Carneiro da. *Por uma nova teoria dos procedimentos especiais*: dos procedimentos às técnicas. Salvador: Juspodivm, 2018, p.89. Igualmente, cf. CASTELO, Jorge Pinheiro. Da aplicação subsidiária e supletiva do novo CPC ao processo do trabalho (art. 15). *Revista LTr*, v. 78, n.º 8. São Paulo: Ltr, 2015, p. 984; CERQUEIRA, Társis Silva de. A nova face do procedimento comum do novo Código de Processo Civil diante dos procedimentos especiais: uma proposta de interpretação do art. 327, §2º, em combinação com o art. 1.049, parágrafo único, ambos do CPC. *Revista dos Tribunais*, n.º 273. São Paulo: Revista dos Tribunais, 2017, p.132-135.

75. DIDIER JR., Fredie; CABRAL, Antônio do Passo; CUNHA, Leonardo Carneiro da. *Por uma nova teoria dos procedimentos especiais*: dos procedimentos às técnicas. Op. cit., p.89-90.

4.3.2. Da manipulação da estrutura da rede processual: barreiras e contenções.

O reconhecimento do *princípio da inter-relação em rede do procedimento comum com os procedimentos especiais* impõe a conformação de uma estrutura de rede a unir o procedimento comum às formas de tutelas especializadas. Como dito, trata-se de norma que extrapola os limites de regulação da cumulação de pedidos.

De toda forma, o referido princípio, ao mesmo tempo em que facilita e amplia a operacionalidade do sistema processual, pode permitir sua manipulação descriteriosa. Nesse contexto, impõe-se precisar certos elementos que funcionariam como barreiras e contenções (*firewalls*) a impedir a desestruturação da própria rede.

Como linhas atrás, ao menos quatro são elementos de contenção na manipulação da aludida rede processual: (*i.*) segurança jurídica; (*ii.*) contraditório; (*iii.*) questões operacionais e finalísticas; e (*iv.*) indisponibilidade do procedimento.

4.3.2.1. O princípio da inter-relação em rede do procedimento comum com os procedimentos especiais e a segurança jurídica.

No primeiro aspecto, a manipulação da estrutura de rede na relação entre os procedimentos comum e especiais não pode desconsiderar a segurança jurídica em seus diversos aspectos, seja na previsibilidade do comportamento, seja na estabilidade das relações jurídicas.

A segurança jurídica encontra-se intimamente relacionada com as expectativas normativas, especialmente associadas aos comportamentos a serem adotados e na confiança quanto a posturas assumidas[76].

Se, na relação entre procedimento comum e procedimentos especiais, a estrutura em rede possibilita o intercâmbio de experiências normativas, o aludido intercâmbio não pode justificar a violação à segurança jurídica.

76. Sobre princípio da segurança como projeção do ideal de confiança legítima v. MARTINS-COSTA, Judith. A re-significação do princípio da segurança jurídica na relação entre o Estado e os cidadãos: a segurança como crédito de confiança. Revista CEJ, Brasília, n.º 27, 2004. Disponível em http://www.jf.jus.br/ojs2/index.php/revcej/article/viewFile/641/821. Acesso em 17 de ago. 2018, p. 112-116. Sobre a relação entre segurança jurídica e o processo, cf. OLIVEIRA, Paulo Mendes de. *Segurança jurídica e processo*: da rigidez à flexibilização processual. São Paulo: Revista dos Tribunais, 2018, p. 113 e ss.

Por conseguinte, a flexibilização procedimental nos casos de aplicação do *princípio da inter-relação em rede do procedimento comum com os procedimentos especiais*, em um primeiro momento, ocorrerá apenas nas hipóteses e na forma estabelecidas em lei – a exemplo da cumulação de pedidos.

Quando existentes circunstâncias concretas que careçam justificadamente da flexibilização processual e em sendo a lei omissa quanto a tal possibilidade, primeiramente deve-se buscar a solução no sistema, nas diversas estruturas normativas. Se se estiver utilizando procedimentos especiais, deve-se dar preferência ao procedimento comum (compreendido no sentido amplo) como estrutura base para se fornecer soluções normativas procedimentais.

Depois, se ainda assim a solução não for alcançada, devem-se utilizar de outras estruturas criadas para a solução do problema de adequação procedimental – outros procedimentos especiais.[77]

Considerando que viola a segurança jurídica a frustação de legítimas expectativas normativas, a iniciativa da flexibilização é prioritariamente da parte, isoladamente ou em conjunto com o seu adversário ou interessado – ainda que seja autorizado ao juiz, de maneira oficiosa, o controle de constitucionalidade sobre as normas de procedimento[78].

A atuação de ofício do magistrado apenas ocorre em situações absolutamente excepcionais e desde que devidamente justificadas em razão especialmente do desequilíbrio entre as partes (ver art. 7º do CPC), bem como diante da indisponibilidade dos interesses objetos da demanda.

---

77. "Passa a ser natural ao sistema a possibilidade de se tutelarem, por meio de interpretação extensiva ou analogia, relações de direito material similares a outras para as quais exista previsão de procedimento especial, desde que essa aplicação se mantenha fiel à ideia de adequação do procedimento à tutela dos direitos. Ou seja, no quadro da flexibilização, a aplicação do procedimento especial pode ser estendida a qualquer outra *fattispecie*. A lógica do sistema é rejeitar a tipicidade fechada; e as técnicas especiais de tutela diferenciada devem servir como um 'moldura' que possa ser aplicada independentemente do procedimento, a fim de concretizar o direito a um processo adequado." DIDIER JR., Fredie; CABRAL, Antônio do Passo; CUNHA, Leonardo Carneiro da. *Por uma nova teoria dos procedimentos especiais*: dos procedimentos às técnicas. Op. cit., p. 82. Igualmente, cf. SILVA, Clóvis Couto e. *Comentários ao Código de Processo Civil*. v. XI. São Paulo: Revista dos Tribunais, 1977, t. I, p. 8; BERIZONCE, Roberto. Técnicas orgánico-funcionales y procesales de las tutelas diferenciadas. *Revista de Processo*, n.º 175. São Paulo: Revista dos Tribunais, 2009, p.162-163.

78. Defendo o amplo poder de controle jurisdicional das normas procedimentais à luz da constituição, cf. OLIVEIRA, Guilherme Peres de. *Adaptabilidade judicial*: a modificação do procedimento pelo juiz no processo civil. São Paulo: Saraiva, 2013, p.99-101.

4.3.2.2. O princípio da inter-relação em rede do procedimento comum com os procedimentos especiais e o contraditório.

No segundo aspecto, é imprescindível que a flexibilização procedimental observe os limites impostos pelo contraditório, seja na fundamentação[79] da própria flexibilização seja na oportunidade de se manifestar sobre o requerimento de adaptação.

No que concerne ao contraditório, é preciso observar que, em certas circunstâncias, a própria estrutura especializada decorre da *maior densificação (ou intensificação) do diálogo processualizado*. Nesse cenário, a manipulação da rede não permitiria redução dos aprimoramentos relativos ao diálogo processualizado.

O demandante, por exemplo, não pode promover unilateralmente atos de flexibilização procedimental (v.g. flexibilização decorrente da cumulação de pedidos) em circunstâncias em que o procedimento não é constituído para atender seu interesse, senão de um grupo de pessoas ou do réu (ou interessado requerido). Não existe espaço de discricionariedade nessa manipulação, salvo em excepcionais situações de convenção processual, como será analisado mais à frente.

Tampouco será possível limitar unilateralmente a participação de interessados em processos multipolares. Por exemplo na falência ou no inventário, ou nas hipóteses em que seja autorizada a ampla intervenção de interessados (v.g usucapião), não é possível limitar a possibilidade de intervenção dos interessados ou os atos de publicização da demanda (v. g. art. 259, CPC).

Noutro aspecto, ainda relativo ao contraditório, a flexibilização procedimental além de ser iniciativa da parte, como regra, somente será viabilizada após a participação dos sujeitos envolvidos no processo. Tal participação deve ocorrer preferencialmente de maneira prévia[80], salvo nos casos de cumulação de pedidos (art. 327, §2º) na medida em que o contraditório ocorrerá na

79. Em sentido próximo, cf. OLIVEIRA, Guilherme Peres de. *Adaptabilidade judicial*: a modificação do procedimento pelo juiz no processo civil. Op. cit., p.101.

80. Nesse sentido, cf. GAJARDONI, Fernando da Fonseca. *Flexibilização procedimental*: um novo enfoque para o estudo do procedimento em matéria processual, de acordo com as recentes reformas do CPC. São Paulo: Atlas, 2008, p.93; NOBLAT, Francis; MEIRELLES, Delton Ricardo Soares. De "poder do juiz" à "convenção das partes": uma análise da flexibilização procedimental na atual reforma do Código de Processo Civil. Revista Eletrônica de Direito Processual, v. XIII, 2014. Disponível em http://www.e-publicacoes.uerj.br/index.php/redp/article/view/10783/9332. Acesso em 20

oportunidade da contestação (em especial). Além disso, quando promovida de ofício pelo órgão jurisdicional, impõe-se a prévia oportunidade de manifestação das partes e interessados no processo, evitando-se decisões surpresa (art. 10 do CPC).[81]

A decisão que promove a flexibilização procedimental deve ser devidamente fundamentada[82-83]. Nos casos de cumulação de pedidos (art. 327, §2º), considerando que a modulação decorre de lei, existirá uma presunção em favor da legitimidade da flexibilização. Apenas em eventual indeferimento da cumulação ou rejeição de eventual impugnação a decisão deve ser devidamente motivada.

4.3.2.3. O princípio da inter-relação em rede do procedimento comum com os procedimentos especiais e a compatibilidade entre os procedimentos: as questões operacionais e finalísticas.

Ainda no que concerne à manipulação da relação da rede de procedimentos, outro aspecto relevante é a "compatibilidade" procedimental.

Reza o art. 327, §2º, que a cumulação de pedidos somente será autorizada na hipótese em que os procedimentos forem compatíveis. Se observada no aspecto macro do fenômeno processual, é possível questionar quando são compatíveis e quando serão incompatíveis dois ou mais procedimentos comparados.

---

de ago. 2018, p.208-209; OLIVEIRA, Paulo Mendes de. *Segurança jurídica e processo*: da rigidez à flexibilização processual. São Paulo: Revista dos Tribunais, 2018, p. 294.

81. Igualmente, OLIVEIRA, Guilherme Peres de. *Adaptabilidade judicial*: a modificação do procedimento pelo juiz no processo civil. São Paulo: Saraiva, 2013, p.120; CUNHA, Leornardo Carneiro da. Art. 327. In: ALVIM, Angélica Arruda; ASSIS, Araken de; ALVIM, Eduardo Arruda; LEITE, George Salomão, (coords.). *Comentários ao Código de Processo Civil.* 2. ed. São Paulo: Saraiva, 2017, p.461.

82. GAJARDONI, Fernando da Fonseca. *Flexibilização procedimental*: um novo enfoque para o estudo do procedimento em matéria processual, de acordo com as recentes reformas do CPC. São Paulo: Atlas, 2008, p.94-95; NOBLAT, Francis; MEIRELLES, Delton Ricardo Soares. De "poder do juiz" à "convenção das partes": uma análise da flexibilização procedimental na atual reforma do Código de Processo Civil. Revista Eletrônica de Direito Processual, v. XIII, 2014. Disponível em http://www.e-publicacoes.uerj.br/index.php/redp/article/view/10783/9332. Acesso em 20 de ago. 2018, p.208-209.

83. Sobre o ônus argumentativo mais intenso na flexibilização procedimental, v. OLIVEIRA, Guilherme Peres de. *Adaptabilidade judicial*: a modificação do procedimento pelo juiz no processo civil. São Paulo: Saraiva, 2013, p.118-119; CUNHA, Leornardo Carneiro da. Art. 327. In: ALVIM, Angélica Arruda; ASSIS, Araken de; ALVIM, Eduardo Arruda; LEITE, George Salomão, (coords.). *Comentários ao Código de Processo Civil.* Op. cit., p.461.

Em princípio, se a relação entre procedimentos se estrutura em rede, presume-se, como regra, a compatibilidade ampla entre os procedimentos[84]. É preciso, contudo, comparar os procedimentos, seja a partir de sua estrutura concreta, seja em razão de sua função (tutela ou promoção de bens jurídicos específicos).

Se o foco de comparação estiver simplesmente na conformação dos atos (aspecto concreto dos procedimentos) a compatibilidade pode depender de questões meramente operacionais. A compatibilidade operacional pode ser compreendida como uma relação de coerência lógica entre dois ou mais procedimentos observados a partir de sua interação concreta. Serão incompatíveis os procedimentos se, no caso concreto, os arranjos normativos impuserem comportamentos ou posições incoerentes dos sujeitos processuais, bem como diante de hipóteses de pré-exclusões normativas.

No primeiro caso, a incompatibilidade dependeria de uma investigação empírica, circunstância que afetaria a pretensão de uma análise apriorística à luz da dogmática jurídica. Em outras palavras, se essa forma de incompatibilidade depende da observação da atuação prática, apenas por meio de análises concretas e empíricas poderia se justificar o indeferimento da flexibilização.

Não se pode aprioristicamente, por exemplo, defender a indisponibilidade dos procedimentos especiais previstos em microssistemas[85]. Como

---

84. "Note-se, ademais, que dificilmente haverá incompatibilidade com o regime de procedimento comum o atendimento da tutela diferenciada relativa a um dos pedidos, que implique providência jurisdicional imediata, em prol da efetividade do processo." TUCCI, José Rogério Cruz e. *Comentários ao Código de Processo Civil.* v. VII (arts. 318 a 368). São Paulo: Saraiva, 2016, p.115. Em sentido contrário, o autor entende que os procedimentos especiais são de aplicação cogente. A comulação apenas seria possível naquilo que ele chamou de *falsos procedimentos especiais*, ou seja, nos procedimentos constituídos de pequenas variações procedimentais. v. NEVES, Daniel Amorim Assumpção. *Novo Código de Processo Civil comentado.* 2. ed. Salvador: Juspodivm, 2017, p. 579. Por outro lado, Alexandre Câmara entende que a cumulação apenas não seria possível quando as técnicas de diferenciação não forem compatíveis com o procedimento comum ou quando seu uso desnature o procedimento especial por completo. CÂMARA, Alexandre Freitas. *O novo processo civil brasileiro.* 3. ed. São Paulo: Atlas, 2017, p.201.

85. De todo modo, há quem defenda, por exemplo, que os procedimentos especiais previstos em microssistemas específicos não costumam ser disponíveis. v. SICA, Heitor Vitor Mendonça. *Novas reflexões em torno da teoria geral dos procedimentos especiais.* Disponível em: http://genjuridico.com.br/2017/04/26/novas-reflexoes-em-torno-da-teoria-geral-dos-procedimentos-especiais/. Acesso em 12 de ago. 2018.

dito, a análise deve ser feita, igualmente nestes casos, a partir da investigação da situação em concreto.

No segundo caso, contudo, a incompatibilidade decorre da própria previsão legal. A lei direciona o intérprete-aplicador quando há hipóteses em que é legalmente incompatível a interação concreta entre procedimentos.

Neste segundo caso, por exemplo, o inventário remete ao procedimento comum as causas cujos procedimentos impliquem ampliação do seu âmbito de cognição horizontal, que é limitado. O art. 612[86] do CPC veda a análise de questões cuja prova não seja exclusivamente documental, ou seja, que careça de ampliação da instrução.

Em outro exemplo relacionado com o procedimento de produção antecipada de prova, o §1º do art. 381 do CPC dispõe que o arrolamento de bens será realizado observando o referido procedimento, salvo quando voltado a práticas de atos de apreensão. Em outras palavras, a realização de atos de apreensão mostra-se incompatível com o procedimento de produção antecipada de prova, conforme previsão específica do CPC.

No microssistema dos juizados especiais, a lei igualmente restringe, em certos aspectos, modificações procedimentais. Poder-se-ia citar o art. 10 da lei 9.099/1995, que não admite qualquer forma de intervenção de terceiro[87], bem como o art. 31 da mesma lei que veda a reconvenção.[88]

Por outro lado, se o foco de comparação se volta para uma análise finalística dos arranjos normativos que compõem o procedimento (aspecto abstrato do procedimento), a compatibilidade não prescinde da observação

86. "Art. 612. O juiz decidirá todas as questões de direito desde que os fatos relevantes estejam provados por documento, só remetendo para as vias ordinárias as questões que dependerem de outras provas."

87. Trata-se de aspecto passível de crítica e mitigação. Por exemplo, com relação à possibilidade de recurso de terceiros, considerando a ausência de prejuízos a celeridade do procedimento, bem como as vantagens pertinentes à economia processual. v. SODRÉ, Eduardo. Algumas considerações acerca do terceiro no procedimento dos juizados especiais cíveis. In: DIDIER JR., Fredie; WAMBIER, Teresa Arruda Alvim (coord.). *Aspectos polêmicos e atuais sobre os terceiros no processo civil e assuntos afins*. São Paulo: Revista dos Tribunais, 2004, p. 177-178; DIDIER JR., Fredie. *Recurso de terceiros*: juízo de admissibilidade. 2. ed. São Paulo: Revista dos Tribunais, 2005, p.84-85.

88. Sobre a possibilidade de renúncia dos procedimentos de juizados especiais cíveis, salvo com relação aos processos de competência dos juizados especiais cíveis e de fazenda pública, v. SICA, Heitor Vitor Mendonça. *Novas reflexões em torno da teoria geral dos procedimentos especiais*. Disponível em: http://genjuridico.com.br/2017/04/26/novas--reflexoes-em-torno-da-teoria-geral-dos-procedimentos-especiais/. Acesso em 12 de ago. 2018.

das funções assumidas pelos procedimentos especiais à luz dos direitos materiais (tutela ou promoção de bens jurídicos específicos).

Em uma análise finalística, as questões que se suscitam dizem respeito ao direito ou à situação jurídica material que o arranjo procedimental pretende implementar/tutelar e às respectivas características. Neste aspecto, os procedimentos comparados podem ser compatíveis (ou não) em razão de suas funções específicas.

Aqui, mais uma vez, a presunção é de compatibilidade plena entre os procedimentos. Ainda que a finalidade normativa seja distinta no aspecto específico da vinculação à situação jurídica material, isso não significa que os procedimentos sejam incompatíveis. É o que se observa, por exemplo, do sincretismo processual, quando estruturas procedimentais voltadas à promoção de finalidades específicas são associadas numa mesma base processual[89].

Com efeito, é viável defender a tese de que, do ponto de vista finalístico, a incompatibilidade não estaria associada ao arranjo normativo processual, senão às situações jurídicas implementadas. Logo, apenas virtualmente incompatíveis seriam os procedimentos quando as situações jurídicas materiais forem incompatíveis ou quando a funções (tutela de bens jurídicos específicos) forem dissonantes.

Nestes casos, observem-se os procedimentos relacionados à tutela dos direitos coletivos em sentido amplo e a sua relação com o procedimento comum. Em princípio, não se assistem a grandes diferenças no ponto de vista dos arranjos procedimentais, senão no que refere a aspectos bastante específicos, tais como a legitimidade, o regime jurídico da coisa julgada e a execução pecuniária (no que concerne ao endereçamento do resultado).

Todavia, a promoção de interesses individuais e coletivos conjuntamente é encarada como incompatível diante da finalidade promovida pelos específicos procedimentos. Não por acaso, o dispositivo do art. 333 do CPC foi

89. SILVA, Ovídio A. Baptista da. Processo de conhecimento e procedimentos especiais. *Revista dos Tribunais*, n.º 692. São Paulo: Revista dos Tribunais, 1993, p.41-42. Didier Jr., Cabral e Cunha lembram que a separação do procedimento comum e os procedimentos especiais provocou uma fratura funcional associada a uma tendência de segregação funcional que se observa na divisão entre as atividades desenvolvidas em processo de conhecimento execução e cautelar. Apenas com a percepção da impossibilidade de segregar funcionalmente os esquemas processuais houve uma aproximação entre as aludidas atividades. Tal circunstância repercutiu inclusive sobre o distanciamento entre o procedimento comum e os procedimentos especiais. DIDIER JR., Fredie; CABRAL, Antônio do Passo; CUNHA, Leonardo Carneiro da. *Por uma nova teoria dos procedimentos especiais*: dos procedimentos às técnicas. Salvador: Juspodivm, 2018, p.88-89.

vetado[90] quando da promulgação do CPC atual, bem como o art. 139, inciso X, do CPC, prescreve que o magistrado deve oficiar o Ministério Público, a Defensoria Pública e, na medida do possível, outros legitimados na forma da lei para promover a ação coletiva respectiva quando se deparar com diversas demandas individuais repetitivas.

Em verdade, em interpretação consentânea com a garantia da inafastabilidade da jurisdição, o dispositivo deve ser lido de forma a prescrever o dever de o magistrado ou tribunal oficiar o Ministério Público, a Defensoria Pública e, na medida do possível, outros legitimados na forma da lei para promover a ação coletiva respectiva quando se deparar com qualquer situação material passível de tratamento coletivo, seja por sua natureza metaindividual, seja por se tratar de situação homogênea passível de tutela coletiva.[91]

Nesse quadro, não seria possível, por exemplo, cumular na forma do art. 327, §2º, do CPC, pedidos relacionados à tutela de direitos individuais com pedidos relacionados com tutelas a direitos coletivos em sentido amplo. Aqui, pode-se observar, não se levam em consideração propriamente aspectos relacionados à funcionalidade do processo, senão a finalidade do próprio direito no atendimento a específicos bens jurídicos.

Outro exemplo diz respeito à cumulação de pedidos relacionados à promoção de atividade de certificação com outro relacionado à atividade de efetivação (execução). Para Luiz Rodrigues Wambier e Eduardo Talamini, não seria possível a cumulação de pedidos vinculados a espécies distintas de "processo", como um pedido de execução por quantia certa decorrente de título executivo extrajudicial com pedido de condenação à pagamento de outra quantia.[92]

---

90. Segundo as razões do veto: "Da forma como foi redigido, o dispositivo poderia levar à conversão de ação individual em ação coletiva de maneira pouco criteriosa, inclusive em detrimento do interesse das partes. O tema exige disciplina própria para garantir a plena eficácia do instituto. Além disso, o novo Código já contempla mecanismos para tratar demandas repetitivas. No sentido do veto, manifestou-se também a Ordem dos Advogados do Brasil. *Mensagem n.º* **56, de 16 de março de 2015.** Disponível em http://www.planalto.gov.br/ccivil_03/_Ato2015-2018/2015/Msg/VEP-56.htm. Acesso em 23 de ago. 2018.

91. Sobre o tema, v. SOUZA, Artur César de. Notificação da ação individual para efeitos coletivos no novo CPC brasileiro. Alguns aspectos jurídicos. In: ZANETTI JR., Hermes (coord.). *Processo coletivo*. Salvador: Juspodivm, 2016, p. 402-407.

92. WAMBIER, Luiz Rodrigues; TALAMINI, Eduardo. *Curso avançado de processo civil*: cognição jurisdicional (processo comum de conhecimento e tutela jurisdicional). 17. ed. São Paulo: Revista dos Tribunais, 2018, p.94. Igualmente, DINAMARCO, Cândido

Em conformidade com o posicionamento adotado na pesquisa, não se vislumbra em abstrato uma incompatibilidade procedimental. Poderia se tratar de mais um caso de eventual incompatibilidade entre as situações jurídicas materiais (no caso, das pretensões). Não seria propriamente os procedimentos, mas as situações jurídicas materiais que se apresentam incompatíveis ou as finalidades pretendidas (tutela de bens jurídicos específicos) são dissonantes. Aqui, mais vez, a análise deve ser feita em concreto.

Em outra análise, a indisponibilidade do próprio direito ou da situação jurídica material, igualmente, reflete em parcial indisponibilidade do procedimento ao qual se associa. É exatamente sobre esse tema que se tratará o ponto a seguir.

4.3.2.4. Da (in)disponibilidade do procedimento. Os procedimentos obrigatórios e facultativos.

A disponibilidade dos procedimentos representa um espaço de abertura para a flexibilização das normas procedimentais, ou seja, um espaço de liberdade e de escolha do e no processo. Em outras palavras, a questão que se suscita é saber até que ponto as normas que estruturam o processo podem ser afastadas para a incidência de outras normas (negociais ou decisórias).

Neste aspecto, dois são os principais problemas a serem enfrentados: os limites da disponibilização do procedimento comum e os limites de disponibilidade dos procedimentos especiais. Em princípio, poder-se-iam discriminar procedimentos não-obrigatórios ou opcionais e os procedimentos obrigatórios.

São procedimentos não-obrigatórios, opcionais, aqueles que podem ser dispensados pelo autor, em razão de sua conveniência. Nesses casos, o autor teria a faculdade de utilizar as "vias ordinárias" em renúncia aos benefícios do processo especial[93], caso estes não possam ser inseridos no procedimento comum[94], ou mesmo optar por um outro procedimento especial[95]. A referida

Rangel. *Instituições de Direito Processual Civil.* v. II. 7. ed. São Paulo: Malheiro, 2017, p. 195.

93. DINAMARCO, Cândido Rangel. *Instituições de Direito Processual Civil.* v. II. 4. ed. São Paulo: Malheiros, 2004, p.464.
94. DIDIER JR., Fredie. *Curso de Direito Processual Civil*: introdução ao Direito Processual Civil, parte geral e processo de conhecimento. Op. cit., p.665-666.
95. DIDIER JR., Fredie; CABRAL, Antônio do Passo; CUNHA, Leonardo Carneiro da. *Por uma nova teoria dos procedimentos especiais*: dos procedimentos às técnicas. Salvador: Juspodivm, 2018, p.44-45.

faculdade corresponderia a direito potestativo do autor, como conteúdo do direito fundamental da ação[96].

Por sua vez, os procedimentos obrigatórios são inderrogáveis pela vontade do demandante, a quem não é dada a escolha pelo procedimento comum. A pretensão material não poderia ser veiculada por outro procedimento, nem mesmo em cumulação de pedidos, uma vez que se encontraria relacionada com o atendimento a interesse público, à tutela de situação extremamente particular ou ao interesse do demandado.[97]

Todavia, é possível dar outro sentido à referida classificação a partir de uma leitura associada à nova relação entre procedimento comum e procedimento especial (art. 327, §2º, do CPC) promovida pelo *princípio da inter-relação em rede do procedimento comum com os procedimentos especiais*.

Em um primeiro momento, poder-se-ia sugerir que a investigação da disponibilidade do procedimento se desse a partir de seu fundamento, verificado na justificação do procedimento. Para tanto, a premissa que suportaria a investigação seria a de que em um sistema processual ideal e integralmente justificado (racionalmente justificado), a construção dos procedimentos es-

96. DIDIER JR., Fredie. O direito de ação como complexo de situações jurídicas. *Revista de Processo*, n.º 210. São Paulo: Revista dos Tribunais, 2012, p.52; SOARES, Marcos José Porto. *Teoria Geral dos Procedimentos especiais*. Rio de Janeiro: Lumen Juris, 2017, p.69, nota 119. Candido Dinamarco e Bruno Carrilho Lopes entendem, em sentido diverso, que não existe para o autor a possibilidade de opção pelo procedimento de preferência quando diante da aplicação de um procedimento especial ou comum. Afirmam os autores que: "Ao contrário do que ocorre com as modalidades de tutela jurisdicional diferenciada, instituidas como opção em benefício do demandante, a determinação do *procedimento adequado* constitui ditame de ordem pública do processo, cujo desatendimento vicia a propositura da demanda e impede sua apreciação. A regra é a chamada *indisponibilidade do procedimento,* que em princípio deve levar o juiz a indeferir a petição inicial se escolhido procedimento inadequado e não for possível adaptar. É excepcional a permissão de *optar pelo procedimento comum* como requisito para a cumulação de demandas regidas por procedimentos diferentes (CPC, art. 327, §2º)". DINAMARCO, Cândido Rangel; LOPES, Bruno Vasconcelos Carrilho. *Teoria geral do novo processo civil*. 2. ed. São Paulo: Malheiros, 2017, p.126-127

97. DIDIER JR., Fredie; CABRAL, Antônio do Passo; CUNHA, Leonardo Carneiro da. *Por uma nova teoria dos procedimentos especiais*: dos procedimentos às técnicas. Op. cit., p.41. Igualmente, v. CABALLERO, Berto Igor; LUZ, Danilo Rocha; RIBEIRO, Luiz Filipe; UCHÔA, Rostonio; LIMA, Victor Emmanuel Cordeiro. *Novo CPC*: principais alterações. Teresina: Dinâmica Jurídica, 2016, p.125.

peciais partiria da verificação das características da situação jurídica tutelada para a organização dos atos[98].

Tomar-se-iam como diretrizes critérios constitucionais, especialmente a segurança jurídica e efetivação da tutela. Por conseguinte, seria possível vislumbrar dois grupos de procedimentos: *(i.)* o grupo de procedimentos justificados em critérios constitucionalmente relevantes, especialmente efetivação da tutela e segurança jurídica; e *(ii.)* um segundo grupo de procedimentos pautados preponderantemente em critérios constitucionalmente pouco relevantes, como a mera aceleração do procedimento, a tradição, as ideologias ou a conveniência política[99].

O primeiro grupo seria formado pelos chamados procedimentos obrigatórios ou necessários, os quais imporiam sua observância na medida em que seria disfuncional e lesivo a adoção do procedimento comum em sua inteireza[100]. Em paralelo, o segundo grupo seria constituído dos chamados procedimentos não obrigatórios ou facultativos, muitas vezes formados pelo simples encurtamento do procedimento ou concentração de atos. Os procedimentos obrigatórios seriam, em tese, indisponíveis, enquanto que os procedimentos facultativos seriam disponíveis.

Num segundo momento, feita a separação entre os grupos de procedimentos ditos obrigatório dos grupos de procedimentos ditos facultativos, é possível observar que os procedimentos ditos obrigatórios não são absolutamente rígidos e indisponíveis. Da mesma forma, os procedimentos facultativos não apresentam absoluta maleabilidade dos arranjos normativos procedimentais.

---

98. "A relação de adequação entre cada procedimento e a tutela jurisdicional que ele prepara é sobretudo um imperativo do *princípio lógico* do sistema processual, que aconselha a seleção de meios eficazes à descoberta da verdade e das soluções corretas." DINAMARCO, Cândido Rangel. *Instituições de Direito Processual Civil.* v. II. 4.ed. São Paulo: Malheiros, 2004, p.463.

99. SICA, Heitor Vitor Mendonça. Reflexões em torno da teoria geral dos procedimentos especiais. *Revista de Processo*, n.º 208. São Paulo: Revista dos Tribunais, 2012, p. 72.

100. PASSOS, José Joaquim Calmon de. Teoria geral dos procedimentos especiais. In: DIDIER JR., Fredie; FARIAS, Cristiano Chaves de (coords.). *Procedimentos especiais* cíveis: legislação extravagante. São Paulo: Saraiva, 2003, p.4. "No que se refere à cumulação simples, afigura-se ela praticamente inadequada quando, para uma das demandas, o procedimento especial que lhe é reservado pela lei ostentar peculiaridades próprias advindas do direito material litigioso, de sorte a torná-lo inconciliável com as regras do procedimento comum." TUCCI, José Rogério Cruz e. *Comentários ao Código de Processo Civil.* v. VII (arts. 318 a 368). São Paulo: Saraiva, 2016, p.113.

Um aprofundamento na investigação do sistema processual permite inferir que, em verdade, a questão da (in)disponibilidade procedimental perpassa pela investigação de três situações-bases que, em diversos momentos, se entrelaçam: (i.) a disponibilidade do direito/interesse material; (ii.) a titularidade do interesse que ensejou a diferenciação procedimental; (iii.) a vinculação do procedimento ao atendimento de interesse de natureza pública.

4.3.2.4.1. Da (in)disponibilidade do direito ou interesse material.

Na primeira situação base, a indisponibilidade do direito/interesse material caso tenha justificado a diferenciação da técnica procedimental poderia ensejar sua parcial indisponibilidade[101]. É o que ocorre, por exemplo, com o procedimento de interdição, considerando a natureza indisponível do objeto de demanda (*Capitis diminutio*)[102].

O mesmo se diga com relação a técnicas de flexibilização já universalizadas no procedimento comum. Por exemplo, o art. 190 do CPC somente autoriza negócio jurídico processual quando o processo versar sobre direitos que "admitam a autocomposição". Da mesma forma, o art. 373, §3º, do CPC autoriza a distribuição diversa do ônus da prova por convenção das partes salvo quando recair sobre direitos indisponíveis. Quanto ao juiz, pode-se verificar a impossibilidade do julgamento antecipado do mérito em hipóteses de revelia (art. 355, II, do CPC) quando o litígio verse sobre direitos indisponíveis (art. 345, II, do CPC).

No entanto, toda limitação decorrente da indisponibilidade de direitos/interesses está relacionada a aspectos que possam influenciar (limitar e difi-

---

101. "Se o verdadeiro sentido de *interesse público* residente no conceito dos direitos indisponíveis parece depender da coordenação entre o respeito da autonomia privada e, ao mesmo tempo, dos interesses sociais, então, no mais das vezes, a única maneira de se afirmá-los e tutelá-los adequadamente será uma análise cuidadosa, caso a caso, a respeito da validade e da legitimidade da manifestação volitiva dos seus titulares, ainda que contrapostas a interesses considerados coletivos ou públicos." VENTURI, Elton. Transação de direitos indisponíveis? *Revista de Processo*, n.º 251. São Paulo: Revista dos Tribunais, 2016, p.405.

102. "Se, de um lado, há uma tendência de desjudicialização de certas questões, que passam a poder ser resolvidas fora do Poder Judiciário, as que, por outro lado, remanescem dentre da competência jurisdicional tendem a ser causas que necessitam de um procedimento diferenciado, em razão de suas peculiaridades, como são os casos de interdição e dos procedimentos relacionados à criança e ao adolescente." DIDIER JR., Fredie; CABRAL, Antônio do Passo; CUNHA, Leonardo Carneiro da. *Por uma nova teoria dos procedimentos especiais*: dos procedimentos às técnicas. Salvador: Juspodivm, 2018, p.101.

cultar) em sua certificação[103]. Afora esses aspectos, a limitação não impede a flexibilização ou modulação de outros elementos procedimentais.

Por exemplo, nada impede que por convenção das partes e do órgão jurisdicional seja promovido um calendário da realização dos atos processual (art. 191 do CPC), que o magistrado promova, de maneira fundamentada, a dilação de prazos processuais ou alteração da ordem de produção dos meios de prova (art. 139, IV, do CPC) ou que as partes convencionem o adiamento da audiência de instrução (art. 362 do CPC).

Noutro aspecto, não existe qualquer justificativa para impedir flexibilizações que possam contribuir (ampliação de mecanismos) com a certificação[104]. Mais uma vez, chama atenção que a indisponibilidade se associa a fatores que limitem ou dificultem a certificação do direito ou situação jurídica indisponível.

4.3.2.4.2. Da titularidade do interesse que ensejou a diferenciação procedimental.

A segunda circunstância-base afeta à indisponibilidade procedimental é a titularidade do interesse que ensejou a diferenciação procedimental.

Se a diferenciação decorrer de imperativos atrelados a interesses do réu[105] ou de interesses de terceiros, a flexibilização não poderá ser admitida

---

103. Em sentido aparentemente contrário, Greco defende a impossibilidade de cumulação de pedido relativo a estado da pessoa com outro pedido que não tenha o mesmo fundamento, ao argumento da existência de "regras não escritas, mas aceitas pela doutrina". GRECO, Leonardo. *Instituição de processo civil.* v. I. 5. ed. Rio de Janeiro: Forense, 2015, ponto 20.2 [e-book].

104. Um interessante exemplo diz respeito a possibilidade de cumulação de pedido de divórcio com partilha do patrimônio comum, guarda de menores e alimentos. cf. QUEIROZ, Pedro Gomes. A cumulação de pedidos relativos ao direito de família no CPC/2015. *Revista de Processo,* n.º 262. São Paulo: Revista dos Tribunais, 2016, p.280-281. No mesmo sentido, há precedentes no Tribunal de Justiça do Ceará (APL 021098-40.2013.8.06.0001, DJCE 31/10/2017) e no Tribunal de Justiça da Bahia (AI 0019131-87.2016.8.05.0000, DJBA 06.02.2017). v. TARTUCE, Fernanda; ROQUE, André; GAJARDONI, Fernando; DELLORE, Luiz; MACHADO, Marcelo; DUARTE, Zulmar. *CPC na jurisprudência.* Indaiatuba: Foco, 2018, p.410-411. Sobre a possibilidade da cumulação entre as ações de família e alimentos, igualmente, o enunciado n.º 672 do Fórum Permanente de Processualistas Civis.

105. "Ademais, não é verdade inconcussa (portanto, meia-verdade) o princípio da disponibilidade do procedimento. Ao réu interessa que o pedido do autor tramite no rito estabelecido em lei, ao invés de dispor o auto da permissão contida no §2º. Com efeito, existem esquemas procedimentais nos quais se intercala fase efetivamente de ato ou

sem a concordância ou participação desses sujeitos[106]. Nesses casos, nada impede que as partes por convenção utilizem o procedimento comum, ainda que diante de procedimentos especiais[107].

Um exemplo dessa indisponibilidade está no procedimento de demarcação e divisão de terras particulares. O art. 571 é claro no sentido de que a demarcação e a divisão poderão ocorrer por escritura pública, desde que maiores, capazes e concordes todos os interessados.

Algo semelhante ocorre com o procedimento de usucapião[108] (art. 216-A, §10, da Lei 6.015/1973, incluído pelo novo CPC). Estabelece o referido dispositivo que, em caso de impugnação do pedido de reconhecimento extrajudicial de usucapião por algum interessado, o ofício de registro de imóvel remeterá os autos ao juízo competente para que o pedido seja processado no

---

condição por parte do autor (justificações prévias, depósito) para que possa seguir-se a citação. Assim, a fase reveste-se de condição de ação. Suprimi-la, pela opção ao ordinário, e imediatamente citar-se o réu, implica, no mínimo, em cortar-lhe o direito de ver-se acionado com preexistência de condição de ação. Seria o caso de admitir-se que a lei acolha esse esbulho processual? No caso, inclusive, das ações possessórias, pela força dúplice da ação, abandonar o rito especial pelo ordinário, significa para o autor direito de diminuir o direito de defesa do réu. Pois, a lei lhe dá amplamente, na contestação, o direito de embutir ação própria tuteladora de sua posse contra o autor para elidir-lhe o pedido. Vale dizer, esses esquemas já ofertam (prepocessualmente) aos réus direitos processuais específicos, que o rito ordinário não contempla. Extirpá-los com a manobra do princípio da disponibilidade do procedimento, se isso fosse verdade científica de processo, seria melhor que o legislador, com base em outro princípio (economia processual), arrancasse de vez a existência dos ritos especiais, e simplificasse mutiladoramente o processo, com a instituição apenas do leito comum e amplo onde correm todas as causas." LEITÃO, José Ribeiro. Aspectos de teoria geral dos procedimentos especiais. *Revista de Doutrina e Jurisprudência do TJ/DF*, abr., 1985. Disponível em https://bdjur.tjdft.jus.br/xmlui/bitstream/handle/tjdft/35132/aspectos%20de%20teoria%20geral%20dos%20procedimentos%20especiais.pdf?sequence=1. Acesso em 18 de ago. 2018, p.38.

106. Sobre a possibilidade de anuência do réu para alteração do procedimento, cf. FABRÍCIO, Adroaldo Furtado. *Comentários ao Código de Processo Civil*. v. VIII. 8. ed. Rio de Janeiro: Forense, 2001, t. III, p.19.

107. DIDIER JR., Fredie; CABRAL, Antônio do Passo; CUNHA, Leonardo Carneiro da. *Por uma nova teoria dos procedimentos especiais*: dos procedimentos às técnicas. Op. cit., p. 84.

108. v. RIBEIRO, Flávia Pereira; COSTA, Valestan Milhomem da. O consenso das partes na nova usucapião extrajudicial. In: LUCON, Paulo Henrique dos Santos; APRIGLIANO, Ricardo de Carvalho; SILVA, João Paulo Hecker da; VASCONCELOS, Ronaldo; ORTHMANN, André (coords.). *Processo em jornadas*. Salvador: Juspodivm, 2016, p. 296 e ss.

procedimento comum. Essa mesma relativa indisponibilidade observa-se nas ações multipolares, por exemplo, em ações concorrenciais[109].

Nada obstante seja comum a associação entre a tutela jurisdicional diferenciada e o atendimento dos interesses do autor[110], é preciso chamar atenção para o fato de que esta associação não ocorre de maneira necessária ou exclusiva. Ao contrário, a bilateralidade da tutela jurisdicional importa o reconhecimento de que a tutela deve ser prestada em benefício das partes no processo, de modo que é necessário reconhecer ao réu o mesmo direito que ao autor a uma tutela adequada e efetiva, sempre que na situação concreta o direito lhe (réu) assista[111].

A tutela jurisdicional não é algo que se realize necessariamente em benefício de uma das partes, por exemplo, em proveito do autor. Se a tutela jurisdicional objetiva a pacificação dos litigantes, deve ser concedida a quem tiver razão[112-113], todavia sem se desconsiderar que "a superação da controvér-

---

109. Com o mesmo entendimento, chamando-os de ações universais, v. ROQUE, Andre Vasconcelos. Art. 327. In: STRECK, Lenio Luiz; NUNES, Dierle; CUNHA, Leonardo Carneiro da (orgs.). *Comentários ao Código de Processo Civil.* 2. ed. São Paulo: Saraiva, 2017, p.490; GRECO, Leonardo. *Instituição de processo civil.* v. I. 5. ed. Rio de Janeiro: Forense, 2015, ponto 20.2 [e-book].

110. ARMELIN, Donaldo. Tutela jurisdicional diferenciada. *Revista de Processo*, n.º 65. São Paulo: Revista dos Tribunais, 1992, p.46. "Portanto, se a diferenciação da tutela consiste efetivamente em peculiaridades, normalmente procedimentais, embora não exclusivamente, que tornam a prestação jurisdicional muito mais adaptada aos pedido de direito material formulado pelo autor, proporcionando, pois, tutela mais efetiva, não há como negar que a ótica do autor foi a que inspirou (e é a que inspira) o legislador a criar expedientes encartáveis no conceito amplo de tutela diferenciada." WAMBIER, Luiz Rodrigues; WAMBIER, Teresa Arruda Alvim. Tutela diferenciada. *Revista de Processo*, n.º 180. São Paulo: Revista dos Tribunais, 2010, p.43-44.

111. "O processo civil não atua no interesse de nenhuma das partes, mas por meio do interesse de ambas. O interesse das partes não constitui senão um meio, um estímulo, para que o Estado, representado pelo juiz, intervenha e conceda razão a quem efetivamente a tem, concomitantemente satisfazendo o interesse público na atuação da lei para a justa composição dos conflitos." OLIVEIRA, Carlos Alberto Alvaro de. *Do formalismo no processo civil:* proposta de um formalismo-valorativo. 4. ed. São Paulo: Saraiva, 2010, p. 209; BETTI, Emílio. *Diritto processuale civile italiano*. Op. cit., p.5; SILVA, Ovídio A. Baptista da. *Curso de processo civil*: processo de conhecimento. 5. ed. São Paulo: Revista dos Tribunais, 2000, p.113.

112. v. DINAMARCO, Cândido Rangel. *Instituições de Direito Processual Civil.* v. I. Op. cit., p. 194-198; ARMELIN, Donaldo. Tutela jurisdicional diferenciada. *Revista de Processo*, n.º 65. São Paulo: Revista dos Tribunais, 1992, p.46; BEDAQUE, José Roberto dos Santos. *Direito e processo*: influência do direito material sobre o processo. 4. ed. São

sia, e mesmo a estabilidade do regramento imposto pelo provimento estatal, significam formas de tutela também para o vencido."[114]

A tutela jurisdicional é tomada como decorrência da garantia do devido processo legal e dos meios dispostos à parte com o objetivo de viabilizar um resultado favorável. A própria observância do devido processo legal, independentemente de quem vença o processo ou tenha razão, por si só já é forma de tutela. Como salienta Rogério Lauria Tucci, o "direito à jurisdição" é um dos mais expressivos direitos materiais conferidos pelo Estado à comunidade em geral, a qual se dá de maneira plena por meio do devido processo legal.[115]

Neste cenário, caso a situação do réu mereça um tratamento diferenciado, ora em razão de potencial fragilidade de sua defesa em circunstâncias de abstrata desigualdade entre as partes, ora em decorrência de complexidades da causa, cumpre em princípio ao legislador conformar estruturas processuais para que tutelem, de maneira adequada, a sua situação.

Assim, o procedimento especial que levasse em consideração interesse do réu[116], em princípio, não se mostraria compatível com o procedimento

---

Paulo: Malheiro, 2006, p.28; YARSHELL, Flávio Luiz. *Tutela jurisdicional.* 2. ed. São Paulo: DPJ, 2006, p.24

113. Segundo Cândido Dinamarco: "Em um processo em que litigam dois sujeitos em posições antagônicas, só um deles receberá a tutela jurisdicional. Poderá ser o autor, mas também poderá ser o réu, conforme a convicção do juiz e, conseqüentemente, conforme o teor da sentença que pronunciar. A dialética do processo de conhecimento, pondo ordinariamente em choque a *tese* do autor e a *antítese* do réu, conduz à *síntese* representada pela sentença; e o julgamento contido nesta será no sentido ditado pelo contexto dos fatos confirmados ou não pelas provas, pela qualificação desses fatos em determinada categoria jurídico-substancial (*v.g.*, mútuo, depósito, responsabilidade contratual ou extracontratual *etc.*) e pela correta interpretação dos textos jurídicos." DINAMARCO, Cândido Rangel. *Instituições de Direito Processual Civil.* v. I. Op. cit., p. 195-196. Igualmente, cf. LIEBMAN, Enrico Tullio. *Manual de Direito Processual Civil.* v. I. Op. cit. p.195; BEDAQUE, José Roberto dos Santos. *Direito e processo*: influência do direito material sobre o processo. 4. ed. São Paulo: Malheiro, 2006, p.27.

114. YARSHELL, Flávio Luiz. *Tutela jurisdicional.* Op. cit. p.33. Igualmente, v. MARINONI, Luiz Guilherme. *Curso de processo civil:* Teoria geral do processo. 8. ed. São Paulo: Revista dos Tribunais, 2014, p. 269.

115. TUCCI, Rogério Lauria. Devido processo penal e alguns de seus importantes corolários. In: TUCCI, Rogério Lauria; TUCCI, José Rogério Cruz e Tucci. *Devido processo legal e tutela jurisdicional.* São Paulo: Revista dos Tribunais, 1993, p. 16-19; YARSHELL, Flávio Luiz. *Tutela jurisdicional.* Op. cit. p.28-29.

116. FABRÍCIO, Adroaldo Furtado. *Comentários ao Código de Processo Civil.* v. VIII. 8. ed. Rio de Janeiro: Forense, 2001, t. III, p.18-19; ORIONE NETO, Luiz. Teoria Geral dos procedimentos especiais. In: DIDIER JR., Fredie; FARIAS, Cristiano Chaves de (coords.).

comum para efeito, por exemplo, de cumulação de pedidos. Ao magistrado competiria a rejeição da medida que implique flexibilização, salvo em casos de negócios jurídicos processuais entre as partes quando possível (art. 190 CPC).

A aludida situação de indisponibilidade procedimental decorre da ausência da autonomia do autor na opção pela cumulação de pedidos. Considerando que, nestes procedimentos, a finalidade é proteger o sujeito passivo (paciente da demanda), a faculdade pela cumulação resultaria em intolerável lesão ao interesse do réu[117], alinhado especialmente com as garantias do contraditório e da ampla defesa[118].

Nessa senda, não se pode concordar com a tese de que o procedimento comum sempre pode ser utilizado em substituição dos procedimentos especiais na medida em que seria sempre benéfico ao réu[119]. Calmon de Pas-

---

Procedimentos especiais cíveis: legislação extravagante. São Paulo: Saraiva, 2003, p.32; SICA, Heitor Vitor Mendonça. Reflexões em torno da teoria geral dos procedimentos especiais. *Revista de Processo*, n.º 208. São Paulo: Revista dos Tribunais, 2012, p. 77-79.

117. FABRÍCIO, Adroaldo Furtado. Justificação teórica dos procedimentos especiais. In: *Ensaios de direito processual*. Rio de Janeiro: Forense, 2003, p.48

118. "Em regra, o procedimento-tipo é formal e solente, procurando cercar o exercício da função jurisdicional das mais amplas garantias e franquear às partes os mais largos caminhos de discussão, de prova e de impugnação das decisões. O procedimento assim estruturado - geralmente denominado *comum* ou *ordinário* - serve ao volume maior e principal das causas, às situações mais freqüentes e destituídas de peculiaridade aptas a justificar um tratamento diferenciado. Por outro lado, como já ficou brevemente mencionado, esse procedimento por assim dizer genérico funciona também como um *standard* básico, seja no sentido de que a partir dele se constroem os outro, específicos, seja porque em numerosos casos a diversidade destes em confronto com aquele é parcial e condicionada, de tal sorte que o trâmite processual, iniciado em forma diferenciada, retorna ao *leito comum* do rito básico a partir de certo momento ou a depender de uma dada condição. A tudo isso se acresça que, exatamente por terem sido fixados como um modelo, os termos do procedimento especial prevalecem também no especial, na medida em que as regras jurídicas a estes pertinentes sejam omissas: vale dizer, as normas do rito genérico enchem os vazios da regulação dos especiais, a estes aplicando-se subsidiariamente." FABRÍCIO, Adroaldo Furtado. Justificação teórica dos procedimentos especiais. Op. cit., p.36-37. Igualmente, v. FABRÍCIO, Adroaldo Furtado. *Comentários ao Código de Processo Civil*. v. VIII. Op. cit., t. III, p.5-6.

119. Cássio Scarpinella Bueno defendeu que a opção pelo procedimento comum traria prejuízo exclusivamente ao demandante que abrisse mão da especialidade e sumariedade do procedimento em favor do procedimento ordinário. Para o autor: "Trata-se, quase, de uma *renúncia*, pelo autor, de um procedimento especial ou comum-sumário, em prol de um interesse público maior, a economia processual e a uniformidade de decisões". BUENO, Cássio Scarpinella. Art. 292. In: Antonio Carlos Marcato (coord.) *Código de*

sos, por exemplo, afirmava ser possível a cumulação objetiva de demandas, ainda que com sacrifício da celeridade processual, em prol da economia e da harmonização de julgados[120].

Nos aludidos casos, a flexibilização do procedimento depende da participação e anuência de todos os interessados, observando os limites da disponibilidade do próprio interesse objeto do processo[121].

4.3.2.4.3. Da vinculação do procedimento ao atendimento de interesse de natureza pública.

A outra circunstância a impactar a disponibilidade do procedimento é sua vinculação com o atendimento de interesse de natureza pública. Trata-se, do ponto de vista de identificação, da mais complexa das circunstâncias considerando a baixa densidade denotativa do conceito de "interesse público".

O significado de interesse público e as circunstâncias que o identificam são bastante liquefeitos[122]. No entanto, de plano é possível excluir para

---

Processo Civil interpretado. 2. ed. São Paulo: Atlas, 2005, p.949. No mesmo sentido, v. NERY JUNIOR, Nelson; NERY, Rosa Maria de Andrade. *Código de Processo Civil comentado e legislação processual em vigor*. 11. ed. São Paulo: Revista dos Tribunais, 2010, p. 585; NERY JUNIOR, Nelson; NERY, Rosa Maria de Andrade. *Comentários ao Código de Processo Civil*. São Paulo: Revista dos Tribunais, 2015, p. 898. Com entendimento próximo, v. LACERDA, Galeno. *Comentários ao Código de Processo Civil*. v. VIII. 10. ed. Rio de Janeiro: Forense, 2007, t. I, p. 26. Sob a égide do CPC-1939, comentava Jorge Americano que: "O art. 155 trata da cumulação de ações, que expressamente autoriza quando se damandam vários direitos pela mesma forma processual, e perante o mesmo juízo, ou qunado se demandam por formas diversas, desde que seja escolhida a mais favorável ao réu. (...) Quando houver cumulação de processo com forma diversas, e não se tiver escolhido a mais favorável à defesa, a nulidade se terá por suprida se não fôr argüida". AMERICANO, Jorge. *Comentários ao Código de Processo Civil do Brasil*. v. 1. 2. ed. São Paulo: Saraiva, 1958, p. 220.

120. "Atendendo, entretanto, ao princípio de que o rito mais breve ou especial é posto com vistas, normalmente, ao interesse do autor, e parecendo ao legislador merecesse o princípio de economia processual prevalecendo sobre o princípio da celeridade, admitiu a cumulação de pedidos, mesmo quando para eles previstos ritos ou processos diversos, se o autor prefere o processo de cognição e, neste, o procedimento ordinário. Assim, fez possível sempre a cumulação adotando que seja esse rito." PASSOS, José Joaquim Calmon de. *Comentários ao Código de Processo Civil*. v. III. 9. ed. Rio de Janeiro: Forense, 2005, p. 236.

121. Nesse sentido, THEODORO JÚNIOR, Humberto. *Curso de Direito Processual Civil*. v. II. 52. ed. Rio de Janeiro: Forense, 2018, §1, n.º 7 [e-book]

122. cf. MELLO, Celso Antônio Bandeira de. *Curso de Direito Administrativo*. 22. ed. São Paulo: Malheiro, 2007, p.56 e ss.

efeitos de indisponibilidade procedimental o chamado interesse público secundário[123], na medida em que existe espaço de autonomia negocial da Administração Pública.[124]

Um exemplo dessa disponibilidade no contexto da autonomia da Administração Pública está na possibilidade de excepcionar a remessa necessária (reexame necessário) em razão de orientação vinculante firmada no âmbito administrativo do próprio ente público. A formação de orientação vinculante consolidada em manifestação, parecer ou súmula administrativa provoca a dispensa da técnica diferenciada da remessa necessária (reexame necessário)[125]. Aqui a indisponibilidade decorreria da segunda circunstância base, ou seja, a titularidade do interesse que ensejou a diferenciação procedimental.

Com efeito, o interesse público que justifica a indisponibilidade procedimental é o interesse público primário, ou seja, o interesse pertencente à sociedade e a seus membros em razão de sua existência ou do fato de pertencerem a essa comunidade[126]. São exemplos dessa realidade os processos que veiculam direito/interesses de natureza coletiva[127].

---

123. "Estes últimos *não são interesses públicos*, mas interesses individuais do Estado, similares, pois (sob prima extrajurídico), aos interesses de qualquer outro sujeito. Similares, mas não iguais. Isto porque a generalidade de tais sujeitos pode defender estes interesses individuais, ao passo que o Estado, concebido que é para a realização de interesses públicos (situação, pois, inteiramente diversa da dos particulares), só poderá defender seus próprios interesses privados quando, sobre não se chocarem com os interesses públicos propriamente ditos, coincidam com a realização destes." MELLO, Celso Antônio Bandeira de. *Curso de Direito Administrativo.* 22. ed. São Paulo: Malheiro, 2007, p.63. Igualmente, v. SALLES, Carlos Alberto de. Processo civil de interesse público. In: GRINOVER, Ada Pellegrini; WATANABE, Kazuo; COSTA, Susana Henriques da (coords.). *O processo para solução de conflitos de interesse público.* Salvador: Juspodivm, 2017, p.194.

124. cf. BARREIROS, Lorena Miranda Santos. *Convenções processuais e poder público.* Salvador: Juspodivm, 2016, p.29-94.

125. Sobre a remessa necessária e as hipóteses de dispensa, v. CUNHA, Leonardo Carneiro da. *A fazenda pública em juízo.* 13. ed. Rio de Janeiro: Forense, 2016, p. 194-195.

126. "É que, na verdade, o interesse público, o interesse do todo, do conjunto social, nada mais é que a *dimensão pública dos interesses individuais*, ou seja, dos interesses de *cada indivíduo enquanto partícipe da Sociedade* (*entificada juridicamente no Estado*), nisto se abrigando também o *depósito intertemporal destes mesmos interesses*, vale dizer, já agora, encarados eles em sua continuidade histórica, tendo em vista a sucessividade das gerações de seus nacionais." MELLO, Celso Antônio Bandeira de. *Curso de Direito Administrativo.* Op. cit., p.57. O autor, mais à frente, sintetiza: "*Donde, o interesse público deve ser conceituado como o interesse resultante do conjunto dos interesses que os indivíduos* ***pessoalmente*** têm quando considerados ***em sua qualidade de membros***

Muito semelhante ao que ocorre quando da indisponibilidade de direitos/interesses, a indisponibilidade do procedimento, no que concerne ao atendimento do interesse público, está relacionada a aspectos que possam influenciar (limitar e dificultar) sua certificação[128]. Afora esses aspectos, a relativa indisponibilidade não veda a flexibilização ou modulação de outros elementos procedimentais, a exemplo das técnicas de efetivação da tutela jurisdicional[129].

Ao contrário, no que concerne à efetivação da tutela jurisdicional, a flexibilização do modelo procedimental é imprescindível. Observem, por exemplo, os processos estruturantes[130], cuja efetivação depende muito de negócios jurídicos processuais acerca das técnicas de satisfação a serem empregadas[131].

---

da Sociedade e pelo simples fato de o serem." MELLO, Celso Antônio Bandeira de. *Curso de Direito Administrativo.* Op. cit., p.58 (destaques no original). Igualmente, cf. TALAMINI, Eduardo. A (in)disponibilidade do interesse público: consequências processuais (composições em juízo, prerrogativas processuais, arbitragem, negócios processuais e ação monitória) – versão atualizada para o CPC/2015. *Revista de Processo*, n.º 264. São Paulo: Revista dos Tribunais, 2017, p.85-86.

127. DIDIER JR., Fredie; ZANETI JR., Hermes. *Curso de Direito Processual Civil*: processo coletivo. 12. ed. Salvador: Juspodivm, 2018, p.121-124.

128. Suzana Henrique Costa, inclusive, reconhece a possiblidade de cumulação entre pedidos entre a ação de improbidade administrativa e a ação civil pública, desde que observadas as especificidades relacionadas a defesa preliminar pelo réu. COSTA, Suzana Henrique. Art. 327. In: CABRAL, Antonio do Passo; CRAMER, Ronaldo (coords.). *Comentários ao novo Código de Processo Civil.* 2. ed. Rio de Janeiro: Forense, 2016, p.515.

129. Com relação aos processos coletivos, não existe espaço de disposição quanto à execução de eventual condenação. Como afirmam Fredie Didier Jr. e Hermes Zaneti Jr., se, por um lado, existe uma obrigatoriedade temperada na propositura da ação coletiva, com relação à demanda executiva o princípio da indisponibilidade não comporta exceções. DIDIER JR., Fredie; ZANETI JR., Hermes. *Curso de Direito Processual Civil*: processo coletivo. 12. ed. Salvador: Juspodivm, 2018, p.122.

130. Sobre o tema, com a indicação de exemplos de técnicas processuais relacionados aos processos estruturais, cf. FERRARO, Marcella Pereira. Litígios estruturais: entre técnica processual e tutela dos direitos. In: ARENHART, Sérgio Cruz; MITIDIERO, Daniel (coords.). *O processo civil entre a técnica processual e a tutela dos direitos*: estudos em homenagem a Luiz Guilherme Marinoni. São Paulo: Revista dos Tribunais, 2017, p.678-681; VITORELLI, Edilson. Levando os conceitos a sério: processo estrutural, processo coletivo, processo estratégico e suas diferenças. *Revista de Processo*, n.º 284. São Paulo: Revista dos Tribunais, 2018, p. 345-354.

131. "Após essa primeira decisão – normalmente, mais genérica, abrangente e quase 'principiológica', no sentido de que terá como principal função estabelecer a 'primeira impressão' sobre as necessidades da tutela jurisdicional – outras decisões serão exigi-

Como se percebe, não existem processos absolutamente indisponíveis ou absolutamente obrigatórios. Sempre haverá certo espaço de disponibilidade, preservados os limites acima indicados[132]. Nesse sentido, seja o procedimento comum, seja o procedimento especial, eventuais indisponibilidades serão sempre relativas e vinculadas às acima indicadas circunstâncias.

4.3.2.4.4. Da (in)disponibilidade e a compatibilidade entre os procedimentos, e o princípio da inter-relação em rede do procedimento comum com os procedimentos especiais.

Com fundamento no *princípio da inter-relação em rede do procedimento comum com os procedimentos especiais*, a compatibilidade de que trata o art. 327, §2º, do CPC deve ser interpretada à luz da (in)disponibilidade do processo. Dessa interpretação, é possível extrair algumas regras.

A primeira regra que é possível formular garante um aspecto permissivo e abrangente ao aludido dispositivo do art. 327, §2º, do CPC. Trata-se da regra que permite a associação de qualquer procedimento, salvo quando provocar a flexibilização de seus aspectos indisponíveis.

Por outro lado, outras regras poderiam ser extraídas dessa mesma análise. A segunda regra, menos abrangente, estabelece que, quando da cumulação de pedidos tutelados, pelo menos um deles sob a égide de um procedimento especial dito obrigatório, seria possível utilizar o procedimento comum como base procedimental, obrigatoriamente observando o

---

das, para a solução de problemas e questões pontuais, surgidas na implementação da 'decisão-núcleo', ou para a especificação de alguma prática devida. Possivelmente, isso se sucederá em uma ampla cadeia de decisões, que implicarão avanços e retrocessos no âmbito de proteção inicialmente afirmado, de forma a adequar, da melhor forma viável, a tutela judicial àquilo que seja efetivamente possível de se lograr no caso concreto. Não raras vezes, esses provimentos implicarão técnicas semelhantes à negociação e à mediação." ARENHART, Sérgio Cruz. Decisões estruturais no Direito Processual Civil brasileiro. *Revista de Processo*, n.º 225. São Paulo: Revista dos Tribunais, 2013, p. 400. No mesmo sentido, v. COSTA, Eduardo José da Fonseca. A "execução negociada" de políticas públicas em juízo. *Revista de Processo*, n.º 212. São Paulo: Revista dos Tribunais, 2012, p.38-45; RODRIGUES, Marco Antonio; GISMONDI, Rodrigo. Negócios jurídicos processuais como mecanismos de auxílio à efetivação de políticas públicas. In: ARENHART, Sérgio Cruz; JOBIM, Marco Félix (orgs.). *Processos estruturais*. Salvador: Juspodivm, 2017, p.151-158.

132. Há quem defenda, por exemplo, a possibilidade de cumulação de pedido de jurisdição contenciosa com pedido de jurisdição voluntária, ressalvada a manifesta incompatibilidade. cf. GRECO, Leonardo. *Jurisdição voluntária moderna*. São Paulo: Dialética, 2003, p.45.

emprego de técnicas processuais diferenciadas previstas nos procedimentos especiais a que se sujeitam um ou mais pedidos cumulados – se não houver flexibilização de aspectos indisponíveis do procedimento.

Imagine-se, como exemplo, um processo em que se cumulem os pedidos de interdição e de indenização do interditando por alienação parental ou de interdição cumulado com alimentos. Nada impediria a aludida cumulação, desde que fossem observados os aspectos relativos à diferenciação procedimental (no caso da interdição, v. g. a entrevista realizada pelo juiz ao interditando na forma do art. 751 do CPC e a perícia obrigatória na forma do art. 753 do CPC).

De outro modo, em se tratando de cumulação de pedidos relacionados a procedimentos ditos facultativos[133], o procedimento comum servirá de base procedimental a ser observada, sem prejuízo do emprego de técnicas processuais diferenciadas previstas nos procedimentos especiais a que se sujeita(m) um ou mais pedidos cumulados.

Nestas situações, o demandante poderá, inclusive, abrir mão da especialização prevista no procedimento especial, desde que o faça explicitamente, na medida em que, nesses casos, a flexibilidade procedimental, de maneira mais ampla, encontra-se subordinada à manifestação de vontade do demandante[134].

Por outro lado, a cumulação, inclusive, poderia dar-se no próprio procedimento especial e, se fosse o caso, com a utilização das técnicas do procedimento comum ou de outros procedimentos especiais[135]. Por exemplo, seria possível utilizar o mandado de segurança como base para cumulação

---

133. Como exemplo, afirma Arruda Alvim a possibilidade de cumulação de ação condenatória por perdas e danos com pedido de reintegração de posse. v. ALVIM, Arruda. *Novo contencioso cível no CPC/2015*. São Paulo: Revista dos Tribunais, 2016, p.158-159.

134. Defendendo a possibilidade (faculdade) do emprego de técnicas processuais diferenciadas. cf. GUIMARÃES, Heitor Miranda. Art. 327. In: VERAS, Ney Alves (coord.). *Comentários ao Código de Processo Civil*. Campo Grande: Contemplar, 2017, p.483-484; FLEXA, Alexandre; MACEDO, Daniel; BASTOS, Fabrício. *Novo Código de Processo Civil*. Salvador: Juspodivm, 2015, p.272; THAMAY, Rennan Faria Krüger. *Manual de Direito Processual Civil*. São Paulo: Saraiva Educação, 2018, p.259. No mesmo sentido, v. CAMBI, Eduardo; DOTTI, Rogéria; PINHEIRO, Paulo Eduardo d'Arce; MARTINS, Sandro Gilbert; KOZIKOSKI, Sandro Marcelo. *Curso de processo civil completo*. São Paulo: Revista dos Tribunais, 2017, p.351.

135. Em sentido contrário, Leonardo Cunha entende que o a cumulação seria apenas admitida em casos de possibilidade de conversão do procedimento comum. CUNHA, Leornardo Carneiro da. Art. 327. In: ALVIM, Angélica Arruda; ASSIS, Araken de; ALVIM, Eduardo Arruda; LEITE, George Salomão, (coords.). *Comentários ao Código de Processo Civil*. 2. ed. São Paulo: Saraiva, 2017, p.460.

de pedido de cobrança[136]. Neste ponto, nada vedaria a utilização do regime de precatório (técnica de diferenciação) quanto aos pleitos de natureza pecuniária. É preciso, pois, repensar a atualidade do velho entendimento firmado nos enunciados n.º 269 e 271 das súmulas da jurisprudência predominante do Supremo Tribunal Federal.

O fenômeno descrito decorre da nova postura atribuída ao procedimento comum que assumiria o *status* de modelo geral dos procedimentos sendo, em princípio, compatível com qualquer forma da tutela jurisdicional diferenciada. Trata-se de conjunto de regras que ratifica a existência do *princípio da inter-relação em rede do procedimento comum com os procedimentos especiais.*

Na medida em que o feixe de especialidade dos diversos procedimentos é absorvido pelo procedimento comum, esse adota uma dimensão tão abrangente, que ultrapassa a tradicional feição de servir de fonte de onde se extraem os elementos técnicos para a formação dos demais procedimentos[137] e de socorro diante das omissões e lacunas normativas[138] - não sendo por acaso que o *caput* do art. 1.049 do CPC estabelece que, na hipótese de a lei remeter a procedimento previsto na lei processual sem especificá-lo, será observado o procedimento comum do CPC.

Sob a égide do antigo CPC, Adroaldo Furtado Fabrício afirmava que não existia um verdadeiro procedimento "comum", uma vez que o antigo código tratava de dois tipos de procedimentos que, agrupados, formariam apenas abstratamente tal categoria. Para o autor, que não enxergava vantagem

---

136. Criticando o entendimento restritivo, com relação à vedação da utilização do Mandado de Segurança para cobrança de parcelas pecuniárias, v. BUENO, Cássio Scarpinella. *A nova lei do mandado de segurança.* São Paulo: Saraiva, 2009, p.87-92.

137. Não se pode olvidar que certos procedimentos especiais preveem sua conversão ao procedimento comum. Afirma Marcato que essa conversão pode resultar ou da necessidade de ampliação do âmbito de cognição e instrução ou da antecedência prática de certos atos relacionados com as peculiaridades da causa e situação tutelada, que após observada permite a prevalência dos demais aspectos do procedimento comum. MARCATO, Antônio Carlos. *Procedimentos especiais.* 16. ed. São Paulo: Atlas, 2016, p.73.

138. No mesmo sentido v. FABRÍCIO, Adroaldo Furtado. Justificação teórica dos procedimentos especiais. In: *Ensaios de direito processual.* Rio de Janeiro: Forense, 2003, p.37 e 46; FABRÍCIO, Adroaldo Furtado. *Comentários ao Código de Processo Civil.* v. VIII. 8. ed. Rio de Janeiro: Forense, 2001, t. III, p.5-6 e 12-13; PASSOS, José Joaquim Calmon de. *Comentários ao Código de Processo Civil.* v. III. 9. ed. Rio de Janeiro: Forense, 2005, p. 17-18; SICA, Heitor Vitor Mendonça. Reflexões em torno da teoria geral dos procedimentos especiais. *Revista de Processo*, n.º 208. São Paulo: Revista dos Tribunais, 2012, p. 74-75.

prática da cisão, "a função de procedimento-padrão", à qual eventualmente retornam os procedimentos especiais e que lhes garantem os fundamentos para colmatação de lacunas e aplicações supletivas, seria desempenhada exclusivamente pelo então procedimento ordinário.[139]

A referida crítica, contudo, não pode ser repetida ao CPC atual. Primeiramente, porque a prescrição do procedimento comum (em sentido estrito) com exclusividade garante a concentração da função de procedimento-padrão. Em segundo lugar, o procedimento comum (em sentido estrito), no vigente CPC, é o modelo a permitir um acoplamento das técnicas diferenciadas dos procedimentos especiais, sem prejuízo da possibilidade de ceder elementos e estruturas normativas, capazes de colmatar lacunas e suplementar os procedimentos especiais.

De qualquer sorte, não se pode concordar com a tese[140] de que existem certas situações jurídicas tuteladas intrínseca e irredutivelmente[141] submetidas ao procedimento especial, ainda que contempladas em microssistemas autônomos[142]. Ao que parece, não se vislumbram critérios dogmáticos que permitam afirmar a impossibilidade de o demandante realizar a livre escolha do procedimento comum, em detrimento de procedimentos "que outorgam ao autor tutela jurisdicional tão claramente mais eficiente, célere e adequada

---

139. FABRÍCIO, Adroaldo Furtado. *Comentários ao Código de Processo Civil.* v. VIII. 8. ed. Rio de Janeiro: Forense, 2001, t. III, p.14-15.

140. Defendida por FABRÍCIO, Adroaldo Furtado. Justificação teórica dos procedimentos especiais. In: *Ensaios de direito processual.* Rio de Janeiro: Forense, 2003, p.48-49; FABRÍCIO, Adroaldo Furtado. *Comentários ao Código de Processo Civil.* v. VIII. 8. ed. Rio de Janeiro: Forense, 2001, t. III, p.19.

141. Chamado de "infungível" por Heitor Sica. Explica o autor que: "Em resumo, segundo o raciocínio aqui proposto, a dicotomia entre os procedimentos especiais *infungíveis* e *fungíveis* não está ligada intrínseca e necessariamente ao grau de diferenciação deles em relação ao procedimento comum, e podem entrar em cena outros critérios, como a existência de dúvida quanto ao cabimento do procedimento especial e à possibilidade de obtenção de tutela jurisdicional de qualidade igual ou muito similar por meio do procedimento comum." SICA, Heitor Vitor Mendonça. Reflexões em torno da teoria geral dos procedimentos especiais. *Revista de Processo*, n.º 208. São Paulo: Revista dos Tribunais, 2012, p. 81.

142. Com outro entendimento, v. SICA, Heitor Vitor Mendonça. Reflexões em torno da teoria geral dos procedimentos especiais. *Revista de Processo*, n.º 208. São Paulo: Revista dos Tribunais, 2012, p. 77-79.

do que aquela prestada pelo procedimento comum ordinário, que lhe faltaria interesse processual para optar por este último"[143-144].

Se, ainda assim, a cumulação mostrar-se impossível, por qualquer dos aspectos traçados, a questão se resolve por três possibilidades. A primeira é a revogação, pelo demandante, de um dos pedidos, sendo que a escolha caberia ao autor[145]; a segunda é a suspensão da análise de um dos pedidos na forma do art. 313, inciso IV, do CPC com o objetivo de evitar a extinção do processo sem resolução do mérito[146]; a terceira é a invalidação do procedimento, caso não cumprisse a sua finalidade.

Quanto à invalidação do procedimento, não se deve desconsiderar que a questão envolve a compreensão de qual finalidade representa o foco da estrutura e que função exerce. Convém salientar que um dos efeitos normativos aferidos do *princípio da inter-relação em rede do procedimento comum com os procedimentos especiais* é a amplitude da fungibilidade entre os procedimentos.

Cruz e Tucci registra que o CPC não repetiu a antiga regra decorrente do art. 295, V, do CPC-1973 que previa, entre as hipóteses de indeferimento da petição inicial, a escolha do procedimento errado, quando impossível sua adaptação. Para o autor, a prática demonstra o quão rara é a impossi-

143. SICA, Heitor Vitor Mendonça. Reflexões em torno da teoria geral dos procedimentos especiais. *Revista de Processo*, n.º 208. São Paulo: Revista dos Tribunais, 2012, p. 80.

144. Greco entende que é possível a opção do autor pelo rito do procedimento comum ainda que mais demorado, inclusive com base no art. 327, §2º, do CPC, em substituição do procedimento especial, salvo em casos em que a especificidade da matéria não comporte realização pelo rito comum. GRECO, Leonardo. *Instituição de processo civil.* v. I. 5. ed. Rio de Janeiro: Forense, 2015, ponto 10.4 e 20.2 [e-book]. No mesmo sentido, v. NERY JÚNIOR, Nelson; NERY, Rosa Maria de Andrade. *Comentários ao Código de Processo Civil.* São Paulo: Revista dos Tribunais, 2015, p.897-898; MONTENEGRO FILHO, Misael. *Novo Código de Processo Civil comentado.* 3. ed. São Paulo: Atlas, 2018, p.289 [e-book]. Contudo, Greco reconhece a nulidade quando da escolha do procedimento especial em caso de ação submetido ao rito comum. GRECO, Leonardo. *Instituição de processo civil.* v. I. 5. ed. Rio de Janeiro: Forense, 2015, ponto 10.4 e 20.2 [e-book].

145. MARINONI, Luiz Guilherme; ARENHART, Sérgio Cruz; MITIDIERO, Daniel. *Novo curso de processo civil*: tutela dos direitos mediante o procedimento comum. 3. ed. São Paulo: Revista dos Tribunais, 2017, p.168-169. Sob a égide do CPC-1973, é possível citar o precedente do Superior Tribunal de Justiça - STJ, 4ª Turma, Resp. 80.168/GO, rel. Min. Ruy Rosado de Aguiar, j. 27.02.1996, Dj. 06.05.1996, p. 14.427.

146. cf. GRECO, Leonardo. *Instituição de processo civil.* v. I. 5. ed. Rio de Janeiro: Forense, 2015, ponto 20.2 [e-book]. É possível o julgamento antecipado de um dos pedidos na forma do art. 356. DINAMARCO, Cândido Rangel. *Instituições de Direito Processual Civil.* v. II. 7. ed. São Paulo: Malheiro, 2017, p. 193.

bilidade de conversão procedimental, bastando que "o juiz determine ao autor os ajustes necessários para tornar adequado o procedimento ao tipo de pretensão deduzida."[147]

Dessa amplitude, permite-se, por exemplo, extrair uma fungibilidade "circular" ou de "mão dupla" entre os procedimentos especiais e o procedimento comum[148], sendo viável a conversão do procedimento comum em especial e o especial em comum[149]. A amplitude é tamanha que Jefferson Carús Guedes defende que o art. 327, § 2º, do CPC, mais do que permitir a conversão do procedimento, autoriza a fusão entre os procedimentos que se mesclariam entre si[150].

De todo modo, nesta ordem de ideias, cumprida a finalidade normativa não há invalidade diante de uma suposta situação de incompatibilidade procedimental[151]. O mesmo se aplica diante de um "equívoco" na escolha procedimental, desde que exista dúvida fundada em critérios objetivos sobre o cabimento do procedimento[152], não se observe violação da boa-fé ou abuso de direito na utilização do procedimento especial[153], bem como não implique em desproteção a interesse do réu[154] ou de terceiros.[155]

---

147. TUCCI, José Rogério Cruz e. *Comentários ao Código de Processo Civil.* v. VII (arts. 318 a 368). São Paulo: Saraiva, 2016, p.52. Como exemplo citou a decisão da 3ª Turma do Superior Tribunal de Justiça, no Ag.Rg no REsp 1.161.961-RJ, rel. Min. João Otávio de Noronha, Dje 22/8/2013, que manteve a possibilidade de conversão da execução em ação monitória.

148. Tradicionalmente não aceita pela doutrina. v. MARQUES, José Frederico. *Manual de Direito Processual Civil.* v. II. São Paulo: Saraiva, 1974, p.132.

149. DIDIER JR., Fredie; CABRAL, Antônio do Passo; CUNHA, Leonardo Carneiro da. *Por uma nova teoria dos procedimentos especiais*: dos procedimentos às técnicas. Salvador: Juspodivm, 2018, p.94-95. Greco reconhece a nulidade quando da escolha do procedimento especial em caso de ação submetido ao rito comum. GRECO, Leonardo. *Instituição de processo civil.* v. I. Op. cit., ponto 10.4 e 20.2 [e-book].

150. GUEDES, Jefferson Carús Guedes. *Procedimentos especiais a partir do CPC/2015*: a ressignificação do confronto entre as técnicas processuais diferenciadas e o atual procedimento comum (flexível e fundível). p.17.

151. Nada obstante admita a preservação dos atos procedimentais que cumprirem sua finalidade, Humberto Theodoro Júnior compreende os procedimentos especiais como excepcionalmente admitidos nas hipóteses delimitadas pela lei. THEODORO JÚNIOR, Humberto. *Curso de Direito Processual Civil.* v. II. 52. ed. Rio de Janeiro: Forense, 2018, §1, n.º 7 [e-book].

152. SICA, Heitor Vitor Mendonça. Reflexões em torno da teoria geral dos procedimentos especiais. *Revista de Processo*, n.º 208. São Paulo: Revista dos Tribunais, 2012, p. 80-81.

153. WAMBIER, Luiz Rodrigues. Abuso dos procedimentos especiais. *Revista de Processo*, n.º 204. São Paulo: Revista dos Tribunais, 2012, p.68.

Não obstante, além desses, outros são os arranjos normativos esperados da cláusula geral da flexibilização procedimental (art. 327, §2º, do CPC). Um outro princípio poderia ser extraído da noção de preferibilidade do procedimento comum notado da combinação do art. 327, §2º, do CPC, com outros dispositivos do Código. É sobre esse princípio que se tratará no próximo ponto.

4.4. A PREFERIBILIDADE DO PROCEDIMENTO COMUM SOBRE OS PROCEDIMENTOS ESPECIAIS.

Se, no passado recente, a preferência por uma estrutura processual padronizada poderia representar reflexos do ideal liberal, com forte apelo à neutralidade do instrumento e à segurança jurídica[156], não faz muito sentido repetir tais conclusões na atualidade. A neutralidade e segurança esperadas da ordinariedade do processo que, por um lado, representava a proteção que se esperava às liberdades fundamentais contra o intervencionismo estatal, por outro lado, proporcionou certa violência à efetividade da tutela e à promoção concreta do direito.

Nesse contexto, a especialização do procedimento serviria de alento a certas situações jurídicas materiais, as quais poderiam excepcionalmente perceber as benesses da efetividade promovida pela diferenciação da tutela. Não por acaso, de certa forma, assistiu-se ao fomento da previsão de estruturas processuais especializadas[157].

Nada obstante, na atualidade, já se observa um percurso inverso, como se em um retorno aprimorado à padronização. Não se está a falar, contudo, de um movimento comprometido com retrocessos. Muito pelo contrário, os ganhos em operatividade e em equilíbrio entre segurança e efetividade são objetivos importantes[158].

---

154. v. SICA, Heitor Vitor Mendonça. Reflexões em torno da teoria geral dos procedimentos especiais. *Revista de Processo*, n.º 208. São Paulo: Revista dos Tribunais, 2012, p. 78.

155. DIDIER JR., Fredie; CABRAL, Antônio do Passo; CUNHA, Leonardo Carneiro da. *Por uma nova teoria dos procedimentos especiais*: dos procedimentos às técnicas. Salvador: Juspodivm, 2018, p.96-97.

156. v. item 3.2.1.

157. Todavia, como explicava Pontes de Miranda, a especialidade não significa sempre uma exclusão da ordinariedade, a qual muitas vezes, persistia e era apenas modificada em algum momento inicial. MIRANDA, Pontes de. *Comentários ao Código de Processo Civil*. Op. cit., t. XIII, p. 3-4.

158. "É que parece haver cada vez mais um sentimento de que a diversidade de procedimentos nem sempre é suficiente para atingir resultados ótimos para a tutela jurisdicional.

O passo inicial, não tão recente, ocorre com a universalização das técnicas procedimentais antes especiais, com o desenvolvimento de um padrão procedimental robusto e adequado a uma série de circunstâncias antes tratadas por processos especiais; em seguida, o desenvolvimento do processo comum a garantir padrões de operacionalidade que viabilizem o grau de eficiência[159] próprio de um processo equitativo/devido capaz de cumprir as expectativas normativas decorrentes do princípio da inafastabilidade da jurisdição.

No sistema brasileiro, é possível observar com certa clareza os reflexos desse fenômeno. Primeiro, com a universalização de técnicas processuais típicas dos procedimentos especiais por meio do procedimento comum – a exemplo da generalização das tutelas satisfativas fundadas em cognição sumária, a concentração da atividade cognitiva, cautelar e satisfativa em um mesmo processo etc. O segundo movimento observa-se mais recentemente, com a paulatina substituição de complexas estruturas procedimentais especiais por técnicas diferenciação pontuais e incorporáveis ao procedimento comum.

Neste ponto, é possível inferir uma preferência (ideológica e normativa) pelo procedimento comum[160], de modo que se pode defender a existência de um *princípio de preferibilidade do procedimento comum aos procedimentos especiais*. O referido arranjo normativo decorre da combinação entre a cláusula geral do art. 327, §2º, do CPC, com uma série de dispositivos contidos no

---

Muitas vezes, procedimentos especiais não se justificam porque, para obter uma pequena mudança formal, desenham-se regramentos inteiros, quase iguais ao procedimento comum. Assim formatados, esses procedimentos especiais aumentam a complexidade do sistema, exigindo conhecimento especializado e maior capacitação dos profissionais, que por vezes é onerosa e pode geral situações desiguais, restringindo o acesso a essas técnicas aos mais privilegiados economicamente, sem garantir benefícios em termo de eficiência processual." DIDIER JR., Fredie; CABRAL, Antônio do Passo; CUNHA, Leonardo Carneiro da. *Por uma nova teoria dos procedimentos especiais*: dos procedimentos às técnicas. Op. cit., p. 85. Nesse sentido, cf. SICA, Heitor Vitor Mendonça. Reflexões em torno da teoria geral dos procedimentos especiais. Op. cit., p.71-72; BECKER, Laércio A. Introdução crítica aos procedimentos especiais. Op. cit., p.366-367; MARINONI, Luiz Guilherme; ARENHART, Sérgio Cruz; MITIDIERO, Daniel. *Novo Curso de Processo Civil*: tutela dos direitos mediantes procedimentos diferenciados. Op. cit., p.53-54; PICARDI, Nicola. I processi speciali. *Revista di Diritto Processuale*, v. XXXVII, n.º 2. Padova: CEDAM, 1982, p..704.

159. Nesse sentido, SICA, Heitor Vitor Mendonça. *Novas reflexões em torno da teoria geral dos procedimentos especiais*. Disponível em: http://genjuridico.com.br/2017/04/26/novas-reflexoes-em-torno-da-teoria-geral-dos-procedimentos-especiais/. Acesso em 12 de ago. 2018.

160. Aqui analisado a partir de seu sentido estrito.

próprio Código. Da leitura do aludido dispositivo, observa-se a possibilidade da cumulação de pedidos submetidos a diversos procedimentos desde que seja utilizado o procedimento comum[161].

Outros dispositivos do Código de Processo Civil se combinam com a referida cláusula para evidenciar a existência do princípio de preferibilidade do procedimento comum, a começar pelo art. 318 do CPC. Segundo o texto do referido artigo, o procedimento comum aplica-se a todas as causas, ressalvadas disposições em contrário no Código ou na lei. Não se trata de novidade do CPC atual, considerando seu antigo correspondente – art. 271 do CPC-1973. Todavia, a ressaltada novidade se constata a partir da interpretação sistemática do Código, com a combinação de diversos de seus dispositivos.

Não se trata de simples aplicação supletiva ou subsidiária do CPC. Considerando "caso" como sinônimo de situação jurídica material passível de tutela, o procedimento comum é o padrão sobre o qual transita qualquer caso, não se aplicando apenas quando explicitamente excluído pelo Código ou na legislação extravagante. Deste dispositivo se infere que o procedimento comum (em sentido estrito) – e padrão – somente não se aplicará quando expressamente excluído pelo legislador, prevalecendo a presunção de sua aplicabilidade.[162]

161. Reconhecendo a preferibilidade procedimental, v. NEVES, Daniel Amorim Assumpção. *Novo Código de Processo Civil comentado*. 2. ed. Salvador: Juspodivm, 2017, p. 579; COSTA, Suzana Henrique. Art. 327. In: CABRAL, Antonio do Passo; CRAMER, Ronaldo (coords.). *Comentários ao novo código de processo civil*. 2. ed. Rio de Janeiro: Forense, 2016, p.515; TUCCI, José Rogério Cruz e. *Comentários ao Código de Processo Civil*. v. VII (arts. 318 a 368). São Paulo: Saraiva, 2016, p.51; SOUZA, Artur Cesar. *Código de Processo Civil:* anotado, comentado e interpretado. v. II. São Paulo: Almedina, 2015, p.16-17. Aparentemente no mesmo sentido, v. JÚDICE, Mônica. Art. 327. In: CÂMARA, Helder Moroni (coord.). *Código de Processo Civil:* comentado. São Paulo: Almedina, 2016, p.507.

162. "A subsidiariedade referida no dispositivo ora comentado deve ser compreendida no sentido de que as normas do procedimento comum devem auxiliar e contribuir a compreensão das demais normas referidas, colmatando eventuais lacunas que nela sejam constatadas, sempre pressupondo a compatibilidade entre uma e outra disciplina. Justifica-se a eleição do procedimento comum como referencial normativo para aquele fim. São suas as normas que se ocupam mais minudentemente da alocação de diversos atos e fatos relevantes ao processo ao longo do procedimento. Não é incorreto distinguir os procedimentos especiais do procedimento comum diante da presença de alguma característica ou peculiaridade imposta pelo legislador àqueles, circunstância bastante para distingui-los mas não para afastá-los por completo das demais normas do procedimento comum" BUENO, Cássio Scarpinella. Art. 318. In: BUENO, Cássio Scarpinella (coord.). *Comentários ao Código de Processo Civil*. v. 2 (arts. 318 a 538).

Por conseguinte, ainda que as causas tramitem por procedimentos especiais, a aplicação do procedimento padrão não está descartada de plano, numa inversão da lógica tradicional da especialidade[163]. Não se pode desconsiderar que a relação entre o procedimento comum e procedimentos especiais se estrutura em rede, como preconizado pelo *princípio da inter-relação em rede do procedimento comum com os procedimentos especiais.*

De qualquer forma, a preferência pelo procedimento comum não significa priorizar a uniformidade procedimental. Ao revés, a formulação de técnicas de diferenciação é significativamente relevante diante de um cenário em que a eficiência carece de consolidação. A preferibilidade do procedimento comum permite, em verdade, que a diferenciação esteja concentrada nos aspectos em que realmente um tratamento específico seja relevante. Os outros aspectos serão atendidos pelas formalidades próprias do procedimento comum.

Nesse sentido, o procedimento comum aplica-se à causa por opção do demandante ou das partes (observados os limites anteriormente analisados); em aplicação subsidiária[164], em casos de lacuna do procedimento especial (art. 15, combinado com o 318, parágrafo único, ambos do CPC); supletivamente quando o procedimento especial estiver explicitamente associado

---

São Paulo: Saraiva, 2017, p.21. No mesmo sentido, v. ROQUE, André Vasconcelos. Comentários ao art. 318. In: GAJARDONI, Fernando da Fonseca; DELLORE, Luiz; ROQUE, André Vasconcelos; OLIVEIRA JR., Zulmar Duarte. *Processo de conhecimento e cumprimento de sentença:* comentários ao CPC de 2015. São Paulo: Método, 2016, p.3; SOUZA, Artur Cesar. *Código de Processo Civil:* anotado, comentado e interpretado. v. II. São Paulo: Almedina, 2015, p.16-17.

163. Defendendo que o critério de especialidade não mais justifica afastar a incidência do procedimento comum cf. TUPINAMBÁ, Carolina. Comentário ao art. 15. In: CABRAL, Antonio do Passo; CRAMER, Ronaldo. *Comentários ao Código de Processo Civil.* 2. ed. Rio de Janeiro: Forense, 2016, p.50. No mesmo contexto, afirmam Didier Jr., Cabral e Cunha que: "no sistema do atual CPC, parece-nos que a relação entre o procedimento comum e os procedimentos especiais, menos que de exclusão, é uma relação de *complementaridade*, pautada pela compatibilidade da técnica especial ao procedimento comum. Trata-se de uma interação muito mais consentânea com as ideias de eficiência processual (art. 8º CPC)" DIDIER JR., Fredie; CABRAL, Antônio do Passo; CUNHA, Leonardo Carneiro da. *Por uma nova teoria dos procedimentos especiais*: dos procedimentos às técnicas. Salvador: Juspodivm, 2018, p.94. Em sentido próximo v. OLIVEIRA JR., Zulmar Duarte. Art. 15. In: GAJARDONI, Fernando da Fonseca; DELLORE, Luiz; ROQUE, André Vasconcelos; OLIVEIRA JR., Zulmar Duarte. *Teoria geral do processo:* comentários ao CPC de 2015. Parte geral. São Paulo: Método, 2015, n.º 2 [e-book].

164. MARCATO, Antonio Carlos. *Procedimentos especiais*. Op. cit., p.77.

ao procedimento comum (art. 15 e art. 1.046, §2º, ambos do CPC)[165]; e ainda quando a diferenciação da tutela estiver atrelada a aspectos específicos da causa[166]. Além disso, inclusive quando da divergência sobre o cabimento da técnica de especialização, o procedimento comum será sempre adequado[167], existindo a determinação no art. 1.049 do CPC de que seja observado o procedimento comum sempre que a lei remeter a "procedimento previsto na lei processual sem especificá-lo".

Com relação ao procedimento comum e aos procedimentos especiais, não existe, na atualidade, todavia, espaço argumentativo para se defender a aplicabilidade de uma regra de especialidade, que preveja que, em existindo uma regra especial, essa prevaleceria sobre a geral. Primeiro, porque se observa a opção pela preferibilidade do procedimento comum. Depois, a simples existência de texto ou enunciado normativo não implica a existência de norma própria e específica do procedimento especial, de modo que não exclui a aplicação do procedimento comum.[168]

A existência de texto expresso a regular o procedimento especial não deve implicar na exclusão apriorística da aplicação do procedimento comum. Em sentido crítico, explicam Didier Jr., Cabral e Cunha que, muitas vezes,

---

165. DANTAS, Marcelo Navarro Ribeiro. Reforma do Código de Processo Civil e os procedimentos especiais. *Revista da Procuradoria-Geral da República*, n.º 7. São Paulo: Revista dos Tribunais, 1994, p.152. Sobre a distinção entre aplicação subsidiária e aplicação supletiva. v. NEVES, Daniel Amorim Assumpção. *Novo Código de Processo Civil comentado*. 2. ed. Salvador: Juspodivm, 2017, p.54; TUPINAMBÁ, Carolina. Comentário ao art. 15. In: CABRAL, Antonio do Passo; CRAMER, Ronaldo. *Comentários ao Código de Processo Civil*. Op. cit., p.50.

166. A partir do postulado da integridade (art. 926, *caput*, do CPC) sustentam Didier Jr., Cabral e Cunha, enquanto diretriz hermenêutica, que caso a regra procedimental prevista na legislação extravagante for idêntica à regra comum prevista no CPC da época em que o procedimento foi regulado, eventual mudança da regra para o procedimento comum feita pelo CPC atual implicará mudança também para o procedimento da legislação extravagante. Em paralelo, se não existia especialidade no procedimento, de modo a ser observar o procedimento comum, eventual mudança no procedimento comum também deve ser levada em consideração para a compreensão dos procedimentos previstos na legislação extravagante. DIDIER JR., Fredie; CABRAL, Antônio do Passo; CUNHA, Leonardo Carneiro da. *Por uma nova teoria dos procedimentos especiais*: dos procedimentos às técnicas. Salvador: Juspodivm, 2018, p.60-61.

167. SILVA, Manuel Dias da. *Processos civis especiaes*. 2. ed. Coimbra: F. França Amado, 1919, p.61-62

168. DIDIER JR., Fredie; CABRAL, Antônio do Passo; CUNHA, Leonardo Carneiro da. *Por uma nova teoria dos procedimentos especiais*: dos procedimentos às técnicas. Op. cit., p.68-69.

uma norma geral, comum, aplicável a qualquer procedimento, deixa de ser aplicada ao procedimento especial por haver texto expresso em sentido contrário.[169]

Como dito, o aludido princípio de preferibilidade pode ser extraído do conteúdo normativo do art. 327, §2º, do CPC. Quando o dispositivo autoriza a cumulação de pedidos submetidos a diversos procedimentos, ele determina a aplicação do procedimento comum. É sobre o procedimento comum que recairão ajustes necessários ao emprego das técnicas processuais diferenciadas previstas nos procedimentos especiais.

Todavia, é preciso alertar que não se trata de mera *preferibilidade* do procedimento comum na forma do Código de Processo Civil de 1939[170]. Ao revés, o novo CPC, nos aludidos dispositivos, concedeu ao procedimento comum o *status* de modelo procedimental amplamente adaptável (modulável) e compatível com os procedimentos especiais e com toda a gama de situações jurídicas.

Desse dispositivo, mais do que simples efeito normativo, a preferibilidade pelo procedimento comum conforma uma predisposição ideológica do sistema processual.

Neste cenário, três aspectos chamam atenção. O primeiro deles é a paulatina incorporação das técnicas processuais diferenciadas no procedimento comum. Do referido dispositivo do art. 327, §2º, do CPC, o procedimento comum passa a ser o receptor universal de tais técnicas processuais diferenciadas originalmente previstas em procedimentos especiais.

Num segundo aspecto, os procedimentos especiais tendem a ser substituídos por técnicas procedimentais diferenciadas e pontuais a se incorporarem ao procedimento comum. Nisso se observa que a manutenção de estruturas complexas representa déficit operacional[171], na medida em que

169. DIDIER JR., Fredie; CABRAL, Antônio do Passo; CUNHA, Leonardo Carneiro da. *Por uma nova teoria dos procedimentos especiais*. Op. cit., p.68.

170. Alguns doutrinadores, como Pontes de Miranda, defendiam a preferibilidade do procedimento ordinário, especialmente influenciado pela antiga previsão do art. 155, parágrafo único, do CPC-1939, a qual estabelecia que sendo diversa a forma do "processo", seria possível a cumulação de pedidos se o autor preferisse para todos os pedidos o rito ordinário. MIRANDA, Pontes de. *Comentários ao Código de Processo Civil*. 3. ed. Rio de Janeiro: Forense, 1999, t. IV, p.78; MIRANDA, Pontes de. *Comentários ao Código de Processo Civil (1939)*. 2. ed. Rio de Janeiro: Forense, 1958, t. II, p.392.

171. Desde o CPC-1973 já se falava sobre a necessidade de se modernização do processo, inclusive com a redução da quantidade de procedimentos especiais. Segundo Leitão: "A opção do legislador por determinado rito nem sempre obedece a esses princípios.

muitos dos procedimentos especiais se baseiam no procedimento padrão com pontuais modificações[172]. Ademais, a simplificação da estrutura garante a facilitação da compreensão e aplicação das normas do sistema processual, a desestimular aplicações divergentes em observância do dever de integridade (art. 926 do CPC)[173]. "A ordinariedade do procedimento fala a favor de uma

---

Salvante a hipótese mais rígida da indispensabilidade do procedimento especial em face da natureza da pretensão de direito material afirmada em juízo, o legislador a tenderá, na eleição do rito, às justas conveniências. Houve e ainda há muito procedimento especial dispensável. Conveniente expungi-los do ordenamento, pelos princípios da modernização do processo, da simplicidade instrumental, da economia processual e sobretudo do princípio da democratização (a igualdade de *todos* os cidadãos ao direito 'formal', que passará a ser real, ao processo *rápido* e *barato,* como fenômeno de massa). Ocorre que outras 'conveniências', influenciam o legislador." LEITÃO, José Ribeiro. Aspectos de teoria geral dos procedimentos especiais. *Revista de Doutrina e Jurisprudência do TJ/DF,* abr., 1985. Disponível em https://bdjur.tjdft.jus.br/xmlui/bitstream/handle/tjdft/35132/aspectos%20de%20teoria%20geral%20dos%20procedimentos%20especiais.pdf?sequence=1. Acesso em 18 de ago. 2018, p.32-33. "Ocorre que a tendência de diferenciação procedimental não se preocupa com esses fundamentos, mas, sim, com a busca de uma infindável profusão de procedimentos especiais que são delineados sob o argumento de alcance de maior eficiência, mas que, na prática, em incontáveis vezes, não garantem nem mesmo uma solução mais rápida dos conflitos." NUNES, Dierle. Novo enfoque para as tutelas diferenciadas no Brasil? Diferenciação procedimental a partir da diversidade de litigiosidade. *Revista de Processo,* n.º 184. São Paulo: Revista dos Tribunais, 2010, p. 118-119.

172. WAMBIER, Luiz Rodrigues. Abuso dos procedimentos especiais. *Revista de Processo,* n.º 204. São Paulo: Revista dos Tribunais, 2012, p. 52; NUNES, Dierle. Novo enfoque para as tutelas diferenciadas no Brasil? Diferenciação procedimental a partir da diversidade de litigiosidade. *Revista de Processo,* n.º 184. São Paulo: Revista dos Tribunais, 2010, p. 125. No direito norte-americano, cf. CARRIGTON, Paul D. Making rules to dispose of manifestly unfounded assertions: an exorcism of the bogy of non-trans-substantive rules of Civil Procedure. *University of Pennsylvania Law Review,* 1989, p.2082; MARCUS, Richard L. Of babies and bathwater, the prospects for procedural progress. *Brooklyn Law Review,* v. 59, 1993, p.761, 776-779. Em sentido contrário, v. SUBRIN, Stephen N. Fudge points and thin ice in discovery reform and the case for selective substance-specific procedure. *Florida Law Review,* v. 46, 1994, p.28, 46, 50-51; BAUMANN, Phyllis T.; BROWN, Judith O.; SUBRIN, Stephen N. Substance in the shadow of procedure: the integration of substantive and procedural law in Title VII cases. *Boston College Law Review*, v. XXXIII, n.º 2, 1992, p.214-215, 296, 302.

173. PAULA, Jônatas Luiz Moreira de. A unidade procedimental no processo de conhecimento. *Revista de Processo,* n.º 189. São Paulo: Revista dos Tribunais, 2010, p. 336-337. "A profusão de procedimentos especiais, nos moldes brasileiros, de prazos diferenciados, e de outras especializações, apesar de serem impostos sob o argumento de maior adaptabilidade, simplificação procedimental, sumarização, rapidez e eficiência, conduz, claramente, a um aumento da complexidade processual e gera inúmeras dúvidas ao

maior produtividade, podendo-se organizar as serventias judiciárias, tendo em vista um só procedimento: é mais fácil administrar mais processos com uma mesma estrutura."[174]

Nesse cenário, Didier Jr., Cabral e Cunha defendem que se verteu de um direito ao procedimento especial para o direito à técnica processual especial, ou de um procedimento obrigatório para uma técnica processual especial obrigatória – como será analisado, com maiores detalhes, à frente. Tais técnicas estariam inseridas em um mesmo procedimento, comum ou especial.[175]

No terceiro aspecto, observa-se a tendência pela absorção de diversos procedimentos especiais pelo procedimento comum. O que antes era tratado por técnicas processuais diferenciadas passam a ser tutelados pelo procedimento geral.

Um exemplo desse fenômeno é encontrado na previsão do art. 1.046, §3, do CPC, que determina que os processos mencionados no art. 1.218 do CPC-1973 não incorporados por lei se submetam ao procedimento comum previsto no CPC. Segundo o revogado art. 1.218, certas causas reguladas pelo CPC-1939 permaneceriam em vigor até serem incorporados nas leis especiais. No novo CPC, a causas não incorporadas em lei especiais passariam a ser regidas pelo procedimento comum.

Outro exemplo dessa tendência ocorre com a revogação do procedimento sumário previsto no CPC/73, isso sem prejuízo da manutenção de sua vigência com relação às demandas propostas e não sentenciadas até o início da vigência do CPC atual (art. 1.046, §1º, do CPC). Trata-se de uma

---

profissional mediano (além de gerar uma infinidade de recursos para esclarecer as aludidas dúvidas). A despeito do discurso que proclama a necessidade de simplificação processual e mesmo de aproximação do processo ao cidadão, essa multiplicação de procedimentos especiais e de reformas sem fim do processo comum, levam justamente ao efeito contrário." NUNES, Dierle. Novo enfoque para as tutelas diferenciadas no Brasil? Diferenciação procedimental a partir da diversidade de litigiosidade. *Revista de Processo*, n.º 184. São Paulo: Revista dos Tribunais, 2010, p.115 e ss; COMOGLIO, Luigi Paolo. Tutela differenziata e pari effetività nella giustizia. *Rivista di Diritto Processuale*, v. LXIII, n.º 6. Milano: CEDAM, 2008, p.1.523.

174. DIDIER JR., Fredie; CABRAL, Antônio do Passo; CUNHA, Leonardo Carneiro da. *Por uma nova teoria dos procedimentos especiais*: dos procedimentos às técnicas. Salvador: Juspodivm, 2018, p.86. Da mesma forma, v. COMOGLIO, Luigi Paolo. Tutela differenziata e pari effetività nella giustizia. Op. cit., p.1.523.

175. DIDIER JR., Fredie; CABRAL, Antônio do Passo; CUNHA, Leonardo Carneiro da. *Por uma nova teoria dos procedimentos especiais*: dos procedimentos às técnicas. Op. cit., p.87.

estrutura normativa procedimental de pouca utilidade prática principalmente diante da previsão do art. 3º, II, da Lei n.º 9.099/1995, mantida pelo art. 1.063 do CPC.

Ainda neste ponto, o CPC prevê, no parágrafo único do art. 1.049, que, na hipótese de a lei especial remeter ao procedimento sumário será observado o procedimento comum, com as eventuais diferenciações técnicas (modificações) previstas na lei específica. Aqui, mais uma vez, observa-se a preferência pelo procedimento comum.

Por fim, ressalte-se que a preferibilidade conformada pela universalização proposta não carrega o peso da ordinariedade no sentido tradicional. Não se propõe o retorno a ideias como a prevalência do procedimento comum rígido, neutro e indiferente às características do caso concreto, o que supostamente garantiria a previsibilidade e a segurança.

Ao contrário, o alinhamento do processo com o Direito material é algo imprescindível à manutenção da técnica processual na atualidade. Ademais, também na atualidade, a aludida preferência somente é possível com a superação ou releitura de certos dogmas, em especial, o dogma da rigidez procedimental. O processo comum somente pode cumprir a função de receptor universal de técnicas de diferenciação se assumir a característica da flexibilidade.

Tampouco se defende o primado do modelo de cognição plena e exauriente, avesso a qualquer forma de juízo de cognição sumária (pautado em mera probabilidade), vocacionado a juízos de certeza e verdade[176]. Na realidade, as técnicas de sumarização e simplificação do processo são paulatinamente incorporadas ao modelo padrão, como ferramentas aptas à consecução de resultados efetivos de tutela. Indo além, é possível defender que, se a simples efetivação da tutela restar suficiente para atender às expectativas das partes, não se justificariam outros expedientes voltados ao acertamento da situação subjetiva substancial[177].

176. RAATZ, Igor; LOPES, Ziel Ferreira; DIETRICH, Willam Galle. O que é isto: a ordinariedade? Perspectivas de superação no processo civil contemporâneo. *Revista de Processo,* n.º 272. São Paulo: Revista dos Tribunais, 2017, p.146-147.

177. MENCHINI, Sergio. Nuove forme di tutela e nouvi modi di risoluzione delle controversie: verso il superamento della necessità dell'accertamento com autorità di giudicato. *Rivista di diritto processuale,* n.º 3. Padova: CEDAM, 2006, p. 870; RAATZ, Igor; LOPES, Ziel Ferreira; DIETRICH, Willam Galle. O que é isto: a ordinariedade? Perspectivas de superação no processo civil contemporâneo. Op. cit., p.156.

Por outro lado, não se propõe o abandono da racionalidade do modelo processual[178]. Em verdade, essa racionalidade é construída dialogicamente, em especial com a observância do contraditório quando da flexibilização em concreto[179]. A racionalidade está na abertura normativa, que possibilita a construção de estruturas que viabilizem o pleno atendimento da tutela esperada ao específico interesse e direito afirmado.

De qualquer sorte, todo esse cenário expõe um eventual problema da atual função e utilidade dos procedimentos especiais. Ainda seriam tais arranjos normativos necessários e úteis?

4.5. REFLEXOS DOS ARRANJOS NORMATIVOS DO ART. 327, §2º, DO CPC NA TEORIA DOS PROCEDIMENTOS ESPECIAIS.

4.5.1. Considerações introdutórias.

Pode parecer uma obviedade a afirmação de que os arranjos normativos inferidos da cláusula geral do art. 327, §2º, do CPC produzem reflexos na Teoria dos Procedimentos Especiais, principalmente diante da concepção do *princípio da inter-relação em rede do procedimento comum com os procedimentos especiais*, bem como do *princípio de preferibilidade do procedimento comum aos procedimentos especiais*.

Todavia, a impressão é superada quando se observa a necessidade de se questionar a função e a própria utilidade dos procedimentos especiais na atualidade, em vista a evitar compreensões equivocadas. Além disso, eventuais reflexos na Teoria dos Procedimentos Especiais não são tão evidentes a ponto de justificar a prescindibilidade da abordagem.

Como visto no capítulo 2, a Teoria Geral do Processo corresponderia a um conjunto ordenado de conceitos fundamentais sob o qual se firma o plexo de conhecimento sobre o fenômeno jurídico do processo. Para além de um conhecimento científico, a Teoria Geral do Processo lida com questões epistemológicas e filosóficas, uma vez que incorpora por seu objeto a Ciência do Direito Processual além de outros fenômenos fundamentais.

Por sua vez, a Ciência do Direito Processual é formada por plexo de conceitos particulares relacionados à análise dogmática do fenômeno

178. v. SILVA, Ovídio A. Baptista da. *Processo e ideologia*: o paradigma racionalista. Rio de Janeiro: Forense, 2004, *passim*.

179. Sobre a dialeticidade como características do discurso racional v. FERRAZ JR., Tércio Sampaio. *Teoria da Norma Jurídica*. Ensaio de pragmática da comunicação normativa. 4. ed. Rio de Janeiro: Forense, 2006, p.17.

jurídico processual - conceitos jurídico-positivos construídos a partir da observação de um determinado o Direito Positivo. O objeto da Ciência do Direito Processual é o próprio Direito Processual.

Nessa ordem de ideias, a chamada "Teoria dos Procedimentos Especiais" é construída com fundamento nas categorias formais e essenciais produzidas na Teoria Geral do Processo. Enquanto a concepção de procedimento/processo é tratada no seio da Teoria Geral dos Processo, no âmago de uma Teoria dos Procedimentos Especiais o foco estaria na classificação dos procedimentos e na conceituação de procedimento especial, na sua distinção com procedimento comum, nas características, no regime jurídico dos procedimentos (a estrutura normativa), na organização e concretização dos atos processuais, etc.

Como se observa, preponderantemente, os elementos constitutivos da Teoria dos Procedimentos Especiais – institutos e fenômenos satélites ao fenômeno do procedimento – estão inseridos no âmbito de análise da Ciência do Direito Processual, saltando aos olhos o eminente caráter jurídico-positivo (conceito jurídico-positivo) da maior parte daqueles.

Neste cenário, este tópico se justifica no objetivo de atender à necessidade de esclarecer aspectos passíveis de equívocos na percepção dos procedimentos especiais, diante da formatação dos arranjos normativos decorrentes da cláusula geral do art. 327, §2º, do CPC principalmente do *princípio da inter-relação em rede do procedimento comum com os procedimentos especiais* e do *princípio de preferibilidade do procedimento comum aos procedimentos especiais.*

O primeiro ponto de abordagem diz respeito ao conceito de procedimento especial. Em seguida, o foco da análise será direcionado à questão da necessidade e utilidade, bem como à função, dos procedimentos especiais a partir do CPC vigente.

4.5.2. O art. 327, §2º, do CPC e a Teoria dos Procedimentos Especiais. Dos procedimentos especiais às técnicas procedimentais especializadas.

Como ficou assentado, uma Teoria dos Procedimentos Especiais consubstancia uma teoria preponderantemente científica. Nada obstante perpasse por alguns conceitos fundamentais, como o próprio conceito de procedimento especial e procedimento comum, a referida Teoria tem por objeto principal a análise de elementos pertencentes a um determinado sistema jurídico processual positivo.

Nesse sentido, não haveria qualquer absurdo defender a tese de que o art. 327, §2º, do CPC relaciona-se à revisão de certos dogmas, a justificar a renovação de conceitos-chave da Teoria dos Procedimentos Especiais. Um olhar para certos elementos dessa Teoria permite uma melhor observação das afirmadas modificações.

Como visto no capítulo anterior, o procedimento especial e o procedimento comum são fenômenos interdependentes. A existência dos procedimentos especiais dependeria da existência do procedimento comum.

Essa interdependência impacta diretamente na conceituação dos referidos fenômenos. No mesmo ponto (item 3.1.2), observou-se a existência de um conceito amplo (ou relacional) e de um conceito estrito (ou finalístico) de procedimento especial – da mesma forma que se verificou um conceito amplo e estrito de procedimento comum.

Naquela oportunidade, tomou-se como premissa que o conceito amplo (relacional) de procedimento especial, em princípio, é o que melhor se adequa à análise do art. 327, §2º, do CPC (item 3.1.3), dada a ampla incidência do dispositivo. Contudo, paradoxalmente, o próprio dispositivo do art. 327, §2º, do CPC corrobora com a paulatina perda de sentido do conceito amplo ou relacional dos procedimentos especiais.

Na acepção ampla, o procedimento especial será aquele cuja estrutura se distingue do procedimento comum (geral e básico). Como visto, os procedimentos especiais assumem uma feição estruturante atinente não somente à forma, sequência e organização dos atos processuais, mas também a regular situações processais, como legitimidade, competência, coisa julgada e a própria extensão da cognição judicial[180]. Nesse contexto, as variações são praticamente infinitas.

Ocorre que o conceito amplo ou relacional sofre influência direta de disposições normativas que implicam em alterações na relação processo comum e processo especial (ver item 2.2 desta pesquisa). Na medida em que se podem inferir mudanças na relação processo comum e processos especiais em razão do art. 327, §2º, do CPC, permite-se prever que o referido dispositivo levará à necessidade de modificações na própria Teoria dos Procedimentos Especiais.

180. SICA, Heitor Vitor Mendonça. Reflexões em torno da teoria geral dos procedimentos especiais. *Revista de Processo*, n.º 208. São Paulo: Revista dos Tribunais, 2012, p. 66-67; CALAMANDREI, Piero. *Instituciones de derecho procesal civil.* Segun el nuevo código. v. I. Op. cit., p. 360-366

O procedimento comum flexível incorpora as técnicas diferenciadas dos procedimentos especiais. Por sua vez, a tutela adequada de certas situações jurídicas materiais específicas, que antes dependeria dos procedimentos especiais, passa a se realizar pelo procedimento comum.

Com a progressiva "generalização" da técnica diferenciada, a concepção atual dos procedimentos especiais, com o tempo, poderá perder sentido[181]. Se esta circunstância se confirmar, sem sentido restará, igualmente, a diferenciação conceitual entre os procedimentos comum e especial em seu aspecto relacional.

Nesse contexto, não haveria base fenomenológica (empírica) que justificasse a diferenciação, haja vista que o procedimento comum progressivamente seria considerado único, flexível e, em si, diferenciável.

Em tal cenário, o conceito estrito (ou finalístico) de procedimento especial assumiria posição central na Teoria dos Procedimentos Especiais. Seria especial, por consequência, o procedimento (estrutura normativa) formado pela inserção, no modelo procedimental geral, das técnicas procedimentais diferenciadas, voltadas à promoção da tutela ou efetivação de situações materiais específicas.

Não por acaso que afirmam Didier Jr., Cabral e Cunha a tendência ao direcionamento da atenção legislativa para a criação de *técnicas procedimentais diferenciadas* e incorporáveis ao procedimento comum, em substituição da criação de procedimentos especiais[182].

Se confirmado o prognóstico, com o tempo, de nada adiantaria olhar para a estrutura do processo, se o objetivo for diferenciar o procedimento

---

181. "Afinal, se essas ferramentas de adaptabilidade procedimental se difundirem, a utilidade dos procedimentos especiais decairá sensivelmente. Remotamente, esse cenário poderia evoluir para a eliminação de quase todos os procedimentos especiais, preservando-se, quando muito, aqueles insertos em microssistemas, como os do processo coletivo e dos Juizados Especiais." SICA, Heitor Vitor Mendonça. *Novas reflexões em torno da teoria geral dos procedimentos especiais*. Disponível em: http://genjuridico.com.br/2017/04/26/novas-reflexoes-em-torno-da-teoria-geral-dos-procedimentos-especiais/. Acesso em 12 de ago. 2018.

182. DIDIER JR., Fredie; CABRAL, Antônio do Passo; CUNHA, Leonardo Carneiro da. *Por uma nova teoria dos procedimentos especiais*: dos procedimentos às técnicas. Op. cit., p. 99. No mesmo sentido, afirma Gouveia Filho e Spirito: "Portanto, mais importante do que identificar uma estrutura procedimental especial, em sua rotulação ou previsão em abstrato, é avaliação de módulos procedimentais especiais, ainda que se trate do procedimento comum". GOUVEIA FILHO, Roberto Campos; SPIRITO, Marco Paulo di. Sobre negócio jurídico de espraiamento sentencial. *Revista Brasileira de Direito Processual,* n.º 100. Belo Horizonte: Fórum, 2017, p.268.

comum dos procedimentos especiais. Se o procedimento comum universaliza as técnicas que originalmente seriam diferenciadas, o que seria diferenciação procedimental passa a compor a estrutura padrão. Doravante, o conceito "procedimento especial" estaria adstrito ao sentido estrito (ou finalístico), na medida em que especialização dependeria tão somente da associação da estrutura normativa com a finalidade de atender a específicas situações jurídicas.

Em suma, é possível que, paulatinamente, os procedimentos especiais deixem de existir na forma ainda hoje observada. Por sua vez, as técnicas de diferenciação procedimentais, voltadas a tutelas de situações específicas, associadas ao procedimento comum, provavelmente, ocuparão o espaço dos procedimentos especiais como mecanismo de concretização da adequação processual em favor do atendimento das expectativas normativas decorrentes do princípio da inafastabilidade da jurisdição.

4.5.3. A necessidade e utilidade dos procedimentos especiais diante das características do procedimento comum no Código de Processo Civil.

A despeito das previsões, na atualidade, apenas aparentemente diante dessa nova face assumida pelo procedimento comum, poder-se-ia afirmar a desnecessidade da previsão legal dos procedimentos especiais. Atualmente, uma construção nesse sentido ainda não apresentaria a correta dimensão do fenômeno sob análise[183].

Como visto linhas atrás, o procedimento comum atual não serve de modelo definitivo, pronto e acabado, em que pese sua pretensa extensão como modelo procedimental abstratamente adequado a toda e qualquer situação jurídica. Pelo contrário, por ser comum e geral, pressupõe que certas situações não são inseridas com total precisão em seus contornos. Seria um contrassenso pensar em algo geral desconsiderando o especial. Nesse sentido, ao que parece, ao menos na atualidade, ainda se mostram necessárias e úteis as prescrições acerca dos procedimentos especiais.

Além disso, ainda que muitas vezes a escolha do procedimento insira-se em um espaço de disposição do autor, isso não significa que os procedimen-

---

183. Igualmente, CASTRO, Daniel Penteado de. Considerações sobre a sobrevivência dos procedimentos especiais no NCPC. In: MACÊDO, Lucas Buril de; PEIXOTO, Ravi; FREIRE, Alexandre (orgs.). *Procedimentos especiais, tutela provisória e direito transitório.* 2. ed. Coleção novo CPC - Doutrina selecionada. Fredie Didier Jr. (coord. geral). v. 4. Salvador: Juspodivm, 2016, p. 310.

tos especiais sejam dispensáveis ou obsoletos. Não se pode desconsiderar, primeiro, a existência de limites à disposição procedimental - principalmente com relação ao grupo de procedimentos obrigatórios ou as técnicas diferenciadas obrigatórias previstas nos procedimentos especiais - e, segundo, que os procedimentos especiais, amiúde, indicam espaços de simplificação e de ganhos em celeridade processual - inclusive com relação aos procedimentos facultativos.

Levando em conta os procedimentos especiais existentes, é preciso observar que, da interpretação da cláusula geral do art. 327, §2º, do CPC, o uso dessas estruturas processuais especiais pode dar-se por meio de processos autônomos ou por empréstimo de suas técnicas de especialização à conformação do procedimento comum. Aqui, ao demandante cabe a opção pela cumulação das demandas ou a formulação da demanda autônoma e específica, adotando-se o procedimento especial.

Em outro aspecto, a ressaltada tendência a uma inversão do sentido legislativo com a desaceleração na criação de procedimentos especiais e a extinção de outros tantos[184], com a mudança da técnica legislativa em direção a adoção de técnicas procedimentais em substituição das estruturas de procedimentos especiais, também, não significa, de plano, a absoluta eliminação da utilidade dos procedimentos especiais.

Ao contrário, a previsão de procedimentos especiais servirá para se extrair um conjunto de técnicas procedimentais diferenciadas para a adequação em concreto do procedimento comum. Nesse sentido, os arranjos normativos conformadores dos procedimentos especiais servirão de modelo para a adaptação do procedimento comum, no que concerne à chamada tutela jurisdicional diferenciada.

---

184. CASTRO, Daniel Penteado de. Considerações sobre a sobrevivência dos procedimentos especiais no NCPC. In: MACÊDO, Lucas Buril de; PEIXOTO, Ravi; FREIRE, Alexandre (orgs.). *Procedimentos especiais, tutela provisória e direito transitório.* 2. ed. Coleção novo CPC - Doutrina selecionada. Fredie Didier Jr. (coord. geral). v. 4. Salvador: Juspodivm, 2016, p. 327. Nesse sentido, v. DIDIER JR., Fredie; CABRAL, Antônio do Passo; CUNHA, Leonardo Carneiro da. *Por uma nova teoria dos procedimentos especiais*: dos procedimentos às técnicas. Salvador: Juspodivm, 2018, p.98-104. Algo já defendido há algum tempo por Calmon de Passos (PASSOS, José Joaquim Calmon de. Teoria geral dos procedimentos especiais. In: DIDIER JR., Fredie; FARIAS, Cristiano Chaves de (coords.). *Procedimentos especiais* cíveis: legislação extravagante. São Paulo: Saraiva, 2003, p.4) e por Adroaldo Furtado Fabrício (FABRÍCIO, Adroaldo Furtado. *Comentários ao Código de Processo Civil.* v. VIII. 8. ed. Rio de Janeiro: Forense, 2001, t. III, p.14-15).

O mesmo se diga com relação ao poder-dever de adaptação dos magistrados.

Em tese, poder-se-ia defender que o reconhecimento do aludido poder tornaria desnecessária a criação de novos procedimentos especiais (ou mesmo a manutenção dos procedimentos existentes)[185]. Entretanto, a função de adaptação do procedimento atribuída aos magistrados não é, por si só, causa de inutilidade e desnecessidade da criação de novos procedimentos especiais ou manutenção dos procedimentos existentes.

As disposições que prescrevem as técnicas de especialização servirão como parâmetros normativos para a adaptação. O magistrado, quando do exercício de tal poder, deve utilizar, prioritariamente, as estruturas procedimentais existentes, buscando soluções nas diversas prescrições normativas procedimentais previstas no sistema jurídico.

Como se observa, com o novo CPC, dos procedimentos especiais ainda se espera a missão de fornecer, ao menos, as técnicas voltadas à realização de uma tutela efetiva e adequada. Que seja respeitado o voto de confiança dado pelo legislador do CPC atual aos procedimentos especiais.

4.5.4. O art. 327, §2º, do CPC e as características dos procedimentos especiais.

Outro aspecto que merece atenção é a relação do art. 327, §2º, do CPC com as características dos procedimentos especiais.

Como visto, na literatura tradicional, poder-se-ia apontar para, no mínimo, oito características dos procedimentos especiais: a legalidade (as demandas devem se submeter rigorosamente aos ritos detalhados em lei)[186]; a taxatividade e tipicidade fechada (a lei esgotaria as possibilidades procedimentais)[187]; excepcionalidade (os procedimentos especiais seriam desvios das

---

185. SICA, Heitor Vitor Mendonça. Reflexões em torno da teoria geral dos procedimentos especiais. *Revista de Processo*, n.º 208. São Paulo: Revista dos Tribunais, 2012, p. 85-86.

186. SILVA, Manuel Dias da. *Processos civis especiaes.* 2. ed. Coimbra: F. França Amado, 1919, p.11; REIS, Alberto dos. *Processos Especiais.* v. I. Coimbra: Coimbra, 1955, p. 3; BENETI, Sidnei Agostinho. Procedimentos especiais contra ausentes, abreviados e no juizado especial. *Revista de Processo*, n.º 89. São Paulo: Revista dos Tribunais, 1998, p.213; SOARES, Marcos José Porto. A (im)possibilidade da mediação nos procedimentos especiais. *Revista de Processo,* n.º 264. São Paulo: Revista dos Tribunais, 2017, p.534. No mesmo sentido, o art. 675 da Consolidação Ribas afirmava que "somente são sumárias as causas declaradas tais por lei ou praxe geral do foro...".

187. SILVA, Manuel Dias da. *Processos civis especiaes.* Op. cit., p.58; REIS, Alberto dos. *Processos Especiais.* v. I. Op. cit., p. 24; BARROS, Hamilton de Morais e. Aspectos gerais

rotas do curso normal do procedimento comum[188]); indisponibilidade (não haveria opção para o litigante de escolher outro procedimento[189]); rigidez e inflexibilidade (não existiria possibilidade de adaptação ou flexibilização para além das especificidades previstas na lei[190]); infungibilidade (salvo no caso de transmutação do procedimento especial quando, em um dado momento, passaria a tramitar como procedimento comum)[191]; e exclusividade (os procedimentos especiais seriam o ambiente exclusivo da inserção de técnicas processuais diferenciadas) [192].[193]

---

dos procedimentos especiais em face do novo Código de Processo Civil. *Revista Forense*, n.º 247. Rio de Janeiro: Forense, 1974, p. 15-16; SILVA, Clóvis Couto e. *Comentários ao Código de Processo Civil.* v. XI. São Paulo: Revista dos Tribunais, 1977, t. I, p. 8; BENETI, Sidnei Agostinho. Procedimentos especiais contra ausentes, abreviados e no juizado especial. *Revista de Processo*, n.º 89. São Paulo: Revista dos Tribunais, 1998, p.213; SOARES, Marcos José Porto. *Teoria Geral dos Procedimentos especiais.* Rio de Janeiro: Lumen Juris, 2017, p.57.

188. CHIOVENDA, Giuseppe. *Principii di Diritto Processuale Civile.* Op. cit., p.1228; SILVA, Manuel Dias da. *Processos civis especiaes.* Op. cit., p.58; REIS, Alberto dos. *Processos Especiais.* v. I. Op. cit., p. 24; SATTA, Salvatore. *Diritto processuale civile.* 9. ed. Padova: CEDAM, 1981, p.739; BARROS, Hamilton de Morais e. Aspectos gerais dos procedimentos especiais em face do novo Código de Processo Civil. Op. cit., p.16; LEITÃO, José Ribeiro. Aspectos de teoria geral dos procedimentos especiais. *Revista de Doutrina e Jurisprudência do TJ/DF*, abr., 1985. Disponível em https://bdjur.tjdft.jus.br/xmlui/bitstream/handle/tjdft/35132/aspectos%20de%20teoria%20geral%20dos%20procedimentos%20especiais.pdf?sequence=1. Acesso em 18 de ago. 2018, p.29. Jacy de Assis, por exemplo, chegou ao ponto de defender que o cabimento dos procedimentos especiais excluía a incidência do procedimento comum. v. ASSIS, Jacy de. Os procedimentos especiais na sistemática processual brasileira. *Revista de Processo*, n.º 3. São Paulo: Revista dos Tribunais, 1976, p. 178.

189. BARROS, Hamilton de Morais e. Aspectos gerais dos procedimentos especiais em face do novo Código de Processo Civil. Op. cit., p. 16-17; NEVES, Daniel Amorim Assumpção. *Manual de Direito Processual Civil.* 9. ed. Salvador: Juspodivm, 2017, p.585; ARAÚJO, Fabio Caldas de. *Curso de processo civil.* São Paulo: Malheiros, 2016, t. I, p.403.

190. cf. SILVA, Ovídio A. Baptista da. *Processo e ideologia*: o paradigma racionalista. Rio de Janeiro: Forense, 2004, p. 36-38.

191. SILVA, Clóvis Couto e. *Comentários ao Código de Processo Civil.* v. XI. São Paulo: Revista dos Tribunais, 1977, t. I, p. 8; ROCHA, José de Moura. Sobre os procedimentos especiais. *Revista de Processo*, n.º 53. São Paulo: Revista dos Tribunais, 1989, p. 26.

192. DIDIER JR., Fredie; CABRAL, Antônio do Passo; CUNHA, Leonardo Carneiro da. *Por uma nova teoria dos procedimentos especiais*: dos procedimentos às técnicas. Salvador: Juspodivm, 2018, p.39.

193. DIDIER JR., Fredie; CABRAL, Antônio do Passo; CUNHA, Leonardo Carneiro da. *Por uma nova teoria dos procedimentos especiais*: dos procedimentos às técnicas. Op. cit., p.32-39.

Tais características, contudo, não são observadas a partir da leitura do CPC vigente[194]. A modificação da relação entre procedimento comum e procedimento especial pressupôs o reconhecimento de novas características dos procedimentos (comum e especiais) que implicaram a revisitação, especialmente, do dogma da rigidez procedimental[195].

Se levarem em consideração que, num dado momento, os procedimentos (comum e especial) eram vistos como rígidos e que diferenciações da tutela somente ocorreriam em situações excepcionais no âmbito de certos procedimentos especiais[196], somente com a revisitação desse dogma seria possível avançar a ponto de se implementar disposições normativas como a do art. 327, § 2º, do CPC.

Por exemplo, no que diz respeito à flexibilidade do próprio procedimento especial, nada impede que se modifique o próprio módulo de especialização, quando de sua inserção no procedimento comum, para ajustá-lo a certa situação não prevista no regramento em abstrato[197].[198]

Nesses casos, o magistrado, por meio da técnica de ponderação de interesses (art. 489, §2º, do CPC) e de maneira motivada, poderá afastar a previsão em abstrato e adaptar o procedimento diante do caso concreto em prol da efetividade da tutela. Nessa linha, a disposição legal cederá diante da realidade em vista da concretização da garantia da inafastabilidade da jurisdição (art. 5º, inciso XXXV, da Constituição da República) no que concerne à efetividade da tutela[199].

De todo modo não se podem desconsiderar os limites impostos à flexibilização procedimental, como visto no item acima.

---

194. Ver item 3.2.2.

195. No mesmo sentido, v. MARANHÃO, Clayton. *Comentários ao Código de Processo Civil*: artigos 1.045 ao 1.072. São Paulo: Revista dos Tribunais, 2016, p.121.

196. CALAMANDREI, Piero. *Instituciones de derecho procesal civil.* Segun el nuevo código. v. I. Op. cit., p. 364-365.

197. Em sentido contrário, v. GAJARDONI, Fernando da Fonseca. *Flexibilização procedimental*: um novo enfoque para o estudo do procedimento em matéria processual, de acordo com as recentes reformas do CPC. São Paulo: Atlas, 2008, p. 137.

198. THEODORO JÚNIOR, Humberto. *Curso de Direito Processual Civil.* v. II. 52. ed. Rio de Janeiro: Forense, 2018, §1, n.º 7 [e-book].

199. v. CASTRO, Daniel Penteado de. Considerações sobre a sobrevivência dos procedimentos especiais no NCPC. In: MACÊDO, Lucas Buril de; PEIXOTO, Ravi; FREIRE, Alexandre (orgs.). *Procedimentos especiais, tutela provisória e direito transitório.* 2. ed. Coleção novo CPC - Doutrina selecionada. Fredie Didier Jr. (coord. geral). v. 4. Salvador: Juspodivm, 2016, p. 324.

Igualmente, não se pode, frente ao regramento do CPC atual, falar de uma margem reduzida de disponibilidade procedimental ao argumento de serem regidas por normas cogentes (atreladas ao interesse público)[200]. Ao contrário, a flexibilidade e disponibilidade é algo esperado, inclusive, com relação às técnicas de diferenciação, justamente por permitir uma maior adequação à realidade.[201]

Nada obstante, não se deve de maneira incauta alinhar-se à crença de que as modificações ocorreram ao acaso ou de modo espontâneo. Tampouco, não se pode defender que a noção de flexibilização e disponibilidade procedimental tenha existência recente (ver item 3.2.2).

Em verdade, o dogma da rigidez procedimental foi paulatinamente sofrendo mitigações e modificações. Muitas dessas alterações se fundaram em empreendimentos associados a tentativas de dar efetividade à tutela jurisdicional adequada às expectativas normativas aferidas do princípio constitucional da inafastabilidade da jurisdição.

Quando a estrutura técnica e formal do processo passa a sofrer os influxos do ideal de efetividade, sem desconsiderar outros valores como a segurança jurídica, algumas mudanças acontecem (ver capítulo 3). O próprio art. 327, §2º, do CPC é fruto dessa superestrutura jurídica e também condutor de modificações técnicas e teóricas.

---

200. Nesse sentido, em relação ao CPC-1973, v. GAJARDONI, Fernando da Fonseca. *Flexibilização procedimental*: um novo enfoque para o estudo do procedimento em matéria processual, de acordo com as recentes reformas do CPC. Op. cit., p. 80-84; AMENDOEIRA JR., Sidnei. *Fungibilidade de meios*. São Paulo: Atlas, 2008, p.79-100; SICA, Heitor Vitor Mendonça. Reflexões em torno da teoria geral dos procedimentos especiais. *Revista de Processo*, n.º 208. São Paulo: Revista dos Tribunais, 2012, p. 79.

201. "Até se entende que em 1939 e em 1973 o Direito Processual Civil vivesse uma relação de unha e carne com o *liberalismo*, de forma que todos os seus institutos se viam impregnados com o modelo liberal estatal de ser, e, neste particular o *procedimento* e suas variações deveriam ser detalhadas e engessadas pelo legislador. Contudo, na medida em que o processo aproxima-se de um modelo constitucional de *ser* e *dever ser*, onde se deva garantir um núcleo inquebrável de garantias que constituam o devido processo legal, é natural que a *forma procedimental* seja mais flexível justamente para ser adequada à realidade do direito. E, neste particular, um padrão procedimental, ainda que especial, pode representar de certa forma um engessamento dessa perspectiva, e, por isso mesmo aquilo que se apresenta como um remédio, dependendo da dose, pode ser o veneno. A crítica, ácida, é verdade, reside no fato de que os modelos especiais de procedimento fixados pelo legislador com molduras rígidas pode não ser adequado, antes o contrário." ABELHA, Marcelo. *Manual de Direito Processual Civil.* 6. ed. Rio de Janeiro: Forense, 2016, p.788.

Mesmo que não se possa resumir a complexidade do fenômeno processual a um único dispositivo, ao menos, o art. 327, §2º, do CPC representa um importante salto no desenvolvimento de novos elementos interpretativos e potenciais normativos que permitem a fluência do fenômeno processual na realidade que pretende reger.

Nesse sentido, se o dispositivo do art. 327, §2º, do CPC implicou a revisão da relação entre o procedimento comum e procedimento especial com a conformação do *princípio da inter-relação em rede do procedimento comum com os procedimentos especiais* e do *princípio de preferibilidade do procedimento comum aos procedimentos especiais* – ou seja, implicou a revisão da relação fundamental que conforma o conceito amplo de procedimento especial – ao mesmo tempo que revela novas características aos procedimentos no seio do sistema normativo, a conclusão que se mostra mais viável é a de que o referido dispositivo provocou a necessidade de revisão da Teoria dos Procedimentos Especiais.

De todo modo, as mudanças verificadas a partir dos novos arranjos normativos, com relação aos procedimentos (comum e especiais), não impediram que se observassem alguns resquícios de uma lógica tradicional.

Primeiro, ainda se convive com a previsão dos procedimentos especiais no vigente CPC, com o sentido de buscar a promoção de uma lógica de coerência e racionalidade ao ordenamento processual. O objetivo é intentar a conformação de um sistema completo, fechado, consistente, amplamente conhecido e aplicável sem grandes dificuldades que, a partir de um complexo único (codificado), evite contradições internas[202-203].

Nesse contexto, a codificação garantiria a previsibilidade e a simplificação aplicativa, e sua unidade normativa serviria para facilitar a compreensão da lei nos diversos quadrantes do País[204]. Contudo, tal ordem de ideias não justifica desconsiderar que nas sociedades contemporâneas complexas,

---

202. Nesse sentido, MARINONI, Luiz Guilherme; ARENHART, Sérgio Cruz; MITIDIERO, Daniel. *Novo curso de processo civil*: tutela dos direitos mediantes procedimentos diferenciados. 3. ed. São Paulo: Revista dos Tribunais, 2017, p.29-33.

203. DIDIER JR., Fredie; CABRAL, Antônio do Passo; CUNHA, Leonardo Carneiro da. *Por uma nova teoria dos procedimentos especiais*: dos procedimentos às técnicas. Salvador: Juspodivm, 2018, p.46-47.

204. BARROS, Hamilton de Morais e. Aspectos gerais dos procedimentos especiais em face do novo Código de Processo Civil. *Revista Forense*, n.º 247. Rio de Janeiro: Forense, 1974, p. 13.

observou-se uma descodificação, com a proliferação de procedimentos especiais na legislação extravagante.[205]

Nesse sentido, tal como seu antecessor, o novo CPC optou pela manutenção de um sistema misto em que, ao mesmo tempo em que previsse inúmeros procedimentos especiais - ora mantendo, ora incorporando e ora excluindo certos arranjos processuais[206] -, convive com uma série de diplomas normativos (leis extravagantes) que, igualmente, regulam processos especiais.

É preciso esclarecer que, a opção feita não inviabiliza que o CPC atual se inove em sede de procedimentos especiais, principalmente quanto à sua relação com o procedimento comum. O CPC não pode ser encarado como um "bloco monolítico exclusivista", na medida em que atrai a legislação setorial[207]. O procedimento comum exerce força atrativa igualmente com relação às técnicas previstas em procedimentos especiais (codificados ou não)[208].

Todos esses dados não podem ser desconsiderados quando do estudo da Teoria dos Procedimentos Especiais.

---

205. DIDIER JR., Fredie; CABRAL, Antônio do Passo; CUNHA, Leonardo Carneiro da. *Por uma nova teoria dos procedimentos especiais*: dos procedimentos às técnicas. Salvador: Juspodivm, 2018, p.46-48. Alguns doutrinadores defendiam a ideia de que os procedimentos especiais deveriam ser reduzidos, deixando às leis setoriais a sua regulação. Nessa linha cf. LEITÃO, José Ribeiro. Aspectos de teoria geral dos procedimentos especiais. *Revista de Doutrina e Jurisprudência do TJ/DF*, abr., 1985. Disponível em https://bdjur.tjdft.jus.br/xmlui/bitstream/handle/tjdft/35132/aspectos%20de%20teoria%20geral%20dos%20procedimentos%20especiais.pdf?sequence=1. Acesso em 18 de ago. 2018, p.34. Outros doutrinadores, em sentido contrário, defendiam que todos os procedimentos especiais deveriam estar regulados no CPC de modo a se evitar interpretações contraditórias, garantido, assim, coerência ao sistema. Nessa segunda corrente, cf. MOREIRA, José Carlos Barbosa. *Estudos sobre Novo Código de Processo Civil*. Rio de Janeiro: Liber Juris, 1974, p.32. Igualmente, SICA, Heitor Vitor Mendonça. Reflexões em torno da teoria geral dos procedimentos especiais. Op. cit., p. 76-77.

206. Sobre o aludido fenômeno, cf. DIDIER JR., Fredie; CABRAL, Antônio do Passo; CUNHA, Leonardo Carneiro da. *Por uma nova teoria dos procedimentos especiais*: dos procedimentos às técnicas. Op. cit., p.48-64.

207. TUPINAMBÁ, Carolina. Comentário ao art. 15. In: CABRAL, Antonio do Passo; CRAMER, Ronaldo. *Comentários ao Código de Processo Civil*. 2. ed. Rio de Janeiro: Forense, 2016, p.48-49; DIDIER JR., Fredie; CABRAL, Antônio do Passo; CUNHA, Leonardo Carneiro da. *Por uma nova teoria dos procedimentos especiais*: dos procedimentos às técnicas. Op. cit., p. 90-91.

208. DIDIER JR., Fredie; CABRAL, Antônio do Passo; CUNHA, Leonardo Carneiro da. *Por uma nova teoria dos procedimentos especiais*: dos procedimentos às técnicas. Op. cit., p. 91.

4.6. A AMPLITUDE DA INCIDÊNCIA DO ART. 327, §2º, CPC.

Um último aspecto a ser analisado quanto ao art. 327, §2º, do CPC diz respeito à extensão de seus arranjos normativos.

Como visto anteriormente, na atualidade, a distinção entre procedimento comum e procedimentos especiais pode estar vinculada a dois sentidos: um sentido amplo ou relacional e outro sentido estrito ou finalístico.

No primeiro sentido, seria especial todo aquele processo que de alguma maneira se afastasse dos termos do procedimento padrão. Por sua vez, no segundo sentido, seriam especiais os procedimentos cujas finalidades seja atender a tutela de certas situações jurídicas dotadas de particularidades (pressupostos de cabimento específicos), enquanto que o comum seria o procedimento voltado à tutela das situações jurídicas em geral.

A amplitude dos arranjos normativos extraídos da cláusula geral do art. 327, §2º, do CPC não se adequa apenas a um conceito estrito (finalístico) de procedimento comum. Desse modo, o art. 327 não se aplica, por exemplo, exclusivamente ao procedimento comum previsto no título I, do livro I, da Parte Especial do Código de Processo Civil de 2015.

Para fins da incidência das normas inferidas do art. 327, §2º, do CPC, o procedimento comum seria todo aquele considerado padrão. Logo, um conceito amplo de procedimento comum mostra-se o mais adequado no que diz respeito à verificação da amplitude da incidência do dispositivo do art. 327, §2º, do CPC.

Nesse sentido, os princípios e regras decorrentes da aludida cláusula podem ser considerados gerais no sistema processual civil brasileiro. O *princípio da inter-relação em rede do procedimento comum com os procedimentos especiais* e o *princípio de preferibilidade do procedimento comum aos procedimentos especiais* podem ser aplicados, por exemplo, ao processo de ação civil pública quando funcione como processo/procedimento comum (padrão) em relação aos processos coletivos. Igualmente, os princípios poderiam incidir quando da aplicação nos processos de competência originária dos tribunais das prescrições procedimentais gerais dos artigos 929 até 946 do CPC.

O mesmo se diga com relação às regras de cumulação de pedidos submetidos a distintos procedimentos. A cumulação é fenômeno que se verifica em diversas manifestações processuais, inclusive na execução (especialmente, por força do parágrafo único do art. 771 do CPC). Nada impede que se formulem em um mesmo procedimento executório, pedidos submetidos a procedimentos executórios distintos (v.g execução de obrigação de fazer e de alimentos decorrentes de um mesmo título executivo extrajudicial).

Assim, o conjunto de normas decorrentes da cláusula geral do art. 327, §2º, do CPC, isoladamente ou em combinação com outros dispositivos, consubstanciam normas gerais do Direito Processual Civil brasileiro. Desse modo, não se pode promover a aplicação exclusiva desse conjunto normativo ao procedimento comum previsto no título I, do livro I, da Parte Especial do Código de Processo Civil de 2015, sob pena de retirar do art. 327, §2º, do CPC sua real importância e dimensão.

Capítulo 5

CONCLUSÃO

A partir dos raciocínios desenvolvidos ao longo da pesquisa, diversas conclusões foram obtidas, bem como uma série de premissas foram levantadas. Com o objetivo de permitir uma rápida visualização e uma fácil consulta, as conclusões mais importantes são elencadas nos enunciados a seguir:

I. A estrutura linguística do art. 327, §2º, do CPC, é de cláusula geral. Primeiro, porque o dispositivo lida com conceitos jurídicos indeterminados, tais como o conceito de procedimento comum, de procedimento especial, técnicas processuais diferenciadas, a noção de "compatibilidade procedimental" etc. O dispositivo não aponta, de maneira especificamente descritiva, a(s) consequência(s) e comportamento(s) a ser(em) adotado(s) em sua aplicação. O legislador, nesse enunciado, reservou-se a dispor que será admitida a cumulação de pedidos submetidos a tipos diversos de procedimento utilizando-se o procedimento comum, "sem prejuízo do emprego das técnicas processuais diferenciadas previstas nos procedimentos especiais a que se sujeitam um ou mais pedidos cumulados, que não forem incompatíveis com as disposições sobre o procedimento comum". O aludido texto não fala quais procedimentos são compatíveis, em que circunstância será autorizada a cumulação, como ocorrerá a cumulação, quais técnicas procedimentais diferenciadas serão consideradas etc. Todas essas circunstâncias serão concretizadas (densificadas) pelo aplicador-intérprete quando da realização do dispositivo.

II. Discorrer sobre os arranjos normativos decorrentes do art. 327, §2º, do CPC, envolve investigar estruturas do Direito Positivo. Todavia, a compreensão dessas estruturas não dispensa ao menos a fixação do conceito de procedimento (conceito lógico-jurídico), haja vista que o referido dispositivo regula aspectos funcionais do procedimento comum e sua relação com os procedimentos especiais.

III. O art. 327, §2º, do CPC insere-se entre dois polos de análise. De um lado, têm-se o procedimento comum e as suas características. O dispositivo regula diretamente a manipulação da estrutura do procedimento comum, ao mesmo tempo em que promove uma aproximação entre os procedimentos especiais e o procedimento comum, com ineditismo no ordenamento processual brasileiro.

IV. No que concerne ao procedimento comum, o estudo adequado do referido dispositivo do art. 327, §2º, do CPC passa tanto pela análise específica do seu conceito amplo, quanto pela análise do seu conceito estrito. Essa distinção é fundamental para a compreensão da estrutura normativa decorrente do aludido preceito, bem como seu âmbito de incidência. No que concerne ao conceito amplo (ou relacional), é possível verificar a aplicabilidade ampla do art. 327, §2º, do CPC a qualquer forma de procedimento comum em sentido amplo. Por outro lado, o conceito estrito (ou finalístico) é mais adequado à compreensão do aludido dispositivo no contexto de sua aplicação como mecanismo de regulação do instituto da cumulação de pedidos.

V. Com relação ao conceito de procedimento especial, o sentido amplo, em princípio, é o que melhor se adequa à análise do art. 327, §2º, do CPC. A opção por trabalhar com o conceito relacional (ou amplo) de procedimento especial, igualmente, decorre da percepção da ampla incidência do art. 327, §2º, do CPC. Contudo, o conceito estrito (ou finalístico) de procedimento especial, igualmente, colabora com as discussões relacionadas ao art. 327, §2º, do CPC, uma vez que, de maneira paradoxal, o próprio dispositivo corrobora com a paulatina perda de sentido do conceito amplo ou relacional dos procedimentos especiais.

VI. O art. 327, §2º, do CPC, implica um direcionamento da legislação numa paulatina concentração de técnicas de especialização no próprio procedimento comum.

VII. Se os pedidos cumulados corresponderem a tipos diversos de procedimento, a cumulação será admitida quando o autor empregar o procedimento comum (art. 327, §2º). Exige a prescrição do art. 327, §2º, do CPC que o pedido submetido ao procedimento especial seja compatível com o procedimento comum para que possa ser cumulado, autorizando, inclusive, o emprego de técnicas processuais diferenciadas previstas nos procedimentos especiais a que se sujeitam um ou mais pedidos cumulados.

VIII. De plano, é possível indicar duas novidades. A primeira dessas novidades é a possibilidade de flexibilização do procedimento comum a partir da cumulação com o emprego de técnicas processuais diferenciadas previstas nos procedimentos especiais típicos dos pedidos cumulados. A segunda novidade é a introdução de um novo conceito de compatibilidade com o procedimento comum como requisito que autoriza a cumulação de pedidos submetidos a procedimentos distintos.

IX. No contexto da cumulação de pedidos, o procedimento comum assume o caráter de um modelo/paradigma procedimental modulável e passível de flexibilização conforme os parâmetros fixados na própria legislação. O art. 327, §2º, do CPC fixa regra que autoriza o aplicador a utilizar a base procedimental comum para formular pedidos submetidos a procedimentos distintos, sem desconsiderar a especialidade procedimental de cada pedido. Para tanto, o dispositivo impõe uma adaptação procedimental (*ope legis*) com o emprego das técnicas processuais previstas nos procedimentos especiais a que se sujeitam um ou mais dos pedidos cumulados. A técnica especial prevista nos dispositivos legais de regência do procedimento especial é inserida no procedimento comum. Por sua vez, o procedimento comum torna-se especializado em vista de promover a tutela diferenciada adequada ao atendimento das especificidades da situação jurídica objeto da demanda.

X. O art. 327, §2º, do CPC (sozinho ou combinado com o parágrafo único do art. 1.049, também do CPC) permite inferir uma cláusula geral de flexibilização do procedimento comum. Segundo se extrai da aludida cláusula, o procedimento comum comportará uma abertura de seu tecido capaz de permitir sua adequação às tutelas diferenciadas contempladas nos dispositivos de regência dos procedimentos especiais. O procedimento comum é modulável e pode ser "montado" a partir de técnicas especializadas (módulos procedimentais) e decorrentes da legislação, independentemente de convenções das partes ou da iniciativa do órgão jurisdicional.

XI. O art. 327, §2º, do CPC, ao modificar a relação entre o procedimento comum e os procedimentos especiais, faz isso a partir do estabelecimento da possibilidade de flexibilização procedimental concreta. O dispositivo não corresponde a uma cláusula geral de atipicidade da flexibilização judicial (adaptação), senão uma cláusula geral de flexibilização do procedimento comum (sozinho ou combinado com o parágrafo único do art. 1.049). O art. 327, §2º, do CPC estabelece um regramento típico de flexibilização procedimental. O dispositivo é explícito quanto à hipótese de flexibilização.

XII. O art. 327, §2º, do CPC requalifica a relação entre o processo comum e os procedimentos especiais, que passam a assumir uma estrutura em rede. Do aludido dispositivo (sozinho ou combinado com parágrafo único do art. 1.049 do CPC) extrai-se o *princípio da inter-relação em rede do procedimento comum com os procedimentos especiais* ou, simplesmente, *princípio da relação em rede dos procedimentos*. Trata-se de norma que ultrapassa os limites de regulação da cumulação de pedidos.

XIII. No sistema brasileiro, é possível inferir uma preferência (ideológica e normativa) pelo procedimento comum, de modo que se pode defender a existência de um *princípio de preferibilidade do procedimento comum aos procedimentos especiais*. O referido arranjo normativo decorre da combinação entre a cláusula geral do art. 327, §2º, do CPC com uma série de dispositivos contidos no próprio Código.

XIV. O art. 327, §2º, do CPC relaciona-se à revisão de certos dogmas, a justificar a renovação de conceitos-chaves da Teoria dos Procedimentos Especiais.

XV. Da interpretação da cláusula geral do art. 327, §2º, do CPC, o uso das estruturas processuais especiais pode dar-se por meio de processos autônomos ou por empréstimo de suas técnicas de especialização à conformação do procedimento comum.

XVI. A modificação da relação entre procedimento comum e procedimento especial pressupôs o reconhecimento de novas características dos procedimentos (comum e especiais) que implicaram a revisitação especialmente do dogma da rigidez procedimental. Se o dispositivo do art. 327, §2º, do CPC implicou a revisão da relação entre o procedimento comum e procedimento especial com a conformação do *princípio da inter-relação em rede do procedimento comum com os procedimentos especiais* e do *princípio de preferibilidade do procedimento comum aos procedimentos especiais* – ou seja, implicou a revisão da relação fundamental que conforma o conceito amplo de procedimento especial – ao mesmo tempo em que revela novas características aos procedimentos no seio do sistema normativo, a conclusão que se mostra mais viável é a de que o referido dispositivo provocou a necessidade de revisão da Teoria dos Procedimentos Especiais.

BIBLIOGRAFIA

ABELHA, Marcelo. *Manual de Direito Processual Civil.* 6. ed. Rio de Janeiro: Forense, 2016.

ABREU, Rafael Sirangelo de. "Customização processual compartilhada": o sistema de adaptabilidade do novo CPC. *Revista de Processo*, n.º 257. São Paulo: Revista dos Tribunais, 2016.

ALCALÁ-ZAMORA Y CASTILLO, Niceto. *Estudios de teoría general e historia del proceso (1945-1972).* Cidade do México: Universidad Nacional Autónoma de México, 1974, t. I.

ALCALÁ-ZAMORA Y CASTILLO, Niceto. *Proceso, autocomposición y autodefensa*: contribución al estudio de los fines del proceso. 3. ed. Cidade do México: Universidad Nacional Autónoma de México, 1991.

ALEXY, Robert. *Teoria dos direitos fundamentais.* Tradução de Virgílio Afonso da Silva. São Paulo: Malheiros, 2008.

ALLORIO, Enrico. Reflexiones sobre el desenvolvimento de la ciencia procesal. In: *Problemas de derecho procesal.* Tradução de Santiago Sentis Melendo. Buenos Aires: Ediciones Jurídicas Europa-América, 1963.

ALMEIDA JÚNIOR, João Mendes de. *Direito Judiciário Brasileiro.* 5. ed. Rio de Janeiro: Freitas Bastos, 1960.

ALMEIDA, João Alberto de; BRITO, Thiago Carlos de Souza. Tempo, duração razoável e celeridade do processo: ensaio sobre os mitos e o tempo necessário para o julgamento. In: LUCON, Paulo Henrique dos Santos; FARIA, Juliana Cordeiro de; MARX NETO, Edgard Audomar; REZENDE, Ester Camila Gomes (orgs.). *Processo civil contemporâneo*: homenagem aos 80 anos do professor Humberto Theodoro Júnior. Rio de Janeiro: Forense, 2018.

ALVIM, Arruda. *Manual de Direito Processual Civil*: teoria do processo e processo de conhecimento. 17. ed. São Paulo: Revista dos Tribunais, 2017.

ALVIM, Arruda. *Novo contencioso cível no CPC/2015.* São Paulo: Revista dos Tribunais, 2016.

ALVIM, J. E. Carreira. *Teoria geral do processo.* 21. ed. Rio de Janeiro: Forense, 2018 [e-book].

AMARAL, Francisco. A Equidade no Novo Código Civil brasileiro. In: ALVIM, Arruda, CÉSAR, Joaquim Portes de Cerqueira, ROSAS, Roberto (orgs.). *Aspectos controvertidos do novo código civil.* São Paulo: Revista dos Tribunais, 2003.

AMARAL, Guilherme Rizzo. *Comentários às alterações do novo CPC.* São Paulo: Revista dos Tribunais, 2015.

AMENDOEIRA JR., Sidnei. *Fungibilidade de meios.* São Paulo: Atlas, 2008.

AMERICANO, Jorge. *Comentários ao Código de Processo Civil do Brasil.* v. 1. 2. ed. São Paulo: Saraiva, 1958.

ANDRADE, Manuel A. Domingues de. *Teoria geral da relação jurídica.* v. I. Coimbra: Almedina, 1997.

ANDREWS, Neil. *O moderno processo civil:* formas judiciais e alternativas de resolução de conflitos na Inglaterra. Orientação e revisão de tradução Teresa Arruda Alvim Wambier. São Paulo: Revista dos Tribunais, 2009.

ARAGÃO, Egas Dirceu Moniz de. *Comentários ao Código de Processo Civil.* v. II. 10. ed. Rio de Janeiro: Forense, 2005.

ARAGÃO, Egas Moniz de. O estado de direito e o direito de ação. *Revista Brasileira de Direito Processual.* v. 16, 1978.

ARAGÃO, Egas Moniz de. Procedimento ordinário. In: *O processo civil*. 4. ed. São Paulo: AASP, 1975.

ARAÚJO, Fabio Caldas de. *Curso de processo civil.* São Paulo: Malheiros, 2016, t. I.

ARENHART, Sérgio Cruz. Decisões estruturais no Direito Processual Civil brasileiro. *Revista de Processo*, n.º 225. São Paulo: Revista dos Tribunais, 2013.

ARMELIN, Donaldo. Tutela jurisdicional cautelar. *Revista da Procuradoria Geral do Estado de São Paulo*, n.º 23. São Paulo, 1985.

ARMELIN, Donaldo. Tutela jurisdicional diferenciada. *Revista de Processo*, n.º 65. São Paulo: Revista dos Tribunais, 1992.

ASCENSÃO, José de Oliveira. *Direito civil:* teoria geral. v. II. 3. ed. São Paulo: Saraiva, 2010.

ASSIS, Araken de. *Cumulação de ações*. 4. ed. São Paulo: Revista dos Tribunais, 2002.

ASSIS, Araken. *Processo civil brasileiro*. Parte geral: fundamentos e distribuição de conflitos. v. I. São Paulo: Revista dos Tribunais, 2015.

ASSIS, Jacy de. Os procedimentos especiais na sistemática processual brasileira. *Revista de Processo*, n.º 3. São Paulo: Revista dos Tribunais, 1976.

ÁVILA, Humberto Bergmann. Subsunção e concreção na aplicação do direito. In: MEDEIROS, Antonio Paulo Cachapuz. *Faculdade de direito*: o ensino jurídico no limiar do novo século. Porto Alegre: EDIPUCRS, 1997.

ÁVILA, Humberto. *Teoria da igualdade tributária*. 3. ed. São Paulo: Malheiro, 2015.

ÁVILA, Humberto. *Teoria da segurança jurídica*. 3. ed. São Paulo: Malheiros, 2014.

ÁVILA, Humberto. *Teoria dos princípios*: da definição à aplicação dos princípios jurídicos. 18. ed. São Paulo: Malheiros, 2018.

BARBI, Celso Agrícola. *Comentários ao Código de Processo Civil*. v. I. 10. ed. Rio de Janeiro: Forense, 1998.

BARCELLOS, Ana Paula de. *A eficácia jurídica dos princípios constitucionais*: o princípio da dignidade da pessoa humana. Rio de Janeiro: Renovar, 2002.

BARREIROS, Lorena Miranda Santos. *Convenções processuais e poder público.* Salvador: Juspodivm, 2016.

BARRIOS DE ANGELÍS, Dante. *Teoría del proceso*. 2. ed. Montevideo/Buenos Aires: BdeF, 2002.

BARROS, Hamilton de Moraes e. Aspectos gerais dos procedimentos especiais em face do novo Código de Processo Civil. *Revista Forense*, n.º 247. Rio de Janeiro: Forense, 1974.

BARROSO, Luis Roberto (org.). *A nova interpretação constitucional.* Rio de Janeiro: Renovar, 2003.

BASTOS, Antonio Adonias Aguiar. *O devido processo legal nas demandas repetitivas.* Tese de Doutorado. Salvador, Universidade Federal da Bahia, 2012.

BASTOS, Antonio Adonias. *A razoável duração do processo*. Salvador: Faculdade Baiana de Direito/Juspodivm, 2009.

BASTOS, Celso Ribeiro; MARTINS, Ives Gandra. *Comentários à Constituição do Brasil*: promulgada em 5 de outubro de 1988. v. 2. São Paulo: Saraiva, 1989.

BAUMANN, Phyllis T.; BROWN, Judith O.; SUBRIN, Stephen N. Substance in the shadow of procedure: the integration of substantive and procedural law in Title VII cases. *Boston College Law Review*, v. XXXIII, n.º 2, 1992.

BAUR, Fritz. Potere giudiziale e formalismo del diritto processuale. *Rivista Trimestrale di Diritto e Procedura Civile*, v. 19, n.º 2. Milano: Giuffré, 1965.

BECKER, Laércio A. Introdução crítica aos procedimentos especiais. In: BECKER, Laércio A. (org.). *Qual o jogo do processo?* Porto Alegre: Sergio Antonio Fabris, 2012.

BEDAQUE, José Roberto dos Santos. *Direito e processo*: influência do direito material sobre o processo. 4. ed. São Paulo: Malheiros, 2006.

BEDAQUE, José Roberto dos Santos. *Efetividade do processo e técnica processual*. 2. ed. São Paulo: Malheiros, 2007.

BENETI, Sidnei Agostinho. Procedimentos especiais contra ausentes, abreviados e no juizado especial. *Revista de Processo*, n.º 89. São Paulo: Revista dos Tribunais, 1998.

BENVENUTI, Feliciano. Funzione amministrativa, procedimento, processo. *Rivista Trimestrale di Diritto Pubblico*, anno II. Milano: Giuffré, 1952.

BERALDO, Leonardo de Faria. *Comentários às inovações do Código de Processo Civil*: Lei 13.105/2015. Belo Horizonte: Del Rey, 2015.

BERIZONCE, Roberto O. Fundamentos y confines de las tutelas procesales diferenciadas. *Revista de Processo*, n.º 165. São Paulo: Revista dos Tribunais, 2008.

BERIZONCE, Roberto Omar. Ideologías y proceso. *Revista Iberoamericana de Derecho Procesal*, v. 4. São Paulo: Revista dos Tribunais, 2016.

BERIZONCE, Roberto Omar. *Tutela procesales diferenciadas*. Santa Fe: Rubinzal-Culzoni, 2009,

BERIZONCE, Roberto. Técnicas orgánico-funcionales y procesales de las tutelas diferenciadas. *Revista de Processo*, n.º 175. São Paulo: Revista dos Tribunais, 2009.

BERMUDES, Sérgio. Procedimentos em matéria processual. *Revista de Direito da Defensoria Pública*, n.º 5. Rio de Janeiro, 1991, p. 162-164. Disponível em http://arquivos.proderj.rj.gov.br/dpge/site/Upload/RD05-160-A-167.PDF. Acesso em 04 de abr. 2018.

BETTI, Emílio. *Diritto processuale civile italiano*. Roma: Foro Italiano, 1936.

BIDART, Adolfo Gelsi. El tiempo y el proceso. *Revista de Processo*, n.º 23. São Paulo: Revista dos Tribunais, 1981.

BIDART, Adolfo Gelsi. Tutela processual "diferenciada". *Revista de Processo*, n.º 44. São Paulo: Revista dos Tribunais, 1986.

BOBBIO, Noberto. *Da estrutura à função*: novos estudos de teoria do direito. Tradução de Daniela Beccaccia Versiani. Barueri: Manole, 2007.

BOBBIO, Norberto. *O futuro da democracia*. 7. ed. Tradução Marco Aurélio Nogueira. São Paulo: Paz e Terra, 2000.

BOBBIO, Norberto. *O positivismo jurídico*: lições de filosofia do direito. Tradução de Márcio Pugliesi, Edson Bini e Carlos E. Rodrigues. São Paulo: Ícone, 2006.

BONDIOLI, Luis Guilherme Aidar. Das disposições gerais do procedimento comum. In: *Breves comentários ao novo Código de Processo Civil*. In: WAMBIER, Teresa Arruda Alvim; DIDIER JR., Fredie; TALAMINI, Eduardo; DANTAS, Bruno, (Coords.). 3. ed. São Paulo: Revista dos Tribunais, 2016.

BONDIOLI, Luis Guilherme Aidar. Procedimento comum: fase postulatória. *Revista de Processo*, n.º 257. São Paulo: Revista dos Tribunais, 2016.

BONICIO, Marcelo José Magalhães. *Proporcionalidade e processo civil*: a garantia constitucional da proporcionalidade, a legitimação do processo civil e o controle das decisões judiciais. São Paulo: Atlas, 2006.

BONUMÁ, João. *Direito Processual Civil*. v. 2. São Paulo: Saraiva e Companhia Livraria Acadêmica, 1946.

BORGES, José Souto Maior. *Lançamento tributário*. 2. ed. São Paulo: Malheiros, 1999.

BORGES, José Souto Maior. *Obrigação tributária (introdução metodológica)*. 2. ed. São Paulo: Malheiros, 1999.

BRAGA, Paula Sarno. *A aplicação do devido processo legal nas relações privadas*. Salvador: Juspodivm, 2008.

BRAGA, Paula Sarno. *Norma de processo e norma de procedimento*: o problema da repartição de competência legislativa no Direito Constitucional brasileiro. Salvador: Juspodivm, 2015.

BRASIL. Ordem dos Advogados do Brasil. *Mensagem n.º 56, de 16 de março de 2015*. Disponível em http://www.planalto.gov.br/ccivil_03/_Ato2015-2018/2015/Msg/VEP-56.htm. Acesso em 23 de ago. 2018.

BRASIL. Ordem dos Advogados do Brasil. O manifesto da Seccional de São Paulo da Ordem dos Advogados do Brasil. Disponível em http://www.oabsp.org.br/subs/saoluizdoparaitinga/noticias/oab-sp-divulga-manifesto-e-critica-novo-projeto-do. Acesso em 17 de jul. 2018.

BRASIL. Superior Tribunal de Justiça, Ag.Rg no REsp n.º 1.161.961/RJ, rel. Min. João Otávio de Noronha, Dje 22/8/2013.

BRASIL. Superior Tribunal de Justiça, AgRg no REsp n.º 953.731/SP, rel. Min. Herman Benjamin, Dje 19.12.2008.

BRASIL. Superior Tribunal de Justiça. REsp n.º 1.255.415/DF, rel. Min. Moura Ribeiro, Dje 18/2/2015.

BRASIL. Superior Tribunal de Justiça. REsp n.º 168.242/SP, rel. Min. Sálvio de Figueiredo Teixeira, Dje 21.09.1998.

BRASIL. Superior Tribunal de Justiça. REsp n.º 80.168/GO, rel. Min. Ruy Rosado de Aguiar, Dje. 06.05.1996.

BRITO, Pedro Madeira de. O novo princípio da adequação formal. In: SOUSA, Miguel Teixeira (org.). *Aspectos do novo processo civil*. Lisboa: Lex, 1997.

BUENO, Cássio Scarpinella. *A nova lei do mandado de segurança*. São Paulo: Saraiva, 2009.

BUENO, Cássio Scarpinella. Art. 292. In: Antonio Carlos Marcato (coord.) *Código de Processo Civil interpretado*. 2. ed. São Paulo: Atlas, 2005.

BUENO, Cássio Scarpinella. Art. 318. In: BUENO, Cássio Scarpinella (coord.). *Comentários ao Código de Processo Civil*. v. 2 (arts. 318 a 538). São Paulo: Saraiva, 2017.

BUENO, Cassio Scarpinella. *Novo Código de Processo Civil anotado*. São Paulo: Saraiva, 2015.

BUENO, José Antonio Pimenta. *Apontamentos sobre as formalidades do processo civil*. 2. ed. Rio de Janeiro: Tipografia Nacional, 1858.

BÜLOW, Oskar Von. *Teoria das exceções e dos pressupostos processuais*. 2. ed. Campinas: LZN, 2005.

CABALLERO, Berto Igor; LUZ, Danilo Rocha; RIBEIRO, Luiz Filipe; UCHÔA, Rostonio; LIMA, Victor Emmanuel Cordeiro. *Novo CPC*: principais alterações. Teresina: Dinâmica Jurídica, 2016.

CABRAL, Antônio do Passo. *Coisa julgada e preclusões dinâmicas*. Entre continuidade, mudanças e transição de posições processuais estáveis. 2. ed. Salvador: Juspodivm, 2014.

CABRAL, Antônio do Passo. *Convenções processuais*. Salvador: Juspodivm, 2016.

CABRAL, Antônio do Passo. *Nulidades no processo moderno*: contraditório, proteção da confiança e validade prima facie dos atos processuais. Rio de Janeiro: Forense, 2009.

CABRAL, Trícia Navarro Xavier. Flexibilização procedimental. *Revista Eletrônica de Direito Processual – REDP*, v. 6, n.º 6, jul-dez. 2010.

CABRAL, Trícia Navarro Xavier. *Ordem pública processual*. Brasília: Gazeta Jurídica, 2015.

CADIET, Loïc. El equilibrio entre la rigidez y la flexibilidad en el proceso: elementos de teoría general del proceso y de derecho procesal comparado. In: ARENHART, Sérgio Cruz; MITIDIERO, Daniel (coords.). *O processo civil entre a técnica processual e a tutela dos direitos*: estudos em homenagem a Luiz Guilherme Marinoni. São Paulo: Revista dos Tribunais, 2017.

CADIET, Loïc. Los acuerdos procesales en derecho francés: situación actual de la contractualización del proceso y de la justicia en Francia. *Civil Procedure Review*, v. 3, n.º 3, 2012. Disponível em www.civilprocedurereview.com. Acesso em 12 de out. 2018.

CADIET, Loïc. Primeira lição. A Justiça civil francesa entre eficiência e garantias. In: CADIET, Loïc. *Perspectivas sobre o sistema da justiça civil francesa. Seis lições brasileiras*. Tradução de Daniel Mitidiero; Bianca Gava Toscano de Oliveira; Luciana Robles de Almeida; Rodrigo Leonardo. São Paulo: Revista dos Tribunais, 2017.

CAHALI, Cláudia Elisabete Schwerz. *O gerenciamento de processos judiciais*: em busca da efetividade da prestação jurisdicional. Brasília: Gazeta Jurídica, 2013.

CALAMANDREI, Piero. *Direito Processual Civil.* v. I. Tradução de Luiz Abezia e Sandra Drina Fernandez Barbiery. Campinas: Bookseller, 1999.

CALAMANDREI, Piero. El proceso como situación jurídica. In: *Estudios sobre el proceso civil.* Tradução de Santiago Sentís Melendo. Buenos Aires: Bibliografica Argentina, 1945.

CALAMANDREI, Piero. *Instituciones de derecho procesal civil.* Segun el nuevo código. v. I. Tradução de Santiago Sentis Melendo. Buenos Aires: Ediciones Juridicas Europa-America, 1962.

CALAMANDREI, Piero. La relatividad del concepto de acción. In: *Estudios sobre el proceso civil.* Tradução de Santiago Sentis Meleno. Buenos Aires: Bibliografica Argentina, 1945.

CALAMANDREI, Piero. *Processo e democracia*: conferências realizadas na Faculdade de Direito da Universidade Nacional Autônoma do México. Tradução de Mauro Fonseca Andrade. Porto Alegre: Livraria do Advogado, 2017.

CÂMARA, Alexandre Freitas. *Lições de Direito Processual Civil.* v. I. 25. ed. Rio de Janeiro: Lumen Juris, 2014.

CÂMARA, Alexandre Freitas. *O novo processo civil brasileiro.* 3. ed. São Paulo: Atlas, 2017.

CAMBI, Eduardo. *Neoconstitucionalismo e neoprocessualismo*: direitos fundamentais, políticas públicas e protagonismo judiciário. São Paulo: Revista dos Tribunais, 2009.

CAMBI, Eduardo; DOTTI, Rogéria; PINHEIRO, Paulo Eduardo d'Arce; MARTINS, Sandro Gilbert; KOZIKOSKI, Sandro Marcelo. *Curso de processo civil completo.* São Paulo: Revista dos Tribunais, 2017.

CAMBI, Eduardo; NEVES, Aline Regina das. Flexibilização procedimental no Novo Código de Processo Civil. In: MÂCEDO, Lucas Burril; PEIXOTO, Ravi; FREIRE, Alexandre (orgs.). *Novo CPC doutrinas selecionadas*: Parte geral. Salvador: Juspodivm, 2016.

CAMPOS, Ronaldo Cunha. Processo, procedimento e direito material. *Revista Brasileira de Direito Processual,* v. I. Uberaba: Vitória, 1975.

CANARIS, Claus-Wilhelm. *Pensamento sistemático e conceito de sistema na ciência do direito.* Tradução de A. Menezes Cordeiro. 4. ed. Lisboa: Fundação Calouste Gulbenkian, 2008.

CANOTILHO, J. J. Gomes. *Direito Constitucional e Teoria da Constituição.* 7. ed. Coimbra: Almedina, 2003.

CAPONI, Remo. Autonomia privada e processo civil: os acordos processuais. Tradução de Pedro Gomes de Queiroz. *Revista Eletrônica de Direito Processual – REDP,* v. 13, n.º 13, 2014.

CAPONI, Remo. Autonomia privata e processo civile: gli accordi processuali. *Accordi di parte e processo. Quaderni della Rivista Trimestrale di Diritto e Procedura Civile.* Milano: Giuffré, 2008.

CAPONI, Remo. *Modelli e riforme del processo di cognizione in Europa.* Disponível em: https://www.academia.edu/205261/R._Caponi_Modelli_e_riforme_del_processo_di_cognizione_in_Europa_2005?auto=download. Acesso em 12 de ago. 2018.

CAPONI, Remo. Rigidez e flexibilidade do processo ordinário de cognição. Tradução de Michele Pedrosa Paumgartten. *Revista Eletrônica de Direito Processual – REDP,* v. 17, n.º 2, jul-dez. 2016.

CAPPELLETTI, Mauro; GARTH, Bryant. *Acesso à justiça.* Tradução Ellen Gracie Northfleet. Porto Alegre: Sergio Antonio Fabris, 1988.

CARMONA, Carlos Alberto. Considerações sobre a evolução conceitual do processo. *Revista de Processo,* n.º 57. São Paulo: Revista dos Tribunais, 1990.

CARMONA, Carlos Alberto. Prefácio. In: GAJARDONI, Fernando da Fonseca. *Técnicas de aceleração do processo.* São Paulo: Lemos & Cruz, 2003.

CARNEIRO, Paulo Cezar Pinheiro. Art. 15. In: WAMBIER, Teresa Arruda Alvim; DIDIER JR., Fredie; TALAMINI, Eduardo; DANTAS, Bruno. *Breves comentários ao Código de Processo Civil.* 3. ed. São Paulo: Revista dos Tribunais, 2016.

CARNEIRO, Paulo Cezar Pinheiro. Art. 8. In: WAMBIER, Teresa Arruda Alvim; DIDIER JR., Fredie; TALAMINI, Eduardo; DANTAS, Bruno, (Coords.). *Breves comentários ao Código de Processo Civil.* 3. ed. São Paulo: Revista dos Tribunais, 2016.

CARNEIRO, Wálber Araújo. *Hermenêutica jurídica heterorreflexiva:* uma teoria dialógica do direito. Porto Alegre: Livraria do Advogado, 2011.

CARNELUTTI, Francesco. *Cuestiones sobre el proceso penal.* Tradução de Santiago Sentís Melendo. Buenos Aires: Ediciones Jurídicas Europa-América, 1961.

CARNELUTTI, Francesco. *Derecho y proceso.* Tradução de Santiago Sentis Melendo. Buenos Aires: Ediciones Jurídicas Europa-America, 1971.

CARNELUTTI, Francesco. Forma degli atti complessi. *Rivista di Diritto Commerciale e del Diritto Generale delle Obbligazioni*, v. XXXV. Milano: Casa Editrice Dottor Francesco Vallardi, 1937.

CARNELUTTI, Francesco. *Instituiciones del proceso civil.* v. I. 2. ed. Traducción Santiago Sentis Meleno. Buenos Aires: Ediciones Juridicas Europa-America, 1973.

CARNELUTTI, Francesco. *Teoria geral do direito.* Tradução de Antônio Carlos Ferreira. São Paulo: Lejus, 1999.

CARPI, Federico. Flashes sulla tutela giurisdizionale diferenziata. *Rivista Trimestrale di Diritto e Procedura Civile.* Milano: Giuffré, 1980.

CARRAZZA, Roque Antonio. O princípio da igualdade. *Revista Justitia,* n.º 90, 1975. Disponível em: http://www.revistajustitia.com.br/links/edicao.php?ID=090. Acesso em 13 de jun. 2018.

CARRIGTON, Paul D. Making rules to dispose of manifestly unfounded assertions: an exorcism of the bogy of non-trans-substantive rules of Civil Procedure. *University of Pennsylvania Law Review,* 1989.

CARVALHO, Milton Paulo de. *Do pedido no processo civil.* Porto Alegre: Sérgio Antonio Fabris, 1992.

CARVALHO, Orlando de. *A teoria geral da relação jurídica*: seu sentido e limites. 2. ed. Coimbra: Centelha, 1981.

CASTELO, Jorge Pinheiro. Da aplicação subsidiária e supletiva do novo CPC ao processo do trabalho (art. 15). *Revista LTr,* v. 78, n.º 8. São Paulo: Ltr, 2015.

CASTRO, Daniel Penteado de. Considerações sobre a sobrevivência dos procedimentos especiais no NCPC. In: MACÊDO, Lucas Buril de; PEIXOTO, Ravi; FREIRE, Alexandre (orgs.). *Procedimentos especiais, tutela provisória e direito transitório.* 2. ed. Coleção novo CPC - Doutrina selecionada. Fredie Didier Jr. (coord. geral). v. 4. Salvador: Juspodivm, 2016.

CASTRO, Torquato. *Teoria da situação jurídica em direito privado nacional:* estrutura, causa e título legitimário do sujeito. São Paulo: Saraiva, 1985.

CERQUEIRA, Társis Silva de. A nova face do procedimento comum do novo Código de Processo Civil diante dos procedimentos especiais: uma proposta de interpretação do art. 327, §2º, em combinação com o art. 1.049, parágrafo único, ambos do CPC. *Revista dos Tribunais,* n.º 273. São Paulo: Revista dos Tribunais, 2017.

CERQUEIRA, Társis Silva de. *Julgamento dos recursos repetitivos nos tribunais superiores:* uma nova leitura do princípio da inafastabilidade da jurisdição. Salvador: Juspodivm, 2012.

CHASE, Oscar G. *Direito, cultura e ritual*: sistemas de resolução de conflitos no contexto da cultura comparada. Tradução Sergio Arenhart, Gustavo Osna. São Paulo: Marcial Pons, 2014.

CHIOVENDA, Giuseppe. *A Ação no sistema dos direitos.* Tradução de Hiltomar Martins Oliveira. Belo Horizonte: Lider, 2003.

CHIOVENDA, Giuseppe. Dell'azione nascente dal contratto preliminare. *Saggi di diritto processuale civile.* v. 1. Roma, Foro Italiano, 1930.

CHIOVENDA, Giuseppe. *Instituições de Direito Processual Civil.* v. I. Tradução de J. Guimarães Menegale. São Paulo: Saraiva, 1965.

CHIOVENDA, Giuseppe. *Instituições de Direito Processual Civil.* v. III. 2. ed. Tradução de J. Guimarães Menegale. São Paulo: Saraiva, 1965.

CHIOVENDA, Giuseppe. Las formas en la defesa judicial del derecho. *Ensayos de derecho procesal civil.* Tradução de Santiago Sentís Melendo. v. II. Buenos Aires: Ediciones Juridicas Europa-America, 1949.

CHIOVENDA, Giuseppe. *Principii di diritto processuale civile.* Napoli: Casa Editrice Dott. Eugenio Jovene, 1980.

CINTRA, Antônio Carlos de Araújo; GRINOVER, Ada Pellegrini; DINAMARCO, Cândido Rangel. *Teoria geral do processo.* 31. ed. São Paulo: Malheiros, 2015.

CLÉRICO, Laura. *El examen de proporcionalidade en el derecho constitucional.* Buenos Aires: Universidad de Buenos Aires, 2016.

COHEN-KOPLIN, Klaus. Origen y fundamentación iusfilosófica del "princípio de la adaptabilidad del procedimiento judicial". In: MITIDIERO, Daniel; AMARAL, Guilherme Rizzo (Coord.). *Processo civil*: estudos em homenagem ao Professor Doutor Carlos Alberto Alvaro de Oliveira. São Paulo: Atlas, 2012.

COMOGLIO, Luigi Paolo. Tutela differenziata e pari effetività nella giustizia. *Rivista di Diritto Processuale*, v. LXIII, n.º 6. Milano: CEDAM, 2008.

CONRADO, Paulo César. *Introdução à teoria geral do processo civil.* São Paulo: Max Limonad, 2003.

CONSO, Giovanni. *I fatti giuridici processuali penali.* Perfezione ed efficacia. Milano: Giuffrè, 1955.

CORDEIRO, António Manuel da Rocha e Menezes. *Da boa fé no direito civil.* Coimbra: Almedina, 2013.

COSTA, Alfredo Araújo Lopes da. *Manual elementar de Direito Processual Civil.* Rio de Janeiro: Forense, 1956.

COSTA, Eduardo José da Fonseca. A "execução negociada" de políticas públicas em juízo. *Revista de Processo*, n.º 212. São Paulo: Revista dos Tribunais, 2012.

COSTA, Suzana Henrique. Art. 327. In: CABRAL, Antonio do Passo; CRAMER, Ronaldo (coords.). *Comentários ao novo Código de Processo Civil.* 2. ed. Rio de Janeiro: Forense, 2016.

COUTURE, Eduardo J. Exposición. *Proyecto de código de procedimiento civil con exposición de motivos.* Buenos Aires: Depalma, 1945.

COUTURE, Eduardo J. *Fundamentos del derecho procesal civil.* 4. ed. Montevideo/Buenos Aires: IBdeF, 2009.

COUTURE, Eduardo J. Las garantías constitucionales del proceso civil. *Estudios de derecho procesal civil.* Buenos Aires: EDIAR, 1947, t. I.

CRETELLA JUNIOR, José. *Tratado de direito administrativo.* v. VI. Rio de Janeiro: Forense, 19?.

CUEVA, Ricardo Villas Bôas. Flexibilidade do procedimento e calendário processual no novo CPC. In: CARVALHO FILHO, Antônio; SAMPAIO JUNIOR, Herval (orgs.). *Os juízes e o novo CPC.* Salvador: Juspodivm, 2017.

CUNHA, Leonardo Carneiro da. *A fazenda pública em juízo.* 13. ed. Rio de Janeiro: Forense, 2016.

CUNHA, Leonardo Carneiro da. Comentário ao art.8. In: STRECK, Lênio Luiz; NUNES, Dierle; CUNHA, Leonardo Carneiro da; FREIRE, Alexandre (org.). *Comentários ao Código de Processo Civil.* 2. ed. São Paulo: Saraiva, 2017.

CUNHA, Leonardo Carneiro da. Negócios jurídicos processuais no processo civil brasileiro. In: CABRAL, Antonio do Passo; NOGUEIRA, Pedro Henrique Nogueiras (coords.). *Negócios processuais.* Salvador: Juspodivm, 2015.

CUNHA, Leonardo José Carneiro da. As causas repetitivas e a necessidade de um regime que lhes seja próprio. *Revista da Faculdade de Direito do Sul de Minas.* Pouso Alegre, 2009, v.25, n.º 2. Disponível em https://www.fdsm.edu.br/adm/artigos/6ea85962ff34254460414154a9541524.pdf. Acesso em 12 de ago. 2018.

CUNHA, Leornardo Carneiro da. Art. 327. In: ALVIM, Angélica Arruda; ASSIS, Araken de; ALVIM, Eduardo Arruda; LEITE, George Salomão, (coords.). *Comentários ao Código de Processo Civil.* 2. ed. São Paulo: Saraiva, 2017.

CUNHA, Maurício; FIGUEIREDO, Roberto; DOURADO, Sabrina. *Comentários ao novo Código de Processo Civil.* Recife: Armador, 2015.

DANTAS, Marcelo Navarro Ribeiro. Reforma do Código de Processo Civil e os procedimentos especiais. *Revista da Procuradoria-Geral da República*, n.º 7. São Paulo: Revista dos Tribunais, 1994.

DANTAS, Miguel Calmon. Direito fundamental à processualização". In: GOMES JR., Luiz Manoel; WAMBIER, Luiz Rodrigues; DIDIER JR., Fredie (org.). *Constituição e processo.* Salvador: Juspodivm, 2007.

DELFINO, Lúcio. *Direito Processual Civil:* artigos e pareceres. Belo Horizonte: Fórum, 2011.

DELGADO, José Augusto. O Código Civil de 2002 e a Constituição Federal de 1988: Cláusulas gerais e conceitos indeterminados. In: ALVIM, Arruda, CÉSAR, Joaquim Portes de Cerqueira, ROSAS, Roberto (orgs.). *Aspectos controvertidos do novo código civil.* São Paulo: Revista dos Tribunais, 2003, p. 397.

DENTI, Vittorio. Valori costituzionali e cultura processuale. *Rivista di diritto processuale.* v. XXXIX. Padova: CEDAM, 1984.

DIAS, Ronaldo Brêtas de Carvalho. A constitucionalização do novo Código de Processo Civil. In: DIDIER JR. Fredie; NUNES, Dierle; FREIRE, Alexandre (coord.). *Normas fundamentais.* Salvador: Juspodivm, 2016.

DIDIER JR., Fredie. *Apontamentos para a concretização do princípio da eficiência do processo.* In: FREIRE, Alexandre; DANTAS, Bruno; NUNES, Dierle; DIIDER JR., Fredie; MEDINA, José Miguel Garcia; FUX, Luiz; CAMARGO, Luiz Henrique Volpe; OLIVEIRA, Pedro Miranda de (orgs.). *Novas tendências do processo civil*: estudos sobre o projeto do novo Código de Processo Civil. Salvador: Juspodivm, 2013.

DIDIER JR., Fredie. Cláusulas gerais processuais. *Revista de Processo*, n.º 187. São Paulo: Revista dos Tribunais, 2010.

DIDIER JR., Fredie. *Curso de Direito Processual Civil*: introdução ao Direito Processual Civil, parte geral e processo de conhecimento. 20. ed. Salvador: Juspodivm, 2018.

DIDIER JR., Fredie. Fonte normativa da legitimação extraordinária no novo Código de Processo Civil: a legitimação extraordinária de origem negocial. In: MACÊDO, Lucas Buril; PEIXOTO, Ravi; FREIRE, Alexandre. *Novo CPC doutrinas selecionadas*: parte geral. Salvador: Juspodivm, 2015.

DIDIER JR., Fredie. Notas sobre a Garantia Constitucional do Acesso à Justiça: o princípio do direito de ação ou da inafastabilidade do Poder Judiciário. *Revista de Processo*, n.º 108. São Paulo: Revista dos Tribunais, 2002.

DIDIER JR., Fredie. O direito de ação como complexo de situações jurídicas. *Revista de Processo*, n.º 210. São Paulo: Revista dos Tribunais, 2012.

DIDIER JR., Fredie. *Pressupostos processuais e condições da ação*: o juízo de admissibilidade do processo. São Paulo: Saraiva, 2005.

DIDIER JR., Fredie. Princípio do respeito ao autorregramento da vontade no Processo Civil. In: CABRAL, Antonio do Passo; NOGUEIRA, Pedro Henrique Nogueiras (coords.). *Negócios processuais.* Salvador: Juspodivm, 2015.

DIDIER JR., Fredie. *Recurso de terceiros*: juízo de admissibilidade. 2. ed. São Paulo: Revista dos Tribunais, 2005.

DIDIER JR., Fredie. *Sobre a teoria geral do processo, essa desconhecida.* 3. ed. Salvador: Juspodivm, 2016.

DIDIER JR., Fredie. Sobre dois importantes, e esquecidos, princípios do processo: adequação e adaptabilidade do procedimento. *Revista dos Mestrandos em Direito Econômico da UFBA*, n.º 9. Salvador: Curso de Mestrado em Direito Econômico da UFBA, 2001.

DIDIER JR., Fredie; CABRAL, Antonio do Passo; CUNHA, Leonardo Carneiro da. *Por uma nova teoria dos procedimentos especiais*: dos procedimentos às técnicas. Salvador: Juspodivm, 2018.

DIDIER JR., Fredie; CUNHA, Leonardo Carneiro da. *Curso de Direito Processual Civil*: processo civil nos tribunais, recursos, ação de competência originária de tribunal e *querela nullitatis*, incidentes de competência originária de tribunal. 14. ed. Salvador: Juspodivm, 2017.

DIDIER JR., Fredie; ZANETI JR., Hermes. *Curso de Direito Processual Civil*: processo coletivo. 12. ed. Salvador: Juspodivm, 2018.

DINAMARCO, Cândido Rangel. *A instrumentalidade do processo*. 13. ed. São Paulo: Malheiros, 2008.

DINAMARCO, Cândido Rangel. *Fundamentos do processo civil moderno*. 6. ed. São Paulo: Malheiros, 2010. t. I.

DINAMARCO, Cândido Rangel. *Instituições de Direito Processual Civil*. v. I. 8. ed. São Paulo: Malheiros, 2016.

DINAMARCO, Cândido Rangel. *Instituições de Direito Processual Civil*. v. II. 4. ed. São Paulo: Malheiros, 2004.

DINAMARCO, Cândido Rangel. *Instituições de Direito Processual Civil*. v. II. 7. ed. São Paulo: Malheiro, 2017.

DINAMARCO, Cândido Rangel; LOPES, Bruno Vasconcelos Carrilho. *Teoria geral do novo processo civil*. 2. ed. São Paulo: Malheiros, 2017.

DUARTE, Ronnie Preuss. *Garantia de Acesso à Justiça*. Os direitos processuais fundamentais. Coimbra: Coimbra, 2007.

DUARTE, Ronnie Preuss. Litisconsórcios alternativo e subsidiário no processo civil brasileiro. *Revista de Processo*, n.º147. São Paulo: Revista dos Tribunais, 2007.

DWORKIN, Ronald. *Levando o direito a sério*. Tradução de Nelson Boeira. 2. ed. São Paulo: Martins Fontes, 2007.

ECHANDÍA, Devis. *Teoría general del proceso*. 2. ed. Buenos Aires: Universidad, 1997.

ENGISCH, Karl. *Introdução ao pensamento jurídico*. 11. ed. Tradução de João Baptista Machado. Lisboa: Fundação Caloustre Gulbenkian, 2014.

ESSER, Josef. *Principio y norma en la elaboración jurisprudencial del derecho privado*. Tradução de Eduardo Valentí Fiol. Barcelona: Bosch, 1961.

FABRÍCIO, Adroaldo Furtado. *Comentários ao Código de Processo Civil*. v. VIII. 8. ed. Rio de Janeiro: Forense, 2001, t. III.

FABRÍCIO, Adroaldo Furtado. *Doutrina e prática do procedimento sumaríssimo*. 2. ed. Rio de Janeiro: Aide, 1980.

FABRÍCIO, Adroaldo Furtado. Justificação teórica dos procedimentos especiais. In: *Ensaios de direito processual*. Rio de Janeiro: Forense, 2003.

FAZZALARI, Elio. *Instituições de direito processual*. Campinas: Bookseller, 2006.

FAZZALARI, Elio. *Note in tema di diritto e processo*. Milano: Giuffrè, 1957.

FELITTE, Beatriz Valente. A adaptabilidade procedimental no CPC 2015: a restrição ao amplo poder judicial projetado e o enaltecimento da participação das partes. In: LUCON, Paulo Henrique dos Santos; APRIGLIANO, Ricardo de Carvalho; SILVA, João Paulo Hecker da; VASCONCELOS, Ronaldo; ORTHMANN, André (coords.). *Processo em jornadas*. Salvador: Juspodivm, 2016.

FERNANDES, Antonio Scarance. *Teoria Geral do Procedimento e o procedimento no processo penal*. São Paulo: Revista dos Tribunais, 2005.

FERRARA, Luigi. *Saggi di diritto processuale civile*. Napoli: Jovene, 1914.

FERRARO, Marcella Pereira. Litígios estruturais: entre técnica processual e tutela dos direitos. In: ARENHART, Sérgio Cruz; MITIDIERO, Daniel (coords.). *O processo civil entre a técnica processual e a tutela dos direitos*: estudos em homenagem a Luiz Guilherme Marinoni. São Paulo: Revista dos Tribunais, 2017.

FERRAZ JR., Tércio Sampaio. *Introdução ao estudo do direito*: técnica, decisão e dominação. 4. ed. São Paulo: Atlas, 2003.

FERRAZ JR., Tércio Sampaio. *Teoria da Norma Jurídica*. Ensaio de pragmática da comunicação normativa. 4. ed. Rio de Janeiro: Forense, 2006.

FERREIRA, Simone Rodrigues. Processo civil contemporâneo: tempo-processo e a efetividade jurisdicional. In: TELLENI, Denise Estrela; JOBIM, Geraldo Cordeiro; JOBIM, Marcio Félix (orgs.). *Tempestividade e efetividade processual*: novos rumos do processo civil brasileiro. Estudos em homenagem à professora Eliane Harzheim Macedo. Caxias do Sul: Plenum, 2010.

FEYERABEND, Paul K. *Contra o método*. Tradução de Cezar Augusto Mortari. São Paulo: UNESP, 2007.

FIGUEIRAS JR., Joel Dias. *Comentários ao Código de Processo Civil*. v.4. 2. ed. São Paulo: Revista dos Tribunais, 2007, t. II.

FLEXA, Alexandre; MACEDO, Daniel; BASTOS, Fabrício. *Novo Código de Processo Civil*. Salvador: Juspodivm, 2015.

FOSCHINI, Gaetano. Natura Giuridica del Processo. *Rivista di Diritto Processuale*. v. 3, parte I. Padova: CEDAM, 1948.

FOSCHINI, Gaetano. La complessione del processo. *Rivista di diritto processuale*. v. IV, parte I. Padova: CEDAM, 1949.

FREIRE, Alexandre; SCHMITZ, Leonard Ziesemer. Comentário ao art. 15. In: STRECK, Lênio Luiz; NUNES, Dierle; CUNHA, Leonardo Carneiro da; FREIRE, Alexandre (org.). *Comentários ao Código de Processo Civil*. 2. ed. São Paulo: Saraiva, 2017.

FREITAS, José Lebre de. *Introdução ao processo civil*: conceito e princípios gerais à luz do novo código. 3. ed. Coimbra: Coimbra, 2013.

FUX, Luiz. *Curso de Direito Processual Civil*. Rio de Janeiro: Forense, 2001.

GAJARDONI, Fernando da Fonseca. *Flexibilização procedimental*: um novo enfoque para o estudo do procedimento em matéria processual, de acordo com as recentes reformas do CPC. São Paulo: Atlas, 2008.

GAJARDONI, Fernando da Fonseca. O princípio constitucional da tutela jurisdicional sem dilações indevidas e o julgamento antecipadíssimo da lide. In: CALDEIRA, Adriano; FREIRE, Rodrigo da Cunha Lima (Orgs.). *Terceira etapa da reforma do Código de Processo Civil*: estudos em homenagem ao Ministro José Augusto Delgado. Salvador: Juspodivm, 2007.

GAJARDONI, Fernando da Fonseca. Procedimento, déficit procedimental e flexibilização procedimental no novo CPC. *Revista de Informação Legislativa*. Brasília, ano 48, n.º 190, abr./jun. 2011.

GAJARDONI, Fernando da Fonseca. *Técnicas de aceleração do processo*. Franca: Lemos e Cruz, 2003.

GAJARDONI, Fernando da Fonseca; SOUZA, Maurício Bearzotti de. Os princípios da adequação, da adaptabilidade e da flexibilização procedimental pelo juiz no novo CPC. *Revista do TST*. Brasília, v. 82, n.º 3, jul/set 2016.

GODINHO, Carlos. Cumulação de ações perante o novo Código de Processo Civil. *Revista Forense*, n.º 252. Rio de Janeiro: Forense, 1975.

GOLDSCHMIDT, James. *Derecho procesal civil*. Tradução de Leonardo Prieto Castro. Barcelona: Labor, 1936.

GOLDSCHMIDT, James. *Principios generales del proceso*: Teoría General del Proceso. Buenos Aires: Ediciones Jurídicas Europa-América, 1961.

GONÇALVES, Aroldo Plínio. *Técnica Processual e Teoria do Processo*. Rio de Janeiro, AIDE, 2001.

GOUVEIA FILHO, Roberto Campos; SPIRITO, Marco Paulo di. Sobre negócio jurídico de espraiamento sentencial. *Revista Brasileira de Direito Processual,* n.º 100. Belo Horizonte: Fórum, 2017.

GOUVEIA FILHO, Roberto P. Campos. Da especialidade do procedimento das execuções fundadas em título extrajudicial: primeiras notas de uma teoria semiótica dos procedimentos especiais. In: MACÊDO, Lucas Buril de; PEIXOTO, Ravi; FREIRE, Alexandre (orgs.). *Procedimentos especiais, tutela provisória e direito transitório.* 2. ed. Coleção novo CPC - Doutrina selecionada. Fredie Didier Jr. (coord. geral). v. 4. Salvador: Juspodivm, 2016.

GRAU, Eros Roberto. *Por que tenho medo dos juízes (a interpretação/aplicação do direito e os princípios).* 6. ed. São Paulo: Malheiro, 2014.

GRECO FILHO, Vicente. *Direito Processual Civil brasileiro.* v. 2. 16. ed. São Paulo: Saraiva, 2003.

GRECO, Leonardo. Concurso e cumulação de ações. *Revista de Processo,* n.º 147. São Paulo: Revista dos Tribunais, 2007.

GRECO, Leonardo. *Instituição de processo civil.* v. I. 5. ed. Rio de Janeiro: Forense, 2015 [e-book].

GRECO, Leonardo. *Instituição de processo civil.* v. II. 3. ed. Rio de Janeiro: Forense, 2015 [e-book].

GRECO, Leonardo. *Jurisdição voluntária moderna.* São Paulo: Dialética, 2003.

GRECO, Leonardo. O princípio do contraditório. *Revista Dialética de Direito Processual,* n.º 24. São Paulo: Dialética, 2005.

GRECO, Leonardo. Os atos de disposição processual – primeiras reflexões. *Revista Eletrônica de Direito Processual – REDP,* v. 1, n.º 1, out-dez. 2007.

GREGER, Reinhard. Cooperação como princípio processual. Tradução de Ronaldo Kochen. *Revista de Processo,* n.º 206. São Paulo: Revista dos Tribunais, 2012.

GRINOVER, Ada Pelegrini. Proposta de alteração ao Código de Processo Civil. Justificativa. *Revista de Processo,* n.º 86. São Paulo: Revista dos Tribunais, 1997.

GRINOVER, Ada Pelegrini. Tutela jurisdicional diferenciada: a antecipação de tutela e sua estabilização. *Revista de Processo,* n.º 121. São Paulo: Revista dos Tribunais, 2005.

GUASP, Jaime; ARAGONESES, Pedro. *Derecho Procesal Civil:* introducción y parte general. T. I. 7. ed. Madrid: S.L. Civitas Ediciones, 2005.

GUASTINI, Riccardo. *Das fontes às normas.* Tradução de Edson Bini. São Paulo: Quartier Latin Brasil, 2005.

GUASTINI, Riccardo. *Le fonti del diritto e l'interpretazione.* Milano: Guiffrè, 1993.

GUASTINI, Riccardo. *Teoria e dogmatica delle fonti.* Milano: Guiffrè, 1998.

GUEDES, Jefferson Carús Guedes. *Procedimentos especiais a partir do CPC/2015:* a ressignificação do confronto entre as técnicas processuais diferenciadas e o atual procedimento comum (flexível e fundível).

GUERRA FILHO, Willis Santiago. Teoria geral do processo: em que sentido? In: RODRIGUE, Horácio Wanderlei (org.). *Lições alternativas de direito processual.* São Paulo: Acadêmica, 1995.

GUERRA, Marcelo Lima. *Direitos Fundamentais e a Proteção do Credor na Execução Civil.* São Paulo: Revista dos Tribunais, 2003.

FAIREN GUILLÉN, Victor. *El juicio ordinario y los plenarios rápidos.* Barcelona: Bosch, 1953.

GUIMARÃES, Heitor Miranda. Art. 327. In: VERAS, Ney Alves (coord.). *Comentários ao Código de Processo Civil.* Campo Grande: Contemplar, 2017.

GÜNTHER, Klaus. *Teoria da argumentação no direito e na moral:* justificando a aplicação. Tradução de Cláudio Molz. São Paulo: Landy, 2004.

HORN, Norbert. *Introdução à ciência do direito e à filosofia jurídica.* Tradução de Elisete Antoniuk. Porto Alegre: Sergio Antonio Fabris, 2005.

JÚDICE, Mônica. Art. 327. In: CÂMARA, Helder Moroni (coord.). *Código de Processo Civil:* comentado. São Paulo: Almedina, 2016.

KELSEN, Hans. *Teoria geral do direito e do Estado*. Tradução de Luíz Carlos Borges. 4. ed. São Paulo: Martins Fontes, 2005.

KELSEN, Hans. *Teoría pura del derecho y teoria egológica*. Tradução de Eduardo Garcia Maynez. Disponível em: http://historico.juridicas.unam.mx/publica/librev/rev/facdermx/cont/10/pr/pr13.pdf. Acesso em: 7 de set. 2017.

LACERDA, Galeno Vellinho de. O código como sistema legal de adequação do processo. *Revista do Instituto dos Advogados do Rio Grande do Sul*. Comemorativa do cinqüentenário 1926-1976. Porto Alegre, 1976.

LACERDA, Galeno. *Comentários ao Código de Processo Civil*. v. VIII. t. I. 10. ed. Rio de Janeiro: Forense, 2007.

LACERDA, Galeno. Função e processo cautelar: revisão crítica. *Revista AJURIS*, n.º 56. Porto Alegre: 1992.

LARENZ, Karl. *Metodología de la ciencia del derecho*. Tradução de M. Rodríguez Molinero. Barcelona: Ariel Derecho, 2009.

LEAL, Rosemiro Pereira. *Teoria geral do processo*: primeiros estudos. 8. ed. Rio de Janeiro: Forense, 2009.

LEITÃO, José Ribeiro. Aspectos de teoria geral dos procedimentos especiais. *Revista de Doutrina e Jurisprudência do TJ/DF*, abr., 1985. Disponível em https://bdjur.tjdft.jus.br/xmlui/bitstream/handle/tjdft/35132/aspectos%20de%20teoria%20geral%20dos%20procedimentos%20especiais.pdf?sequence=1. Acesso em 18 de ago. 2018.

LEONARDO, Rodrigo Xavier. O paradigma da efetividade do processo e os procedimentos especiais: uma abordagem crítica. *Revista Jurídica Themis*, n.º 10, 1998.

LEONEL, Ricardo de Barros. *Tutela jurisdicional diferenciada*. São Paulo: Revista dos Tribunais, 2010.

LESSA, Pedro. *Estudos de filosofia do direito*. 2. ed. Campinas: Bookseller, 2002.

LIEBMAN, Enrico Tullio. Diritto Constituzionale e processo civile. *Rivista Diritto Processale*, v. VII, parte I. Padova: CEDAM, 1952.

LIEBMAN, Enrico Tullio. *Eficácia e autoridade da sentença e outros escritos sobre a coisa julgada*. Tradução de Alfredo Buzaid e Benvindo Aires. 4. ed. Rio de Janeiro: Forense, 2007.

LIEBMAN, Enrico Tullio. *Manual de Direito Processual Civil*. v. I. 3. ed. Tradução de Cândido Rangel Dinamarco. São Paulo: Malheiros, 2005.

LIMA, Bernardo; EXPÓSITO, Gabriela. Art. 327. In: RIBEIRO, Sérgio Luiz de Almeida; GOUVEIA FILHO, Roberto P. Campos; PANTALEÃO, Izabel Cristina Pinheiro Cardoso; GOUVEIA, Lucio Grassi de. *Novo Código de Processo Civil comentado*. t. II (art. 318 ao art. 770). São Paulo: Lualri, 2017.

LIMA, Rafael Scavone Bellem de. Otimização de princípios, separação de poderes e segurança jurídica: o conflito entre princípio e regra. *Dissertação de Mestrado*. Faculdade de Direito da Universidade de São Paulo. São Paulo, 2012.

LOBÃO, Manoel de Almeida e Souza. *Tractado Pratico Compendiario de todas as Acções Summarias, sua Indole, e Natureza em Geral, e em Especial*. Lisboa: Impressão Regia, 1816.

LUHMANN, Niklas. *Legitimação pelo Procedimento*. Tradução de Maria da Conceição Côrte-Real. Brasilia: Universidade de Brasília, 1980.

LUHMANN, Niklas. *Los derechos fundamentales como institución*: aportación a la sociología política. Mexico: Universidad Iberoamericana, 2010.

MACCORMICK, Neil. *Retórica e o estado de direito*: uma teoria da argumentação jurídica. Tradução de Conrado Hübner Mendes e Marcos Paulo Veríssimo. Rio de Janeiro: Elsevier, 2008.

MACEDO, Bruno Regis Bandeira Ferreira. As inovações procedimentais da petição inicial no Novo Código de Processo Civil. In: MÂCEDO, Lucas Burril; PEIXOTO, Ravi; FREIRE,

Alexandre (orgs.). *Novo CPC doutrinas selecionadas*: procedimento comum. 2. ed. Salvador: Juspodivm, 2016.

MACHADO JUNIOR, Dario Ribeiro; WOLKART, Erik Navarro; HARTMANN, Guilherme Kronemberg; MENEZES, Gustavo Quintanilha Telles de; RODRIGUES, Roberto de Aragão Ribeiro; GISMONDI, Rodrigo A. O. C.; TEMER, Sofia. Art. 327. In: CARNEIRO, Paulo Cezar Pinheiro; PINHO, Humberto Dalla Bernardina de (coords.). *Novo Código de Processo Civil*: anotado e comparado. 2. ed. São Paulo: Forense, 2016 [e-book].

MACHADO NETO, Antônio Luís. *Teoria da ciência jurídica*. São Paulo: Saraiva, 1975.

MACHADO, Antônio Cláudio da Costa. *Código de Processo Civil interpretado*: artigo por artigo, parágrafo por parágrafo. 3. ed. São Paulo: Saraiva, 1997.

MACHADO, Roberto. Procedimentos especiais no futuro CPC. In: VIANA, Juvêncio Vasconcelos; MAIA, Gretha Leite; AGUIAR, Ana Cecília Bezerra de (orgs.). *O projeto do futuro CPC*: tendências e desafios de efetivação. Curitiba: CRV, 2013.

MALFATTI, Márcio Alexandre; SANTOS, José Carlos Van Cleef de Almeida. Art. 318 (Do Processo Comum) ao 429 (Da Força Probante do Documento). In: SARRO, Luis Antônio Giampaulo (coord.). *Novo Código de Processo Civil*: principais alterações do sistema processual civil. 2. ed. São Paulo: Rideel, 2016.

MANDRIOLI, Crisanto. *Corso di diritto processuale civile*: l'esecuzione forzata, i procedimenti speciali, i processi del lavoro, locatizio e societario. 5. ed. Torino: G. Giappichelli, 2006.

MARANHÃO, Clayton. *Comentários ao Código de Processo Civil*: artigos 1.045 ao 1.072. São Paulo: Revista dos Tribunais, 2016.

MARCACINI, Augusto Tavares Rosa. *As inovações do CPC de 2015*: Da propositura da ação até a sentença. São Paulo: A. Marcacini, 2016 [e-book].

MARCATO, Antonio Carlos. *Procedimentos especiais*. 16. ed. São Paulo: Atlas, 2016.

MARCUS, Richard L. Of babies and bathwater, the prospects for procedural progress. *Brooklin Law Review*, v. 59, 1993.

MARINONI, Luiz Guilherme. *Curso de processo civil*: teoria geral do processo. 8. ed. São Paulo: Revista dos Tribunais, 2014.

MARINONI, Luiz Guilherme. *Efetividade do processo e tutela de urgência*. Porto Alegre: Sergio Antonio Fabris, 1994.

MARINONI, Luiz Guilherme. *Novas linhas do Processo Civil*. 4. ed. São Paulo: Malheiros, 2000.

MARINONI, Luiz Guilherme. O direito à adequada tutela jurisdicional. *Revista dos Tribunais*, n.º 663. São Paulo: Revista dos Tribunais, 1991.

MARINONI, Luiz Guilherme; ARENHART, Sérgio Cruz. *Comentários ao Código de Processo Civil*: artigos 294 ao 333. São Paulo: Revista dos Tribunais, 2016, v. 4.

MARINONI, Luiz Guilherme; ARENHART, Sérgio Cruz; MITIDIERO, Daniel. *Novo curso de processo civil*: tutela dos direitos mediante procedimentos diferenciados. 3. ed. São Paulo: Revista dos Tribunais, 2017.

MARINONI, Luiz Guilherme; ARENHART, Sérgio Cruz; MITIDIERO, Daniel. *Novo curso de processo civil*: tutela dos direitos mediante o procedimento comum. 3. ed. São Paulo: Revista dos Tribunais, 2017.

MARINONI, Luiz Guilherme; ARENHART, Sérgio Cruz; MITIDIERO, Daniel. *Novo Código de Processo Civil comentado*. São Paulo: Revista dos Tribunais, 2015.

MARINONI, Luiz Guilherme; MITIDIERO, Daniel; ARENHART, Sérgio Cruz. *Novo curso de processo civil*: teoria do processo civil. 3. ed. São Paulo: Revista dos Tribunais, 2017.

MARQUES, José Frederico. *Ensaio sobre jurisdição voluntária*. Campinas: Millennium, 2002.

MARQUES, José Frederico. *Instituições de Direito Processual Civil*. v. I. 3. ed. Rio de Janeiro: Forense, 1966.

MARQUES, José Frederico. *Manual de Direito Processual Civil.* v. II. São Paulo: Saraiva, 1974.

MARQUES, José Frederico. Procedimento ordinário. In: *O processo civil.* 4. ed. São Paulo: AASP, 1975.

MARTINS NETTO, Modestino. *Da acumulação de ações e intervenção de terceiros.* Rio de Janeiro: Edições Trabalhistas, 1973.

MARTINS-COSTA, Judith. *A boa-fé no direito privado*: critérios para a sua aplicação. São Paulo: Marcial Pons, 2015.

MARTINS-COSTA, Judith. A re-significação do princípio da segurança jurídica na relação entre o Estado e os cidadãos: a segurança como crédito de confiança. Revista CEJ, Brasília, n.º 27, 2004. Disponível em http://www.jf.jus.br/ojs2/index.php/revcej/article/viewFile/641/821. Acesso em 17 de ago. 2018.

MARTINS-COSTA, Judith. O direito privado como um "sistema em construção". As cláusulas gerais no projeto do Código Civil brasileiro. *Revista de Informação Legislativa*, n.º 139. Brasília: Senado, 1998.

MAXIMILIANO, Carlos. *Hermenêutica e aplicação do direito.* 19. ed. Rio de Janeiro: Forense, 2009.

MAZZEI, Rodrigo. Código Civil de 2002 e o Judiciário: apontamentos na aplicação das cláusulas gerais. In: DIDIER JR., Fredie, MAZZEI, Rodrigo (coords.). *Reflexos do Novo Código Civil no Direito Processual.* 2. ed. Salvador: Juspodivm 2007.

MEDINA, José Miguel Garcia. *Direito Processual Civil moderno.* 2. ed. São Paulo: Revista dos Tribunais, 2016.

MEIRELES, Edilton. Dever de gestão processual adequada. Disponível em *http://ediltonmeireles.com/?p=107.* Acesso em 20 de nov. 2018.

MEIRELES, Edilton. O novo CPC e sua aplicação supletiva e subsidiária no processo do trabalho. In: MIESSA, Élisson (org.). *O novo Código de Processo Civil e seus reflexos no Processo do Trabalho.* Salvador: Juspodivm, 2015.

MELLO, Celso Antônio Bandeira de. *Conteúdo jurídico do princípio da igualdade.* 3. ed. São Paulo: Malheiros, 2005.

MELLO, Celso Antônio Bandeira de. *Curso de direito administrativo.* 22. ed. São Paulo: Malheiros, 2007.

MELLO, Marcos Bernardes de. *Teoria do fato jurídico:* plano da eficácia – 1ª parte. São Paulo: Saraiva, 2003.

MELLO, Marcos Bernardes de. *Teoria do fato jurídico:* plano da existência. 12. ed. São Paulo: Saraiva, 2003.

MENCHINI, Sergio. Nuove forme di tutela e nouvi modi di risoluzione delle controversie: verso il superamento della necessità dell'accertamento com autorità di giudicato. *Rivista di diritto processuale*, n.º 3. Padova: CEDAM, 2006.

MENDES JÚNIOR, João. A nova phase da doutrina e das leis do processo brasileiro. *Revista da Faculdade de Direito de São Paulo*, v. 7, 1899.

MENKE, Fabiano. A interpretação das cláusulas gerais: a subsunção e a concreção dos conceitos. *Revista de Direito do Consumidor*, n.º 50. São Paulo: Revista dos Tribunais, 2004.

MERKL, Adolf. *Teoría general del derecho administrativo.* Ciudad del Mexico: Nacional, 1980.

MILLAR, Wyness Robert. *Los principios formativos del procedimento civil.* Tradução de Catalina Grossmann. Buenos Aires: Ediar, 19?.

MIRANDA, Pontes de. *Comentários ao Código de Processo Civil (1939).* 2. ed. Rio de Janeiro: Forense, 1958, t.I.

MIRANDA, Pontes de. *Comentários ao Código de Processo Civil (1939).* 2. ed. Rio de Janeiro: Forense, 1958, t. II.

MIRANDA, Pontes de. *Comentários ao Código de Processo Civil.* 2. ed. Rio de Janeiro: Forense, 2004, t. XIII.

MIRANDA, Pontes de. *Comentários ao Código de Processo Civil.* 3. ed. Rio de Janeiro: Forense, 1999, t. IV.

MIRANDA, Pontes de. *Comentários ao Código de Processo Civil.* 3. ed. Rio de Janeiro: Forense, 1996, t. III.

MIRANDA, Pontes de. *Tratado de Direito Privado.* 2. ed. Rio de Janeiro: Borsoi, 1954, t. I.

MIRANDA, Sandra. Julien. *Do ato administrativo complexo.* São Paulo: Malheiros, 1998.

MITIDIERO, Daniel. *Colaboração no processo civil*: pressupostos sociais, lógicos e éticos. 2. ed. São Paulo: Revista dos Tribunais, 2011.

MITIDIERO, Daniel. *Comentários ao Código de Processo Civil.* São Paulo: Memória Jurídica, 2005, t. 2.

MONACCIANI, Luigi. *Azione e Legittimazione.* Milano: Giuffrè, 1951.

MONCADA, Luís Cabral de. O processo civil perante a filosofia do direito. In: *Estudos de filosofia do direito e do estado.* v. 2. Lisboa: Imprensa Nacional-Casa da Moeda, 2004.

MONROY GALVEZ, Juan; MONROY PALACIOS, Juan. Del mito del proceso ordinario a la tutela diferenciada. *Revista de Processo,* n.º 109. São Paulo: Revista dos Tribunais, 2003.

MONTENEGRO FILHO, Misael. *Novo Código de Processo Civil comentado.* 3. ed. São Paulo: Atlas, 2018 [e-book].

MONTESANO, Luigi. Luci ed ombre in leggi e proposte di "tutela differenziata" nei processi civili. *Rivista di Diritto Processuale,* v. XXXIV (II Serie). Padova: CEDAM, 1979.

MOREIRA NETO, Diogo de Figueiredo. Juridicidade, pluralidade normativa, democracia e controle social: reflexões sobre alguns rumos do Direito público neste século. In: ÁVILA, Humberto (org.). *Fundamentos do estado de direito*: Estudos em homenagem ao professor Almiro do Couto e Silva. São Paulo: Malheiros, 2003.

MOREIRA, Egon Bockmann. *Processo Administrativo.* Princípios Constitucionais e a Lei 9.784/1999. 2. ed. São Paulo: Malheiro, 2003.

MOREIRA, José Carlos Barbosa. A constitucionalização do Processo no Direito Brasileiro. In: MAC-GREGOR, Eduardo Ferrer; LARREA, Arturo Zaldívar Lelo de (coord.). *Estudos de direito processual constitucional*: Homenagem brasileira a Héctor Fix-Zamudio em seus 50 anos como pesquisador de direito. São Paulo: Malheiros, 2009.

MOREIRA, José Carlos Barbosa. A estrutura do novo Código de Processo Civil. *Revista Forense,* n.º 246. Rio de Janeiro: Forense, 1974.

MOREIRA, José Carlos Barbosa. *Comentários ao Código de Processo Civil.* v. 5. 15. ed. Rio de Janeiro: Forense, 2010.

MOREIRA, José Carlos Barbosa. Convenções das partes sobre matéria processual. *Temas de Direito Processual.* 3ª Série. São Paulo: Saraiva, 1984.

MOREIRA, José Carlos Barbosa. *Estudos sobre Novo Código de Processo Civil.* Rio de Janeiro: Liber Juris, 1974.

MOREIRA, José Carlos Barbosa. Notas sobre o problema da "efetividade" do processo. In: *Temas de direito processual*: terceira série. São Paulo: Saraiva, 1984.

MOREIRA, José Carlos Barbosa. O futuro da justiça: alguns mitos. *Revista de Processo,* n.º 99. São Paulo: Revista dos Tribunais, 2000.

MOREIRA, José Carlos Barbosa. *O novo processo civil brasileiro*: exposição sistemática do procedimento. 22. ed. Rio de Janeiro: Forense, 2002.

MOREIRA, José Carlos Barbosa. O procedimento ordinário no novo Código de Processo Civil. *Revista Forense,* v. 246. Rio de Janeiro: Forense, 1974.

MOREIRA, José Carlos Barbosa. Sobre a multiplicidade de perspectivas no estudo do processo. *Revista de Processo*, n.º 49. São Paulo: Revista dos Tribunais, 1988.

MOREIRA, José Carlos Barbosa. Tendência na execução de sentença e ordens judiciais. *Temas de direito processual*: quarta série. São Paulo: Saraiva, 1989.

MOREIRA, José Carlos Barbosa. Tendências contemporâneas do Direito Processual Civil. In: *Temas de direito processual*: terceira série. São Paulo: Saraiva, 1984.

MOREIRA, José Carlos Barbosa. *Tutela sancionatória e tutela preventiva.* In: *Temas de direito processual:* segunda série. São Paulo: Saraiva, 1980.

MORELLO, Augusto Mário. Las nuevas exigencias de tutela. *Revista de Processo*, n.º 31. São Paulo: Revista dos Tribunais, 1983.

MORIN, Edgar. *Introdução ao pensamento complexo*. Tradução Eliane Lisboa. 4. ed. Porto Alegre: Sulina, 2011.

MORTARA, Lodovico. *Principii di procedura civile.* Florença: G. Barbèra, 1890.

MÜLLER, Friedrich. *Métodos de trabalho do Direito Constitucional.* Tradução de Peter Naumann. 2. ed. São Paulo: Max Limonad, 2000.

MÜLLER, Friedrich. *Teoria estruturante do direito*. Tradução de Peter Naumann e Eurides Avance de Souza. 3. ed. São Paulo: Revista dos Tribunais, 2011.

NALINI, José Renato. Processo e procedimento. Distinção e a celeridade da prestação jurisdicional. *Revista dos Tribunais*, n.º 730. São Paulo: Revista dos Tribunais, 1996.

NASSER, Paulo Magalhães. In: CÂMARA, Helder Moroni (coord.). *Código de Processo Civil comentado*. São Paulo: Almedina, 2016.

NEGRÃO, Theotonio; GOUVÊA, José Roberto F.; BONDIOLI, Luis Guilherme A.; FONSECA, João Francisco N. da. *Novo Código de Processo Civil e legislação processual em vigor*. 48. ed. São Paulo: Saraiva, 2017.

NERY JUNIOR, Nelson; NERY, Rosa Maria de Andrade. *Código de Processo Civil comentado e legislação processual em vigor*. 11. ed. São Paulo: Revista dos Tribunais, 2010.

NERY JUNIOR, Nelson; NERY, Rosa Maria de Andrade. *Comentários ao Código de Processo Civil.* São Paulo: Revista dos Tribunais, 2015.

NEVES, A. Castanheira. *Metodologia jurídica:* problemas fundamentais. Coimbra: Coimbra, 2013.

NEVES, Celso. *Estrutura fundamental do processo civil*: tutela jurídica processual, ação, processo e procedimento. Rio de Janeiro: Forense, 1995.

NEVES, Daniel Amorim Assumpção. *Manual de Direito Processual Civil.* 10. ed. Salvador: Juspodivm, 2018.

NEVES, Daniel Amorim Assumpção. *Novo Código de Processo Civil comentado.* 2. ed. Salvador: Juspodivm, 2017.

NEVES, Marcelo. *Entre Hidra e Hércules*: princípios e regras constitucionais como diferença paradoxal do sistema jurídico. São Paulo: WMF Martins Fontes, 2013.

NOBLAT, Francis; MEIRELLES, Delton Ricardo Soares. De "poder do juiz" à "convenção das partes": uma análise da flexibilização procedimental na atual reforma do Código de Processo Civil. Revista Eletrônica de Direito Processual, v. XIII, 2014. Disponível em http://www.e-publicacoes.uerj.br/index.php/redp/article/view/10783/9332. Acesso em 20 de ago. 2018.

NOGUEIRA, Pedro Henrique Pedrosa. Situações jurídicas processuais. In: DIDIER JR., Fredie (coord.). *Teoria do Processo – Panorama Doutrinário Mundial.* v. 2. Salvador: Juspodivm, 2010.

NOGUEIRA, Pedro Henrique Pedrosa. Sobre os acordos de procedimento no Processo Civil Brasileiro. In: CABRAL, Antonio do Passo; NOGUEIRA, Pedro Henrique (coord.). *Negócios Processuais.* Salvador: Juspodivm, 2015.

NOGUEIRA, Pedro Henrique. *Negócios jurídicos processuais.* Salvador: Juspodivm, 2016, p.160.

NUNES, Dierle José Coelho. *Processo jurisdicional democrático*. Curitiba: Juruá, 2008.

NUNES, Dierle. Novo enfoque para as tutelas diferenciadas no Brasil? Diferenciação procedimental a partir da diversidade de litigiosidades. *Revista de Processo*, n.º 184. São Paulo: Revista dos Tribunais, 2010.

NUNES, Dierle; BAHIA, Alexandre; CÂMARA, Bernardo Ribeiro; SOARES, Carlos Henrique. *Curso de Direito Processual Civil:* Fundamentação e aplicação. Belo Horizonte: Fórum, 2011.

OLIVEIRA JR., Zulmar Duarte. Comentários ao art. 15. In: GAJARDONI, Fernando da Fonseca; DELLORE, Luiz; ROQUE, André Vasconcelos; OLIVEIRA JR., Zulmar Duarte. *Teoria geral do processo:* comentários ao CPC de 2015. Parte geral. São Paulo: Método, 2015. [e-book]

OLIVEIRA, Carlos Alberto Alvaro de. *Do formalismo no processo civil*: proposta de um formalismo-valorativo. 4. ed. São Paulo: Saraiva, 2010.

OLIVEIRA, Carlos Alberto Alvaro de. Efetividade e processo de conhecimento. *Revista de Processo*, n.º 96. São Paulo: Revista dos Tribunais, 1999.

OLIVEIRA, Carlos Alberto Alvaro de. O processo civil na perspectiva dos direitos fundamentais. *Revista Forense*, n.º 372. Rio de Janeiro: Forense, 2004.

OLIVEIRA, Carlos Alberto Alvaro de. Poderes do juiz e visão cooperativa do processo. *Revista de Direito Processual Civil*, n.º 27. Curitiba: Genesis, 2003.

OLIVEIRA, Carlos Alberto Alvaro de. Procedimento e ideologia no direito brasileiro atual. *Revista da AJURIS*, n.º 33. Porto Alegre: 1985.

OLIVEIRA, Guilherme Peres de. *Adaptabilidade judicial*: a modificação do procedimento pelo juiz no processo civil. São Paulo: Saraiva, 2013.

OLIVEIRA, Guilherme Pires de; BARIONI, Rodrigo; ALVIM, Teresa Arruda. Case management: brazilian report. *Revista de Processo*, n.º 282. São Paulo: Revista dos Tribunais, 2018.

OLIVEIRA, Paulo Mendes de. *Segurança jurídica e processo*: da rigidez à flexibilização processual. São Paulo: Revista dos Tribunais, 2018.

ONO, Taynara Tiemi. A flexibilização procedimental: uma comparação entre os sistemas jurídicos brasileiro, inglês e português. *Revista de Processo*, n.º 254. São Paulo: Revista dos Tribunais, 2016.

ONODERA, Marcus Vinicius Kiyoshi. Breves anotações sobre gerenciamento do processo (*case management*) e o novo Código de Processo Civil. In: LUCON, Paulo Henrique dos Santos; APRIGLIANO, Ricardo de Carvalho; SILVA, João Paulo Hecker da; VASCONCELOS, Ronaldo; ORTHMANN, André (coords.). *Processo em jornadas*. Salvador: Juspodivm, 2016.

ORIONE NETO, Luiz. Teoria Geral dos procedimentos especiais. In: DIDIER JR., Fredie; FARIAS, Cristiano Chaves de (coords.). *Procedimentos especiais cíveis:* legislação extravagante. São Paulo: Saraiva, 2003.

PAIXÃO JÚNIOR, Manuel Galdino da. *Teoria geral do processo*. Belo Horizonte: Del Rey, 2002.

PASSOS, J. J. Calmon de. *Da jurisdição*. III-1. Salvador: Publicações da Universidade da Bahia, 1957.

PASSOS, José Joaquim Calmon de. *Comentários ao Código de Processo Civil*. v. III. 9. ed. Rio de Janeiro: Forense, 2005.

PASSOS, José Joaquim Calmon de. *Esboço de uma teoria das nulidades aplicada às nulidades processuais*. Rio de Janeiro: Forense, 2005.

PASSOS, José Joaquim Calmon de. Instrumentalidade do processo e devido processo legal. *Ensaios e artigos*. v. 1. Salvador: Juspodivm, 2014.

PASSOS, José Joaquim Calmon de. Teoria geral dos procedimentos especiais. In: FARIAS, Cristiano Chaves de; DIDIER JR., Fredie (coords). *Procedimentos especiais cíveis*: legislação extravagante. São Paulo: Saraiva, 2003.

PAULA, Jônatas Luiz Moreira de. A unidade procedimental no processo de conhecimento. *Revista de Processo*, n.º 189. São Paulo: Revista dos Tribunais, 2010.

PERLINGIERI, Pietro. *Perfis do direito civil*: introdução ao Direito Civil Constitucional. Tradução de Maria Cristina de Cicco. 3. ed. Rio de Janeiro: Renovar, 2007.

PICARDI, Nicola. I processi speciali. *Revista di Diritto Processuale*, v. XXXVII, n.º 2. Padova: CEDAM, 1982.

PICÓ I JUNOY, Joan. *Las garantías constitucionales del proceso*. Barcelona: Bosch, 2012.

PIMENTEL, Wellington Moreira. *Comentários ao Código de Processo Civil*. 2. ed. São Paulo: Revista dos Tribunais, 1973.

PISANI, A. Proto. Sulla tutela giurisdizionale differenziata. *Rivista di Diritto Processuale*, v. XXXIV (II Serie). Padova: CEDAM, 1979.

PISANI, Andrea Proto. Acerca de la tutela jurisdiccional diferenciada. Tradução de Héctor Augusto Campos García. In: *La tutela jurisdiccional*. Lima: Palestra, 2014.

PISANI, Andrea Proto. Appunti sulla tutela sommaria. In: *Il Processi speciali, studi offerti a Virgilio Andrioli dai suoi allievi*. Napoli: Jovene, 1979.

PISANI, Andrea Proto. Il principio di effettività nel processo civile italiano. *Revista de Processo*, n.º 239. São Paulo: Revista dos Tribunais, 2015.

PISANI, Andrea Proto. *Lezioni di diritto processuale civile*. 6. ed. Napoli: Jovene, 2014.

PISANI, Andrea Proto. Necessitá di sciogliere i nodi e gli equivoci della espressione: tutela giurisdizionale differenziata. *Revista de processo*, n.º 240. São Paulo: Revista dos Tribunais, 2015.

PISANI, Andrea Proto. Tutela giurisdizionale differeziata e nuovo processo del lavoro. *Il Foro Italiano*, v. 96, n.º 9. Roma: Il Foro Italiano, 1973.

PORTO, Sérgio Gilberto. Cidadania processual e relativização da coisa julgada. *Revista de Processo*, n.º 112. São Paulo: Revista dos Tribunais, 2003.

PRETTO, Pedro Siqueira De. Art. 327. In: SANTOS, Silas Silva; CUNHA, Fernando Antonio Maia da; CARVALHO FILHO, Milton Paulo de; RIGOLIN, Antonio (coords.). *Comentários ao Código de Processo Civil*: perspectiva da magistratura. São Paulo: Revista dos Tribunais, 2018.

PUPPIN, Bárbara Altoé; OLIVEIRA, Michelle Ivanir Cavalcanti de. *Breves apontamentos sobre o artigo 327 §2º do CPC/2015*. Disponível em: http://periodicos.ufes.br/processocivilinternacional/article/view/19843. Acesso em: 15 de jun. 2018.

QUEIROZ, Pedro Gomes. A cumulação de pedidos relativos ao direito de família no CPC/2015. *Revista de Processo*, n.º 262. São Paulo: Revista dos Tribunais, 2016.

RAATZ, Igor. *Autonomia privada e processo*: negócios jurídicos processuais, flexibilidade procedimental e o direito à participação na construção do caso concreto. Salvador: Juspodivm, 2017.

RAATZ, Igor; LOPES, Ziel Ferreira; DIETRICH, Willam Galle. O que é isto: a ordinariedade? Perspectivas de superação no processo civil contemporâneo. *Revista de Processo*, n.º 272. São Paulo: Revista dos Tribunais, 2017.

RAMOS MÉNDEZ, Francisco Ramos. La reforma de los procesos civiles especiales. In: Jornadas sobre la reforma del proceso civil. Madrid: Ministerio de Justicia, 1990.

REALE, Miguel. *Filosofia do direito*. 20. ed. 5ª tiragem. São Paulo: Saraiva, 2008.

RECASENS SICHES, Luis. *Tratado general de filosofía del derecho*. 19. ed. México, D.F: Porrúa, 2008.

REDENTI, Enrico. *Derecho procesal civil*. Tradução de Santiago Sentís Melendo e Marinho Ayerra Redín. Buenos Aires: Ediciones Juridicas Europa-América, 1957, t. I.

REDENTI, Enrico. *Profili pratici del diritto processuale civile*. 2. ed. Milano: Giuffrè, 1939.

REDONDO, Bruno Garcia. *Adequação do procedimento pelo juiz*. Salvador: Juspodivm, 2017.

REDONDO, Bruno Garcia. Deveres-poderes do juiz no projeto de Novo Código de Processo Civil. In: DIDIER JR. Fredie; BASTOS, Antonio Adonias Aguiar (coords.). *O projeto do Novo Código de Processo Civil*: Estudo em homenagem a José Joaquim Calmon de Passos. 2ª série. Salvador: Juspodivm, 2012.

REDONDO, Bruno Garcia. Negócios processuais: necessidade de rompimento radical com o sistema do CPC/1973 para a adequada compreensão da inovação do CPC/2015. In: CABRAL, Antonio do Passo; NOGUEIRA, Pedro Henrique Nogueiras (coords.). *Negócios processuais*. Salvador: Juspodivm, 2015.

REIS, Alberto dos. *Processos Especiais*. v. I. Coimbra: Coimbra, 1955.

REQUIÃO, Maurício. *Normas de Textura Aberta e Interpretação:* Uma análise no Adimplemento das Obrigações. Salvador: Juspodivm, 2011.

RIBEIRO, Flávia Pereira; COSTA, Valestan Milhomem da. O consenso das partes na nova usucapião extrajudicial. In: LUCON, Paulo Henrique dos Santos; APRIGLIANO, Ricardo de Carvalho; SILVA, João Paulo Hecker da; VASCONCELOS, Ronaldo; ORTHMANN, André (coords.). *Processo em jornadas*. Salvador: Juspodivm, 2016.

ROCHA, Cármen Lúcia Antunes. *O princípio constitucional da igualdade*. Belo Horizonte: Jurídicos Lê, 1990.

ROCHA, Daniel de Almeida. *Princípio da eficiência na gestão e no procedimento judicial:* a busca da superação da morosidade na atividade jurisdicional. Curitiba: Juruá, 2012.

ROCHA, José de Albuquerque. *Teoria geral do processo*. 10. ed. São Paulo: Atlas, 2009.

ROCHA, José de Moura. Sobre os procedimentos especiais. *Revista de Processo*, n.º 53. São Paulo: Revista dos Tribunais, 1989.

ROCHA, José Taumaturgo. Procedimento ordinário: alguns aspectos da demanda, da resposta, do saneamento. *Revista de Processo*, n.º 22. São Paulo: Revista dos Tribunais, 1981.

RODRIGUES, Marco Antonio; GISMONDI, Rodrigo. Negócios jurídicos processuais como mecanismos de auxílio à efetivação de políticas públicas. In: ARENHART, Sérgio Cruz; JOBIM, Marco Félix (orgs.). *Processos estruturais*. Salvador: Juspodivm, 2017.

RODRIGUES, Marco Antonio; SÁ, Carla Teresa Bonfadini de. Enunciado 506. In: PEIXOTO, Ravi (coord.). *Enunciados FPPC –Fórum Permanente de Processualistas Civis:* Organizados por assuntos, anotados e comentados. Salvador: Juspodivm, 2018.

ROQUE, Andre Vasconcelos. Art. 327. In: STRECK, Lenio Luiz; NUNES, Dierle; CUNHA, Leonardo Carneiro da (orgs.). *Comentários ao Código de Processo Civil*. 2. ed. São Paulo: Saraiva, 2017.

ROQUE, André Vasconcelos. Comentários ao art. 318. In: GAJARDONI, Fernando da Fonseca; DELLORE, Luiz; ROQUE, André Vasconcelos; OLIVEIRA JR., Zulmar Duarte. *Processo de conhecimento e cumprimento de sentença:* comentários ao CPC de 2015. São Paulo: Método, 2016.

ROQUE, André Vasconcelos. Comentários ao art. 327. In: GAJARDONI, Fernando da Fonseca; DELLORE, Luiz; ROQUE, André Vasconcelos; OLIVEIRA JR., Zulmar Duarte. *Processo de conhecimento e cumprimento de sentença:* comentários ao CPC de 2015. São Paulo: Método, 2016.

RUBIN, Fernando. *Atos processuais*. In: REICHELT, Luis Alberto; DALL'ALBA, Felipe Camilo (coords.). *Primeiras linhas de Direito Processual Civil*. v. 1. Porto Alegre: Livraria do Advogado, 2016.

SÁ, Renato Montans de. *Manual de Direito Processual Civil*. 3. ed. São Paulo: Saraiva, 2018.

SALDANHA, Nelson. *Legalismo e ciência do direito*. São Paulo: Atlas, 1977.

SALLES, Carlos Alberto de. Processo civil de interesse público. In: GRINOVER, Ada Pellegrini; WATANABE, Kazuo; COSTA, Susana Henriques da (coords.). *O processo para solução de conflitos de interesse público*. Salvador: Juspodivm, 2017.

SAMPAIO, José S. *O procedimento comum no novo Código de Processo Civil*. São Paulo: Revista dos Tribunais, 1975.

SANDULLI, Aldo M. *Il procedimento amministrativo*. Milano: Giuffré, 1964.

SANTOS, Boaventura de Souza. *Um discurso sobre as ciências*. 6. ed. São Paulo: Cortez, 2006.

SANTOS, Cézar. *O procedimento sumaríssimo*. 2. ed. Rio de Janeiro: Forense, 1985.

SANTOS, J. M. Carvalho. *Código de Processo Civil interpretado.* v. II. 6. ed. São Paulo: Freitas Bastos, 1964.

SANTOS, Moacyr Amaral. As fases lógicas do procedimento ordinário. *Revista Forense*, n.º 243. Rio de Janeiro: Forense, 1973.

SANTOS, Moacyr Amaral. *Primeiras linhas de Direito Processual Civil.* v. 1. 28. ed. São Paulo: Saraiva, 2011.

SANTOS, Moacyr Amaral. *Primeiras linhas de Direito Processual Civil.* v. 2. 27. ed. São Paulo: Saraiva, 2011.

SARMENTO, Daniel. O Neoconstitucionalismo no Brasil: Riscos e possibilidades. In: NOVELINO, Marcelo (org.). *Leituras complementares de Direito Constitucional – Teoria da Constituição.* Salvador: Juspodivm, 2009.

SATTA, Salvatore. *Diritto processuale civile.* 9. ed. Padova: CEDAM, 1981.

SAUSSURE, Ferdinand de. *Curso de Lingüística Geral.* Tradução de Antônio Chelini, José Paulo Paes e Izidoro Blikstein. 27. ed. São Paulo: Cultrix, 2006.

SCHAUER, Frederick. *Playing by the Rules.* A Philosophical Examination of Rule-Based Decision Making in Law and in Life. Oxford: Clarendon Press, 1991.

SCHAUER, Frederick. *Profiles, probabilities and stereotypes.* Cambridge: The Belknap Press of Harvard University Press, 2003.

SCHMITT, Carl. *Teoría de la Constitución.* Tradução de Francisco Ayala. Madri: Alianza, 1996.

SEGNI, Antonio; COSTA, Sergio. Procedimento civile. *Novissimo Digesto Italiano,* v. XIII. Torino: Tipografia Sociale Torinese, 1957.

SHIMURA, Sérgio Seiji. *Arresto cautelar.* São Paulo: Revista dos Tribunais, 1993.

SICA, Heitor Vitor Mendonça. Breve histórico legislativo e doutrinário da dicotomia cognição-execução no sistema processual brasileiro – autonomia ou sincretismo? In: LUCON, Paulo Henrique dos Santos; FARIA, Juliana Cordeiro de; MARX NETO, Edgard Audomar; REZENDE, Ester Camila Gomes (orgs.). *Processo civil contemporâneo*: homenagem aos 80 anos do professor Humberto Theodoro Júnior. Rio de Janeiro: Forense, 2018.

SICA, Heitor Vitor Mendonça. *Novas reflexões em torno da teoria geral dos procedimentos especiais.* Disponível em: http://genjuridico.com.br/2017/04/26/novas-reflexoes-em-torno-da-teoria-geral-dos-procedimentos-especiais/. Acesso em 12 de ago. 2018.

SICA, Heitor Vitor Mendonça. Reflexões em torno da teoria geral dos procedimentos especiais. *Revista de Processo*, n.º 208. São Paulo: Revista dos Tribunais, 2012.

SILVA, Clóvis Couto e. *Comentários ao Código de Processo Civil.* v. XI. São Paulo: Revista dos Tribunais, 1977, t. I.

SILVA, Clóvis V. do Couto e. *A obrigação como processo.* Rio de Janeiro: FGV, 2006.

SILVA, Enio Moraes da. A garantia constitucional da razoável duração do processo e a defesa do Estado. *Revista de Informação Legislativa,* v. 43, n.º 172, p. 23-35, out./dez. 2006, disponível em http://www2.senado.leg.br/bdsf/handle/id/93271. Acesso em 12 de mai. 2018.

SILVA, José Afonso da. *Curso de Direito Constitucional positivo.* 24. ed. São Paulo: Malheiros, 2005.

SILVA, Manuel Dias da. *Processos civis especiaes.* 2. ed. Coimbra: F. França Amado, 1919.

SILVA, Ovídio A. Baptista da. A "plenitude da defesa" no processo civil. In: TEIXEIRA, Sálvio de Figueiredo (coord.). *As Garantias do Cidadão na Justiça.* São Paulo: Saraiva, 1993.

SILVA, Ovídio A. Baptista da. *Curso de processo civil:* processo de conhecimento. 5. ed. São Paulo: Revista dos Tribunais, 2000.

SILVA, Ovídio A. Baptista da. Da função à estrutura. *Revista de Processo*, n.º 158. São Paulo: Revista dos Tribunais, 2008.

SILVA, Ovídio A. Baptista da. *Procedimentos especiais.* Rio de Janeiro: Aide, 1989.

SILVA, Ovídio A. Baptista da. Processo de conhecimento e procedimentos especiais. *Revista dos Tribunais,* n.º 692. São Paulo: Revista dos Tribunais, 1993.

SILVA, Ovídio A. Baptista da. *Processo e ideologia*: o paradigma racionalista. Rio de Janeiro: Forense, 2004.

SILVA, Ovídio A. Baptista da. Racionalismo e tutela preventiva em processo civil. *Revista dos Tribunais*, n.º801. São Paulo: Revista dos Tribunais, 2002.

SILVA, Ovídio Araújo Baptista da. *Jurisdição e execução na tradição romano-canônica.* 3. ed. São Paulo: Revista dos Tribunais, 2007.

SILVA, Paula Costa e. *Acto e Processo.* O dogma da irrelevância da vontade na interpretação e nos vícios do acto postulativo. Coimbra: Coimbra, 2003.

SILVA, Paulo Eduardo Alves da. *Gerenciamento de processos judiciais.* São Paulo: Saraiva, 2010.

SOARES, Marcos José Porto. A (im)possibilidade da mediação nos procedimentos especiais. *Revista de Processo,* n.º 264. São Paulo: Revista dos Tribunais, 2017.

SOARES, Marcos José Porto. *Teoria Geral dos Procedimentos especiais.* Rio de Janeiro: Lumen Juris, 2017.

SOARES, Marcos José Porto; ZANARDI, Glaziele. Distinção entre processo e procedimento. *Revista de Processo,* n.º 246. São Paulo: Revista dos Tribunais, 2015.

SODRÉ, Eduardo. Algumas considerações acerca do terceiro no procedimento dos juizados especiais cíveis. In: DIDIER JR., Fredie; WAMBIER, Teresa Arruda Alvim (coord.). *Aspectos polêmicos e atuais sobre os terceiros no processo civil e assuntos afins.* São Paulo: Revista dos Tribunais, 2004.

SOUZA, Artur César de. Notificação da ação individual para efeitos coletivos no novo CPC brasileiro. Alguns aspectos jurídicos. In: ZANETTI JR., Hermes (coord.). *Processo coletivo.* Salvador: Juspodivm, 2016.

SOUZA, Artur Cesar. *Código de Processo Civil:* anotado, comentado e interpretado. v.II. São Paulo: Almedina, 2015.

SOUZA, Bernardo Pimentel. *Introdução aos recursos cíveis e à ação rescisória.* 7. ed. São Paulo: Saraiva, 2010.

SOUZA, Natasha Brasileiro de; SOARES, Marcos Antonio Striquer. *O formalismo processual e o princípio da adaptabilidade do procedimento.* Disponível em: www.uel.br/revistas/uel/index.php/iuris/article/download/14004/11816. Acesso em: 28 de fev. 2018.

STRECK, Lênio Luiz. *Hermenêutica jurídica e(m) crise*: uma exploração hermenêutica da construção do Direito. 10. ed. Porto Alegre: Livraria do Advogado, 2011.

SUBRIN, Stephen N. Fudge points and thin ice in discovery reform and the case for selective substance-specific procedure. *Florida Law Review,* v. 46, 1994.

TALAMINI, Eduardo. A (in)disponibilidade do interesse público: consequências processuais (composições em juízo, prerrogativas processuais, arbitragem, negócios processuais e ação monitória) – versão atualizada para o CPC/2015. *Revista de Processo*, n.º 264. São Paulo: Revista dos Tribunais, 2017.

TALAMINI, Eduardo. Tutela de urgência no projeto do novo Código de Processo Civil: a estabilização da medida urgente e 'monitorização' do processo civil brasileiro. *Revista de Processo,* n.º 209. São Paulo: Revista dos Tribunais, 2012.

TARTUCE, Fernanda; ROQUE, André; GAJARDONI, Fernando; DELLORE, Luiz; MACHADO, Marcelo; DUARTE, Zulmar. *CPC na jurisprudência.* Indaiatuba: Foco, 2018.

TAVARES, Luis Marcelo Cabral. Perspectivas da flexibilização procedimental na experiência brasileira em face do substitutivo do Senador Valter Pereira ao Projeto de Lei no Senado n.º 166, de 2010. *Revista Eletrônica de Direito Processual,* v. VII. Rio de Janeiro, 2011, Disponível em http://www.e-publicacoes.uerj.br/index.php/redp/article/view/21119/15210. Acesso em 20 de ago. 2018.

TERAN, Juan Manuel. *Filosofía del derecho*. 10. ed. Cidade de México: Porrua, 1986.

TESHEINER, José Maria Rosa. Situações subjetivas e processo. *Revista de Processo*, n.º 107. São Paulo: Revista dos Tribunais, 2002.

TESHEINER, José Maria; THAMAY, Rennan Faria Krüger. *Pressupostos processuais e nulidade no novo processo civil*. Rio de Janeiro: Forense, 2015.

TESSARI, Cláudio. Os poderes do juiz de adaptação de procedimentos processuais no âmbito do CPC/2015 como uma forma de preservar os direitos fundamentais das partes. *Revista de Processo*, n.º 278. São Paulo: Revista dos Tribunais, 2018.

THAMAY, Rennan Faria Krüger. *Manual de Direito Processual Civil*. São Paulo: Saraiva Educação, 2018.

THEODORO JÚNIOR, Humberto. *Curso de Direito Processual Civil*. v. II. 52. ed. Rio de Janeiro: Forense, 2018 [e-book].

THEODORO JÚNIOR, Humberto. *Curso de Direito Processual Civil*. v. III. 51. ed. Rio de Janeiro: Forense, 2018 [e-book].

TJÄDER, Ricardo Luiz Costa. *Cumulação eventual de pedidos*: art. 289 do CPC sem segredos. Porto Alegre: Livraria do Advogado, 1998.

TORNAGHI, Hélio. *Comentários ao Código de Processo Civil*. v. 1. 2. ed. São Paulo: Revista dos Tribunais, 1976.

TROCKER, Nicolò. *Processo civile e Constituzione*. Problemi di diritto tedesco e italiano. Milano: Giuffrè, 1974.

TROLLER, Alois. *Dos fundamentos do formalismo processual civil*. Tradução de Carlos Alberto Alvaro de Oliveira. Porto Alegre: Sergio Antonio Fabris, 2009.

TUCCI, José Rogério Cruz e. *Comentários ao Código de Processo Civil*. v. VII (arts. 318 a 368). São Paulo: Saraiva, 2016.

TUCCI, José Rogério Cruz e. Garantia do processo sem dilações indevidas: responsabilidade do Estado pela intempestividade da prestação jurisdicional. *Revista da Faculdade de Direito USP*, n.º 97. São Paulo: Universidade de São Paulo, 2002.

TUCCI, José Rogério Cruz e. Reflexões sobre a cumulação subsidiária de pedidos. In: *Causa de pedir e pedido no processo civil*: questões polêmicas. José Rogério Cruz e Tucci, José Roberto dos Santos Bedaque (Coords.). São Paulo: Revista dos Tribunais, 2002.

TUCCI, José Rogério Cruz e. *Tempo e processo*: uma análise empírica das repercussões do tempo na fenomenologia processual (civil e penal). São Paulo: Revista dos Tribunais, 1997.

TUCCI, Rogério Lauria. Devido processo penal e alguns de seus importantes corolários. In: TUCCI, Rogério Lauria; TUCCI, José Rogério Cruz e Tucci. *Devido processo legal e tutela jurisdicional*. São Paulo: Revista dos Tribunais, 1993.

TUCCI, Rogério Lauria. *Procedimentos e outros tema de Direito Processual Civil*. São Paulo: Bushatsky, 1976.

TUPINAMBÁ, Carolina. Comentário ao art. 15. In: CABRAL, Antonio do Passo; CRAMER, Ronaldo. *Comentários ao Código de Processo Civil*. 2. ed. Rio de Janeiro: Forense, 2016.

VEIGA, Daniel Brajal. Art. 327. In: BUENO, Cássio Scarpinella (coord.). *Comentários ao Código de Processo Civil*. v. 2 (arts. 318 a 538). São Paulo: Saraiva, 2017.

VENTURI, Elton. Transação de direitos indisponíveis? *Revista de Processo*, n.º 251. São Paulo: Revista dos Tribunais, 2016.

VERDE, Giovanni. Unicità e pluralità di riti nel processo civile. *Rivista di diritto processuale*. v. XXXIX. Padova: CEDAM, 1984.

VIEIRA, Luiz Alberto. Sobre el proyecto de nuevo código de procedimiento civil uruguayo. *Revista de Processo*, n.º 4. São Paulo: Revista dos Tribunais, 1976.

VIGORITI, Vincenzo. Notas sobre o curso e a duração do processo civil na Itália. Tradução de Teresa Celina de Arruda Alvim. *Revista de Processo*, n.º 43. São Paulo: Revista dos Tribunais, 1986.

VILANOVA, Lourival. *Causalidade e Relação no Direito*. 4. ed. São Paulo: Revista dos Tribunais, 2000.

VILANOVA, Lourival. O problema do objeto da Teoria Geral do Estado. In: *Escritos Jurídicos e filosóficos*. v. 1. Brasília: AxisMvndi/IBET, 2003.

VITORELLI, Edilson. Levando os conceitos a sério: processo estrutural, processo coletivo, processo estratégico e suas diferenças. *Revista de Processo*, n.º 284. São Paulo: Revista dos Tribunais, 2018.

WACH, Adolf. *Conferencias sobre la ordenanza procesal civil alemana*. Tradução de Ernesto Krotaschin. Buenos Aires: EJEA, 1958.

WAMBIER, Luiz Rodrigues. Abuso dos procedimentos especiais. *Revista de Processo*, n.º 204. São Paulo: Revista dos Tribunais, 2012.

WAMBIER, Luiz Rodrigues. Diretrizes fundamentais do novo CPC. In: WAMBIER, Luiz Rodrigues; WAMBIER, Teresa Arruda Alvim (coord.). *Temas essenciais do novo CPC*: análise das principais alterações do sistema processual civil brasileiro. São Paulo: Revista dos Tribunais, 2016.

WAMBIER, Luiz Rodrigues; TALAMINI, Eduardo. *Curso avançado de processo civil*: cognição jurisdicional (processo comum de conhecimento e tutela jurisdicional). 17. ed. São Paulo: Revista dos Tribunais, 2018.

WAMBIER, Luiz Rodrigues; WAMBIER, Teresa Arruda Alvim. Tutela diferenciada. *Revista de Processo*, n.º 180. São Paulo: Revista dos Tribunais, 2010.

WAMBIER, Teresa Arruda Alvim. *Nulidades do processo e da sentença*. 7. ed. São Paulo: Revista dos Tribunais, 2014.

WAMBIER, Teresa Arruda Alvim; CONCEIÇÃO, Maria Lúcia Lins; RIBEIRO, Leonardo Ferres da Silva; MELLO, Rogério Licastro Torres de. *Primeiros comentários ao novo Código de Processo Civil*. São Paulo: Revista dos Tribunais, 2015.

WARAT, Luis Alberto. *O Direito e sua linguagem*. Porto Alegre: Fabris, 1984.

WATANABE, Kazuo. *Da cognição no processo civil*. 2. ed. Campinas: Bookseller, 2000.

WATANABE, Kazuo. Da defesa do consumidor em juízo. Disposições gerais. In: GRINOVER, Ada Pellegrini, et. al. *Código brasileiro de defesa do consumidor*: comentado pelos autores do anteprojeto. 8. ed. Rio de Janeiro: Forense Universitária, 2005.

WIEACKER, Franz. *História do direito privado moderno*. Tradução de A. M. Botelho Hespanha. 2. ed. Lisboa: Fundação Calouste Gulbenkian, 1993.

WOLKMER, Antônio Carlos. *Pluralismo jurídico*: fundamentos de uma nova cultura do Direito. 3. ed. São Paulo: Alfa-Omega, 2001.

YARSHELL, Flávio Luiz. Convenções das partes em matéria processual: rumo a uma nova era? In: CABRAL, Antonio do Passo; NOGUEIRA, Pedro Henrique Nogueiras (coords.). *Negócios processuais*. Salvador: Juspodivm, 2015.

YARSHELL, Flávio Luiz. *Tutela jurisdicional*. 2. ed. São Paulo: DPJ, 2006.

ZAGREBELSKY, Gustavo. *El derecho dúctil*: ley, derechos, justicia. 11. ed. Traducción de Marina Gascón. Madrid: Trotta, 2011.

ZANETI JR., Hermes. A legalidade na era da proteção das necessidades de tutela: Princípio da Constitucionalidade e Legalidade Ampla. In: DIDIER JR. Fredie; NUNES, Dierle; FREIRE, Alexandre (coord.). *Normas fundamentais*. Salvador: Juspodivm, 2016.

ZANETI JÚNIOR, Hermes. *A constitucionalização do processo*: o modelo constitucional da justiça brasileira e as relações entre processo e constituição. 2. ed. São Paulo: Atlas, 2014.

ZANETI JÚNIOR, Hermes. Processo constitucional: relações entre Processo e Constituição. In: MITIDIERO, Daniel Francisco; ZANETI JÚNIOR, Hermes. *Introdução ao estudo do processo civil*: primeiras linhas de um paradigma emergente. Porto Alegre: Sérgio Antônio Fabris, 2004.

ZANETTI JR., Hermes. Teoria circular dos planos (direito material e direito processual). In: DIDIER JR., Fredie (org.). *Leituras complementares de processo civil.* 7. ed. Salvador: Juspodivm, 2009.

ZANZUCCHI, Marco Tullio. *Diritto processuale civile*. v. I. 4. ed. Milano: Giuffrè, 1947.

EDITORA *Jus*PODIVM
www.editorajuspodivm.com.br